여성의 영적인 자유
(하)

The Spiritual Liberation of Women

일러두기 / 지금 지구는 여성이 처한 현재 상황에 대한 인식을 높이고 새로운 문명으로의 전환을 앞둔 실로 중요한 단계에 있습니다. 상승 마스터들은 2020년 이후 10년 동안을 "여성"이라는 주제에 전념하기로 결정하였고, 이 책은 그 작업의 시작을 알리기 위해 2020년 5월 30일부터 6월 1일까지 사흘간 진행된 컨퍼런스(2020 유럽 웨비나)에서 발표된 매우 중요한 메시지들을 포함합니다. 지구가 성 저메인의 황금시대에 더 가까이 다가가기 위해 극복하고 초월해야 할 것들을 이 책을 통해 알 수 있습니다.

여성의 영적인 자유(하)

ⓒ2021~, Kim Michaels

킴 마이클즈를 통해 전해진, 한국의 미래를 위한 상승 마스터들의 메시지를 '그리스도 의식을 추구하며' 카페에서 공부하는 상승 마스터 학생들이 번역하고 디자인 및 편집을 해서 직접 이 책을 펴냈습니다. 이 책의 한국어판 저작권은 저작권자인 킴 마이클즈와 계약을 한 '그리스도 의식을 추구하며' 카페에 있습니다.

아이앰 출판사(http://cafe.naver.com/iampublish)는 '그리스도 의식을 추구하며' 카페에 의해 상승 마스터의 가르침들을 널리 알리기 위한 목적으로 설립되었으며, 2015년 9월 4일(제 2015-000075호)에 등록되었습니다. 주소는 서울시 송파구 장지동 송파파인타운 11단지 내에 있으며, 인터넷 카페는 http://cafe.naver.com/christhood입니다.

2022년 4월 10일 펴낸 책(초판 제1쇄)

번역 및 출판에 도움을 주신 분: 아이앰 편집팀
이 책은 최대한 내용의 명확한 전달에 초점을 맞추어 번역되었음을 알려드립니다.

ISBN 979-11-974539-8-4

이 도서의 국립중앙도서관 출판시도서목록(CIP)은 서지정보유통지원시스템 홈페이지 (http://seoji.nl.go.kr)와 국가자료공동목록시스템 (http://seoji.nl.go.kr/kolisnet)에서 이용하실 수 있습니다.

여성의 영적인 자유
(하)

The Spiritual Liberation of Women

킴 마이클즈

I AM

킴 마이클즈(Kim Michaels)

1957년 덴마크 출생. 킴 마이클즈는 60여권의 책을 펴낸 저자이자 이 시대의 가장 탁월한 메신저 중의 한 사람입니다. 14개국에서 영적인 컨퍼런스와 워크샵을 이끌면서 많은 영적인 탐구자들의 상담자 역할을 해왔으며, 영적인 주제를 다루는 다수의 라디오 프로그램에 출연하기도 했습니다. 그는 다양한 영적 가르침들을 광범위하게 연구해왔으며, 의식을 고양시키는 다양한 실천 기법들을 수행했습니다. 2002년 이래로 그는 예수를 비롯한 여러 상승 마스터들의 메신저로 봉사하고 있습니다. 그는 신비주의 여정에 관한 광범위한 가르침들을 전해주었으며, 그 가르침들은 그의 웹사이트에서 무료로 제공되고 있습니다.

공식 한국어 번역 사이트 (네이버 카페)
http://cafe.naver.com/christhood

그리스도 의식을 추구하며 카페에서는 킴 마이클즈가 지난 10여 년 동안 웹사이트에 공개한 상승 마스터들의 메시지 및 기원문을 제공합니다. 누구나 가입해서 내용을 보고 공부할 수 있습니다.

매달 서울, 대전, 대구 지역에서 오프라인 모임이 그리고 매주마다 온라인 모임이 활발하게 이루어지고 있으며, 같이 공부하고자 하시는 분은 누구나 참여하실 수 있습니다. 또한 매월 마지막 주 일요일에는 '성모 마리아 500인 세계 기원'이 전 세계적으로 동일한 시간대에 진행됩니다. 매년 상승 마스터 컨퍼런스가 정기적으로 개최됩니다. 상세한 내용은 카페 공지사항을 참조하시기 바랍니다.

차례

마레이타이

19. 여성이 완전히 자유로워질 수 있을까요? · 7

20. 여성이 되는 것에서 해방되기 위한 기원 (기원) · 35

자유의 여신 리버티

21. 남성과 여성 사이의 통제 게임 극복하기 · 67

22. 통제 게임에서 벗어나기를 기원하기-1 (기원) · 91

23. 통제 게임에서 벗어나기를 기원하기-2 (기원) · 115

성모 마리아

24. 여성에 대한 폭력은 충분히 경험하지 않았나요? · 139

25. 여성에 대한 폭력의 종식을 기원하기-1 (기원) · 161

26. 여성에 대한 폭력의 종식을 기원하기-2 (기원) · 185

엘로힘 아스트레아

27. 대부분의 남성은 섹스에 중독되어 있습니다 · 213

28. 성적인 착취에서 여성들을 해방하기-1 (기원) · 247

29. 성적인 착취에서 여성들을 해방하기-2 (기원) · 271

30. 성적인 착취에서 여성들을 해방하기-3 (기원) · 295

성모 마리아

31. 왜 파워 엘리트는 여성을 억압하려 할까요? · 319

32. 파워 엘리트로부터 여성들을 자유롭게 하기-1 (기원) · 349

33. 파워 엘리트로부터 여성들을 자유롭게 하기-2 (기원) · 373

고타마 붓다

34. 모든 여성에게 더 나은 삶을 제공하기 · 401

35. 우리의 영적인 자유를 기원하기 (기원) · 419

19
여성이 완전히 자유로워질 수 있을까요?

상승 마스터 마레이타이

나는 상승 마스터 마레이타이입니다. 나는 우주 어머니의 사무국을 맡고 있습니다. 이 사무국은 신성한 어머니의 사무국인 성모 마리아의 사무국과 긴밀하게 연결되어 있습니다. 성모 마리아께서 특별히 지구를 위한 사무국을 맡고 있다면, 나는 하나의 행성만이 아니라 더 높은 수준의 더 큰 구체를 유지하고 있습니다. 얼마나 큰 구체인지 굳이 여러분이 알 필요는 없지만, 상당히 큰 규모입니다. 그것은 단 하나의 은하에만 한정되지 않습니다. 지구처럼 밀도가 높은 행성에 육화해 있는 여러분의 관점과 비교해 보면, 나는 훨씬 넓고 더 광범위한 관점을 가지고 있습니다. 당연히, 나는 (낮도 없고 밤도 없는 우주의 수준에서, 만일 그런 것이 있다면) 여러분이 일상적인 활동이라고 부를 수 있는 것으로, 지구 행성과 지구 행성에서의 여성 상황에 특별히 조율하지는 않습니다. 물론 그렇게 할 수는 있습니다. 그래서 지금 나는 나의 현존을 이 구술을 주기 위해 여기에 단단히 고정시키고 있는 것입니다.

지구의 수많은 여성이 처한, 여러 가지 조건들로 심각하게 제한당하고 있는 상황들에 내 존재를 조율할 때, 당연히 내 가슴에는 연민이 넘쳐 흐릅니다. 그토록 많은 영적인 존재들이 이토록 심하게 제한적이고, 이토록 힘들고 고통스러운 상황에 갇혀 있다는 사실에 대해 나는 아주 깊은 연민을 느낍니다. 여러분은 이 행성의 수많은 여성이 갇혀 있는 매우 고통스런 상황들을 알고 있습니다. 당연히 나는 그 너머를 보고, 진정한 여러분이 누구인지를 봅니다. 나는 여러분은 여성이 아니라 영적인 존재들이라는 것을 봅니다. 그럼에도 불구하고, 그것은 많은 사람, 이런 어려운 상황에 처한 많은 여성에게 특별한 도움이 되지 않습니다.

위로의 현존(Comforting Presence)이 주는 시혜

그러면 도움이 될 가능성이 있는 것은 무엇일까요? 자, 성모 마리아와 관음과 내가 서로 조언을 구했습니다. 그리고 우리는 도구를, 만일 여러분이 원한다면 시혜를 베풀기로 결정했습니다. 우리 셋은 모두 지구에, 지구 집단의식의 네 수준에 우리의 존재를, 우리 현존의 존재를 일부분 고정시킬 것입니다. 이렇게 하는 목적은 여성들이 성모 마리아의 불꽃과, 만일 그들이 동양에 더 동일시된다면 관음의 불꽃에, 아니면 내 불꽃, 즉 지구에 있는 모든 분리를 초월해 있기 때문에, 그 어떤 것도 중립적이지 못한 행성에서도 중립적으로 있을 수 있는 내 불꽃에 조율할 수 있는 기회를 주려는 것입니다. 이것의 목적은, 그들이 이것을 의식적으로 인식하든 인식하지 못하든, (하지만 직관적으로는 인식할지 모릅니다), 모든 여성에게 위로의 현존(a comforting presence)을 경험할 기회를 주려는 것입니다.

많은 여성의 상황을 살펴보면, 보통은 그들이 위로하는 사람의 역할을 하는 것을 알 수 있습니다. 그들은 자녀들이 상처받았거나, 기분이 나쁠 때, 화가 났을 때 그들을 위로하지만, 때로는 더 큰 자녀인 남편을 위로합니다. 아니면 그들은 나이가 들어 거의 어린아이와 같은 상태로 돌아간 부모를 위로합니다. 여러분도 알다시피 많은 여성이 다양한 환경에 의해 아주 어린 나이에 엄마가 되도록 강요당합니다. 어쩌면 십대에도, 어쩌면 정서적으로 엄마가 될 준비가 되기도 전에 어머니가 되도록 강요됩니다. 물론, 우리는 누군가가 정서적으로 어머니가 될 준비가 된 적이 있었는지 물어볼 수도 있지만, 그래도 여전히 어린 나이에 아이를 가질수록, 이것에 대한 마음의 준비가 덜 되어 있기 쉽습니다. 아주 많은 여성이 어린 나이에 자녀, 남편, 그 외 누군가에 대한 위로자가 되어야 하는 상황 속으로 밀어 넣어졌습니다. 이런 상황은 의문을 불러일으킵니다. "그럼 누가 위로자를 위로하지요?" 이 여성들이 위로받아야 할 때, 그들은 어디로 갈 수 있나요? 그들이 매일매일의 삶에, 책임감에, 주변에서 경험하는 혼란에, 그리고 그들에게 노출된 억압과 학대에 압도될 때, 그들은 어디로 갈 수 있을까요? 어디로 가면 그들이 위로받을 수 있을까요? 그들이 어머니이든 아니든, 여성들이 위로받으려면 어디로 가야 하나요?

여러분도 알겠지만 많은 여성은, 심지어는 어린 시절에조차 위로받는 경험을 거의 하지 못했습니다. 그래서 많은 여성이, 소녀로서 그들은 가치가 없다고 여기는 사회에서 성장했습니다. 그들은 언제나 자신의 어머니로부터 위로도 관심도 받지 못했습니다. 왜냐하면, 어머니 역시 그런 것을 받아보지 못했으니까요? 자신이 받아보지 못한 것을,

더군다나 그것이 무엇인지도 모르는 것을, 딸들에게 어떻게 줄 수 있겠습니까? 음, 어떤 여성들은 이전 육화들에서 성숙했고 지금도 여전히 위안을 줄 수 있기 때문에 그렇게 할 수 있을지도 모르지만, 많은 여성은 그런 경험을 하지 못했기 때문에, 그것을 어떻게 주는지도 모르기 때문에 그렇게 할 수 없습니다. 지구에서 계속되는 질문 가운데 하나가, 받아보지 못한 것을 어떻게 줄 수 있는가 하는 것입니다. 예를 들어 타락한 존재들이 위로가 주어지지 않는 문화를 창조해 왔다면, 그런 문화에서 사람들이 어떻게 위안을 줄 수 있을까요?

우리의 목적은 성모 마리아와 관음의 현존을 통해 우주 어머니인 나와 내 사무국의 더 큰 추진력(momentum)을 지구에 방출하여, 여성들이 지구 행성의 물질 수준에서는 어떤 위안도 발견할 수 없다고 느낄 때, 그들에게 위안을 느낄 수 있는 기회를 주기 위한 것입니다. 일부 여성들은 우리의 현존에 조율할 수 있겠지만, 아마 많은 여성은 조율하지 못할 것입니다. 우리의 현존을 인식하는 여러분은 자신이 할 수 있는 모든 방법으로 우리를 이용하고, 우리에게 기꺼이 조율할 수 있기를 바랍니다. 여러분 가운데 일부는, 최소한 이렇게 조율하는 작업을 하고 나면, 우리의 현존에 조율할 수 있을 것입니다. 다른 사람들은 디크리를 하거나, 구술문을 듣거나, 구술문을 읽거나, 기원을 하거나, 아니면 시간을 따로 내서 조율할 필요가 있습니다. 여러분은 내 디크리의 간단한 구절을 암기하는 것처럼 그냥 간단한 일을 할 수도 있습니다.

오 우주의 어머니여, 당신을 사랑합니다.
당신의 사랑 노래는 나를 영원히 진실되게 합니다.

당신이 신성한 음조로 나를 가득 채워 주시니,
이제 내 외로움은 완전히 사라졌습니다.

네 줄입니다. 누구라도 외울 수 있고, 외롭다고 느끼거나 위로가 필요할 때 소리 내어 혹은 속으로 낭송하면, 내가 거기 있을 것입니다. 여러분이 이 구절을 낭송하는 곳에 내 현존을 현현하겠습니다. 진실로, 우리 셋은 지구의 모든 여성이 위로의 불꽃을 경험하기를 소망합니다. 내가 위로라고 말할 때, 이것은 지구에서 사람들이 경험하는 감정일 수 있지만, 실제로는 신성한 어머니의 사랑입니다. 더 나은 단어가 없어 "조건 없는" 사랑이라고 부르고 있지만, 실제로 그것은 지구에서 여러분이 흔히 사랑과 연관해 연상하는 조건들을 넘어선 사랑입니다. 우리는 모든 여성이 자신들이 있는 그대로 사랑받고 있음을 받아들이고 경험하기를 바랍니다. 지구의 물질층에 있지는 않지만 그럼에도 불구하고 매우 실제적인 존재들이 있습니다. 그리고 우리는 있는 그대로인 여러분을 사랑합니다. 그 사랑에는 어떠한 조건도 없습니다. 우리는 여러분이 자신을 어떻게 보는가와 상관없이 여러분을 있는 그대로 받아들입니다. 여러분은 자신이 사랑받을 가치가 없다고 생각할지 모르지만, 자신이 가치가 없다는 그런 감각을 모두 소멸하는 사랑을 경험하지 못하게 막고 있는 것은 오로지 여러분 자신의 생각뿐입니다.

여성들이 자유로워지기 위해 무엇이 필요할까요?

알다시피, 이것은 지구에서의 핵심적인 딜레마입니다. 그것은 그리스도에 대해 다른 마스터들이 이야기한 것과 관련이 있습니다. 그리스도는 보편적인 해방자이지만, 중요한 것은, 사람들이 무엇으로부터 해방되어야 하느냐 하는 것입니다. 사람들은 반-그리스도 마음으로부터 해방되어야 합니다. 무엇이 반-그리스도의 마음일까요? 그것은 조건을 규정하는 마음입니다. 무엇이 그리스도의 마음입니까? 그것은 이원성으로 규정될 수 있는 모든 조건을 초월하는 마음입니다. 일단 여러분이 이원성에, 즉 반-그리스도의 마음에 갇히게 되면, 그리스도를 경험하려면 어떤 조건을 따라야 한다고 생각합니다. 자, 여러분이 잠시라도 그리스도를 경험할 수 있다면, 그 경험이 여러분의 관점을 바꿔 놓을 것입니다. 그것이 특정한 조건에 맞춰 살아야만 영적인 영역에서 뭔가를 받을 자격이 있다는 거짓말에서 여러분을 깨어나게 해줄 것입니다. 그리스도 마음, 그리스도 경험, 그리스도의 진동은 여러분의 조건들을 소멸할 수 있지만, 단 여러분이 그것을 받아들일 때만 그렇습니다. 조건들을 붙들고 있는 동안에는, 여러분은 그것을 받을 수 없습니다. 왜냐하면, 오직 여러분이 마음속에서 정의한 조건들만이, (타락한 존재들이 정의한 이후 여러분이 마음에 받아들인 조건들만이), 여러분이 무조건적인 경험을 하는 것을 막을 수 있기 때문입니다. 그럼, 어떻게 그런 조건들을 극복할 수 있을까요? 글쎄요. 많은 사람은 오로지 고난의 학교를 통해서만 그것을 극복할 수 있습니다. 하지만 우리는 당연히 많은 여성이 기꺼이 우리의 무조건적인 현존, 우리의 무조건적인 사랑, 우리의 무조건적인 위로와 무조건적인 수용에 조율해서, 이런 제한조건들을 놓아버릴 것을 바랍니다.

이 컨퍼런스의 주제가 여성 해방입니다. 여성을 해방하는 것이 실제로 가능할까요? 이전에도 얘기했듯이, 그 질문에 대한 답은 예와 아니오 둘 다입니다. 해방에는 두 가지 측면이 있다는 것을 인식해야 합니다. 그것을 알파와 오메가로 부를 수 있습니다. 해방의 오메가 측면은 여러분이 뭔가에 억압받고 있다는 것이고, 따라서 여러분은 뭔가 자신을 제한하는 것에서 해방될 필요가 있다는 것입니다. 이것은 해방의 한 측면이지만 전체 측면은 아닙니다. 여성들을 비하하고 쓸모없다 생각하며, 여성에 대해 온갖 규제를 하는 사회에서 성장한 여성의 예를 들어보겠습니다. 이제 그 여성을 현대 민주주의 사회로 데려온 후 이렇게 말했다고 합시다. "자, 이제 당신은 당신이 성장했던 환경과 조건들로부터 완전히 자유로워졌어요." 그러면 그녀는 어떤 반응을 보일까요? 이 새로운 자유를 그녀는 어떻게 다룰까요? 음, 많은 경우에 그런 여성들은 새로운 환경에 적응하지 못합니다. 그들은 여성에 대한 문화적인 태도에 근거해서 스스로를 정의하고, 스스로를 그와 동일시했기 때문에, 새로운 환경을 어떻게 다뤄야 할지 알지 못합니다. 그들은 즉시 제한된 상태에서 완전히 해방된 상태로 도약할 수 없습니다.

역사에서 증명되었듯이, 억압으로부터 누군가를 해방하는 일은, 때로는 그들을 진공상태에, 어떻게 해야 할지 모르는 혼란 상태에 남겨둘 수 있습니다. 그들은 자신의 삶을 어떻게 다뤄야 할지를 모릅니다. 해방의 알파 측면은 더 높은 인식, 더 높은 자아감으로의 해방입니다. 이 알파 측면의 해방은 어떻게 성취할 수 있을까요? 우리가 이야기했던 것이 바로 이것입니다. 현대 민주주의 사회에서처럼 단지 편안하게 사는 것만으로는 충분하지 않다는, 이 보편적인 일련의 생각들에 대해 여성들이 각성해야 합니다. 삶에는 반드시 목적이 있어야 합니다. 반드시 방향이 있어야 합니다. 그러면 무엇이 가장 보편적인 측면일까요? 그것은 자아실현, 자기 계발 그리고 개인적인 성장입니다. 그 외에, 확연히 더 높은 수준으로 여러분의 의식을 끌어올리는 보다 영적이고 신비적인 측면들이 있습니다.

여러분은 어떻게 자신의 의식을 더 높은 수준으로 끌어올리나요? 많은 신비 여정, 많은 신비 가르침이 있고, 시대를 통틀어 신비 여정을 촉진시켜 온 많은 구루가 있지만, 그런데 이런 신비 여정의 본질은 무엇인가요? 그것은 여러분이 자신의 정체감을 전환하는 것입니다. 그런데 여러분은 정체감을 어떻게 전환하나요? 예수가 설명했듯이, 분리된, 이원적인 자아를 죽게 함으로써 정체감을 전환합니다. 이것이 여러분이 자신의 정체감을 전환하는 방법입니다. 하나의 자아를 죽게 내버려 두는 것이 그렇게 큰 전환이 아닐 수도 있습니다. 많은 사람이 실제로 알아채지 못한 채, 자신이 무얼 하고 있는지도 모른 채 그렇게 합니다. 그럼에도 불구하고, 이것이 신비 여정의 핵심입니다. 그것은 실제로 신비롭지도 않고, 특별히 매력이 넘치지도 않습니다. 많은 영적인 학생들은 그것이 자신들에게 어떤 지위를 제공하는 화려한 여정이 되거나, 그것이 이해하기 어렵고, 따라서 그들이 어떤 종류의 가르침을 파악했다는 것에 대해 우월감을 느끼게 할 수 있는 신비로운 여정이기를 바랍니다. 그들이 정말 여정에 대한 모든 보편적인 측면을 이해했을까요?

여성 해방 지도 만들기

이제 우리는 지구에서의 여성의 상황을 살펴볼 수 있는 지점에 도달했습니다. 그리고 다른 마스터들이 얘기했듯이, 여성의 상황을 개선하는 데 상당한 진보를 이룬 특정한 나라들이 있다는 것을 알 수 있습니다. 스칸디나비아와 같은 현대 민주주의 국가들 가운데 몇몇 나라는, 100년 혹은 150년 전과 비교해 보면, 여성들의 상황이 엄청나게 개선되었다는 것을 알 수 있습니다. 이 나라에서는 여성이 법적으로 투표권과 재산권을 가졌을 뿐만 아니라, 여성들이 받는 대우와 여성을 바라보는 시각도 엄청나게 개선되었습니다. 다시 말하면, 물질적, 정치적, 법적인 체제와 같은 외적인 체제는 물론이고, 남녀평등의 정도가 더 커진 집단의식에서의 전환으로 심리적인 체제 역시 개선되었습니다. 이런 나라들은 여성들을 제한했던 조건들로부터 여성 해방을 이루는 데 상당한 진보를 이루었다고 말할 수 있습니다. 따라서 우리는 이것을 기준으로 삼아 세계 다른 나라들을 살펴볼 수 있습니다.

여러분은 여성의 입장에서 가장 많이 해방된 나라를 볼 수 있고, 아직도 심하게 억압받고 있는 덜 해방된 나라들로 내려가는 척도나 지도를 만들 수 있습니다. 이것을 살펴본다면, 제한적인 조건으로부터의 해방에는 어떤 범위가 있다는 것을 알 수 있습니다. 가장 많이 해방된 나라들이 있고, 가장 덜 해방된 나라들도 있으며, 그 사이에 어느 정도 여성 해방이 진행된 그룹에 속하는 많은 나라가 있습니다. 다시 말하면, 최소한의 해방을 이룬 국가들은 기본적으로 더 많이 해방된 국가들이 겪었던 것과 같은 과정을 겪어야 됩니다. 그 과정이 정확하게 똑같지는 않을 것입니다. 왜냐하면, 어떤 국가를 이슬람교 문화로부터 자유롭게 하는 도전은 그리스도교 문화에서의 도전과 똑같지는 않습니다. 하지만 여전히 비슷한 점이 많습니다.

우리가 전에도 말했듯이, 덜 해방된 나라의 여성들은 분명 그런 나라의 자매들을 보고 도움을 청할 수 있습니다. "우리가 무엇을 할 수 있을까요?" 그들은 이 나라들이 무슨 일을 겪고 있는지 살펴볼 수 있습니다. 우리 역시 더 많이 해방된 국가의 여성들이 성 저메인의 충고에 따라 이런 연대를 발전시키고 "모든 여성이 자유롭기 전에는 어떤 여성도 자유롭지 않다."라는 것을 인정하기를 바랍니다. 다른 나라의 자매들을 돕는 데 자신의 자유를 사용하는 것이 그들의 책임입니다. 이것은 "~으로부터의(from)" 해방입니다.

상승한 관점에서 보면 그것이 명백합니다. 우리는 여성 해방을 촉진하기 위해 행동해온, 수많은 남성과 여성 모두에게 깊은 경의를 표하며 감사합니다. 이것은 분명 지금까지 진행된 엄청난 일이며, 노력이 필요한 일입니다. 우리는 절대로 그 일이 폄하되거나 중요하지 않다고 여겨지는 것을 원하지 않습니다. 그것은 아주 중요하고 아주 필요한 일이지만, 우리가 얘기했듯이, 이 컨퍼런스에서 목표로 하는 것은 보다 깨어 있는 영적인 사람들, 특히 상승 마스터 학생들을 도와서, 여성 해방에 영향을 미칠 수 있는 뭔가를 하는 것입니다. 당연히 그것이 우리가 더 깊은 영적인 관점을 제공하고 싶어하는 이유입니다. 여성 해방의 알파 측면은 여성들을 제한하는 조건으로부터 여성들을 해방하는 것을 넘어선다고 말할 수 있습니다. 우리는 여성들이 뭔가 긍정적이고 새로운 방향을 포용하도록 해방합니다. 여러분은 뭔가로부터 도망치려 하지 않고, 긍정적인 목표를 향해 나아가려고 하며, 그 목표는 궁극적으로 여러분의 의식을 끌어올리고 여러분 자신을 실현하는 것입니다.

여성으로 존재하는 것으로부터 여성을 해방하기

이것은 다시 많은 단계가 있고 세상에는 많은 여성이 있습니다. 하지만 더 진보된 나라들에서는 이미 이런 과정이 시작되었습니다. 그들은 우리가 얘기했던 다양한 방법으로, 개인적인 성장, 요가, 자각,

마음 챙김, 그 외 다양한 것들을 통해 이런 과정을 시작했습니다. 많은 여성이 다양한 영적 운동을 시작했습니다. 여러분도 알다시피 모든 뉴에이지 운동을 볼라치면, 실제로 대다수 구성원이 여성인 것을 알 수 있습니다. 아주아주 많은 여성이 새로운 정체감을 추구하는 데 있어 크나큰 발전을 이루었고, 새로운 영적 정체감과 많은 것들이 상당한 진보를 이루고 있습니다.

오직 상승 마스터 학생들만 진보한다고 말하는 것은 우리의 의도가 아닙니다. 당연히 더 높은 의식 수준으로 향하는 여정을 따르는 방법은 많습니다. 우리는 사람들이 그들의 현재 의식 수준에서 직관적으로 끌리는 일을 하도록 격려하고 있고, 언제든지 사람들의 의식이 더 높아져서 더 높은 가르침, 더 높은 스승을 볼 수 있으며, 그래서 마침내 상승 마스터들을 인정할 수 있다는 사실을 항상 염두에 두고 있습니다. 어떤 의미에서, (여러분이 그 단어를 사용하고 싶다면) 상승 마스터들은 지구에 있는 생명흐름들이 활용할 수 있는 최고의 영적 스승들입니다. 이것은 가치 판단을 하는 말이 아닙니다. 단지 우리가 지구와 작업하고 있는 가장 높은 의식 수준에 있는 존재들이라는 말입니다.

우리는 또한 물질 우주의 네 층을 초월한 유일한 존재들로, 이것이 바로 상승의 본질입니다. 우리는 모두 상승한 영역에서 하나로 연합하고 있습니다. 일부 학생들이 믿고 있는 것처럼, 이곳에서는 상승 마스터들 사이에 어떤 분리도 없습니다. 그렇다면, 여성 해방 과정을 살펴볼 때 여러분은 본질적으로 무엇에 대해 해방되고 있는 것일까요? 여러분은 더 높은 정체감, 자신이 누구이며, 어떤 유형의 존재인지에 대한 더 높은 인식으로 자유로워지고 있습니다. 그러면 그것이 여러분을 무엇으로 이끌까요?

어떤 사람들은 이것이 여러분을 여성으로서 충분한 힘을 갖게 해주고, 여러분이 여성으로서의 최고 잠재력을 성취하고, 여성으로서의 힘을 표현하게 해준다고 말할지도 모르겠는데, 이런 생각들이 근거가 없는 것은 아닙니다. 여성으로서 힘을 얻고 사회에 더 많은 영향력을 미치려는 단계를 거치면서 혜택을 얻을 수 있는 여성들이 있습니다. 다시 말하지만, 우리는 어떤 식으로도 이것을 깎아내리지 않습니다. 하지만 상승 마스터들의 존재와 상승 마스터 가르침을 인정하고, 기꺼이 이 가르침, 특히 이들 모든 자아를 극복하는 영적인 트라우마와 우주적 출생 트라우마의 치유에 대한 가르침을 기꺼이 받아들이고 있는 우리 학생들은, 여러분은 다음 단계를 고려할 준비가 되어 있습니다.

그래서 내가 앞에서 "여성들이 해방될 수 있을까요? 그 대답은 예 그리고 아니오 둘 다입니다."라고 얘기한 것입니다. 여성들은 언제나 많은 다른 문화에서 여성이 된다는 의미가 무엇인지에 대해 심각한 한계를 설정해 놓은, 타락한 존재들이 시작한 이 제한적인 조건들에서 해방될 수 있습니다. 여기 이 세상에서, 여러분은 해방될 수 있습니다. 이 행성에서 여성들에게 가해지는 모든 제한으로부터 여러분을 해방시킨다면, 그러면 여러분은 자신을 어떻게 보게 될까요? 음, 그것을 대체할 뭔가가 없다면, 여러분은 진공상태가 될 것입니다. 하지만 여러분이 의식을 높이면, 새로운 정체감을 구축하기 시작하므로, 실제로 이런 일은 일어나지 않습니다. 그러면 여러분은 어떤 정체성을 구축하기 시작할까요? 만일 여러분이 지구에서 여성에게 가해지는 모든 제한으로부터 해방된다면, 그렇게 된다면 완전히 자유로운 여성이 될까요? 사랑하는 이들이여, 아닙니다. 여러분은 남자도 여자도 아닌 완전히 자유로운 영적인 존재가 됩니다.

대립하는 갈등으로부터 여성을 해방하기

개인적인 그리스도 의식을 성취한다는 의미가 무엇인가요? 우리는 이것에 대해 여러 차례 얘기했고, 이에 대해 많은 가르침을 제공했습니다. 하지만 이 맥락에서 진정한 의미는 무엇일까요? 여러분은 남자 그리스도 혹은 여자 그리스도가 되나요? 아닙니다. 그런 것은 없습니다. 그리스도는 보편적입니다. 그리스도는 남녀의 구분을 초월합니다. 그것이 무슨 의미일까요? 여러분은 여전히 지구에 육화 중입니다. 여러분은 여전히 남자의 몸 아니면 여자의 몸속에 있습니다. 그렇습니다. 하지만 여러분이 이번 생에 여성의 몸으로 있기 때문에 여자이고, 여성의 몸으로 있기 때문에 지금 여러분의 존재가 여성의 몸 안에 있는 여러분에 의해 정의된다고 생각하는 것하고 육체의 성별에 상관없이 여러분은 보편적인 영적 존재라고 깨닫는 것 사이에는 근본적인 차이가 있습니다. 여러분은 육체의 성별(sex)과 이곳 지구에서 부과된 문화적 덧씌움에 의해 정의되지 않습니다. 근본적인 차이가 있고, 여러분 가운데 많은 사람이 이것을 숙고할 준비가 되어 있습니다. 그래서 여러분은 자유로운 여자가 되기 위해 분투하고 있는 것이 아니라, 자신을 남자나 여자로 동일시하지 않는 그리스도화 된 존재가 되기 위해 분투하고 있습니다.

여러분은 여전히 육화해 있을 것이고, 그러니 여성의 몸속에 있을 것입니다. 중요한 것은, 일단 자신을 해방하고 내가 말하는 그런 수준의 그리스도 의식을 달성하면, 여러분은 여성의 몸으로 있는 자신을 살펴보고 이렇게 말할 수 있습니다. "그래서 뭐? 이것은 그냥 몸일 뿐이야. 나는 몸에 최선을 다해야 하겠지만, 몸이 나를 제한하고, 나를 통해 내 아이앰 현존을 표현하는 것을 제한하게 내버려 두지 않겠어." 사랑하는 이들이여, 여러분도 알다시피, 여성 해방의 과정을 곰곰이 생각해 보면, 그것이 남자이든 여자이든, 뭔가로부터 자신을 해방한다는 그 개념, 여러분이 무언가로부터 해방된다는 그 개념을 볼 수 있는데, 그것은 이원적인 방법입니다. 여러분을 제한하는 어떤 것이 있고 그 반대편에 자유가 있습니다. 여러분은 자신을 제한하는 조건을 제거하거나 그 조건에서 빠져나옴으로써 자유를 얻을 수 있습니다. 하지만, 거기에는 두 가지 대립하는 것이 있고 대부분의 사람은 그것을 반대되는 것들로 봅니다.

　노예제도가 있고, 자유가 있습니다. 감옥에 갇히는 상태가 있고, 교도소 밖에 존재하는 상태가 있습니다. 사람들은 그것을 두 개의 반대되는 것으로 봅니다. 여러분은 감옥에 수감되어 있어도 전혀 차이가 없었던 영적으로 진보한 사람들이 있는 것을 알 것입니다. 그들은 한결같이 자신들의 마음에, 자기 자신에 고정돼 있었습니다. 신체 이동의 자유가 있든 말든, 그들은 여전히 마음의 이동의 자유를 가졌습니다. 그래서 그들은 이렇게 말할 수 있었습니다. "그래서 어쩌라고! 그것은 단지 일시적인 상황일 뿐이야." 여러분도 여러분의 육체를 살펴보고 똑같이 말할 수 있습니다. "그래서 뭐!" 이 메신저가 자신을 남성으로 동일시할까요? 아닙니다. 그는 단지 이번 생에 남자의 몸으로 있게 된 영적인 존재일 뿐입니다. 그는 자신이 과거 여러 생에서 여성의 몸으로 있었다는 것을 잘 알고 있습니다. 여러분도 모두 마찬가지입니다. 지금 여성의 몸으로 있는 사람이 과거 생에서도 항상 여성이었던 사람은 단 한 사람도 없습니다.

내가 지금 전하려고 하는 생각은 좀 숙고해 볼 필요가 있는 것입니다. 이것에서 해방될 수 있는 방법을 충분히 내면화할 때까지 잠시 이 개념에 대해 숙고해야 할 것입니다. 여러분이 이원성에 들어가면, 반드시 하나의 이원적인 극성을 선택해야 되고, 그러면 여러분은 그 극성에 기반을 둔 자아를 창조하게 된다고 예수는 말했습니다. 극성은 언제나 반대 극성을 가집니다. 그러니 여러분은 반대로 반응하게 됩니다. 왜냐하면, 여러분이 하나의 극성에 있을 때 반대되는 극성을 벗어날 수는 없기 때문입니다. 여러분은 그것에 반응하게 되고 이 반응이 또 하나의 새로운 자아를 만들어냅니다. 그러면 그 자아는 또 다른 반대 극성을 가지게 되고, 그것은 또 다른 자아를 만들어냅니다. 바로 이것이 여러분이 자유의지를 잃어버리는 이유인데, 여러분은 지금 여러분이 자신을 동일시하는 방법과 반대로 보이는 뭔가에 반응하는 패턴 속에 있기 때문입니다. 이것을 처리하기 위해 여러분은 자아들을 창조합니다. 여기 하나, 저기 하나, 또 하나, 또 하나 그리고 머지않아 너무 많은 자아를 만들게 되어, 자신이 영적인 존재임을 잊어버립니다. 여러분은 자신이 이 지구에 국한되지 않는다는 것을 잊어버립니다. 자신이 이 자아들에 국한되지 않는다는 것을 잊어버립니다. 너무 많은 자아에 압도되어서, 여러분은 이 자아들이 자신이라고 생각합니다.

여기에서 일어나는 일은 여러분이 깨어나기 시작할 때, 자신이 제한받고 있다는 것과 자유로워지고 싶다는 것을 실제로 인정하기 시작할 때, 여러분은 이렇게 보는 단계를 거칩니다. "나는 여자이고, 사회에서 이런 조건에 제약받고 있어. 예를 들면, 나는 부르카를 써야 되지만, 나는 부르카에서 해방되고 싶어. 어떻게 하면 부르카에서 해방될 수 있을까?" 여성들은 이런 제한적인 조건들로부터 어떻게 해방되어 왔나요? 그들은 두 가지 방법으로 해방되어왔고, 이 두 가지 방법을 쓰려고 합니다. 하나는 진정으로 자신의 의식 상태를 초월하는 것입니다. 예를 들면 현대 민주국가에서 여성들에게 투표권이 주어지기 전에, 여성들은 정치적인 변화를 일으키기 위해 일했을 뿐만 아니라, 자기 자신에 대해서도 기꺼이 작업을 하면서 정체감을 바꾸려고 했습니다. 여자들은 정치에 대해 아무것도 모르기 때문에 투표하도록 허용돼서는 안되고, 여자들은 정치를 이해할 수도 없다는 문화적인 덧씌움을 그들은 극복했습니다. 그들은 자신의 정체감을 긍정적인 방식으로 전환했습니다. 그리고 그들은 여자들도 남자들만큼 정치에 대해 많이 알 수 있고, 정계에서 가치 있는 관점을 제공할 수도 있기 때문에, 그들에게도 당연히 투표권이 허용되어야 하고, 공직에 출마하는 것이 허용되어야 한다는 것을 인정하고 받아들였습니다.

여성 해방을 이원적인 투쟁으로 바꾸기

그런 전환을 하지 못했거나 하려고 하지 않았던 다른 여성들도 있었는데, 그들은 무얼 했을까요? 그들은 이전 조건에서 해방되지 못했지만, 그 조건에 반대하는 여성, 혹은 어떤 경우에는 남자들에게 반대하는 여성으로서의 새로운 정체감을 창조했습니다. 바꿔 말하면, 그들은 자신과 자신의 제한된 자아들을 초월하지 못했습니다. 그들은 남자들, 혹은 적어도 그들이 만났던 전형적인 남자의 이미지에 반대하여 정의한 또 다른 이원적인 자아를 창조했습니다. 이것이 더 극단적인 페미니즘 운동에서 보게 되는 현상입니다. 그들은 남자들에 대해 부정적인 견해를 가지고 있고, 남자들에 대한 부정적인 이미지와는 다른, (그래서 더 우월한) 여성의 이미지를 창조하면서 극단적 페미니즘 운동을 해왔습니다. 이것은 여성의 진정한 해방으로 이어지고 있지 않습니다. 그것은 어쩌면 사회 환경 개선으로 이어질 수 있습니다. 다시 말하지만, 우리는 이런 노력을 살펴보며 이렇게 말하지 않습니다. "오, 모든 페미니스트 운동은 잘못되었어요. 이렇게 해서는 안됩니다." 문화가 얼마나 이원적이었는지 고려할 때, 남성들 그리고 남성 우위에 반대하는 뭔가를 만들어서, 남자들을 최면상태에서 흔들어 깨울 필요가 있었습니다. 그렇게 하는 것이 최상의 방법은 아니지만 때로는 필요한 방법입니다. 앞에서 예수께서도 상세히 설명했듯이, 때때로 사회 변화를 초래하는 데 필요한 일을 한다는 측면에서 얼마 동안 실제로 그리스도와 정렬하는 사람들이 가끔 있었습니다. 그런데 질문은 이것입니다. 과연 그들이 그리스도와의 일치됨을 유지할 수 있을까요? 아니면 이제 이원적인 반응으로 들어가 그 상태를 잃어버릴까요?

여기서 내 요점은 이 가르침에 열려 있는 여러분은 이것을 살펴보고, 자신의 내력만이 아니라 자기 나라의 역사와 문화를 살펴보고 이런 요소가 있음을 인지할 수 있는 준비가 되었다는 것입니다. 이 문제에 대해서는, 남자들 역시 이것을 살펴보고 여러분이 어떤 것에 상반되는 이런 이원적인 자아들을 창조하는 동일한 패턴을 가지고 있다는 것을 볼 준비가 되어 있습니다. 역사에서 이런 수많은 사례를 볼 수 있습니다. 프랑스와 독일, 영국조차 서로에 대한 반대에 기반을 둔 자아들을 창조했으며, 이것이 과거에 그리고 심지어 현재에도 많은 전쟁으로 이어지고 있습니다.

여러분은 어떤 것이든 지구에 있는 것과 대립되는 이원적인 자아를 창조하는 것으로는 자신을 자유롭게 하지 못한다는 것을 숙고할 준비가 되었습니다. 이 아이디어를 진정으로 내면화할 수 있다면, 여러분은 한 여성으로서 이제 새로운 역할을 맡을 수 있는 곳으로 더 높이 올라갈 수 있습니다. 여러분은 여성 해방을 위한 새로운 국면을 열 선구자가 될 수 있습니다. 그것이 현대 민주국가들이 지금의 현재 수준을 초월해 새로운 차원으로 들어갈 수 있는 방법입니다. 여러분은 분명히 더 높은 수준으로 올라갈 준비가 된 다른 여성들을 자유롭게 해달라고 요청할 수 있습니다.

여러분이 살펴봐야 할 것은 아주 간단합니다. 여러분은 여성이 되는 것에 대한 자신의 반응을 살펴봐야 합니다. 이것에 대해 곰곰이 생각해 볼 필요가 있습니다. 그것을 대해 기원을 할 필요가 있을지도 모르며, 숙고할 시간을 얼마간 가질 필요가 있을 수도 있습니다. 이번 생에 여성의 몸으로 있다는 사실에 대한 여러분의 반응은 무엇인가요? 그것이 여러분을 제한한다고 느끼나요? 그것이 불리하다고 느끼나요? 그러면, 그렇게 느끼는 이유를 생각해 볼 필요가 있습니다. 어쩌면 과거 생에 여러분이 여성 해방 운동에 연루되어 있었고 이것에 대한 반응으로, 즉 여성들이 노출된 억압에 대한 반응으로 분리된 자아들을 만들었기 때문에 그렇게 느끼는 것은 아닌지 곰곰이 생각해 볼 필요가 있습니다.

여러분은 서서히, 한 번에 하나씩, 우리가 제공한 과정에 따라 특정 자아들을 인식하고 죽게 놓아두기 시작할 수 있습니다. 어쩌면 성모 마리아의 심상 기법을 사용하여 극장에 들어가서 이런 자아들을 창조했던 상황을 보고 그 자아들을 죽게 놔두고, 그들을 보내 버릴 수 있습니다[힐링 트라우마(Healing Your Spiritual Traumas) 책을 보세요]. 본질적으로 그것은 여성인 자신을 해방하는 문제가 아니라 여성이 되는 것에서 자신을 해방하는 문제이며, 자신이 여자라고 생각하는 것에서, 자신을 여자로 보는 것에서, 자신을 여자와 동일시하는 것에서 자유로워지는 문제입니다. 심지어 자유로운 국가에서도, 여러분이 자신을 여성과 동일시하는 한, 여러분은 여전히 자신을 현재 여성이 가지고 있는 역할에 근거해서 동일시할 것입니다. 그러면 여전히 어떤 반대나 저항이 있을 것이고, 여성들이 여전히 노출되어 있는 제한들이 있을 것입니다.

여성 해방의 더 높은 수준

우리 가르침에 열려 있는 여러분이 잠재적으로 할 수 있는 일은 이런 모든 저항, 모든 반대, 모든 제한된 느낌에서 자신을 자유롭게 해줄 다음 단계로 올라가는 것입니다. 여러분은 여러분의 문화와 사회에서 여성들이 노출되어 있는 상황들과 자신의 처지를 살펴보고 말합니다. "그래서 어쩌라고! 이런 한계에 근거해 나 자신을 동일시하지 않겠어." 이것이 여러분 문화의 전반적인 상황뿐만 아니라, 여러분이 어떤 관계 안에 있든지 이를 포함한 여러분의 개인적인 삶에, 완전히 새로운 접근법을 열 수 있습니다. 여러분은 자신이 특정한 패턴에 근거한 관계에 고정돼 있음을 발견할지도 모릅니다. 만일 여러분이 이 사실을 받아들이고 그 자아들을 가게 놔둔다면, 이렇게 말할 수 있는 지점에 올 수 있습니다. "더 이상 이런 패턴들에 구속되지 않을 거야. 이런 패턴에서 나 자신을 자유롭게 할 거야. 먼저, 나 자신을 내 마음에서 해방할 거야."

그리고, 일단 자신을 자유롭게 하고 나면, 여러분은 파트너에게 이것에 대해 자유롭게 말하고 더 이상 이런 패턴에 속박되지 않겠다고 그에게 분명히 말합니다. 어쩌면 여러분이 그 자신도 패턴에서 자유로워지도록 도울 수 있습니다. 여러분은 그 역시 패턴에 의해 제한되어 있다는 것을 알 수도 있습니다. 혹은 파트너가 반응하지 않거나 변하지 않으려고 하는 경우도 있을 수 있습니다. 하지만 우리가 앞에서 얘기했듯이, 여러분에게 진정으로 자신을 바꾸려는 의지가 있다면, 파트너가 변하거나 아니면 여러분이 파트너를 바꿀 것입니다. 그러면 이것을 살펴보고 여러분은 이렇게 말할 수 있습니다. "음, 내가 영적인 전개에서 앞으로 나아가려면, 더 높은 수준의 그리스도 의식으로 이동하기 위해서 내 관계를 바꿔야만 한다면, 그래서 뭐, 어떻다고, 이것은 단지 여정의 일부야. 이것은 삶의 일부일 뿐이야."

여러분은 대단히 밀도가 높은 행성에 있습니다. 여러분은 이번 생에 최대한의 영적인 성장을 이루기 위해 헌신했습니다. 지구처럼 밀도가 높은 행성에서 어떻게 해야 최대한의 영적인 성장을 이루게 될까요? 십대에 결혼해서 죽음이 갈라놓을 때까지 그렇게 살라는 명령을 따르는 것으로는 반드시 성장을 이룰 수 없습니다. 여러분 가운데 많은 사람이 이미 한 사람 이상의 파트너를 가졌고, 여러분 가운데 많은 사람이 그렇게 될 것입니다. 모두가 그럴 것이라고 말하지는 않습니다. 나는 여러분이 기꺼이 자신과 작업한 다음, 관계가 더 높은 수준으로 올라갈 수 있도록, 여러분의 파트너가 변하도록 도울 수 있는 지점에 도달하는 것에 관해 이야기하고 있습니다. 아니면 여러분은 그냥 떠나서 기꺼이 더 높은 수준으로 갈 의향이 있거나 이미 그런 수준에 있는 다른 파트너를 끌어당길 수도 있습니다.

어쩌면 이것들은 여성 해방 운동에서 보통 논의되거나 여성들 사이에서 논의되는 내용을 조금 넘어선 약간 깊고 신비주의적인 생각일 것입니다. 그럼에도 불구하고, 그것은 이 가르침을 받는 영적 학생들인 여러분에게 중요합니다. 나는 여러분 모두가 그럴 준비가 되어 있다고 말하지는 않았습니다. 하지만 여러분 중 많은 사람이 준비가 되어 있습니다. 여러분은 진보적인 계시에는 두 가지 측면이 있음을 이해합니다. 하나는 오메가 측면으로, 우리는 이에 대해 이전보다 더 쉽게 이해하고, 더 쉽게 파악할 수 있는 가르침을 주고 있습니다. 만약 이 메신저를 통해 주어지는 가르침과 이전 상승 마스터 시혜를 통해 주어진 가르침을 비교해 보면, 이 가르침들이 훨씬 이해하기 쉽다는 것을 알 것입니다. 그것들은 훨씬 쉽게 파악할 수 있도록 일상적인 언어로 표현되었습니다. 또한, 여러분은 우리가 이곳에서 이전 어느 시혜보다 훨씬 더 수준 높은 몇몇 가르침을 주었다는 것을 알 것입니다. 그래서 받을 준비가 되어 있지 않은 사람들은 파악하기가 더 어렵지만, 바로 이것이 진보적인 계시의 두 가지 측면입니다.

여러분 가운데 일부는 세상 대부분의 사람과 주변 사람, (그들이 가족이든 친구든) 여러분이 아는 사람들과 상승 마스터인 우리가 제공하는 가르침의 수준 사이에 엄청난 격차가 있다고 때때로 느끼는 경향이 있음을 우리는 알고 있습니다. 여러분 중 일부는 우리가 더욱더 진보된 가르침을 줄 때 그 격차가 더 커진다고 느낍니다. 우리가 제공하는 가르침을 다른 사람들에게 이야기하기도 점점 더 어려워집니다. 하지만 여러분이 다른 사람들에게 이런 더 진보된 가르침을 줄 필요는 없습니다. 우리가 준 훨씬 더 기본적인 가르침들이 있고, 여러분은 이런 가르침들을 받아들여 다른 사람들에게 주려고 시도할 수 있습니다. 밖으로 나가서 다른 사람들에게 특별한 가르침을 전파하라는 말이 아닙니다. 그보다는 사람들에게 어떤 아이디어들을 주는 일에 집중하는 편이 더 좋습니다.

이제 여러분은 그것이 다른 사람에게 말하고 싶은 것에 대한 문제가 아니라는 것을 알아채야 합니다. 너무나 많은 경우, 우리 가르침을 발견한 학생들이 이제 나가서 사람들이 자기가 믿는 것을 믿고, 자기가 받아들인 것을 받아들이도록 다른 사람들을 개조하고 싶어하는 것을 보았습니다. 이것은 그들이 여전히 거부당하는 것을 두려워하는 분리된 자아들을 가지고 있기 때문입니다. 내가 지금 이야기하는 과정을 거치고, 분리된 자아들을 놓아버리면, 여러분은 다른 사람에게 입증을 받거나 특별한 영향력을 미치기 위해 자신의 생각을 공유하지 않는 지점에 이르게 됩니다. 여러분은 다른 사람들을 개인들로 볼 수 있고, 그들의 상황을 살펴보고 이 특정한 사람이 특정한 상황에 처해 있음을 깨닫습니다. 그녀를 지금 있는 의식 단계에서 20단계 위의 의식으로 끌어올리는 것이 내 문제가 아닙니다. 그녀가 다음 단계로 올라가는 데 도움이 될 몇 가지 아이디어를 주는 것이 내가 할 일이고, 여러분의 일입니다.

어쩌면 시간이 지나 여러분이 그녀에게 현재 수준보다 20단계를 올라가는 데 도움이 될 더 많은 가르침을 줄 수도 있지만, 여러분에게 그런 일이 일어나지 않았던 것처럼, 단 한 번의 도약으로 그런 일이 일어날 수는 없습니다. 마음을 격차(gap)에 고정하지 마세요. 사람들을 살펴보세요. 그들이 받아들일 준비가 되어 있는 것에 조율하세요. 그들에게 한 번에 작은 것을 하나씩 주세요. 그들에게 그 생각을 내면화할 시간을 좀 주고, 그런 다음 다른 것을 주세요. 멀리 내다보세요.

다른 사람들 때문에 여러분의 성장이 방해받지 않도록 하고, 여러분 자신의 관점에서, 내면화 과정에 있는 가르침들을 여러분의 의식을 최대한 끌어올리는 데 사용하며, 다른 사람이 여러분을 저지하지 못하게 하세요. 여러분은 여러분이 겪은 모든 것을 다른 사람들과 공유하지 않는 관계에 있을 수도 있습니다. 어린 시절 알고 지냈던 사람들과 영적인 것보다는 다른 주제에 관해 이야기하는 것이 이 메신저에게는 중요합니다. 그렇게 하는 것이 다른 사람들이 어떻게 생각하는지에 조율하는 데 도움이 됩니다. 여러분도 똑같이 할 수 있습니다. 친구들 모두를 영적으로 흥미롭게 할 필요는 없습니다. 여러분은 다른 사람들이 이야기할 수 있는 다양한 주제에 대해 얘기를 나눌 사람들이 있을 수 있고, 가끔씩 그들의 인식을 끌어올릴 아이디어를 그들에게 줄 수 있지만, 그것을 강요하지는 않습니다. 여러분은 단지 그 관계가 펼쳐지도록 허용하면서, 몇 가지 아이디어들을 공유합니다. 이것은 또한 이번 컨퍼런스에서 우리가 주고 있는 가르침을 이용하는 방법에도 적용됩니다. 우리는 지금 밖으로 나가서, 예를 들면 여성 집단 안으로 들어가서 이렇게 말하는 사람들을 찾고 있지 않습니다. "여기 새로운 환상적인 가르침이 있습니다. 이 가르침이야말로 여러분이 이제부터 받아들여 활용해야 하는 가르침입니다." 여러분은 그런 그룹들에 들어가 한 두 가지 아이디어를 줄 수도 있고, 그것이 그들에게 반향을 일으킬지도 모릅니다. 알다시피, 그것은 모두 아이디어에 관한 것입니다.

세상을 바꾸는 것은 보편적인 생각들입니다

더 발전된 나라의 여성들이 지금 자유로워진 정도에 이르기까지 세상은 어떻게 바뀌어 왔나요? 그 일은 단번에 일어나지 않았습니다. 한 번에 한 생각이 일어났습니다. 사회를 바꾸는 일에 여러분이 어떻게 영향을 미칠 수 있을까요? 한 번에 한 생각씩입니다. 그리스도 원리에 대해 우리가 뭐라고 얘기했나요? 그것은 이 간격(interval)이고, 여러분이 할 수 있는 도약(jump)입니다. 여러분이 만나는 모든 사람은 특정한 의식 수준에 있습니다. 각자가 그리스도 잠재력을 가지고 있습니다. 하지만 그리스도 잠재력이 무엇인가요? 그것은 이 사람이 다음 단계로 도약할 수 있다는 것입니다. 사람들은 100단계를 뛰어넘을 수 없습니다. 50단계를 뛰어넘을 수도 없습니다. 10단계를 뛰어넘을 수도 없고, 심지어 2단계도 뛰어넘을 수 없습니다. 단지 한 단계만 뛰어넘을 수 있습니다.

우리가 상승 마스터 학생들에게서 자주 보는 것은, 학생들이 우리의 가르침을 발견하고 마음을 열어 가르침을 받아들인 후, 자신이 아주 많이 도약했다고 느끼는데, 실제로는 가르침을 발견했을 때와 비교하면 그들은 단지 한 단계를 도약했을 뿐이라는 것입니다. 그들은 갑자기 삶을 바라보는 새로운 방식을 인식하게 되었던 것입니다. 여러분은 그것을 아주 극적인 이동이라고 느낄지는 몰라도, 하지만 그것은 여전히 한 단계의 도약일 뿐입니다. 그래서 사람들은 무엇을 할까요? 그들은 이런 발견을 한 자신의 열정에 매우 압도됩니다. 그래서 여러 해를 알고 지내는 사람들에게 가서 이 사람이 두 단계, 다섯 단계 혹은 열 단계를 한꺼번에 뛰어넘게 하려고 애쓰지만, 아무도 그렇게 할 수 없습니다. 상승 마스터 학생들의 자극에 노출된 사람들은 압도당합니다. 여러분이 그들에게 불가능한 일을 하도록 요구하기 때문에, 그들은 뒤로 물러나게 됩니다. 여러분이 해야 할 일은 사람들이 있는 곳에 조율한 다음, 그들에게 하나의 아이디어를 주는 것입니다. 하나의 아이디어를 주고, 자신들이 있는 곳에서 그들이 그다음 도약, 그다음 그리스도 도약, 그다음 양자 도약을 하도록 도와주는 것입니다. 그런 다음 그들이 기꺼이 도약할 의향이 있다면, 또 하나의 아이디어를 제공할 수 있습니다. 만약 이제 도약할 의향이 없다면, 그들을 내버려 둡니다. 여러분은 그들을 밀어붙이지 않습니다. 여전히 그들에게 말을 할 수는 있지만, 더 많은 아이디어를 주지는 않습니다. 여러분은 그 아이디어가 감정체, 멘탈체 그리고 정체성체를 통과해, 육체로 한 바퀴 돌아올 시간을 줍니다. 그러면 몇 년이 지난 뒤, 그 사람은 어쩌면 전환할 준비가 되어 있을 것입니다.

이것이 상승 마스터 가르침을 확산하는 방법입니다. 우리는 과거에 너무나도 많이 상승 마스터 학생들이, 예를 들자면 많은 크리스천에게서 볼 수 있는 것과 같은 사고방식에 갇혀 있는 것을 보았습니다. 그들은 갑자기 이제 그리스도를 발견했다고 느낍니다. 그리고 이제 밖으로 나가 다른 사람들에게도 모두 같은 일이 일어나게 해야 한다고 느낍니다. 이것은 우리가 학생들에게 요구하는 일이 아닙니다. 여러분이 이것을 인식할 때, 만일 자신에게 이렇게 하는 성향이 있다는 것을 알게 되면, 이 성향이 분리된 자아로부터 온다는 것을 알아차릴 수 있습니다. 만일 여러분이 이 자아들을 놓아버리는 작업을 한다면, 여러분은 다른 사람들을 개조하고 설득하려는 의무적인 충동에서 해방됩니다. 여러분은 다른 사람들을 바꾸려는 의도를 가지고 아이디어들을 공유하는 것이 아니라, 그냥 단순하게 여러분이 생각하는 것과 느끼는 것, 여러분이 사물을 보는 방식과 삶에서 경험한 것을 표현하고 있기 때문에, 그냥 아이디어들을 공유하는 지점에 이르게 됩니다. 그것은 완전히 다릅니다. 여러분에게 어떤 의도가 없을 때 사람들이 더 긍정적으로 반응한다는 것을 알게 될 것입니다. 일부는 여전히 그 생각들을 무시하겠지만, 화를 내거나 압도당하거나 적대적이지는 않을 것입니다. 다른 사람들은 여러분이 가하는 압박이 없기 때문에 더욱 긍정적인 방식으로 그 생각들에 반응할 수도 있습니다.

이것으로 내가 여기서 여러분에게 하고 싶었던 말을 끝내겠지만, 다시 한번 강조하고 싶습니다. 여러분은 진실로 우리의 위로하는 현존에 조율할 기회를 가지고 있습니다. 몇몇 사람은 이렇게 말할 것을 나는 압니다. "그럼, 여자들만 조율할 수 있습니까? 우리 남자들이 위안이 필요하면 어떻게 합니까?" 물론 그 제안은 우리가 여러분을 남자나 여자로 보지 않기 때문에 여러분에게도 적용됩니다. 우리는 여러분이 자신을 더 이상 남자나 여자로 보지 않는 지점에 이르는 것을 목표로 합니다. 왜냐하면, 이것이 여러분이 진실로 그리스도와 연합하는 방법인 까닭입니다. 그 안에서는 모두가 다른 몸, 다른 개성, 다른 문화, 다른 배경을 통해 자신들을 표현하고 있는 영적인 존재들이기 때문입니다. 여러분은 여러분 안에 어떤 핵심(core)이 있다는 앎으로 여전히 결속됩니다. 그 핵심은 우리가 본질적인 인간애(essential humanity)라고 부르는 것인데, 그리스도 정체성이라고 불러도 됩니다. 그리고 그것이 여러분을 하나로 만듭니다. 차이를 근절하는 것으로 하나가 되는 것이 아닙니다. 여러분은 차이를 극복하고, 차이가 여러분의 정체성을 규정하지 않음을 깨달음으로써 하나가 됩니다. 왜냐하면, 여러분은 그리스도 안에서 새로운 정체성을 가지기 때문입니다.

성서에서 말하듯이, 여러분은 다시 태어나게 됩니다. 여러분은 그리스도 안에서 새로운 존재가 됩니다. 이로써 나는 여러분을 아이앰(I AM)인 우주적인 어머니의 위로의 불꽃(comforting flame)에 봉인합니다.

20
여성이 되는 것에서 해방되기 위한 기원 (기원)

I AM THAT I AM, 예수 그리스도의 이름으로, 나는 지구에 육화한 존재로서 가진 내 권한을 사용하여 마레이타이께 이 기원을 증폭해 달라고 요청합니다. 내 차크라들을 통해 이 기원문의 내용을 집단의식으로 방출하시어, 여성과 남성 모두가 타락한 존재들의 심리적, 영적 속박에서 자유로워지도록 의식을 일깨워 주소서. 우리는 영적인 존재들이며 상승 마스터들과 함께 일함으로써 새로운 미래를 공동창조할 수 있다는 진실(reality)을 일깨워 주소서. 나는 특히 이것을 요청합니다…
(여기에 개인적인 요청을 추가하세요)

파트 1

1. 마레이타이여, 나는 모든 여성을 대신하여 당신의 위로하는 현존을 부릅니다. 여성들이 위로의 현존을 경험할 기회를 얻게 해주소서.

오 우주의 어머니여, 나를 본향으로 부르는,
공(gong) 소리를 울려 주소서.

당신이 내게 부어 주시는 온화한 사랑을 깨달으며,
그 앎 속에서, 나는 자유롭습니다.

**마레이타이여, 우주의 문을 열어주는 노래가
내 안에 울려 퍼집니다.
당신의 선율이 내 존재를 진동시키면
내 자아감은 새로이 창조됩니다.**

2. 마레이타이여, 나는 모든 여성을 대신하여 당신의 위로하는 현존을 부릅니다. 일상적인 삶과 책임감, 주변에서 겪는 혼란 때문에, 그리고 억압이나 학대에 노출되고 압도되어, 여성에게 위로가 필요할 때 이들을 위로하소서.

오 우주의 어머니여, 나를 굳게 잡아주소서.
당신의 빛이 내 안에 울려 퍼집니다.
당신의 음악은 내 가슴을 정화하고,
나는 모두에게 당신의 사랑을 전해 줍니다.

**마레이타이여, 우주의 문을 열어주는 노래가
내 안에 울려 퍼집니다.
당신의 선율이 내 존재를 진동시키면
내 자아감은 새로이 창조됩니다.**

3. 마레이타이여, 나는 소녀들은 무가치하다고 여기는 사회에서 성장했기 때문에 어린 시절에도 위로받아 본 경험이 없는 모든 여성을 대신하여, 당신의 위로하는 현존을 부릅니다.

오 우주의 어머니여, 우리는 하나이며,
당신의 가슴은 불타오르는 태양입니다.
당신에게서 크게 울려 나오는 신성한 음류는,

내 존재를 통해 더욱더 증폭됩니다.

**마레이타이여, 우주의 문을 열어주는 노래가
내 안에 울려 퍼집니다.
당신의 선율이 내 존재를 진동시키면
내 자아감은 새로이 창조됩니다.**

4. 마레이타이여, 나는 자신의 어머니도 위로받아 본 적이 없어 어머니에게서 위로나 관심을 받지 못한 모든 여성을 대신하여, 당신의 위로하는 현존을 부릅니다. 자신이 받아본 적이 없는 것을 어떻게 딸에게 줄 수 있을까요?

오 우주의 어머니여, 나는 이제,
신성한 구체의 미묘한 소리를 듣습니다.
우주의 훔(Hum) 소리에 나를 조율하며,
더 작은 자아를 넘어섭니다.

**마레이타이여, 우주의 문을 열어주는 노래가
내 안에 울려 퍼집니다.
당신의 선율이 내 존재를 진동시키면
내 자아감은 새로이 창조됩니다.**

5. 마레이타이여, 나는 지구의 물리적 수준에서 찾을 수 있는 위안이 없을 때 여성들이 위로를 느낄 기회를 얻을 수 있도록, 모든 여성을 대신하여 당신의 위로하는 현존을 부릅니다.

오 우주의 어머니여, 나를 집으로 데려가소서.
내가 신성한 옴(OM) 소리와 공명하니,
소리 안의 소리는 나를 위로 들어올리고,
내 잔에는 오직 빛만이 존재합니다.

**마레이타이여, 우주의 문을 열어주는 노래가
내 안에 울려 퍼집니다.
당신의 선율이 내 존재를 진동시키면
내 자아감은 새로이 창조됩니다.**

6. 마레이타이여, 모든 여성이 당신의 현존을 경험하고 위로의 불꽃을 경험하며, 흔히 지구에서 사랑과 연관 짓는 조건들을 넘어선 신성한 어머니의 사랑을 경험할 수 있도록, 나는 모든 여성을 대신하여 당신의 위로하는 현존을 부릅니다.

오 우주의 어머니여, 나는 우주 교향악의,
일부가 되리니.
나의 전 현존은(All that I AM),
하늘에서 오는 소리를 연주하는 악기입니다.

**마레이타이여, 우주의 문을 열어주는 노래가
내 안에 울려 퍼집니다.
당신의 선율이 내 존재를 진동시키면
내 자아감은 새로이 창조됩니다.**

7. 마레이타이여, 나는 모든 여성을 대신하여 여성들이 있는 그대로 사랑받고 있음을 알고 경험하며, 이를 받아들일 수 있도록 당신의 위로하는 현존을 부릅니다. 지구의 물질 영역에 존재하지는 않지만, 매우 실제적인 존재들이 있으며, 당신은 그들을 있는 그대로 사랑합니다.

오 우주의 어머니여, 이제 요청드리니,
나를 신성한 음악의 전당으로 들어가게 하소서.
별들이 빛나는 창공을 향해 가며,
나는 생명의 상승에 참여합니다.

마레이타이여, 우주의 문을 열어주는 노래가
내 안에 울려 퍼집니다.
당신의 선율이 내 존재를 진동시키면
내 자아감은 새로이 창조됩니다.

8. 마레이타이여, 나는 모든 여성을 대신하여 여성들이 당신의 사랑에는 어떠한 조건도 없음을 경험할 수 있도록, 당신의 위로하는 현존을 부릅니다. 당신은 우리가 자신을 어떻게 보든 그것과 상관없이 우리를 있는 그대로 받아들입니다.

오 우주의 어머니여, 내 현들을 조율하시어,
내 전 존재가 당신과 함께 노래하게 하소서.
이제 당신의 노래를 울려 퍼지게 하며,
나는 우주적인 사랑을 찬양합니다.

마레이타이여, 우주의 문을 열어주는 노래가
내 안에 울려 퍼집니다.
당신의 선율이 내 존재를 진동시키면
내 자아감은 새로이 창조됩니다.

9. 마레이타이여, 나는 자신이 사랑받을 가치가 없다고 생각하는 모든 여성을 대신하여, 당신의 위로하는 현존을 부릅니다. 자신이 무가치하다는 모든 느낌을 소멸할 수 있는 사랑을 경험하지 못하게 우리를 막고 있는 것은 오직 우리의 생각일 뿐임을 깨닫게 하소서.

오 우주의 어머니여, 당신을 사랑합니다.
당신의 사랑 노래는 나를 영원히 진실되게 합니다.
당신이 신성한 음조로 나를 가득 채워 주시니,
이제 내 외로움은 완전히 사라졌습니다.

마레이타이여, 우주의 문을 열어주는 노래가
내 안에 울려 퍼집니다.
당신의 선율이 내 존재를 진동시키면
내 자아감은 새로이 창조됩니다.

파트 2

1. 마레이타이여, 나는 모든 여성을 대신하여 여성들이 반-그리스도 마음에서 해방되어야 함을 알 수 있도록 당신의 위로하는 현존을 부릅니다. 반-그리스도 마음은 조건을 정하는 마음입니다.

오 우주의 어머니여, 나를 본향으로 부르는,
공(gong) 소리를 울려 주소서.
당신이 내게 부어 주시는 온화한 사랑을 깨달으며,
그 앎 속에서, 나는 자유롭습니다.

**마레이타이여, 우주의 문을 열어주는 노래가
내 안에 울려 퍼집니다.
당신의 선율이 내 존재를 진동시키면
내 자아감은 새로이 창조됩니다.**

2. 마레이타이여, 나는 모든 여성을 대신하여 여성들이 그리스도 마음은 모든 조건을 초월함을 알 수 있도록 당신의 위로하는 현존을 부릅니다. 우리는 그리스도를 경험하기 위해 어떤 조건도 따를 필요가 없습니다.

오 우주의 어머니여, 나를 굳게 잡아주소서.
당신의 빛이 내 안에 울려 퍼집니다.
당신의 음악은 내 가슴을 정화하고,
나는 모두에게 당신의 사랑을 전해 줍니다.

마레이타이여, 우주의 문을 열어주는 노래가
내 안에 울려 퍼집니다.
당신의 선율이 내 존재를 진동시키면
내 자아감은 새로이 창조됩니다.

3. 마레이타이여, 나는 모든 여성을 대신하여 여성들이 조건 없는 사랑을 경험하지 못하게 막는 것은 오직 우리 마음이 정하는 조건뿐임을 경험할 수 있도록 당신의 위로하는 현존을 부릅니다.

오 우주의 어머니여, 우리는 하나이며,
당신의 가슴은 불타오르는 태양입니다.
당신에게서 크게 울려 나오는 신성한 음류는,
내 존재를 통해 더욱더 증폭됩니다.

마레이타이여, 우주의 문을 열어주는 노래가
내 안에 울려 퍼집니다.
당신의 선율이 내 존재를 진동시키면
내 자아감은 새로이 창조됩니다.

4. 마레이타이여, 나는 모든 여성을 대신하여 여성들이 당신의 조건 없는 현존에 조율할 수 있도록 당신의 위로하는 현존을 부릅니다. 여성들은 당신의 조건 없는 사랑과 위로, 조건 없는 수용에 조율함으로써, 이 조건부(條件附)를 내려놓을 수 있습니다.

오 우주의 어머니여, 나는 이제,
신성한 구체의 미묘한 소리를 듣습니다.
우주의 훔(Hum) 소리에 나를 조율하며,
더 작은 자아를 넘어섭니다.

마레이타이여, 우주의 문을 열어주는 노래가

내 안에 울려 퍼집니다.
당신의 선율이 내 존재를 진동시키면
내 자아감은 새로이 창조됩니다.

5. 마레이타이여, 여성들을 일깨워 해방의 오메가 측면은 우리가 뭔가에 억압당하고 있으며, 따라서 우리를 제한하는 것에서 해방될 필요가 있다는 것임을 알게 하소서.

오 우주의 어머니여, 나를 집으로 데려가소서.
내가 신성한 옴(OM) 소리와 공명하니,
소리 안의 소리는 나를 위로 들어올리고,
내 잔에는 오직 빛만이 존재합니다.

**마레이타이여, 우주의 문을 열어주는 노래가
내 안에 울려 퍼집니다.
당신의 선율이 내 존재를 진동시키면
내 자아감은 새로이 창조됩니다.**

6. 마레이타이여, 여성들을 일깨워 많은 여성은 자신이 성장했던 모든 환경과 조건들에서 자유로워지는 것을 다룰 수 없었음을 알게 하소서.

오 우주의 어머니여, 나는 우주 교향악의,
일부가 되리니.
나의 전 현존은(All that I AM),
하늘에서 오는 소리를 연주하는 악기입니다.

**마레이타이여, 우주의 문을 열어주는 노래가
내 안에 울려 퍼집니다.
당신의 선율이 내 존재를 진동시키면
내 자아감은 새로이 창조됩니다.**

7. 마레이타이여, 여성들을 일깨워 많은 여성이 여성에 대한 문화적인 태도에 근거해서 자신을 규정하고 동일시했음을 알게 하소서. 그렇기 때문에 그들은 그 제한된 상황에서 완전히 자유로운 상태로 즉시 도약할 수 없었습니다.

오 우주의 어머니여, 이제 요청드리니,
나를 신성한 음악의 전당으로 들어가게 하소서.
별들이 빛나는 창공을 향해 가며,
나는 생명의 상승에 참여합니다.

**마레이타이여, 우주의 문을 열어주는 노래가
내 안에 울려 퍼집니다.
당신의 선율이 내 존재를 진동시키면
내 자아감은 새로이 창조됩니다.**

8. 마레이타이여, 여성들을 일깨워 억압에서 누군가를 해방하는 일은 그들을 진공상태, 혼란 상태, 어찌할 줄 모르는 혼돈 상태에 남겨둘 수 있음을 알게 하소서.

오 우주의 어머니여, 내 현들을 조율하시어,
내 전 존재가 당신과 함께 노래하게 하소서.
이제 당신의 노래를 울려 퍼지게 하며,
나는 우주적인 사랑을 찬양합니다.

**마레이타이여, 우주의 문을 열어주는 노래가
내 안에 울려 퍼집니다.
당신의 선율이 내 존재를 진동시키면
내 자아감은 새로이 창조됩니다.**

9. 마레이타이여, 여성들을 일깨워 해방의 알파 측면은 더 높은 인식

과 더 높은 자아감으로 나아가는 것임을 알게 하소서.

오 우주의 어머니여, 당신을 사랑합니다.
당신의 사랑 노래는 나를 영원히 진실되게 합니다.
당신이 신성한 음조로 나를 가득 채워 주시니,
이제 내 외로움은 완전히 사라졌습니다.

**마레이타이여, 우주의 문을 열어주는 노래가
내 안에 울려 퍼집니다.
당신의 선율이 내 존재를 진동시키면
내 자아감은 새로이 창조됩니다.**

파트 3

1. 마레이타이여, 여성들을 일깨워 현대 민주주의 국가에서처럼, 단지 편안한 삶을 사는 것만으로는 충분하지 않다는 보편적인 생각에, 그들이 깨어나야 함을 알게 하소서.

오 우주의 어머니여, 나를 본향으로 부르는,
공(gong) 소리를 울려 주소서.
당신이 내게 부어 주시는 온화한 사랑을 깨달으며,
그 앎 속에서, 나는 자유롭습니다.

**마레이타이여, 우주의 문을 열어주는 노래가
내 안에 울려 퍼집니다.
당신의 선율이 내 존재를 진동시키면
내 자아감은 새로이 창조됩니다.**

2. 마레이타이여, 여성들을 일깨워 삶에는 반드시 목적이 있어야 함을 알게 하소서. 반드시 어떤 방향성이 있어야 하며, 가장 보편적인 측면

은 자아실현, 자기 계발 그리고 개인적인 성장입니다.

오 우주의 어머니여, 나를 굳게 잡아주소서.
당신의 빛이 내 안에 울려 퍼집니다.
당신의 음악은 내 가슴을 정화하고,
나는 모두에게 당신의 사랑을 전해 줍니다.

**마레이타이여, 우주의 문을 열어주는 노래가
내 안에 울려 퍼집니다.
당신의 선율이 내 존재를 진동시키면
내 자아감은 새로이 창조됩니다.**

3. 마레이타이여, 여성들을 일깨워 그들이 우리 의식을 훨씬 더 높은 수준으로 끌어올리는 것 안에 있는 보다 영적이고 신비적인 측면을 보게 하소서.

오 우주의 어머니여, 우리는 하나이며,
당신의 가슴은 불타오르는 태양입니다.
당신에게서 크게 울려 나오는 신성한 음류는,
내 존재를 통해 더욱더 증폭됩니다.

**마레이타이여, 우주의 문을 열어주는 노래가
내 안에 울려 퍼집니다.
당신의 선율이 내 존재를 진동시키면
내 자아감은 새로이 창조됩니다.**

4. 마레이타이여, 여성들을 일깨워 시대를 통틀어 많은 신비 여정과 신비론적 가르침, 신비 여정을 촉진시켜 온 많은 구루가 있었음을 알게 하소서.

오 우주의 어머니여, 나는 이제,
신성한 구체의 미묘한 소리를 듣습니다.
우주의 훔(Hum) 소리에 나를 조율하며,
더 작은 자아를 넘어섭니다.

**마레이타이여, 우주의 문을 열어주는 노래가
내 안에 울려 퍼집니다.
당신의 선율이 내 존재를 진동시키면
내 자아감은 새로이 창조됩니다.**

5. 마레이타이여, 여성들을 일깨워 신비 여정의 본질은 우리가 자아감을 전환하는 것임을 알게 하소서. 우리는 분리된 자아, 이원적인 자아를 죽게 놓아둠으로써 이렇게 합니다.

오 우주의 어머니여, 나를 집으로 데려가소서.
내가 신성한 옴(OM) 소리와 공명하니,
소리 안의 소리는 나를 위로 들어올리고,
내 잔에는 오직 빛만이 존재합니다.

**마레이타이여, 우주의 문을 열어주는 노래가
내 안에 울려 퍼집니다.
당신의 선율이 내 존재를 진동시키면
내 자아감은 새로이 창조됩니다.**

6. 마레이타이여, 여성들을 일깨워 일부 국가에서 여성들이 다른 나라보다 더 자유로움을 알게 하소서. 이는 덜 자유로운 나라는 더 많이 자유로운 나라들이 겪었던 것과 같은 과정을 겪어야 한다는 의미입니다.

오 우주의 어머니여, 나는 우주 교향악의,

일부가 되리니.
나의 전 현존은(All that I AM),
하늘에서 오는 소리를 연주하는 악기입니다.

**마레이타이여, 우주의 문을 열어주는 노래가
내 안에 울려 퍼집니다.
당신의 선율이 내 존재를 진동시키면
내 자아감은 새로이 창조됩니다.**

7. 마레이타이여, 덜 자유로운 나라의 여성들을 일깨워 더 많이 진화한 나라의 자매들에게 도움을 요청하게 하소서.

오 우주의 어머니여, 이제 요청드리니,
나를 신성한 음악의 전당으로 들어가게 하소서.
별들이 빛나는 창공을 향해 가며,
나는 생명의 상승에 참여합니다.

**마레이타이여, 우주의 문을 열어주는 노래가
내 안에 울려 퍼집니다.
당신의 선율이 내 존재를 진동시키면
내 자아감은 새로이 창조됩니다.**

8. 마레이타이여, 더 많이 해방된 나라의 여성들을 일깨워 "모든 여성이 자유롭기 전에는 어떤 여성도 진정으로 자유롭지 않다."라는 것을 인정하고 연대감을 발전시키게 하소서. 우리의 자유를 이용해서 다른 나라의 자매들을 돕는 것은 우리 책임입니다.

오 우주의 어머니여, 내 현들을 조율하시어,
내 전 존재가 당신과 함께 노래하게 하소서.
이제 당신의 노래를 울려 퍼지게 하며,

나는 우주적인 사랑을 찬양합니다.

마레이타이여, 우주의 문을 열어주는 노래가
내 안에 울려 퍼집니다.
당신의 선율이 내 존재를 진동시키면
내 자아감은 새로이 창조됩니다.

9. 마레이타이여, 여성들을 일깨워 여성 해방의 알파 측면은 여성들을 제한하는 조건으로부터 여성을 해방하는 것을 넘어, 여성들이 새로운 방향, 긍정적인 것을 포용하는 데 자유로워지는 것임을 알게 하소서.

오 우주의 어머니여, 당신을 사랑합니다.
당신의 사랑 노래는 나를 영원히 진실되게 합니다.
당신이 신성한 음조로 나를 가득 채워 주시니,
이제 내 외로움은 완전히 사라졌습니다.

마레이타이여, 우주의 문을 열어주는 노래가
내 안에 울려 퍼집니다.
당신의 선율이 내 존재를 진동시키면
내 자아감은 새로이 창조됩니다.

파트 4

1. 마레이타이여, 여성들을 일깨워 더 높은 의식 수준으로 가는 여정을 따르는 방법이 많음을 알게 하소서. 사람들은 자기의 현재 의식 수준에서 직관적으로 끌리는 일을 해야 합니다.

오 우주의 어머니여, 나를 본향으로 부르는,
공(gong) 소리를 울려 주소서.
당신이 내게 부어 주시는 온화한 사랑을 깨달으며,

그 앎 속에서, 나는 자유롭습니다.

**마레이타이여, 우주의 문을 열어주는 노래가
내 안에 울려 퍼집니다.
당신의 선율이 내 존재를 진동시키면
내 자아감은 새로이 창조됩니다.**

2. 마레이타이여, 여성들을 일깨워 의식이 더 높아지면, 더 높은 가르침, 더 높은 스승을 알 수 있고 마침내 지구에서 이용할 수 있는 최고의 영적 교사인 상승 마스터들을 인정하게 됨을 알게 하소서.

오 우주의 어머니여, 나를 굳게 잡아주소서.
당신의 빛이 내 안에 울려 퍼집니다.
당신의 음악은 내 가슴을 정화하고,
나는 모두에게 당신의 사랑을 전해 줍니다.

**마레이타이여, 우주의 문을 열어주는 노래가
내 안에 울려 퍼집니다.
당신의 선율이 내 존재를 진동시키면
내 자아감은 새로이 창조됩니다.**

3. 마레이타이여, 여성들을 일깨워 우리가 자신이 누구인지, 어떤 유형의 존재인지에 대한 더 높은 정체감, 더 높은 인식으로 해방되어야 함을 알게 하소서.

오 우주의 어머니여, 우리는 하나이며,
당신의 가슴은 불타오르는 태양입니다.
당신에게서 크게 울려 나오는 신성한 음류는,
내 존재를 통해 더욱더 증폭됩니다.

마레이타이여, 우주의 문을 열어주는 노래가
내 안에 울려 퍼집니다.
당신의 선율이 내 존재를 진동시키면
내 자아감은 새로이 창조됩니다.

4. 마레이타이여, 여성들을 일깨워 이것이 우리를 여성으로서 완전한 힘을 얻게 하고, 여성으로서 최상의 잠재력을 실현하고, 여성으로서 우리의 힘을 표현하게 함을 알게 하소서.

오 우주의 어머니여, 나는 이제,
신성한 구체의 미묘한 소리를 듣습니다.
우주의 훔(Hum) 소리에 나를 조율하며,
더 작은 자아를 넘어섭니다.

마레이타이여, 우주의 문을 열어주는 노래가
내 안에 울려 퍼집니다.
당신의 선율이 내 존재를 진동시키면
내 자아감은 새로이 창조됩니다.

5. 마레이타이여, 여성들을 일깨워 우리가 여성으로서 힘을 얻게 되고 사회에 더 많은 영향력을 미치려는 단계를 거치게 하소서.

오 우주의 어머니여, 나를 집으로 데려가소서.
내가 신성한 옴(OM) 소리와 공명하니,
소리 안의 소리는 나를 위로 들어올리고,
내 잔에는 오직 빛만이 존재합니다.

마레이타이여, 우주의 문을 열어주는 노래가
내 안에 울려 퍼집니다.
당신의 선율이 내 존재를 진동시키면

내 자아감은 새로이 창조됩니다.

6. 마레이타이여, 여성들을 일깨워 지구에서 여성에게 부과된 모든 한계에서 우리가 자유로워진다고 해도, 뭔가로 그것을 대신하지 않는다면 진공상태에 빠지게 됨을 알게 하소서.

오 우주의 어머니여, 나는 우주 교향악의,
일부가 되리니.
나의 전 현존은(All that I AM),
하늘에서 오는 소리를 연주하는 악기입니다.

**마레이타이여, 우주의 문을 열어주는 노래가
내 안에 울려 퍼집니다.
당신의 선율이 내 존재를 진동시키면
내 자아감은 새로이 창조됩니다.**

7. 마레이타이여, 여성들을 일깨워 우리가 의식을 끌어올릴 때, 새로운 정체감을 구축하기 시작함을 알게 하소서.

오 우주의 어머니여, 이제 요청드리니,
나를 신성한 음악의 전당으로 들어가게 하소서.
별들이 빛나는 창공을 향해 가며,
나는 생명의 상승에 참여합니다.

**마레이타이여, 우주의 문을 열어주는 노래가
내 안에 울려 퍼집니다.
당신의 선율이 내 존재를 진동시키면
내 자아감은 새로이 창조됩니다.**

8. 마레이타이여, 여성들을 일깨워 우리가 지구에서 여성에게 부과된

모든 제한에서 해방될 때, 완전히 해방된 여성이 되는 것이 아님을
알게 하소서. 우리는 남성도 여성도 아닌 완전히 자유로워진 영적인
존재가 됩니다.

오 우주의 어머니여, 내 현들을 조율하시어,
내 전 존재가 당신과 함께 노래하게 하소서.
이제 당신의 노래를 울려 퍼지게 하며,
나는 우주적인 사랑을 찬양합니다.

마레이타이여, 우주의 문을 열어주는 노래가
내 안에 울려 퍼집니다.
당신의 선율이 내 존재를 진동시키면
내 자아감은 새로이 창조됩니다.

9. 마레이타이여, 여성들을 일깨워 여성의 몸속에 있다는 것이 우리의
존재가 여성의 몸에 의해 정의된다는 의미가 아님을 알게 하소서. 육
체의 성별과 상관없이, 우리는 보편적인 영적 존재입니다

오 우주의 어머니여, 당신을 사랑합니다.
당신의 사랑 노래는 나를 영원히 진실되게 합니다.
당신이 신성한 음조로 나를 가득 채워 주시니,
이제 내 외로움은 완전히 사라졌습니다.

마레이타이여, 우주의 문을 열어주는 노래가
내 안에 울려 퍼집니다.
당신의 선율이 내 존재를 진동시키면
내 자아감은 새로이 창조됩니다.

파트 5

1. 마레이타이여, 여성들을 일깨워 우리는 육체의 성별로 규정되지 않고, 이곳 지구에서 성적으로 부과된 문화적 덧씌움에 의해 제한받는 존재가 아님을 알게 하소서.

오 우주의 어머니여, 나를 본향으로 부르는,
공(gong) 소리를 울려 주소서.
당신이 내게 부어 주시는 온화한 사랑을 깨달으며,
그 앎 속에서, 나는 자유롭습니다.

**마레이타이여, 우주의 문을 열어주는 노래가
내 안에 울려 퍼집니다.
당신의 선율이 내 존재를 진동시키면
내 자아감은 새로이 창조됩니다.**

2. 마레이타이여, 여성들을 일깨워 우리는 자유로운 여성이 되기 위해 분투하는 것이 아니라, 우리 자신을 남자나 여자로 동일시하지 않는 그리스도화된 존재가 되기 위해 분투함을 알게 하소서.

오 우주의 어머니여, 나를 굳게 잡아주소서.
당신의 빛이 내 안에 울려 퍼집니다.
당신의 음악은 내 가슴을 정화하고,
나는 모두에게 당신의 사랑을 전해 줍니다.

**마레이타이여, 우주의 문을 열어주는 노래가
내 안에 울려 퍼집니다.
당신의 선율이 내 존재를 진동시키면
내 자아감은 새로이 창조됩니다.**

3. 마레이타이여, 여성들을 일깨워 우리가 여성의 몸으로 있는 것을 수용하고 이렇게 말하게 하소서. "그래서 뭐? 이것은 그냥 몸일 뿐이

야. 나는 몸에 최선을 다해야 하겠지만, 몸이 나를 제한하고, 나를 통해 내 아이앰 현존을 표현하는 것을 제한하게 내버려 두지 않겠어."

오 우주의 어머니여, 우리는 하나이며,
당신의 가슴은 불타오르는 태양입니다.
당신에게서 크게 울려 나오는 신성한 음류는,
내 존재를 통해 더욱더 증폭됩니다.

**마레이타이여, 우주의 문을 열어주는 노래가
내 안에 울려 퍼집니다.
당신의 선율이 내 존재를 진동시키면
내 자아감은 새로이 창조됩니다.**

4. 마레이타이여, 여성들을 일깨워 어떤 것에서 우리를 해방한다는 개념은 이원적인 것임을 알게 하소서. 우리를 제한하는 것이 있고, 그것에 반대되는 자유로운 상태가 있습니다. 그리고 우리는 우리를 제한하는 조건을 제거함으로써 자유로워집니다.

오 우주의 어머니여, 나는 이제,
신성한 구체의 미묘한 소리를 듣습니다.
우주의 훔(Hum) 소리에 나를 조율하며,
더 작은 자아를 넘어섭니다.

**마레이타이여, 우주의 문을 열어주는 노래가
내 안에 울려 퍼집니다.
당신의 선율이 내 존재를 진동시키면
내 자아감은 새로이 창조됩니다.**

5. 마레이타이여, 여성들을 일깨워 우리 모두 수많은 생애 동안 남녀 모두의 몸으로 있었음을 알게 하소서.

오 우주의 어머니여, 나를 집으로 데려가소서.
내가 신성한 옴(OM) 소리와 공명하니,
소리 안의 소리는 나를 위로 들어올리고,
내 잔에는 오직 빛만이 존재합니다.

**마레이타이여, 우주의 문을 열어주는 노래가
내 안에 울려 퍼집니다.
당신의 선율이 내 존재를 진동시키면
내 자아감은 새로이 창조됩니다.**

6. 마레이타이여, 여성들을 일깨워 우리가 분리된 자아들을 만들어 지구 조건에 반응했음을 알게 하소서. 이 자아들이 우리가 영적인 존재이며, 이 지구에 국한된 존재가 아니라는 사실을 잊게 만들었습니다.

오 우주의 어머니여, 나는 우주 교향악의,
일부가 되리니.
나의 전 현존은(All that I AM),
하늘에서 오는 소리를 연주하는 악기입니다.

**마레이타이여, 우주의 문을 열어주는 노래가
내 안에 울려 퍼집니다.
당신의 선율이 내 존재를 진동시키면
내 자아감은 새로이 창조됩니다.**

7. 마레이타이여, 여성들을 일깨워 우리가 깨어나기 시작할 때, 먼저 우리가 사회의 조건들에 제한되어 있음을 보게 됨을 알게 하소서. 하지만 그 조건들에서 자유로워지는 최선의 방법은 진정으로 우리의 의식 상태를 초월하는 것입니다.

오 우주의 어머니여, 이제 요청드리니,

나를 신성한 음악의 전당으로 들어가게 하소서.
별들이 빛나는 창공을 향해 가며,
나는 생명의 상승에 참여합니다.

**마레이타이여, 우주의 문을 열어주는 노래가
내 안에 울려 퍼집니다.
당신의 선율이 내 존재를 진동시키면
내 자아감은 새로이 창조됩니다.**

8. 마레이타이여, 여성들을 일깨워 여성들이 투표할 수 있도록 사회를 바꾼 이들은 기꺼이 자신에 대해 작업하고 정체감을 전환하였음을 알게 하소서. 그들은 여성들은 정치에 대해 아무것도 모르므로 투표하도록 허용해서는 안되며, 여성은 정치를 이해할 수 없다는 문화적인 덧씌움을 극복했습니다.

오 우주의 어머니여, 내 현들을 조율하시어,
내 전 존재가 당신과 함께 노래하게 하소서.
이제 당신의 노래를 울려 퍼지게 하며,
나는 우주적인 사랑을 찬양합니다.

**마레이타이여, 우주의 문을 열어주는 노래가
내 안에 울려 퍼집니다.
당신의 선율이 내 존재를 진동시키면
내 자아감은 새로이 창조됩니다.**

9. 마레이타이여, 여성들을 일깨워 그들이 긍정적인 방법으로 정체감을 전환하게 도와주소서. 여성들은 실제로 남성만큼 정치를 잘 알 수 있고, 정계에 가치 있는 관점을 제공할 수 있으므로, 여성에게도 투표와 공직 진출이 허용되어야 함을 그들이 수용하게 해주소서.

오 우주의 어머니여, 당신을 사랑합니다.
당신의 사랑 노래는 나를 영원히 진실되게 합니다.
당신이 신성한 음조로 나를 가득 채워 주시니,
이제 내 외로움은 완전히 사라졌습니다.

마레이타이여, 우주의 문을 열어주는 노래가
내 안에 울려 퍼집니다.
당신의 선율이 내 존재를 진동시키면
내 자아감은 새로이 창조됩니다.

파트 6

1. 마레이타이여, 여성들을 일깨워 일부 여성들은 그런 전환을 하지 않았음을 알게 하소서. 그들은 이전 조건에서 해방되지 못했으나 그것에 반대하며, 어떤 경우에는 남성에게 반대하는 여성이라는 새로운 정체감을 창조했습니다.

오 우주의 어머니여, 나를 본향으로 부르는,
공(gong) 소리를 울려 주소서.
당신이 내게 부어 주시는 온화한 사랑을 깨달으며,
그 앎 속에서, 나는 자유롭습니다.

마레이타이여, 우주의 문을 열어주는 노래가
내 안에 울려 퍼집니다.
당신의 선율이 내 존재를 진동시키면
내 자아감은 새로이 창조됩니다.

2. 마레이타이여, 여성들을 일깨워 그들은 자신을 초월하는 것이 아니라, 남성들 혹은 적어도 남성의 특정한 전형적 이미지에 반대하여 정의한, 또 다른 이원적인 자아를 창조했음을 알게 하소서.

오 우주의 어머니여, 나를 굳게 잡아주소서.
당신의 빛이 내 안에 울려 퍼집니다.
당신의 음악은 내 가슴을 정화하고,
나는 모두에게 당신의 사랑을 전해 줍니다.

**마레이타이여, 우주의 문을 열어주는 노래가
내 안에 울려 퍼집니다.
당신의 선율이 내 존재를 진동시키면
내 자아감은 새로이 창조됩니다.**

3. 마레이타이여, 여성들을 일깨워 보다 극단적인 페미니스트 운동에 속한 사람들은 남성에 대한 부정적인 시각을 가지고 있음을 알게 하소서. 그들은 그 부정적인 남성의 이미지와는 다른, 더 우월한 여성의 이미지를 창조했습니다.

오 우주의 어머니여, 우리는 하나이며,
당신의 가슴은 불타오르는 태양입니다.
당신에게서 크게 울려 나오는 신성한 음류는,
내 존재를 통해 더욱더 증폭됩니다.

**마레이타이여, 우주의 문을 열어주는 노래가
내 안에 울려 퍼집니다.
당신의 선율이 내 존재를 진동시키면
내 자아감은 새로이 창조됩니다.**

4. 마레이타이여, 여성들을 일깨워 이것은 여성들을 진정한 해방으로 이끌지 않음을 알게 하소서. 그것은 사회환경 개선으로 이어질 수 있습니다. 문화가 얼마나 이원적인지를 고려하면, 남성들과 남성 지배에 반대하는 뭔가를 창조할 필요가 있었습니다.

오 우주의 어머니여, 나는 이제,
신성한 구체의 미묘한 소리를 듣습니다.
우주의 훔(Hum) 소리에 나를 조율하며,
더 작은 자아를 넘어섭니다.

**마레이타이여, 우주의 문을 열어주는 노래가
내 안에 울려 퍼집니다.
당신의 선율이 내 존재를 진동시키면
내 자아감은 새로이 창조됩니다.**

5. 마레이타이여, 여성들을 일깨워 우리 인간들은 어떤 것에 상반되는 이원적 자아들을 창조하는 패턴을 가지고 있음을 알게 하소서.

오 우주의 어머니여, 나를 집으로 데려가소서.
내가 신성한 옴(OM) 소리와 공명하니,
소리 안의 소리는 나를 위로 들어올리고,
내 잔에는 오직 빛만이 존재합니다.

**마레이타이여, 우주의 문을 열어주는 노래가
내 안에 울려 퍼집니다.
당신의 선율이 내 존재를 진동시키면
내 자아감은 새로이 창조됩니다.**

6. 마레이타이여, 여성들을 일깨워 지구의 모든 것에 대립되는 이원적인 자아를 만들어서는 자신을 자유롭게 할 수 없음을 알게 하소서.

오 우주의 어머니여, 나는 우주 교향악의,
일부가 되리니.
나의 전 현존은(All that I AM),
하늘에서 오는 소리를 연주하는 악기입니다.

마레이타이여, 우주의 문을 열어주는 노래가
내 안에 울려 퍼집니다.
당신의 선율이 내 존재를 진동시키면
내 자아감은 새로이 창조됩니다.

7. 마레이타이여, 여성들이 새로운 역할을 맡도록 일깨워 여성 해방의 새로운 국면을 위한 선구자가 되게 하소서. 이로 인해 현대 민주주의 국가들이 지금의 수준을 넘어서서 새로운 국면으로 들어가게 하소서.

오 우주의 어머니여, 이제 요청드리니,
나를 신성한 음악의 전당으로 들어가게 하소서.
별들이 빛나는 창공을 향해 가며,
나는 생명의 상승에 참여합니다.

마레이타이여, 우주의 문을 열어주는 노래가
내 안에 울려 퍼집니다.
당신의 선율이 내 존재를 진동시키면
내 자아감은 새로이 창조됩니다.

8. 마레이타이여, 여성들을 일깨워 여성으로 존재하는 것, 이번 생에 여성의 몸으로 있다는 사실에 대한 우리의 반응을 살펴보게 하소서. 그것이 우리를 제한할까요? 우리가 그것을 불리하다고 볼까요?

오 우주의 어머니여, 내 현들을 조율하시어,
내 전 존재가 당신과 함께 노래하게 하소서.
이제 당신의 노래를 울려 퍼지게 하며,
나는 우주적인 사랑을 찬양합니다.

마레이타이여, 우주의 문을 열어주는 노래가
내 안에 울려 퍼집니다.

당신의 선율이 내 존재를 진동시키면
내 자아감은 새로이 창조됩니다.

9. 마레이타이여, 여성들을 일깨워 어쩌면 우리는 과거 생에 여성 해방 운동에 연루되어 있었고, 이에 대한 반응으로서, 그리고 여성들이 노출된 억압에 대한 반응으로서 분리된 자아들을 만들었기 때문에 이렇게 느끼는 것은 아닌지 알게 하소서.

오 우주의 어머니여, 당신을 사랑합니다.
당신의 사랑 노래는 나를 영원히 진실되게 합니다.
당신이 신성한 음조로 나를 가득 채워 주시니,
이제 내 외로움은 완전히 사라졌습니다.

마레이타이여, 우주의 문을 열어주는 노래가
내 안에 울려 퍼집니다.
당신의 선율이 내 존재를 진동시키면
내 자아감은 새로이 창조됩니다.

파트 7

1. 마레이타이여, 여성들을 일깨워 그것은 여성인 자신을 해방하는 문제가 아니라, 자신을 여성이 되는 것에서, 여성이라고 생각하는 것, 자신을 여자로 보는 것, 자신을 여자와 동일시하는 것에서 자유롭게 하는 문제임을 알게 하소서.

오 우주의 어머니여, 나를 본향으로 부르는,
공(gong) 소리를 울려 주소서.
당신이 내게 부어 주시는 온화한 사랑을 깨달으며,
그 앎 속에서, 나는 자유롭습니다.

마레이타이여, 우주의 문을 열어주는 노래가
내 안에 울려 퍼집니다.
당신의 선율이 내 존재를 진동시키면
내 자아감은 새로이 창조됩니다.

2. 마레이타이여, 여성들을 일깨워 자유로운 국가에서도 우리가 자신을 여자와 동일시하는 한, 우리는 여전히 현재 여성의 역할에 근거해서 자신을 동일시하게 되고, 여전히 여성들이 노출되어 있는 한계들에 반대할 것임을 알게 하소서.

오 우주의 어머니여, 나를 굳게 잡아주소서.
당신의 빛이 내 안에 울려 퍼집니다.
당신의 음악은 내 가슴을 정화하고,
나는 모두에게 당신의 사랑을 전해 줍니다.

마레이타이여, 우주의 문을 열어주는 노래가
내 안에 울려 퍼집니다.
당신의 선율이 내 존재를 진동시키면
내 자아감은 새로이 창조됩니다.

3. 마레이타이여, 여성들을 일깨워 우리가 모든 저항, 모든 반대, 모든 제한된 느낌에서 스스로 자유로워지는 다음 단계로 올라갈 잠재력을 보게 하소서. 우리는 우리 문화에서 여성들이 노출되어 있는 조건들을 살펴보고 이렇게 말합니다. "그래서 어쩌라고! 이런 한계에 근거해 나 자신을 동일시하지 않겠어."

오 우주의 어머니여, 우리는 하나이며,
당신의 가슴은 불타오르는 태양입니다.
당신에게서 크게 울려 나오는 신성한 음류는,
내 존재를 통해 더욱더 증폭됩니다.

마레이타이여, 우주의 문을 열어주는 노래가
내 안에 울려 퍼집니다.
당신의 선율이 내 존재를 진동시키면
내 자아감은 새로이 창조됩니다.

4. 마레이타이여, 여성들을 일깨워 우리가 특정 패턴에 근거한 관계에 고정되어 있음을 알게 하소서. 이런 패턴을 받아들인 자아들을 놓아 버리면, 우리는 이렇게 말할 수 있습니다. "나는 더 이상 이런 패턴에 구속되지 않겠어. 이런 패턴에서 나 자신을 자유롭게 할 거야. 먼저, 나 자신을 내 마음에서 해방할 거야."

오 우주의 어머니여, 나는 이제,
신성한 구체의 미묘한 소리를 듣습니다.
우주의 훔(Hum) 소리에 나를 조율하며,
더 작은 자아를 넘어섭니다.

마레이타이여, 우주의 문을 열어주는 노래가
내 안에 울려 퍼집니다.
당신의 선율이 내 존재를 진동시키면
내 자아감은 새로이 창조됩니다.

5. 마레이타이여, 여성들을 일깨워 여성들의 영적 성장을 극대화하는 것은, 십대에 결혼해서 죽음이 우리를 갈라놓을 때까지 살아야 한다는 명령에 따르는 것으로는 이루어질 수 없음을 알게 하소서.

오 우주의 어머니여, 나를 집으로 데려가소서.
내가 신성한 옴(OM) 소리와 공명하니,
소리 안의 소리는 나를 위로 들어올리고,
내 잔에는 오직 빛만이 존재합니다.

마레이타이여, 우주의 문을 열어주는 노래가
내 안에 울려 퍼집니다.
당신의 선율이 내 존재를 진동시키면
내 자아감은 새로이 창조됩니다.

6. 마레이타이여, 여성들을 일깨워 우리가 기꺼이 자신에 대해 작업하면 우리의 관계가 더 높은 수준으로 올라갈 수 있음을 알게 하소서. 아니면 나아가서 기꺼이 더 높이 올라갈 의향이 있는 다른 파트너를 끌어당길 수 있습니다.

오 우주의 어머니여, 나는 우주 교향악의,
일부가 되리니.
나의 전 현존은(All that I AM),
하늘에서 오는 소리를 연주하는 악기입니다.

마레이타이여, 우주의 문을 열어주는 노래가
내 안에 울려 퍼집니다.
당신의 선율이 내 존재를 진동시키면
내 자아감은 새로이 창조됩니다.

7. 마레이타이여, 남녀를 모두 일깨워 당신 위로의 현존(Comforting Presence)에 조율하게 하소서. 그로써 우리가 더 이상 자신을 남자나 여자로 보지 않게 하시고, 우리 모두가 우리를 제한하는 전통적 역할 이상의 존재임을 알게 하소서

오 우주의 어머니여, 이제 요청드리니,
나를 신성한 음악의 전당으로 들어가게 하소서.
별들이 빛나는 창공을 향해 가며,
나는 생명의 상승에 참여합니다.

마레이타이여, 우주의 문을 열어주는 노래가
내 안에 울려 퍼집니다.
당신의 선율이 내 존재를 진동시키면
내 자아감은 새로이 창조됩니다.

8. 마레이타이여, 남녀를 모두 일깨워 그리스도 안에서 연합하게 하소서. 그리스도 안에서는 우리 모두는 다른 몸, 다른 개성, 다른 문화, 다른 배경을 통해 자신을 표현하는 영적인 존재들입니다.

오 우주의 어머니여, 내 현들을 조율하시어,
내 전 존재가 당신과 함께 노래하게 하소서.
이제 당신의 노래를 울려 퍼지게 하며,
나는 우주적인 사랑을 찬양합니다.

마레이타이여, 우주의 문을 열어주는 노래가
내 안에 울려 퍼집니다.
당신의 선율이 내 존재를 진동시키면
내 자아감은 새로이 창조됩니다.

9. 마레이타이여, 남녀를 모두 일깨워 우리를 하나로 묶는 본질적인 인간애(essential humanity)를 보게 하소서. 우리는 차이를 없애서 하나가 되는 것이 아니라, 차이를 극복하고, 이런 차이가 우리의 정체성을 규정하지 않음을 깨달으며 하나가 됩니다. 그리스도 안에서 우리는 새로운 정체성을 가집니다.

오 우주의 어머니여, 당신을 사랑합니다.
당신의 사랑 노래는 나를 영원히 진실되게 합니다.
당신이 신성한 음조로 나를 가득 채워 주시니,
이제 내 외로움은 완전히 사라졌습니다.

마레이타이여, 우주의 문을 열어주는 노래가
내 안에 울려 퍼집니다.
당신의 선율이 내 존재를 진동시키면
내 자아감은 새로이 창조됩니다.

봉인

I AM THAT I AM의 이름으로, 나는 대천사 미카엘과 아스트레아와 쉬바께서 나와 모든 건설적인 사람 주위에 뚫을 수 없는 보호막을 형성하여, 우리를 네 옥타브 안에 있는 모든 두려움 기반의 에너지로부터 봉인해 주심을 받아들입니다. 나는 신의 빛(Light of God)이 지구 여성들을 자유롭게 하는 데 저항하는, 어둠의 힘을 구성하는 두려움 기반의 모든 에너지를 변형하고 소멸하고 있음을 받아들입니다!
.

21
남성과 여성 사이의 통제 게임 극복하기

상승 마스터 리버티

나는 상승 마스터 리버티입니다. 여성 해방이라는 이 중요한 주제에 대해 내가 제시하려는 의견은, 남성과 여성 모두의 자유를 빼앗기 위해 타락한 존재들이 사용한 것이 무엇인지에 대한 것입니다. 자, 다른 마스터들이 말씀하셨듯이, 여러분이 이원성으로 들어가면 항상 두 개의 극성이 있고, 그것들은 항상 서로 반대됩니다. 이것이 두 극성 사이에 내재하는 불가피하고 피할 수 없는 긴장감을 조성합니다. 이 긴장감이 무엇을 초래할까요? 음, 이 극성들은 동시에 만들어졌기 때문에, 하나의 이원적 극성이 반대되는 이원적 극성을 파괴할 수는 없습니다. 그러나, 지구 같은 행성에서는 집단의식과 개별 의식의 밀도로 인해, 하나의 이원적 극성이 다른 극성을 임시로 압도하는 것이 가능합니다.

이것이 무엇을 의미할까요? 이것은 이원적 양극성들 사이에 계속되는 투쟁이 존재한다는 것을 의미하며, 이것이 일부 심리학자들이 통제 게임이라고 하는 것의 본질입니다. 다시 말해서, 누가 통제권을 가지고 있고, 누가 더 강하며, 누가 이원적 양극성에 대한 통제권자인가에 대한 투쟁이 있습니다.

전반적인 정치 수준에서 이원적 양극성의 전형적인 예는 자본주의와 공산주의입니다. 냉전은 본질적으로 통제 게임이었습니다. 그것은 누가 통제할 것인가에 대한 두 극성 사이의 투쟁이었으며, 세계에 대한 통제권을 누가 가질 것인가에 대한 투쟁이었습니다. 둘 중 어느쪽도 통제권을 얻지 못하는 이런 경우에는, 휴전(休戰)이라는 특정한 상황에 이르게 되었습니다. 이런 현상이 통제 게임에서도 일어날 수 있습니다. 한 극성이 다른 극성을 지배하는 대신, 서로가 서로의 입장을 받아들이려는, 어쩌면 평형 상태라고 할 수 있는 상태에 이르렀지만, 여전히 계속되는 긴장감이 있으며, 서로 우위를 점하고 다른 하나를 지배하려고 하는 계속되는 시도가 있습니다. 따라서 그들은 계속 투쟁에 참여해야 합니다.

지구에서 가장 오래된 통제 게임

여러분은 (전반적인 정치 수준, 혹은 세계 수준에서) 통제를 위한 이런 투쟁을 많이 보았습니다. 역사를 통해서도 이런 것을 여러 차례 봐왔습니다. 예를 들면, 콘스탄티누스에 의해 가톨릭교회가 창조된 초기부터, 가톨릭교회가 사회에 대한 통제권을 획득하고 성취하기 위한 파벌이고 세력이었음을 여러분은 압니다. 이것은 결국 또 다른 극성, 다시 말해 이슬람을 끌어들였고, 십자군 전쟁과 둘 사이의 싸움을 초래했습니다. 지금도 여전히 그리스도교와 이슬람 종교 사이에 긴장감이 있다고 말할 수 있습니다. 상호 투쟁에 갇혀 있는 전 세계 많은 개별 국가 사이에서도 이런 긴장감을 볼 수 있습니다. 때로는 두 나라가 오랫동안 투쟁할 수도 있고, 어떤 때는 그것이 바뀌어 여러 나라가 정치적 통제 게임이라고 할 수 있는 것에 동참합니다.

하나의 예로서, 경제 분야에서 보듯이, 1800년대 미국에서 자본가들이 출현하면서 그들은 더 많은 돈과 더 많은 권력을 얻게 되었고, 결국에는 돈을 벌 수 있는 유일한 방법이 독점권을 가지는 것이라고 생각하게 되었습니다. 그들은 독점 자본주의의 선구자가 되었지만, 주도권을 잡으려는 이들은 언제나 하나 이상이었으며, 그래서 그들 사이에서 통제 게임은 불가피했습니다.

그런데 여러분, 지구에서 가장 오래된 통제 게임이 무엇일까요? 어떤 의미에서는, 지구에서 가장 기본적인 통제 게임을 뭐라고 할 수 있을까요? 음, 정확히 말하면 그것은 남성과 여성 사이의 통제 게임 아닌가요? 역사에서도 찾아볼 수 있고, 많은 사회에서도 이것을 볼 수 있습니다. 이런 사회들은 명백히 가부장제 사회이거나 남성이 우위를 점하는 남성 지배적인 사회입니다. 그러므로 남성들이 지배권의 대부분을 가졌다고 말하겠지만, 이것이 실제로 여성의 측면에서는 통제가 없었음을 의미한다고 말할 수 있을까요? 많은 경우, 어떤 면에서는 남성이 우위를 점했지만, 그래도 여성에 의한 통제 게임이 있었습니다. 남성들이 특권적인 지위를 가지고, 여성들이 부차적인 지위를 가진 많은 사회에서 특정한 상황들이 있었습니다. 어떤 의미에서는 남성과 여성 둘 다 자기 역할에 대한 제한들을 받아들였고, 그 변수 안에서 그들은 여전히 특정한 방식으로 통제권을 얻기 위해 싸워왔습니다.

자, 여기서 알게 되는 것은 타락한 존재들이 남성을 우월한 성으로 선택했고, 우월한 성으로 정의했다는 것입니다. 이렇게 한 다음 그들은 남성이 통제해야 한다고 집단의식에 투사했습니다. 남성은 사회를 통제해야 합니다. 남성은 가족을 통제해야 하며, 여성과의 관계를 통제해야 합니다. 이런 투사는 타락한 존재들이 지배와 통제를 위해 투쟁을 하는 이원적 양극성으로 남성과 여성을 처음 정의했을 때로 거슬러 올라갑니다. 이런 투사가 오랫동안 있었습니다. 그리고 남성이 지배해야 한다는 집단의식 속에는 아주 거대한 야수가 있습니다.

자, 당연히 통제당하기를 원하지 않는 여성으로부터 저항하는 반응이 생겨났습니다. 여성들이 지배해온 사회들도 있었고, 여성이 남성의 통제권을 뺏어야 한다는 집단적인 야수도 생겨났습니다. 남성들이 사회나 삶의 특정한 측면을 지배하고 있다는 것을 여성들이 실제로 받아들이게 하는 훨씬 더 큰 집단적인 야수가 있습니다. 그러나 이 야수는 또한 여성들이 통제할 수 있는 영역에서는 통제력을 얻어야 한다고 투사해 왔습니다. 이것이 문화와 사회에서 정의한 범위 내에서 통제력을 가지려는 남성과 여성 사이의 계속되는 투쟁을 유지해 왔습니다.

남성과 여성 사이의 통제 게임들

예를 들어, 남성들이 돈을 벌기 위해 밖으로 일하러 나가는 사회가 많이 있습니다. 그들은 직장에 더 가까워질 수 있도록 가족들이 어디에 살아야 할지를 통제하고, 가족이 어디에 살며 어떤 집을 사야 하는가에 대한 전반적인 결정을 내릴 수도 있습니다. 가정과 아이들의 양육에 대해서는 여성들이 통제합니다. 여성들은 일정한 수준의 통제를 받아들였지만, 가정과 관계에 대해서는 더 많은 통제력을 얻으려고 계속 시도하고 있습니다. 이런 끊임없이 계속되는 통제 게임이 이 세상에서 계속 일어나고 있습니다.

음, 물론 여러분은 (이 세상을 살펴보고, 역사를 살펴보면) 때때로 남성들이 여성에 대해 더 많은 통제력을 가진 사회가 등장하고, 또 다른 때는 통제력을 덜 가진 사회가 등장하는, 어떤 변화된 시나리오를 볼 수 있습니다. 심지어 여성이 남성보다 더 많은 통제력을 가졌던 몇몇 사회를 볼 수도 있습니다. 일반적으로, 최근 몇 세기 동안의 경향을 보면, 최소한 현대 민주주의 국가에서는, 남성과 여성 간의 통제 게임이 실제로 더 이상 강력해지지 않은 상태로 나아가는 것을 볼 수 있습니다. 다시 말해서, 이들 현대 민주주의 국가에서는 남성과 여성 모두가 통제 게임에서 점점 더 해방되고 있으며, 따라서 그들은 남성과 여성으로서 서로 관계를 맺는 새로운 방법을 자유롭게 찾고 있습니다. 지금 이 과정이 완료되었다고 말하는 것은 아니지만, 시작은 확실히 좋습니다.

자, 만일 여러분이 되돌아보거나 여기 이 심리, 즉 이런 통제 게임들의 본질을 살펴본다면, 그것들이 우리가 전에 말했던 것과 연관되어 있음을 알 수 있습니다. 다시 말해 타락한 존재들이 사람들이 자신에게 어떤 일이 일어날지 전혀 알 수 없는 그런 불확실성과 혼란을 만들어냈다는 것입니다. 매슬로우의 욕구 피라미드에서 보듯이, 낮은 단계에서는 사람들의 욕구가 두려움에 기반을 두고 있습니다. 미래에 일어날 일에 대한 두려움이 있기 때문에, 그들은 또한 자기 삶을 자신이 통제하고 있다는 감각을 가질 필요가 있습니다. 그들은 다양한 방법으로 이런 감각을 가지려고 하지만, 기본적으로는 자기 상황을 통제하는 특정한 심리적 감각을 얻기 위해 애쓰는 끝없는 통제 게임을 하고 있다고 말할 수 있습니다. 최소한 의존할 수 있는 뭔가가 있으면, 그들은 상황이 어떻게 작동하는지 알 수 있습니다.

여러분은 타락한 존재들이 남성과 여성 사이의 이런 분열을 만들고, 남성이 우월한 성이며, 그렇기 때문에 남성이 통제해야 한다고 투사하고, 그러고 나서 이것들이 알아서 저절로 펼쳐지도록 내버려 둔다고 생각할지도 모릅니다. 하지만 타락한 존재들은 여기에 만족하지 않습니다. 그들은 지구에서 그 누구보다도 더 많은 두려움을 가지고 있기 때문에, 어떤 의미에서 그들 또한 통제 게임에 갇혀 있습니다. 원거주민이나 지구에 온 아바타들은 타락한 존재보다 훨씬 적은 두려움을 가지고 있습니다. 남성과 여성 사이의 이런 기본적인 통제 게임 너머에도, 타락한 존재들의 마음속에서 펼쳐지고 있는 통제 게임이 있으므로, 그들은 끊임없이 통제를 추구하고 있다고 말할 수 있습니다. 물론, 지구에 타락한 존재가 단 한 명만 있다면 그 존재가 어느 정도 통제권을 취하는 상황이 있을 수 있겠지만, 하지만 타락한 존재들은 당연히 이원성 안에 있는 다른 모든 것들처럼 쌍을 이룹니다. 그래서 그들은 항상 하나 이상이고, 서로 경쟁 관계에 있으며, 서로 대립합니다.

남성들은 서사적인 명분을 위해 더 자발적으로 싸웁니다

타락한 존재들 사이의 통제 게임에서 펼쳐지는 것은 무엇일까요? 음, 그것은 타락한 존재 하나가 특정한 이데올로기, 종교, 또는 사고체계를 정의하고, 이 특정한 시스템이 세계를 통제하는 것이 서사적인 중요성을 가진다고 투사하는, 즉 우리가 서사적 사고방식이라고 부르는 것입니다. 이것이 행해지면 보상이 있고 그렇지 않으면 처벌이나 재앙이 있으므로, 말하자면 당근과 채찍이 있는 것입니다. 그다음에는, 다른 사고 체계를 정의하는 다른 타락한 존재가 있을 것이고, (심지어 경쟁 사고 체계를 정의하는 몇몇 타락한 존재들이 있을 수 있고), 따라서 이 둘 사이에는 지속적인 투쟁이 있을 것입니다.

자, 타락한 존재들은 이것으로 무엇을 하는 것일까요? 음, 그들은 통제 게임에 갇혀 있고, 통제를 위해 그들이 싸우고 있다고 말할 수도 있습니다. 그들은 한 타락한 존재가 이 행성에서 궁극적으로 통제하고 있다는 감각을 창조하려고 합니다. 그들은 주로 남성을 이용해서 이렇게 하는데, 그 이유는 남성들이 더 외향적이고, 왜곡된 측면에서 확장하는 힘에 더 끌리는 성향이 있으므로, 우리가 전에 말했듯이 서사적 사고방식을 더 쉽게 받아들이기 때문입니다. 그러므로, 타락한 존재들은 남성들이 서사적으로 중요한 대의명분을 위해 싸워야 하는 존재라고 느끼게 만들 것입니다. 그들은 이런 서사적 전투에 관여하고, 심지어는 전쟁에 나가 서사적인 전투에서 이기기 위해 자신의 목숨을 기꺼이 희생하는 사람들입니다. 물론 이것은 남성들을 광신적인 사고방식에 눈이 멀게 되는 특정 마음 상태에 놓이게 합니다. 그들은 이런 광신적인 사고방식에 의한 최면에 걸린 것입니다. 그러므로, 그들은 이 명분을 위해 나가 싸우기 위해, 자기 가족과 여성들을 남겨두고 기꺼이 떠나게 됩니다. 이런 것을 역사에서 많이 볼 수 있습니다.

대의명분을 위해 나가서 싸우지 않을 때도, 여전히 많은 남성은 이렇게 해야 한다는 특정 태도를 가진 서사적 사고방식에 갇혀 있을 수 있습니다. 예를 들어, 그들은 사회에서의 성공을 추구해야 합니다. 그러므로 그들의 아내는 그들이 사회 경력을 쌓는 것을 지원하고, 가정과 아이들을 돌보는 데 필요한 일을 해야 합니다. 그러므로, 남성은 아내가 그런 위치에 있기를 바라며, 그가 퇴근해서 집에 돌아왔을 때 아내가 집에 있어 그가 통제할 수 있기를 바라고, 또는 아내가 그의 일을 방해하지 않고, 또한 자신의 사회생활을 간섭하지 않기를 바랍니다.

남성에게 가해지는 이 긴장감은 무엇을 가져올까요? 음, 이런 사고 방식 때문에, 어떤 정치적, 종교적 명분을 위한 싸움이든, 혹은 사회 경력을 추구하든, 남성들은 그들이 자신의 상황을 통제하고 있다고 느낄 필요가 있습니다. 자, 만약에 여러분이 전쟁에 나가는 군인이라면, 여러분에게 무슨 일이 일어날지 알 수 있을까요? 음, 군대에 가봤거나 군대에 갔다 온 사람을 아는 사람이라면 누구나 알고 있듯이, 여러분은 군대에 가겠다는 자유의지를 가질 수는 있지만, 일단 입대하면 자유의지는 유보됩니다. 여러분은 군대에 의해 완전히, 군대의 모든 조직에 의해 완전히 통제됩니다. 심지어는 일부 사람들이 말하는 것처럼, "발맞추어 행진하는 법을 배울 때, 자신의 발에 대한 통제력조차 상실합니다." 거기에는 개인적인 삶이 없습니다. 이것은 남성들이 시스템에 의해 통제되는 압박 상황에 놓이게 되는 아주 분명한 예입니다.

사업 분야에서 경력을 추구하고 있는 남성들을 보세요. 그들은 특정한 직위를 획득하기 위해 승진하려는 어떤 목표를 가지고 있지만, 이렇게 하기 위해서는 특정 요건을 갖추어야 합니다. 그들은 같은 직위를 놓고 경쟁하는 다른 중간급 관리자보다 명분을 위해 좀 더 많은 희생을 해야 합니다. 그래서 그들은 무엇을 하나요? 음, 그것은 남성들로 하여금 엄청난 압박감을 받게 합니다. 남성들이 사회적인 경력을 추구하는 공격적인 성(性)이고, 여성들은 집에만 있을 수 있다고 말할 수도 있겠지만, 많은 경우, 집에 있는 여성들은 압박감이 심한 이런 환경에서 일하는 남성들보다 압박감을 훨씬 적게 받을 것입니다.

남성에게 가해지는 압박감이 남성들로 하여금 여성을 소유하기를 원하게 합니다

내가 여기서 언급하는 것은 남성은 타락한 존재들에 의해 창조된 이런 시스템들에 의해 엄청난 압박을 받고 있다는 것입니다. 물론, 세계적인 규모의 시장을 장악하기 위해 경쟁하고 있는 기업은, 종교나 정치 이데올로기에서처럼 세계를 지배하려는 서사적인 명분을 가집니다. 이것은 억압받는 환경과 같은 것입니다. 이것은 남성들이 압박을 받고 있다는 의미입니다. 그런 상황에서 약간의 안도감, 약간의 안정감, 약간의 균형감을 얻기 위해서 그들은 무얼 하나요? 예, 작업 환경을 통제할 수 없기 때문에, 그들은 자신의 삶에서 그들이 통제할 수 있는 뭔가 다른 것을 찾아야 합니다. 그들이 통제할 수 있는 것은 무엇일까요? 자, 많은 문화에서, 그들은 그들의 여성을 통제할 수 있습니다.

이런 집단적인 추진력, 삶에서 그들이 통제할 수 있는 무언가를 필요로 하는 이런 집단적인 야수, 남성이 가진 이런 욕망의 극단적인 결과는 무엇일까요? 음, 뭔가를 통제하는 궁극적인 방법이 무엇일까요? 만약 여러분이 친구의 차를 빌린다면, 그 차를 완전히 통제할 수 있을까요? 당연히 그렇지 않습니다. 그럼 언제 그 차를 완전히 통제할 수 있죠? 그것을 소유할 때입니다. 여러분은 어떻게 여러분의 아내, 또는 여러분 삶 속의 여성들을 통제할 수 있나요? 그들을 소유할 때입니다.

  이것이 여성이 남성의 소유물이 되는 문화를 발전시킨 사회를 보게 되는 이유입니다. 여성들은 본질적으로 물리적으로나 법적으로 남성에게 소유될 수 있는 노예들입니다. 남성들은 그들을 일종의 재산으로 취급할 수 있고, 그들을 팔거나, 아니면 그들에게 대단히 엄격한 형태의 통제를 가할 수도 있습니다. 물론 이것은 모두 타락한 존재들과 압박을 받고 있는 타락한 존재 영향권 아래 있는 남자들이 조장하는 것으로, 그들은 자신이 통제할 수 있는 뭔가가 있다고 느낌으로써 자신이 받는 압박감을 완화시킬 방법을 찾아야 합니다. 이것의 극단적인 결과가 남성이 물리적으로나 법적으로 여성을 소유할 때임을 여러분은 알 수 있습니다. 당연히, 세계 대부분의 지역에서 지금은 이것이 더 이상 허용되지 않고, 더 이상 받아들여지지 않고 있습니다. 사실, 세계 대다수의 여성이 그보다 더 많은 자유를 가지고 있으며, 이제 그들은 더 이상 그들의 아버지나 남편, 아들, 또는 그 어떤 것의 소유물이 아닙니다.

  소유권에는 심리적인 요소가 있습니다. 그렇기 때문에 그것은 여성을 단순히 물리적으로 소유하는 문제가 아닙니다. 많은 경우, 그것은 여성을 소유할 법적이고 정치적인 권리가 없는 남성들이 자기 아내를 소유한다고 느낄 정도로 여성을 통제할 필요성이 생기게 하는 심리적인 문제입니다. 그들의 아내는 그들의 통제 하에 있어야 하고, 그들은 본질적으로 남성의 소유물처럼 행동해야 합니다. 여성에 대해 법적인 소유권은 없지만, 심리적으로 이런 소유 의식을 가진 많은 문화를 볼 수 있습니다. 예를 들면, 여러분은 소녀들이 가치가 없다고 여겨지고, 그들이 반드시 노예로 팔리지는 않지만, 부모에게 어떤 이점을 가져다주는 결혼으로 내몰릴 가능성이 있는 문화를 봅니다. 또 다른 문화에서는, 여성이 일단 결혼을 하면 그녀는 본질적으로 남성의 소유물이 되는 것을 볼 수 있습니다. 왜냐하면, 이제 그가 그녀를 완전히 통제하고, 그녀는 이런 통제에 복종해야 한다고 그가 믿기 때문입니다. 물론, 전 세계의 많은 여성이 이런 형태의 통제에 복종하도록 길러졌고, 그들은 자신의 남성이 자신을 소유할 수 있다고 느낍니다.

여러분이 보는 것은, 한쪽이 다른 쪽을 소유하려고 하고, 다른 쪽이 그것에 복종하면서 소유권을 추구하는 이런 통제 게임이 다양한 방법으로 펼쳐질 수 있다는 것입니다. 심지어 여성들이 훨씬 더 많은 자유를 가진 더 발전된 나라의 일부에서도, 남성과 여성 사이에 이런 심리적 통제 게임들이 여전히 벌어질 수 있습니다. 남성들은 여성들을 소유하려고 할 수 있는데, 하지만 여성들 역시 남편과 아이들에 대한 특정한 소유 의식을 키울 수 있습니다. 여러분은 여성 해방이라는 측면에서 세계에서 가장 진보된 나라에서도, 여성들이 여전히 "내 남편" "내 아이들"이라고 말할 것이며, 남성들도 "내 아내" "내 아이들"이라고 말하는 것을 볼 것입니다.

여러분은 이것이 좀 더 미묘한 심리적 소유 의식이라는 것을 압니다. 예를 들어, 여러분은 이런 다양한 통제 게임을 할 수 있습니다. 그 한 가지는 누군가가 했던 질문인데, 일부 여성들이 그들의 남편은 자신의 신체적 건강을 돌보지 않고 있으며, 남편의 건강관리를 하는 것은 여성의 몫이라는 의식을 개발한다는 것입니다. 그녀는 그가 자신의 건강을 어떻게 돌봐야 하고, 무엇을 먹어야 하는지 등 이런저런 것을 알려주어야 합니다. 이것은 단지 통제 게임의 결과입니다. 이것은 대체로 남성과 여성 모두, 특히 여성이 현재보다 훨씬 더 가혹한 상황을 겪었던 문화에서의 이전 삶으로 되돌아가는 것입니다.

여러분은 여전히 과거 생들로부터 온 이런 분리된 자아들을 계속 지니고 있을 수 있습니다. 이것은 "내 남편"이 특정한 방식으로 행동해야 한다는 통제 의식을 여러분이 가지고 있다는 의미입니다. 예컨대, 남성들이 여전히 어느 정도 우위를 점하고, 대체로 일하러 나가는 문화들이 있지만, 그 문화에서 여성은 남성의 신체적인 외모와 행동이 자신을 반영한다고 느낍니다. 만약에 남성이 특정한 방식으로 보여진다면, 그것은 그의 여성이 그를 돌보지 않았다는 것을 보여주는 것으로, 그 사실은 그녀에게 나쁜 영향을 미칩니다. 그녀는 누구로부터도 자신이 여성으로서의 의무를 다하지 않았다는 비난을 받고 싶지 않으므로, 남편이 특정한 방식으로 보여지기를 바랍니다.

사랑에 빠지고 사랑이 식는 통제 게임

전 세계에는 이런 통제 게임이 아주 많은데, 다소 미묘하지만, 어쩌면 남성과 여성 모두 평생 동안 이것에 관여합니다. 예를 들면, 전 세계의 일부 더 발전된 나라에서조차, 파트너를 찾는 십대들의 게임 전체가 파트너를 발견하고, 결국 "내 여자친구야", "내 남자친구야"라고 말할 수 있는 지점에 이르는 것을 알 수 있습니다. 그리고 이 전체 시나리오는 미묘한 통제 게임에 의해 움직입니다. 남성들은 성적으로 적극적이어야 한다는 압박감을 느낍니다. 여성들은 성적으로 적극적이거나 특정한 지위를 가져야 한다는 압박감을 느끼는데, 그들은 (연애) 관계를 통해 그것을 얻지만, 실제로 그것은 자유로운 관계가 아닙니다. 그것은 "내 여자친구"나 "내 남자친구"를 가짐으로써, 그들이 성취한 지위를 가질 수 있게 하는 통제 게임입니다.

연애를 하고 있는 것은 특정한 지위를 줍니다. (연애) 관계에 들어가기 위해, 여러분은 여러분의 잠재적인 파트너를 통제하고 그를 차지하려고 합니다. 양쪽 모두 계속 이렇게 합니다. 이제, 두 사람이 안정된 관계에 있다고 결정을 하면, 거기서부터 통제 게임이 계속 발전되어갈 수 있습니다. 아마도 그들은 결혼하고, 함께 살며, 어쩌면 아이를 가질 수도 있습니다. 그리고 계속 이런 통제 게임을 반복할 수 있습니다. 아이들이 자라면서 조금씩 달라지지만, 하지만 그것은 여전히 통제 게임입니다.

본질적으로, 좀 더 현대적인 민주주의 국가에서 볼 수 있는 것은 많은 결혼생활이 깨진다는 것입니다. 많은 경우, 사람들은 통제 게임을 더 이상 견딜 수 없어서 헤어집니다. 그들은 이 통제 게임에 너무 갇혀 있게 되어서, 관계에서 벗어나야 한다고 느낍니다. 또한, 헤어지지 않는 관계를 볼 수도 있는데, 물론 모든 경우는 아니지만, 많은 경우 관계가 깨지지 않는 이유는 두 파트너 모두 통제 게임에서 벗어날 수 없기 때문입니다.

이제 여러분은 관계에서 벗어나는 사람들은 통제 게임에서 해방되었다고 생각하겠지만, 반드시 그런 것은 아닙니다. 그 이유는 이렇습니다. 본질적으로 통제 게임은 어떤 심리적 영향을 미칠까요? 여러분은 파트너를 게임 상대로 보고 있고, 따라서 관계가 나빠지기 시작할 때, 그리고 불협화음이 점점 더 많이 생길 때, 파트너 때문에 문제가 생겼다고 투사하기가 아주 쉽습니다. 여러분의 파트너는 이런 식이거나, 아니면 저런 식입니다. 그래서 결국 이런 생각을 하게 됩니다. "음, 만약 저렇게 행동하지 않는 다른 파트너를 내가 가졌다면, 이런 상황은 일어나지 않았을 거야."

여러분이 그런 관계를 가지는 경험을 하고 있는 이유가 무엇일까요? 자, 여러분의 경험은 어디에서 일어날까요? 바로 여러분의 마음속에서입니다. 여러분은 지금 왜 이런 경험을 하고 있을까요? 그것은 여러분의 파트너 때문이 아닙니다. 음, 어쩌면 여러분의 파트너가 통제 게임을 하고 있고 여러분을 통제하려고 할 수도 있지만, 그것이 여러분의 내적인 경험을 만들어내는 것은 아닙니다. 여러분의 통제 게임에 의해 여러분 내면의 경험이 창조됩니다. 여러분은 관계를 깨뜨릴 수는 있지만, 하지만 여전히 그 통제 게임은 가지고 있습니다. 만약 이들 분리된 자아를 극복하고 이를 해결하지 않는다면, 여러분은 여전히 이런 통제 게임에 의해 움직이는 똑같거나(same) 혹은 다른(different) 통제 게임을 가진 또 다른 관계를 끌어당길 수 있습니다.

모든 관계의 경우는 아니지만, 여성이 법적으로 그리고 정치적으로 자유로운 나라, 즉 남녀 사이에 훨씬 더 많은 평등이 있는 나라에서도 많은 경우 마찬가지입니다. 개인적인 관계의 수준에서는, 여전히 이런 통제 게임이 있습니다. 남성이 여성을 소유하고 집에 가두거나, 일이나 직장을 가지지 못하게 하는 사회 수준에서의 통제 게임은 더 이상 없을 수 있겠지만, 개인적인 관계와 가정에서는 여전히 통제 게임이 있을 수 있습니다.

이것이 상승 마스터 학생인 여러분과 무슨 관계가 있을까요? 음, 우선 여러분은 자신을 볼 수 있고, 여러분이 이런 통제 게임을 하고 있는지를 볼 수 있습니다. 우리 가르침을 수용하는 수준에 다다른 여러분은, 이것에 대해 부끄러울 것이 없고, 나쁘게 느낄 이유도 없습니다. 우리가 앞에서 말했듯이, 여러분은 아주 어렵고, 밀도가 매우 높은 행성에 살고 있다는 것을 인식해야 합니다. 여러분은 많은 과거 생들을 가지고 있습니다. 역사를 되돌아 보세요. 여러분이 남성과 여성 사이의 이런 통제 게임에 훨씬 더 심하게 갇힌 사회에서 살았던 때를 돌아보기 위해, 그리 멀리 돌아갈 필요도 없습니다. 여러분은 어떤 삶에서는 남성이었고, 어떤 때는 여성이었을 수도 있는데, 이런 분리된 자아들을 생기게 한 것은 불가피한 일이었습니다. 여러분이 분리된 자아들을 가지고 있는 것은 어쩔 수 없는 일이었고, 그것들의 영향을 받았을 것입니다. 그리고 그것이 지금까지 여러분의 관계에 영향을 끼쳐왔습니다. 이제 여러분은 이것을 보고 이렇게 말해야 합니다. "그래서 뭐? 난 분리된 자아가 있어. 내가 지구에 살고 있는데, 어떻게 이것이 없을 수 있겠어? 하지만 이제는 그것을 넘어설 때야. 이제 이로부터 나 자신을 해방시킬 때인데, 나는 도구들을 사용해 이런 자아들을 기꺼이 살펴보고, 식별하고, 그것들을 죽게 내버려 두고, 그리고 내가 해결해야 한다고 통제 게임이 투사하는 문제들을 해결하려고 애쓰지도 않겠어."

물론 여러분이 할 수 있는 일은 다른 여성들이 이로부터 자유로워지도록 요청하는 것이며, 항상 통제 게임에서 만들어지며, 통제 게임을 영속화하려고 하는 이런 집단 야수들의 결박을 요청하는 것입니다. 남성과 여성 간의 통제 게임 전체 사이클을 시작하게 했고, 남성들을 서사적 명분을 위한 싸움으로 끌어당기는 서사적 사고방식이 시작되게 한 타락한 존재들에 대한 심판과 결박을 여러분은 요청할 수 있습니다. 이런 것이 여러분이 할 수 있는 일의 일부이고, 여러분이 하도록 우리가 권장하는 것의 일부이며, 우리가 여러분에게 이 가르침을 주는 이유 중의 하납니다.

통제하고 있다는 느낌의 대가(price)

자, 여러분이 통제 게임에 관여할 때 자신이 이렇게 느끼는 마음 상태에 빠질 수 있음을 깨달았을 것입니다. "내가 게임에서 이기고 있어." "내가 주도권을 잡았어." "내가 통제하는 사람이야." 이것은, 극단적으로, 타락한 존재들이 자주 느끼는 것을 표현한 것입니다. 많은 사람, 많은 남성과 여성들이 그렇게 느끼며, 자신이 그들 삶의 특정한 부분을 통제하고 있다고 느낍니다.

이런 느낌에 대해 여러분이 지불하는 대가는 무엇일까요? 음, 여러분은 게임, 더 적절하게 말하자면 분리된 자아나 집단적인 야수들, 궁극적으로는 타락한 존재들에 의해 조종당하지 않고서는 이런 통제 게임에 관여할 수 없습니다. 여러분이 통제하려고 할 때마다 여러분은 통제당하는데, 왜냐하면, 여러분이 통제에 노출되지 않는 한, 이런 통제 게임에 관여하지 않을 것이기 때문입니다. 이것은 모든 사람을, 자신을 통제에 노출시키는 외적인 힘은 없다고 말할 수도 있는 타락한 존재의 수준에 이르게 합니다. 하지만 내부적인 힘, 그들 심리의 분열, 그리고 당연히 다른 타락한 존재들, 그 외 다른 것들이 있습니다.

여러분, 여러분이 이런 통제 게임들에 관여할 때, 여러분은 통제되고 있습니다. 물론, 상승 마스터의 학생으로서, 그리스도의 여정에 헌신하는 사람으로서, 여러분은 통제당하기를 원하지 않습니다. 그리스도의 여정은 본질적으로 지구의 어떤 것에 의해 통제당하는 것으로부터 여러분 자신을 자유롭게 하는 여정입니다. 그러므로, 여러분은 자신을 이런 통제 게임에 관여하도록 강요하는 분리된 자아를 가지는 것을 허용할 수 없습니다. 단지 여러분은 이것을 정직하고 열린 마음으로, 두려움 없이, 수치심 없이, 후회하지 않고 바라봐야 합니다. 그런 다음 이것을 알아채고 이렇게 말합니다. "이제 그만, 이것으로 충분해. 나는 이런 자아보다 더 큰 존재이고, 그리스도 신성의 더 높은 수준으로 다시 태어날 것을 알기 때문에, 이를 죽게 내버려 둘 수 있어. 이런 자아들을 죽게 둠으로써 나는 그리스도 안에서 새로운 존재가 될 거야"

진정으로, 이것을 여러분 스스로 할 수 있다면, 여러분은 집단의식을 올리는 데 값을 매길 수 없을 정도로 소중한 기여를 하게 될 것입니다. 여러분은 전 세계의 많은 사람, 남성과 여성 모두를, 하지만 특히 여성들이 이런 통제 게임에서 스스로 자유로워지거나 적어도 그것을 인식하도록 돕는 선구자가 될 것입니다.

여성이 변화를 위한 선구자인 이유

또 얘기하지만, 우리가 여성이 선구자가 되는 것에 대해 언급하는 이유가 무엇일까요? 음, 그것은 억압을 당해온 사람들이 억압을 멈추는 사이클을 시작할 가능성이 가장 높은 사람이기 때문입니다. 억압을 멈추고 그에 대해 뭔가를 흔쾌히 하겠다는 추동력을 가장 높게 가지기 쉬운 사람들이 바로 그들입니다. 자, 이것에 대해 여러분이 말할 수 있는 어떤 측면이 있다는 것을 압니다. 하지만 사람들이 심하게 억압받을 때는 스스로를 자유롭게 할 수 없습니다. 그럼에도 불구하고, 우리가 말했듯이, 많은 생애를 거쳐 특정한 형태의 억압을 경험하게 되면, 여러분은 차츰차츰 자신을 자유롭게 하겠다는 결심을 굳히게 됩니다. 현대 민주주의 국가의 여성들이 차별과 억압에 대해 반대하는 목소리를 내고, 더 큰 자유를 요구하는 행성 차원의 선구자였던 이유가 바로 그것입니다.

누군가 선구자가 되어야 했습니다. 그들은 경험이 가장 많은 사람이며, 너무 오랫동안 학대에 노출되어 왔기 때문에, 더 이상은 그런 경험을 하지 않겠다고 결심을 굳혀왔습니다. 많은 여성이 아직 그 수준에 있지 않은데, 이것이 여러분이 요청을 할 수 있는 지점입니다. 여러분은 그들이 이런 통제 게임을 바라보고 (더 이상은 이런 경험을 하지 않겠다고) 내면에서 결정을 하는 지점에 도달하기 이전에, 그들이 다른 많은 육화를 거치지 않고도 그로부터 해방되는 기회를 가질 수 있도록, 그들을 자유롭게 할 수 있습니다.

지금 여성 해방의 흐름은 상승나선 안에 있습니다. 만약 여러분이 아무것도 하지 않는다면, 상승 마스터 학생인 여러분이 이런 가르침들을 취하지 않고 요청하지 않는다면, 이 흐름이 다른 사회를 끌어올리고 행성 주위로 퍼지기까지 훨씬 더 많은 시간이 걸릴 것입니다. 만약 여러분이 요청하고 점점 더 많은 사람이 이런 가르침을 발견해 요청한다면, 그러면 과정을 상당히 가속할 수 있습니다. 그렇게 함으로써, 세계에서 가장 낙후된 나라의 여성들을 자유롭게 하는 데, 더 정확히 말하자면, 아주 많은 나라에서 여성에게 부과되어 온 구시대적 중세의 억압으로부터 여성을 자유롭게 하는 데, 평생 혹은 수십 년이 걸리지 않게 할 수 있습니다.

정말이지, 지구와 같은 행성에서의 놀라운 점 또는 특징적인 것 가운데 하나는, 가장 많이 깨어 있는 사람들과 가장 발달한 나라들, 덜 깨어 있는 사람들과 덜 발달한 나라들 사이의 범위가 매우 넓다는 것입니다. 현대 민주주의 일부 국가들을 이슬람 국가들, 아프리카와 남아메리카의 국가들, 인도, 중국과 비교해 보세요. 여성들이 어떻게 대우받는지를 비교해 보세요. 그러면 여러분은 분명히 마음속에 의문을 가지게 될 것입니다. "어떻게 이런 일이 같은 행성에서 일어날 수 있을까? 어떻게 우리 사회가 오백 년 전에 살았던 것과 같은 방식으로 사람들이 지금도 살고 있을 수 있나? 어떻게 이것이 가능할까요?"

사랑하는 여러분, 그 이유가 무엇일까요? 음, 여기에는 오직 하나의 이유가 있습니다. 덜 발달한 나라들에는 사람들의 마음을 제압하는 거대한 집단적인 야수들이 있고, 그래서 여러분에게는 명백한 것을 그 나라 사람들은 볼 수가 없는 것입니다. 여러분은 여성들이 부르카를 입고 있으며, 운전을 할 수 없으며, 혼자서는 거의 밖에 나갈 수도 없는 이슬람 국가를 살펴볼 수 있습니다. 여러분은 사회가 어떻게 그렇게 기능할 수 있는지, 가능할 수 없을지도 모릅니다. 남성들이 어떻게 그것을 받아들일 수 있을까요? 여성들은 어떻게 그것을 받아들일 수 있을까요? 그것은 분명 구시대적인 것이고, 이것에는 변화가 필요하다는 사실이 여러분에게 너무나 명백합니다.

하지만 거기에 살고 있는 사람들에게는 그것은 명백하지 않는데, 그 이유가 무엇일까요? 그것은 그들이 어리석기 때문이 아닙니다. 그들이 덜 똑똑하기 때문도 아니고, 덜 진화했기 때문도 아닙니다. 그 이유는 그들이 이런 집단적인 야수들에 의한 최면에 걸려 있기 때문입니다. 이것은 황제의 새 옷 이야기와 같습니다. 이것은 "하지만 황제는 아무것도 입지 않았어요."라고 외친 작은 소년에 의해 환영이 깨질 때까지, 황제가 옷을 입었다고 생각하도록 사람들이 최면에 걸렸던 그 이야기와 같습니다. 마찬가지로, (여전히 여성들이 중세의 방식으로 취급당하는 세계 많은 나라에서) 이런 사람들은 최면에 걸려 있습니다.

무엇이 이런 교착상태를 깨뜨릴 수 있을까요? 음, 내가 말했듯이,

이것은 궁극적으로 집단의식이 성장해야 해결될 것이지만, 오랜 시간이 걸릴 것입니다. 실제로 이것을 변화시킬 수 있고, 충격을 줄 수 있는 한 가지는 무엇일까요? 그것은 누군가가 상승 마스터들에게 요청함으로써, 우리가 가진 힘을 사용하여 이 야수들을 결박하고 태워 버리도록 우리에게 권한을 부여하는 것입니다. 그래서 이런 최면 효과를 제거하고 사람들의 눈에서 비늘이 떨어지게 하면, 그들은 깨어나 이렇게 말하게 됩니다. "그런데 잠깐만, 왜 여성들을 이런 식으로 취급하고 있는 거지? 어떻게 우리가 다른 나라들보다 훨씬 뒤처져 있을 수 있을까? 우리는 왜 여성을 열등한 시민으로 규정하는 구시대적 종교 교리와 법을 아직도 고수하고 있는 거지?"

아주 낙후되어 보이는 일부 나라에도, 이런 억압에서 벗어나려는 욕망을 평생 쌓아온 사람들이 많다는 사실을 알게 되면 여러분이 놀랄지도 모르겠는데, 하지만 이런 집단적인 야수들 때문에 그들은 그것을 볼 수 없습니다. 그들은 자신들의 문화를 보고, 현안(懸案)을 보고, 긴장감을 보지만, 그것에 대해 무엇을 해야 할지 알지 못합니다. 그들은 교착상태를 깨뜨릴 수 있는 것이 무엇이고, 주문(呪文)을 깨뜨릴 수 있는 것이 무엇인지 알 수 없습니다. 충분한 숫자의 사람들이 이들 집단적인 영체들과 그 배후에 있는 타락한 존재들의 결박을 요청하면, 갑자기 사람들이 자유롭게 될 수 있습니다. 이제 그들이 평생 구축해 온 이런 결정이 추진력을 얻습니다.

그러면, 사회는 오랫동안 가져왔던 이런 환영과 낡은 사고방식에서 상당히 빨리 벗어날 수 있습니다. 갑자기 그들은 해결책을 보기 시작합니다. 변화가 일어나고, 갑자기, 중동의 한 나라에서 여성에게 운전면허증을 허용하는 결정을 할 수도 있습니다. 이것은 올바른 방향으로의 한 걸음입니다. 그런 다음 다른 한 걸음이 있을 수 있고, 또 다른 한 걸음이 있을 수 있습니다.

선진국의 사람들이 변화를 가져올 수 있는 방법

물론, 여러분이 요청할 수 있고, 비전을 유지하고, 어쩌면 이에 대해 행동을 취할 수 있는 것은, 더 발전된 나라의 사람들로 하여금 그들이 걸려 있는 주문으로부터 벗어나게 하는 것입니다. 왜냐하면, 선진국의 많은 사람이, 예를 들면 이슬람 국가나 다른 나라들을 살펴보면서, 그 나라 사람들이 자신들보다 훨씬 더 뒤처져 있다고 보기 때문입니다. 그들은 이 나라들이 어느 정도까지는 자신의 나라가 발전하는 것과 같은 방향으로 발전해야 한다고 보지만, 그들은 어떤 일도 일어나지 않는 이유를 이해할 수 없고, 그것에 대해 무엇을 해야 하는지도 알 수 없습니다. 그들은 그곳으로 가서 말벌집을 들쑤시듯 문제를 일으키는 것을 꺼립니다. 그리고 이슬람 국가의 사람들이 비행기를 타고 갑자기 빌딩으로 날아오거나, 사무실에 들어가 사람들에게 총을 쏘거나, 아니면 버스에서 폭탄을 터트리는 식의 이런 부정적인 반응을 하는 것을 분명 꺼립니다. 심지어 그들은 이런 일을 다루고 싶어하지 않습니다.

그들은 이들 나라에 어떠한 정치적 압력을 가하는 것을 원하지 않습니다. 여러분은 이 주문이 깨져서, 이들 나라와 더 발전된 나라들이 깨어나 세계 나머지 지역에서의 여성 해방을 촉진하고, 다른 많은 명분과 세계 다른 나라에서의 긍정적인 진전을 촉진하는 데 자신들이 책임을 가져야 할 처지임을 그들이 깨닫게 해달라고 요청을 할 수 있습니다. 그들에게는 이들 나라에 정치적 압력을 가할 권리뿐만 아니라 의무도 있습니다. 여러분에게는 이렇게 말할 의무가 있습니다. "당신들이 이런 식으로 여성들을 계속 대한다면, 우리는 당신들과 거래할 수 없습니다. 우리는 당신 나라의 석유를 사지 않을 것이고, 석유를 구입하는 것을 대신할 대안을 찾겠습니다."

이것 또한 여러분이 요청할 수 있는 것입니다. 왜냐하면, 더 발전된 나라들에는 이것을 살펴보는 사람이 있고, 이런 정치적 압력을 기꺼이 가하려는 사람들도 있지만, 그들은 특정한 주문에 걸려 있기 때문입니다. 그들은 "우리에게 책임이 있다."라고 말하지 못하게 그들을 저지하는 집단적 야수의 지배하에 있습니다. 물론, 그것이 한 나라에 의해서만 일어날 수는 없습니다. 덴마크가 사우디아라비아에 압력을 가한다면 어떤 도움도 안 되지만, EU가 사우디아라비아에 압력을 가한다면, 이제 그것은 다른 것이 될 것이고, 무시하기가 훨씬 더 어려운 일이 될 것입니다.

여러분은 이 집단적인 야수들이 결박되거나, 불태워지거나, 세력이 약해져서, 이 주문들이 풀리기를 요청할 수 있습니다. 그러면 사람들이 자신의 감정체, 멘탈체, 정체성체에서 실제로 취할 준비가 된 행동들을 자신의 외면의 마음에서도 자유롭게 할 수 있습니다. 대체로 그 주문은 사람들이 자신의 멘탈체에서 이미 보고 있는 것을 행동으로 옮기는 것을 감정체 안에서 차단하는 것입니다. 감정체는 주로 이들 야수가 침투하는 곳입니다. 사람들은 올바른 통찰력을 가지고 있고, 무슨 일이 일어나는지, 무엇을 해야 하는지를 알고 있지만, 이해에 근거한 행동을 취하는 것이 감정적인 수준에서 차단당하기 때문에, 그것을 행동으로 옮길 수 없게 됩니다.

이것이 내가 여러분에게 주고 싶었던 가르침입니다. 자신의 차크라를 사용할 수 있도록 기꺼이 열린 문이 되어 준 전 세계 많은 분에게 고마움을 전합니다. 우리는 여러분의 차크라를 사용해, 다른 방법으로 할 수 있었던 것보다 훨씬 더 큰 자극을 집단의식 속으로 투사할 수 있었습니다. 이제 이것으로 나는 이 행성을 위해 보유하고 있는 자유의 화염 안에, I AM인 자유의 화염 안에 여러분을 봉인합니다.

.

22
통제 게임에서 벗어나기를 기원하기-1 (기원)

I AM THAT I AM, 예수 그리스도의 이름으로, 나는 지구에 육화한 존재로서 가진 내 권한을 사용하여 어머니 리버티께 이 기원을 증폭해 달라고 요청합니다. 내 차크라들을 통해 이 기원문의 내용을 집단의식으로 방출하시어, 여성과 남성 모두가 타락한 존재들의 심리적, 영적 속박에서 자유로워지도록 의식을 일깨워 주소서. 우리는 영적인 존재들이며 상승 마스터들과 함께 일함으로써 새로운 미래를 공동창조할 수 있다는 진실(reality)을 일깨워 주소서. 나는 특히 이것을 요청합니다…
(여기에 개인적인 요청을 추가하세요)

파트 1

1. 리버티여, 여성들을 일깨워 우리가 이원성으로 들어갈 때, 항상 두 개의 극성이 있고, 그들은 항상 대립한다는 것을 알게 하소서. 이것은 둘 사이에 긴장감을 조성합니다.

오 리버티여, 가난이란 악마의 저주에서

이제 나를 자유롭게 하소서.
나는 결핍을 어머니의 탓으로 돌리지 않습니다.
오 축복받은 어머니시여, 나를 되돌리소서.

오 우주의 어머니 리버티여,
풍요의 교향악을 지휘하소서.
나는 무엇이 최상의 봉사인지 알게 되고,
이제 풍요는 나에게 현실이 됩니다.

2. 리버티여, 여성들을 일깨워 그들은 동시에 창조되었기 때문에, 하나의 이원적 극성이 반대되는 이원적 극성을 파괴할 수 없음을 알게 하소서. 하나의 이원적 극성이 일시적으로 다른 극성을 압도할 수는 있습니다.

오 리버티여, 나는 머나먼 해안에서,
그 이상이 되려는 희구와 함께 왔습니다.
나는 풍요의 흐름을 보면서,
풍요의 의식을 키워나갑니다.

오 우주의 어머니 리버티여,
풍요의 교향악을 지휘하소서.
나는 무엇이 최상의 봉사인지 알게 되고,
이제 풍요는 나에게 현실이 됩니다.

3. 리버티여, 여성들을 일깨워 이원적인 극성 사이에는 끊임없는 투쟁이 있고, 이것이 통제 게임의 본질임을 보게 하소서. 누가 통제하고, 누가 더 강하며, 누가 두 극성의 지배자인가에 대한 투쟁이 있습니다.

오 리버티여, 내가 한계에 속박될 수 있다는,
거짓말을 드러내소서.

마터 빛은 나의 적이 아니며,
나에게 진정한 부(富)를 가져다줍니다.

오 우주의 어머니 리버티여,
풍요의 교향악을 지휘하소서.
나는 무엇이 최상의 봉사인지 알게 되고,
이제 풍요는 나에게 현실이 됩니다.

4. 리버티여, 여성들을 일깨워 냉전은 본질적으로 통제 게임이었고, 누가 세계를 지배할 것인가에 대한 둘 사이의 투쟁이었음을 알 수 있게 하소서.

오 리버티여, 타락한 무리가 투사한,
책략을 드러내 주소서.
우주의 어머니시여, 나는 어머니가,
나의 적이 아니라는 진실을 봅니다.

오 우주의 어머니 리버티여,
풍요의 교향악을 지휘하소서.
나는 무엇이 최상의 봉사인지 알게 되고,
이제 풍요는 나에게 현실이 됩니다.

5. 리버티여, 여성들을 일깨워 한 극성이 다른 극성을 지배하는 대신에 두 극성이 서로의 입장을 받아들이는 어떤 평형을 찾을 수 있기는 하지만, 여전히 지속되는 긴장감이 있음을 알게 하소서.

오 리버티여, 나는 이제 열린 눈으로,
악마의 거짓말을 거부합니다.
나는 지고의 신성한 아버지를 보며,
이제 신성한 어머니의 영역을 포용합니다.

오 우주의 어머니 리버티여,
풍요의 교향악을 지휘하소서.
나는 무엇이 최상의 봉사인지 알게 되고,
이제 풍요는 나에게 현실이 됩니다.

6. 리버티여, 여성들을 일깨워 가톨릭교회는 콘스탄티누스에 의해 창조된 그 당시부터, 사회에 대한 통제권을 획득하기 위한 세력이었음을 알게 하소서.

오 리버티여, 나의 하위체들은,
순수한 성배입니다.
나를 통해 당신의 교향악을 연주하소서.
당신의 선물인 우주의 자유가 흐르게 하소서.

오 우주의 어머니 리버티여,
풍요의 교향악을 지휘하소서.
나는 무엇이 최상의 봉사인지 알게 되고,
이제 풍요는 나에게 현실이 됩니다.

7. 리버티여, 여성들을 일깨워 이것은 다른 극성, 즉 이슬람교를 끌어들였고, 십자군 전쟁과 둘 사이의 싸움으로 이어졌음을 보게 하소서.

오 리버티여, 나는 초월의 교향악을 위해,
열린 문입니다.
내 차크라 안에서 당신이 방출하는 빛,
이 사랑의 흐름은 결코 멈추지 않을 것입니다.

오 우주의 어머니 리버티여,
풍요의 교향악을 지휘하소서.
나는 무엇이 최상의 봉사인지 알게 되고,

이제 풍요는 나에게 현실이 됩니다.

8. 리버티여, 여성들을 일깨워 많은 나라가 서로 간의 이런 투쟁에 갇혀 왔음을 알게 하소서. 때로는 두 나라가 오랫동안 서로 투쟁할 수도 있고, 다른 때는 여러 나라가 정치적인 통제 게임에 참여하기도 합니다.

오 리버티여, 당신이 베푸시는,
풍요의 흐름을 방출해 주소서.
당신이 짜고 계신 황금의 담요를,
나는 받고자 합니다.

**오 우주의 어머니 리버티여,
풍요의 교향악을 지휘하소서.
나는 무엇이 최상의 봉사인지 알게 되고,
이제 풍요는 나에게 현실이 됩니다.**

9. 리버티여, 여성들을 일깨워 지구에서 볼 수 있는 가장 오래된 통제 게임은 남녀 사이의 통제 게임임을 알게 하소서.

오 리버티여, 지친 이들과 가난한 이들을 해방할,
치유의 힘을 방출하소서.
리버티의 사랑 노래는,
대중의 무리를 자유롭게 합니다.

**오 우주의 어머니 리버티여,
풍요의 교향악을 지휘하소서.
나는 무엇이 최상의 봉사인지 알게 되고,
이제 풍요는 나에게 현실이 됩니다.**

파트 2

1. 리버티여, 여성들을 일깨워 많은 사회가 남성들이 대부분의 통제력을 가지는 가부장적 사회였지만, 여성에 의해서도 통제 게임이 행해졌음을 알게 하소서.

오 리버티여, 가난이란 악마의 저주에서
이제 나를 자유롭게 하소서.
나는 결핍을 어머니의 탓으로 돌리지 않습니다.
오 축복받은 어머니시여, 나를 되돌리소서.

**오 우주의 어머니 리버티여,
풍요의 교향악을 지휘하소서.
나는 무엇이 최상의 봉사인지 알게 되고,
이제 풍요는 나에게 현실이 됩니다.**

2. 리버티어, 여성들을 일깨워 많은 사회에서의 현재 상황은 남성들이 특권적 지위를 가지고 여성들이 부수적인 지위에 있는 것이지만, 그 둘 모두 자기 역할에 대한 제한을 받아들였고, 그 제한 안에서 여전히 통제를 위해 싸우고 있었음을 알게 하소서.

오 리버티여, 나는 머나먼 해안에서,
그 이상이 되려는 희구와 함께 왔습니다.
나는 풍요의 흐름을 보면서,
풍요의 의식을 키워나갑니다.

**오 우주의 어머니 리버티여,
풍요의 교향악을 지휘하소서.
나는 무엇이 최상의 봉사인지 알게 되고,
이제 풍요는 나에게 현실이 됩니다.**

3. 리버티여, 여성들을 일깨워 타락한 존재들이 남성을 우월한 성으로 선택했고, 따라서 남성들이 통제해야 한다고 집단의식에 투사했음을 알게 하소서. 남성은 사회와 가족, 그리고 여성과의 관계를 통제해야 합니다.

오 리버티여, 내가 한계에 속박될 수 있다는,
거짓말을 드러내소서.
마터 빛은 나의 적이 아니며,
나에게 진정한 부(富)를 가져다줍니다.

오 우주의 어머니 리버티여,
풍요의 교향악을 지휘하소서.
나는 무엇이 최상의 봉사인지 알게 되고,
이제 풍요는 나에게 현실이 됩니다.

4. 리버티여, 여성들을 일깨워 이것은 타락한 존재들이 지배와 통제를 위한 투쟁 안의 이원적 극성으로서 남성과 여성을 처음 정의했을 때로 되돌아가는 투사임을 보게 하소서.

오 리버티여, 타락한 무리가 투사한,
책략을 드러내 주소서.
우주의 어머니시여, 나는 어머니가,
나의 적이 아니라는 진실을 봅니다.

오 우주의 어머니 리버티여,
풍요의 교향악을 지휘하소서.
나는 무엇이 최상의 봉사인지 알게 되고,
이제 풍요는 나에게 현실이 됩니다.

5. 리버티여, 나는 남성이 지배해야 한다는 생각에 근거한 집단의식

속에 구축되어 온 집단적 야수에 대해 심판과 결박을 요청합니다.

오 리버티여, 나는 이제 열린 눈으로,
악마의 거짓말을 거부합니다.
나는 지고의 신성한 아버지를 보며,
이제 신성한 어머니의 영역을 포용합니다.

오 우주의 어머니 리버티여,
풍요의 교향악을 지휘하소서.
나는 무엇이 최상의 봉사인지 알게 되고,
이제 풍요는 나에게 현실이 됩니다.

6. 리버티여, 여성들을 일깨워 통제되기를 원하지 않는 여성들로부터 이에 저항하는 반응이 있었음을 보게 하소서.

오 리버티여, 나의 하위체들은,
순수한 성배입니다.
나를 통해 당신의 교향악을 연주하소서.
당신의 선물인 우주의 자유가 흐르게 하소서.

오 우주의 어머니 리버티여,
풍요의 교향악을 지휘하소서.
나는 무엇이 최상의 봉사인지 알게 되고,
이제 풍요는 나에게 현실이 됩니다.

7. 리버티여, 나는 여성이 남성의 통제권을 뺏어야 한다고 말하는 집단적 야수에 대해 심판과 결박을 요청합니다.

오 리버티여, 나는 초월의 교향악을 위해,
열린 문입니다.

내 차크라 안에서 당신이 방출하는 빛,
이 사랑의 흐름은 결코 멈추지 않을 것입니다.

**오 우주의 어머니 리버티여,
풍요의 교향악을 지휘하소서.
나는 무엇이 최상의 봉사인지 알게 되고,
이제 풍요는 나에게 현실이 됩니다.**

8. 리버티여, 나는 남성들이 사회나 삶의 어떤 측면을 지배하고 있다고 여성들이 받아들이게 한 집단적 야수에 대해 심판과 결박을 요청합니다.

오 리버티여, 당신이 베푸시는,
풍요의 흐름을 방출해 주소서.
당신이 짜고 계신 황금의 담요를,
나는 받고자 합니다.

**오 우주의 어머니 리버티여,
풍요의 교향악을 지휘하소서.
나는 무엇이 최상의 봉사인지 알게 되고,
이제 풍요는 나에게 현실이 됩니다.**

9. 리버티여, 나는 여성들이 통제할 수 있는 영역에서는 여성이 통제권을 추구해야 한다고 투사하는 집단적 야수에 대해 심판과 결박을 요청합니다.

오 리버티여, 지친 이들과 가난한 이들을 해방할,
치유의 힘을 방출하소서.
리버티의 사랑 노래는,
대중의 무리를 자유롭게 합니다.

오 우주의 어머니 리버티여,
풍요의 교향악을 지휘하소서.
나는 무엇이 최상의 봉사인지 알게 되고,
이제 풍요는 나에게 현실이 됩니다.

파트 3

1. 리버티여, 여성들을 일깨워 이것이 그들 문화와 사회에서 정의된 범위 내에서 통제권을 획득하려는 남녀 사이의 끝없이 진행되는 투쟁을 유지해 왔음을 보게 하소서.

오 리버티여, 가난이란 악마의 저주에서
이제 나를 자유롭게 하소서.
나는 결핍을 어머니의 탓으로 돌리지 않습니다.
오 축복받은 어머니시여, 나를 되돌리소서.

**오 우주의 어머니 리버티여,
풍요의 교향악을 지휘하소서.
나는 무엇이 최상의 봉사인지 알게 되고,
이제 풍요는 나에게 현실이 됩니다.**

2. 리버티여, 여성들을 일깨워 이런 통제 게임의 본질은, 사람들에게 어떤 일이 일어날지 전혀 알 수 없는 그런 불확실성과 혼란을 타락한 존재들이 만들어냈다는 사실임을 알게 하소서.

오 리버티여, 나는 머나먼 해안에서,
그 이상이 되려는 희구와 함께 왔습니다.
나는 풍요의 흐름을 보면서,
풍요의 의식을 키워나갑니다.

**오 우주의 어머니 리버티여,
풍요의 교향악을 지휘하소서.
나는 무엇이 최상의 봉사인지 알게 되고,
이제 풍요는 나에게 현실이 됩니다.**

3. 리버티여, 여성들을 일깨워 사람들은 미래에 일어날 일에 대한 두려움 때문에 자기 삶을 통제할 필요가 있고, 자신의 상황을 통제한다는 심리적인 감각을 얻으려고 애쓰는 지속적인 통제 게임을 한다는 것을 알게 하소서.

오 리버티여, 내가 한계에 속박될 수 있다는,
거짓말을 드러내소서.
마터 빛은 나의 적이 아니며,
나에게 진정한 부(富)를 가져다줍니다.

**오 우주의 어머니 리버티여,
풍요의 교향악을 지휘하소서.
나는 무엇이 최상의 봉사인지 알게 되고,
이제 풍요는 나에게 현실이 됩니다.**

4. 리버티여, 여성들을 일깨워 타락한 존재들은 남녀 사이의 이런 분열을 조장하는 것에 만족하지 않고, 남성이 우월한 성이며, 남성이 통제해야 한다고 투사함을 보게 하소서.

오 리버티여, 타락한 무리가 투사한,
책략을 드러내 주소서.
우주의 어머니시여, 나는 어머니가,
나의 적이 아니라는 진실을 봅니다.

오 우주의 어머니 리버티여,

풍요의 교향악을 지휘하소서.
나는 무엇이 최상의 봉사인지 알게 되고,
이제 풍요는 나에게 현실이 됩니다.

5. 리버티여, 여성들을 일깨워 타락한 존재들은 지구의 그 누구보다 더 많은 두려움을 가지고 있기 때문에, 그들 또한 통제 게임에 갇혀 있음을 보게 하소서.

오 리버티여, 나는 이제 열린 눈으로,
악마의 거짓말을 거부합니다.
나는 지고의 신성한 아버지를 보며,
이제 신성한 어머니의 영역을 포용합니다.

**오 우주의 어머니 리버티여,
풍요의 교향악을 지휘하소서.
나는 무엇이 최상의 봉사인지 알게 되고,
이제 풍요는 나에게 현실이 됩니다.**

6. 리버티여, 여성들을 일깨워 남성과 여성의 이런 기본적인 통제 게임을 넘어서 타락한 존재들의 마음속에 펼쳐지는 통제 게임이 있기 때문에, 그들은 끊임없이 통제를 추구하고 있음을 보게 하소서.

오 리버티여, 나의 하위체들은,
순수한 성배입니다.
나를 통해 당신의 교향악을 연주하소서.
당신의 선물인 우주의 자유가 흐르게 하소서.

**오 우주의 어머니 리버티여,
풍요의 교향악을 지휘하소서.
나는 무엇이 최상의 봉사인지 알게 되고,**

이제 풍요는 나에게 현실이 됩니다.

7. 리버티여, 여성들을 일깨워 타락한 존재들은 이원성의 다른 모든 것처럼 쌍을 이루기 때문에 항상 하나 이상이 존재하고, 서로 경쟁 관계에 있으며, 서로 대립함을 보게 하소서.

오 리버티여, 나는 초월의 교향악을 위해,
열린 문입니다.
내 차크라 안에서 당신이 방출하는 빛,
이 사랑의 흐름은 결코 멈추지 않을 것입니다.

**오 우주의 어머니 리버티여,
풍요의 교향악을 지휘하소서.
나는 무엇이 최상의 봉사인지 알게 되고,
이제 풍요는 나에게 현실이 됩니다.**

8. 리버티여, 여성들을 일깨워 타락한 존재들은 이런 통제 게임에서 서사적 사고방식에 능수능란하며, 이는 한 타락한 존재가 특정 이데올로기, 종교, 또는 사고 체계를 정의하고, 이 특별한 시스템으로 세계를 통제하는 것이 서사적으로 중요하다고 투사하는 것임을 보게 하소서.

오 리버티여, 당신이 베푸시는,
풍요의 흐름을 방출해 주소서.
당신이 짜고 계신 황금의 담요를,
나는 받고자 합니다.

**오 우주의 어머니 리버티여,
풍요의 교향악을 지휘하소서.
나는 무엇이 최상의 봉사인지 알게 되고,**

이제 풍요는 나에게 현실이 됩니다.

9. 리버티여, 여성들을 일깨워 다른 타락한 존재들은 다른 사고 체계를 정의하고, 따라서 둘 이상의 시스템에서는 이런 지속적인 투쟁이 있을 것임을 보게 하소서.

오 리버티여, 지친 이들과 가난한 이들을 해방할,
치유의 힘을 방출하소서.
리버티의 사랑 노래는,
대중의 무리를 자유롭게 합니다.

**오 우주의 어머니 리버티여,
풍요의 교향악을 지휘하소서.
나는 무엇이 최상의 봉사인지 알게 되고,
이제 풍요는 나에게 현실이 됩니다.**

파트 4

1. 리버티여, 여성들을 일깨워 그들은 한 타락한 존재가 이 행성을 궁극적으로 통제하고 있다는 감각을 만들려고 함을 알게 하소서. 그들은 남성들이 서사적 사고방식을 더 수용하는 경향이 있기에, 남성들을 이용해 이렇게 합니다.

오 리버티여, 가난이란 악마의 저주에서
이제 나를 자유롭게 하소서.
나는 결핍을 어머니의 탓으로 돌리지 않습니다.
오 축복받은 어머니시여, 나를 되돌리소서.

**오 우주의 어머니 리버티여,
풍요의 교향악을 지휘하소서.**

나는 무엇이 최상의 봉사인지 알게 되고,
이제 풍요는 나에게 현실이 됩니다.

2. 리버티여, 여성들을 일깨워 타락한 존재들은 남성들이 서사적으로 중요한 대의명분을 위해 싸워야 한다고 느끼게 할 것임을 알게 하소서. 그들은 이런 서사적 전투에 관여하고, 심지어는 전쟁에 나가 서사적인 전투에서 이기기 위해 자신의 목숨을 기꺼이 희생하는 사람들입니다.

오 리버티여, 나는 머나먼 해안에서,
그 이상이 되려는 희구와 함께 왔습니다.
나는 풍요의 흐름을 보면서,
풍요의 의식을 키워나갑니다.

**오 우주의 어머니 리버티여,
풍요의 교향악을 지휘하소서.
나는 무엇이 최상의 봉사인지 알게 되고,
이제 풍요는 나에게 현실이 됩니다.**

3. 리버티여, 여성들을 일깨워 이것이 남성들을 광신적 사고방식에 눈이 멀게 된 특정한 마음 상태에 놓이게 함을 알게 하소서. 이런 명분을 위해 나가 싸우기 위해, 그들은 자기 가족과 여성을 기꺼이 떠납니다.

오 리버티여, 내가 한계에 속박될 수 있다는,
거짓말을 드러내소서.
마터 빛은 나의 적이 아니며,
나에게 진정한 부(富)를 가져다줍니다.

오 우주의 어머니 리버티여,

풍요의 교향악을 지휘하소서.
나는 무엇이 최상의 봉사인지 알게 되고,
이제 풍요는 나에게 현실이 됩니다.

4. 리버티여, 여성들을 일깨워 많은 남성이 사회생활에서 경력을 추구해야 하므로, 그들의 아내는 자신의 일을 지원해야 하고, 반드시 가정과 아이들을 돌봐야 한다는 서사적 사고방식에 갇혀 있음을 보게 하소서.

오 리버티여, 타락한 무리가 투사한,
책략을 드러내 주소서.
우주의 어머니시여, 나는 어머니가,
나의 적이 아니라는 진실을 봅니다.

**오 우주의 어머니 리버티여,
풍요의 교향악을 지휘하소서.
나는 무엇이 최상의 봉사인지 알게 되고,
이제 풍요는 나에게 현실이 됩니다.**

5. 리버티여, 여성들을 일깨워 서사적 사고방식을 가진 남성은 그가 퇴근해 집에 왔을 때 아내가 그 자리에 있기를 원하며, 그렇지 않을 때는 아내가 그의 사회생활을 방해하지 않고 간섭하지 않도록 통제할 수 있기를 원함을 알게 하소서.

오 리버티여, 나는 이제 열린 눈으로,
악마의 거짓말을 거부합니다.
나는 지고의 신성한 아버지를 보며,
이제 신성한 어머니의 영역을 포용합니다.

오 우주의 어머니 리버티여,

풍요의 교향악을 지휘하소서.
나는 무엇이 최상의 봉사인지 알게 되고,
이제 풍요는 나에게 현실이 됩니다.

6. 리버티여, 여성들을 일깨워 남성에게 부과되는 긴장감이, 남성들이 자신의 상황을 자신이 통제하고 있다고 느낄 필요성을 가져옴을 보게 하소서. 그렇지만 입대하는 남성은 그들 상황에 대한 통제권을 잃습니다.

오 리버티여, 나의 하위체들은,
순수한 성배입니다.
나를 통해 당신의 교향악을 연주하소서.
당신의 선물인 우주의 자유가 흐르게 하소서.

오 우주의 어머니 리버티여,
풍요의 교향악을 지휘하소서.
나는 무엇이 최상의 봉사인지 알게 되고,
이제 풍요는 나에게 현실이 됩니다.

7. 리버티여, 여성들을 일깨워 사업 분야에서 경력을 추구하는 남성은 명분을 위해 기꺼이 희생해야 하며, 그로 인해 엄청난 압박을 받고 있음을 알게 하소서.

오 리버티여, 나는 초월의 교향악을 위해,
열린 문입니다.
내 차크라 안에서 당신이 방출하는 빛,
이 사랑의 흐름은 결코 멈추지 않을 것입니다.

오 우주의 어머니 리버티여,
풍요의 교향악을 지휘하소서.

나는 무엇이 최상의 봉사인지 알게 되고,
이제 풍요는 나에게 현실이 됩니다.

8. 리버티여, 여성들을 일깨워 남성들은 타락한 존재들이 창조한 이런 시스템들에 의해 엄청난 압박을 받고 있음을 알게 하소서.

오 리버티여, 당신이 베푸시는,
풍요의 흐름을 방출해 주소서.
당신이 짜고 계신 황금의 담요를,
나는 받고자 합니다.

**오 우주의 어머니 리버티여,
풍요의 교향악을 지휘하소서.
나는 무엇이 최상의 봉사인지 알게 되고,
이제 풍요는 나에게 현실이 됩니다.**

9. 리버티여, 여성들을 일깨워 세계적인 규모로 시장 지배권을 두고 경쟁하는 기업 역시, 세계를 지배하려는 종교나 정치적 이데올로기와 같은 서사적인 명분을 가졌음을 알게 하소서.

오 리버티여, 지친 이들과 가난한 이들을 해방할,
치유의 힘을 방출하소서.
리버티의 사랑 노래는,
대중의 무리를 자유롭게 합니다.

**오 우주의 어머니 리버티여,
풍요의 교향악을 지휘하소서.
나는 무엇이 최상의 봉사인지 알게 되고,
이제 풍요는 나에게 현실이 됩니다.**

파트 5

1. 리버티여, 나는 남성들이 어떤 균형감을 필요로 하므로, 그들의 여성을 통제해야 한다는 압박감을 갖게 만드는 집단적 야수에 대해 심판과 결박을 요청합니다.

오 리버티여, 가난이란 악마의 저주에서
이제 나를 자유롭게 하소서.
나는 결핍을 어머니의 탓으로 돌리지 않습니다.
오 축복받은 어머니시여, 나를 되돌리소서.

오 우주의 어머니 리버티여,
풍요의 교향악을 지휘하소서.
나는 무엇이 최상의 봉사인지 알게 되고,
이제 풍요는 나에게 현실이 됩니다.

2. 리버티여, 나는 그들의 삶에서 통제할 수 있는 무언가를 가져야 하는 남성들의 집단적 야수에 대해 심판과 결박을 요청합니다.

오 리버티여, 나는 머나먼 해안에서,
그 이상이 되려는 희구와 함께 왔습니다.
나는 풍요의 흐름을 보면서,
풍요의 의식을 키워나갑니다.

오 우주의 어머니 리버티여,
풍요의 교향악을 지휘하소서.
나는 무엇이 최상의 봉사인지 알게 되고,
이제 풍요는 나에게 현실이 됩니다.

3. 리버티여, 나는 어떤 것을 통제할 수 있는 궁극적인 방법은 그것을

소유하는 것이라고 하는, 남성들이 그들 삶 속의 여성을 소유하게 만드는 신념 뒤에 있는 집단적 야수에 대해 심판과 결박을 요청합니다.

오 리버티여, 내가 한계에 속박될 수 있다는,
거짓말을 드러내소서.
마터 빛은 나의 적이 아니며,
나에게 진정한 부(富)를 가져다줍니다.

오 우주의 어머니 리버티여,
풍요의 교향악을 지휘하소서.
나는 무엇이 최상의 봉사인지 알게 되고,
이제 풍요는 나에게 현실이 됩니다.

4. 리버티여, 여성들을 일깨워 이것이 말 그대로 여성이 남성의 재산이라는 문화를 발전시켜온 사회를 보게 되는 이유임을 알게 하소서. 여성들은 본질적으로 물리적으로나 법적으로 남성에게 소유될 수 있는 노예들입니다.

오 리버티여, 타락한 무리가 투사한,
책략을 드러내 주소서.
우주의 어머니시여, 나는 어머니가,
나의 적이 아니라는 진실을 봅니다.

오 우주의 어머니 리버티여,
풍요의 교향악을 지휘하소서.
나는 무엇이 최상의 봉사인지 알게 되고,
이제 풍요는 나에게 현실이 됩니다.

5. 리버티여, 나는 그들이 통제할 수 있는 어떤 것이 있다고 느끼고, 압박감을 완화하는 방법을 찾아야 한다고 남성들을 압박하는 집단적

야수에 대해 심판과 결박을 요청합니다.

오 리버티여, 나는 이제 열린 눈으로,
악마의 거짓말을 거부합니다.
나는 지고의 신성한 아버지를 보며,
이제 신성한 어머니의 영역을 포용합니다.

오 우주의 어머니 리버티여,
풍요의 교향악을 지휘하소서.
나는 무엇이 최상의 봉사인지 알게 되고,
이제 풍요는 나에게 현실이 됩니다.

6. 리버티여, 나는 남성이 육체적으로나 법적으로 여성을 소유해야 한다는 생각 배후에 있는 집단적 야수에 대해 심판과 결박을 요청합니다.

오 리버티여, 나의 하위체들은,
순수한 성배입니다.
나를 통해 당신의 교향악을 연주하소서.
당신의 선물인 우주의 자유가 흐르게 하소서.

오 우주의 어머니 리버티여,
풍요의 교향악을 지휘하소서.
나는 무엇이 최상의 봉사인지 알게 되고,
이제 풍요는 나에게 현실이 됩니다.

7. 리버티여, 나는 남성들이 자신의 여성을 소유할 법적, 정치적 권리를 넘어, 심리적으로 아내를 소유했다고 느낄 정도로 여성을 통제해야 한다고 느끼는 사실 배후에 있는 집단적 야수에 대해 심판과 결박을 요청합니다.

오 리버티여, 나는 초월의 교향악을 위해,
열린 문입니다.
내 차크라 안에서 당신이 방출하는 빛,
이 사랑의 흐름은 결코 멈추지 않을 것입니다.

오 우주의 어머니 리버티여,
풍요의 교향악을 지휘하소서.
나는 무엇이 최상의 봉사인지 알게 되고,
이제 풍요는 나에게 현실이 됩니다.

8. 리버티여, 나는 여성에 대한 법적인 소유권은 없지만, 심리적으로 소유 의식을 가진 문화들 배후에 있는 집단적 야수에 대해 심판과 결박을 요청합니다.

오 리버티여, 당신이 베푸시는,
풍요의 흐름을 방출해 주소서.
당신이 짜고 계신 황금의 담요를,
나는 받고자 합니다.

오 우주의 어머니 리버티여,
풍요의 교향악을 지휘하소서.
나는 무엇이 최상의 봉사인지 알게 되고,
이제 풍요는 나에게 현실이 됩니다.

9. 리버티여, 나는 소녀들이 가치가 없다고 여겨지고, 반드시 노예로 팔리지는 않지만 부모에게 어떤 이점을 가져다주는 결혼에 내몰릴 수 있는 문화들 배후에 있는 집단적 야수에 대해 심판과 결박을 요청합니다.

오 리버티여, 지친 이들과 가난한 이들을 해방할,
치유의 힘을 방출하소서.
리버티의 사랑 노래는,
대중의 무리를 자유롭게 합니다.

오 우주의 어머니 리버티여,
풍요의 교향악을 지휘하소서.
나는 무엇이 최상의 봉사인지 알게 되고,
이제 풍요는 나에게 현실이 됩니다.

봉인
I AM THAT I AM의 이름으로, 나는 대천사 미카엘과 아스트레아와 쉬바께서 나와 모든 건설적인 사람 주위에 뚫을 수 없는 보호막을 형성하여, 우리를 네 옥타브 안에 있는 모든 두려움 기반의 에너지로부터 봉인해 주심을 받아들입니다. 나는 신의 빛(Light of God)이 지구 여성들을 자유롭게 하는 데 저항하는, 어둠의 힘을 구성하는 두려움 기반의 모든 에너지를 변형하고 소멸하고 있음을 받아들입니다!
.

23
통제 게임에서 벗어나기를 기원하기-2 (기원)

I AM THAT I AM, 예수 그리스도의 이름으로, 나는 지구에 육화한 존재로서 가진 내 권한을 사용하여 어머니 리버티께 이 기원을 증폭해 달라고 요청합니다. 내 차크라들을 통해 이 기원문의 내용을 집단의식으로 방출하시어, 여성과 남성 모두가 타락한 존재들의 심리적, 영적 속박에서 자유로워지도록 의식을 일깨워 주소서. 우리는 영적인 존재들이며 상승 마스터들과 함께 일함으로써 새로운 미래를 공동창조할 수 있다는 진실(reality)을 일깨워 주소서. 나는 특히 이것을 요청합니다...
(여기에 개인적인 요청을 추가하세요)

파트 1

1. 리버티여, 나는 여성이 결혼하면 남성이 그녀를 완전히 통제하며 그녀가 이 통제에 복종해야 한다고 믿기 때문에, 여성들이 본질적으로 남성의 소유물이 되는 문화들 배후에 있는 집단적 야수에 대해 심판과 결박을 요청합니다.

오 리버티여, 가난이란 악마의 저주에서
이제 나를 자유롭게 하소서.
나는 결핍을 어머니의 탓으로 돌리지 않습니다.
오 축복받은 어머니시여, 나를 되돌리소서.

**오 우주의 어머니 리버티여,
풍요의 교향악을 지휘하소서.
나는 무엇이 최상의 봉사인지 알게 되고,
이제 풍요는 나에게 현실이 됩니다.**

2. 리버티여, 나는 전 세계 여성들이 이런 형태의 통제에 복종하도록 길러졌고, 그들의 남성이 그들을 소유할 수 있다고 느끼는 사실 배후에 있는 집단적 야수에 대해 심판과 결박을 요청합니다.

오 리버티여, 나는 머나먼 해안에서,
그 이상이 되려는 희구와 함께 왔습니다.
나는 풍요의 흐름을 보면서,
풍요의 의식을 키워나갑니다.

**오 우주의 어머니 리버티여,
풍요의 교향악을 지휘하소서.
나는 무엇이 최상의 봉사인지 알게 되고,
이제 풍요는 나에게 현실이 됩니다.**

3. 리버티여, 여성들을 일깨워 한쪽이 다른 쪽을 소유하려고 하고 다른 쪽이 그것에 복종하는, 이런 소유권을 추구하는 통제 게임을 보게 하소서. 그것들은 다양한 방법으로 펼쳐질 수 있습니다.

오 리버티여, 내가 한계에 속박될 수 있다는,
거짓말을 드러내소서.

마터 빛은 나의 적이 아니며,
나에게 진정한 부(富)를 가져다줍니다.

오 우주의 어머니 리버티여,
풍요의 교향악을 지휘하소서.
나는 무엇이 최상의 봉사인지 알게 되고,
이제 풍요는 나에게 현실이 됩니다.

4. 리버티여, 여성들을 일깨워 여성들이 훨씬 더 많은 자유를 얻은 더 발전된 나라에서도, 남성과 여성 사이에 이런 심리적 통제 게임이 여전히 벌어질 수 있음을 보게 하소서.

오 리버티여, 타락한 무리가 투사한,
책략을 드러내 주소서.
우주의 어머니시여, 나는 어머니가,
나의 적이 아니라는 진실을 봅니다.

오 우주의 어머니 리버티여,
풍요의 교향악을 지휘하소서.
나는 무엇이 최상의 봉사인지 알게 되고,
이제 풍요는 나에게 현실이 됩니다.

5. 리버티여, 여성들을 일깨워 남성은 여성을 소유하려고 시도할 수 있지만, 여성 역시 남편과 아이들에 대한 특정한 소유 의식을 키울 수 있음을 보게 하소서. 가장 진보된 나라에서조차, 여성들은 여전히 "내 남편" "내 아이들"이라고 말하며, 남성들도 "내 아내" "내 아이들"이라고 말할 것입니다.

오 리버티여, 나는 이제 열린 눈으로,
악마의 거짓말을 거부합니다.

나는 지고의 신성한 아버지를 보며,
이제 신성한 어머니의 영역을 포용합니다.

오 우주의 어머니 리버티여,
풍요의 교향악을 지휘하소서.
나는 무엇이 최상의 봉사인지 알게 되고,
이제 풍요는 나에게 현실이 됩니다.

6. 리버티여, 여성들을 일깨워 어떤 여성들은 과거 생에서부터 이런 분리된 자아들을 가지고 왔으며, "내 남편"은 어떤 특정한 방식으로 행동해야 한다는 통제 의식을 가지고 있음을 보게 하소서.

오 리버티여, 나의 하위체들은,
순수한 성배입니다.
나를 통해 당신의 교향악을 연주하소서.
당신의 선물인 우주의 자유가 흐르게 하소서.

오 우주의 어머니 리버티여,
풍요의 교향악을 지휘하소서.
나는 무엇이 최상의 봉사인지 알게 되고,
이제 풍요는 나에게 현실이 됩니다.

7. 리버티여, 나는 여전히 남성이 지배적인 문화들 배후에 있는 집단적 야수에 대해 심판과 결박을 요청합니다. 하지만 그 문화의 여성들은 남성의 신체적 외모와 행동 방식이 자신에게 되돌아와 반영된다고 느낍니다.

오 리버티여, 나는 초월의 교향악을 위해,
열린 문입니다.
내 차크라 안에서 당신이 방출하는 빛,

이 사랑의 흐름은 결코 멈추지 않을 것입니다.

오 우주의 어머니 리버티여,
풍요의 교향악을 지휘하소서.
나는 무엇이 최상의 봉사인지 알게 되고,
이제 풍요는 나에게 현실이 됩니다.

8. 리버티여, 나는 남성이 특정한 방식으로 보인다면, 이는 그의 여성이 그를 돌보지 않았음을 보여주는 것이며, 그것이 그녀에게 나쁘게 반영된다고 여성들이 느끼게 하는 집단적 야수에 대해 심판과 결박을 요청합니다.

오 리버티여, 당신이 베푸시는,
풍요의 흐름을 방출해 주소서.
당신이 짜고 계신 황금의 담요를,
나는 받고자 합니다.

오 우주의 어머니 리버티여,
풍요의 교향악을 지휘하소서.
나는 무엇이 최상의 봉사인지 알게 되고,
이제 풍요는 나에게 현실이 됩니다.

9. 리버티여, 나는 십대들이 파트너를 찾는 통제 게임 배후에 있는 집단적 야수에 대해 심판과 결박을 요청합니다.

오 리버티여, 지친 이들과 가난한 이들을 해방할,
치유의 힘을 방출하소서.
리버티의 사랑 노래는,
대중의 무리를 자유롭게 합니다.

오 우주의 어머니 리버티여,
풍요의 교향악을 지휘하소서.
나는 무엇이 최상의 봉사인지 알게 되고,
이제 풍요는 나에게 현실이 됩니다.

파트 2

1. 리버티여, 나는 성적으로 적극적이어야 한다는 압박감을 느끼는 남성들과 성적으로 적극적이거나 연애 관계를 통해 특정한 지위를 가져야 한다는 압박감을 느끼는 여성들 배후에 있는 집단적 야수에 대해 심판과 결박을 요청합니다. 그것은 자유로운 관계가 아니라 통제 게임입니다.

오 리버티여, 가난이란 악마의 저주에서
이제 나를 자유롭게 하소서.
나는 결핍을 어머니의 탓으로 돌리지 않습니다.
오 축복받은 어머니시여, 나를 되돌리소서.

**오 우주의 어머니 리버티여,
풍요의 교향악을 지휘하소서.
나는 무엇이 최상의 봉사인지 알게 되고,
이제 풍요는 나에게 현실이 됩니다.**

2. 리버티여, 여성들을 일깨워 연애를 하는 것은 어떤 지위를 주며, 관계를 맺기 위해 사람들이 자신의 잠재적인 파트너를 통제하고 그를 차지하려고 하는 것임을 보게 하소서.

오 리버티여, 나는 머나먼 해안에서,
그 이상이 되려는 희구와 함께 왔습니다.
나는 풍요의 흐름을 보면서,

풍요의 의식을 키워나갑니다.

오 우주의 어머니 리버티여,
풍요의 교향악을 지휘하소서.
나는 무엇이 최상의 봉사인지 알게 되고,
이제 풍요는 나에게 현실이 됩니다.

3. 리버티여, 여성들을 일깨워 파트너들이 통제 게임 때문에 관계를 맺게 되면, 이런 통제 게임을 계속 반복할 수 있음을 보게 하소서. 나이가 들면서 다소 변하긴 하겠지만, 그것은 여전히 통제 게임입니다.

오 리버티여, 내가 한계에 속박될 수 있다는,
거짓말을 드러내소서.
마터 빛은 나의 적이 아니며,
나에게 진정한 부(富)를 가져다줍니다.

오 우주의 어머니 리버티여,
풍요의 교향악을 지휘하소서.
나는 무엇이 최상의 봉사인지 알게 되고,
이제 풍요는 나에게 현실이 됩니다.

4. 리버티여, 여성들을 일깨워 사람들이 통제 게임을 더 이상 견딜 수 없기 때문에 많은 결혼이 깨지는 것을 보게 하소서. 그들은 이 통제 게임에 너무 갇혀 있게 되어서, 관계에서 벗어나야 한다고 느낍니다.

오 리버티여, 타락한 무리가 투사한,
책략을 드러내 주소서.
우주의 어머니시여, 나는 어머니가,
나의 적이 아니라는 진실을 봅니다.

오 우주의 어머니 리버티여,
풍요의 교향악을 지휘하소서.
나는 무엇이 최상의 봉사인지 알게 되고,
이제 풍요는 나에게 현실이 됩니다.

5. 리버티여, 여성들을 일깨워 많은 경우에 관계가 깨지지 않는 이유는 두 파트너가 모두 통제 게임에서 벗어날 수 없기 때문임을 보게 하소서.

오 리버티여, 나는 이제 열린 눈으로,
악마의 거짓말을 거부합니다.
나는 지고의 신성한 아버지를 보며,
이제 신성한 어머니의 영역을 포용합니다.

**오 우주의 어머니 리버티여,
풍요의 교향악을 지휘하소서.
나는 무엇이 최상의 봉사인지 알게 되고,
이제 풍요는 나에게 현실이 됩니다.**

6. 리버티여, 여성들을 일깨워 관계에서 벗어난 사람들이 반드시 통제 게임에서 해방되는 것이 아님을 보게 하소서.

오 리버티여, 나의 하위체들은,
순수한 성배입니다.
나를 통해 당신의 교향악을 연주하소서.
당신의 선물인 우주의 자유가 흐르게 하소서.

**오 우주의 어머니 리버티여,
풍요의 교향악을 지휘하소서.
나는 무엇이 최상의 봉사인지 알게 되고,**

이제 풍요는 나에게 현실이 됩니다.

7. 리버티여, 여성들을 일깨워 관계가 나빠지기 시작할 때, 사람들은 파트너 때문에 문제가 생겼다고 투사하기가 아주 쉽고, "만약 저런 식이 아닌 다른 파트너를 가졌다면, 이런 상황에 처하지 않았을 것이다."라고 느끼게 됨을 보게 하소서.

오 리버티여, 나는 초월의 교향악을 위해,
열린 문입니다.
내 차크라 안에서 당신이 방출하는 빛,
이 사랑의 흐름은 결코 멈추지 않을 것입니다.

오 우주의 어머니 리버티여,
풍요의 교향악을 지휘하소서.
나는 무엇이 최상의 봉사인지 알게 되고,
이제 풍요는 나에게 현실이 됩니다.

8. 리버티여, 여성들을 일깨워 관계에 대한 우리의 경험은 우리 마음 속에서 일어남을 보게 하소서! 우리는 파트너 때문에 이런 경험을 하는 것이 아닙니다.

오 리버티여, 당신이 베푸시는,
풍요의 흐름을 방출해 주소서.
당신이 짜고 계신 황금의 담요를,
나는 받고자 합니다.

오 우주의 어머니 리버티여,
풍요의 교향악을 지휘하소서.
나는 무엇이 최상의 봉사인지 알게 되고,
이제 풍요는 나에게 현실이 됩니다.

9. 리버티여, 여성들을 일깨워 파트너가 통제 게임을 하고 있고, 우리를 통제하려고 할 수도 있겠지만, 그것은 우리 내면의 경험을 만들어 내는 것이 아님을 보게 하소서. 우리 내면의 경험은 우리의 통제 게임에 의해 창조됩니다.

오 리버티여, 지친 이들과 가난한 이들을 해방할,
치유의 힘을 방출하소서.
리버티의 사랑 노래는,
대중의 무리를 자유롭게 합니다.

**오 우주의 어머니 리버티여,
풍요의 교향악을 지휘하소서.
나는 무엇이 최상의 봉사인지 알게 되고,
이제 풍요는 나에게 현실이 됩니다.**

파트 3

1. 리버티여, 여성들을 일깨워 우리는 관계를 끊을 수 있지만, 여전히 그 통제 게임을 가지고 있고, 만약 우리가 그런 분리된 자아들을 극복하고 해결하지 않는다면, 통제 게임에 의해 조종되는 다른 관계를 끌어들일 수 있음을 알게 하소서.

오 리버티여, 가난이란 악마의 저주에서
이제 나를 자유롭게 하소서.
나는 결핍을 어머니의 탓으로 돌리지 않습니다.
오 축복받은 어머니시여, 나를 되돌리소서.

**오 우주의 어머니 리버티여,
풍요의 교향악을 지휘하소서.
나는 무엇이 최상의 봉사인지 알게 되고,**

이제 풍요는 나에게 현실이 됩니다.

2. 리버티여, 여성들을 일깨워 여성들이 법적으로나 정치적으로 해방된 나라에서도, 여전히 개인적인 관계 수준에서는 이런 통제 게임들이 있음을 알게 하소서.

오 리버티여, 나는 머나먼 해안에서,
그 이상이 되려는 희구와 함께 왔습니다.
나는 풍요의 흐름을 보면서,
풍요의 의식을 키워나갑니다.

**오 우주의 어머니 리버티여,
풍요의 교향악을 지휘하소서.
나는 무엇이 최상의 봉사인지 알게 되고,
이제 풍요는 나에게 현실이 됩니다.**

3. 리버티여, 내가 개인적으로 이런 통제 게임을 하고 있는지 알게 하소서. 이것을 보고 이렇게 말하도록 도와주소서. "그래서 뭐? 난 분리된 자아가 있어. 내가 지구에 살고 있는데, 어떻게 이것이 없을 수 있겠어? 하지만 이제는 그것을 넘어설 때야. 그것에서 나 자신을 해방해야 할 때야. 나는 도구들을 사용해서 이런 자아들을 기꺼이 살펴보고, 찾아내 죽게 놔두며, 통제 게임이 내가 풀어야 한다고 투사하는 문제들을 해결하려고 애쓰는 것을 그만두겠어."

오 리버티여, 내가 한계에 속박될 수 있다는,
거짓말을 드러내소서.
마터 빛은 나의 적이 아니며,
나에게 진정한 부(富)를 가져다줍니다.

오 우주의 어머니 리버티여,

풍요의 교향악을 지휘하소서.
나는 무엇이 최상의 봉사인지 알게 되고,
이제 풍요는 나에게 현실이 됩니다.

4. 리버티여, 모든 여성을 이런 통제 게임에서 자유롭게 해주시고, 통제 게임을 영속화하려는 집단적인 야수들을 결박하소서.

오 리버티여, 타락한 무리가 투사한,
책략을 드러내 주소서.
우주의 어머니시여, 나는 어머니가,
나의 적이 아니라는 진실을 봅니다.

**오 우주의 어머니 리버티여,
풍요의 교향악을 지휘하소서.
나는 무엇이 최상의 봉사인지 알게 되고,
이제 풍요는 나에게 현실이 됩니다.**

5. 리버티여, 나는 남녀 사이의 이런 통제 게임과 남성들을 서사적 대의명분을 위한 싸움으로 끌어당기는 서사적 사고방식의 통제 게임 전체 사이클을 시작한 타락한 존재들에 대해 심판과 결박을 요청합니다.

오 리버티여, 나는 이제 열린 눈으로,
악마의 거짓말을 거부합니다.
나는 지고의 신성한 아버지를 보며,
이제 신성한 어머니의 영역을 포용합니다.

**오 우주의 어머니 리버티여,
풍요의 교향악을 지휘하소서.
나는 무엇이 최상의 봉사인지 알게 되고,
이제 풍요는 나에게 현실이 됩니다.**

6. 리버티여, 여성들을 일깨워 우리가 통제 게임에 관여할 때, 우리는 이 게임에서 이기고 있다는 느낌을 받고 있음을 보게 하소서. 하지만, 우리는 이런 느낌에 대해 대가를 치러야 합니다.

오 리버티여, 나의 하위체들은,
순수한 성배입니다.
나를 통해 당신의 교향악을 연주하소서.
당신의 선물인 우주의 자유가 흐르게 하소서.

오 우주의 어머니 리버티여,
풍요의 교향악을 지휘하소서.
나는 무엇이 최상의 봉사인지 알게 되고,
이제 풍요는 나에게 현실이 됩니다.

7. 리버티여, 여성들을 일깨워 우리가 게임이나 혹은 분리된 자아들, 집단적 야수들, 궁극적으로는 타락한 존재들에 의해 조종당하지 않고서는 이런 통제 게임에 관여할 수 없음을 알게 하소서.

오 리버티여, 나는 초월의 교향악을 위해,
열린 문입니다.
내 차크라 안에서 당신이 방출하는 빛,
이 사랑의 흐름은 결코 멈추지 않을 것입니다.

오 우주의 어머니 리버티여,
풍요의 교향악을 지휘하소서.
나는 무엇이 최상의 봉사인지 알게 되고,
이제 풍요는 나에게 현실이 됩니다.

8. 리버티여, 여성들을 일깨워 우리가 통제에 노출되지 않는 한 이런

통제 게임에 관여하지 않을 것이기 때문에, 통제하려고 할 때마다 우리가 통제되고 있음을 보게 하소서.

오 리버티여, 당신이 베푸시는,
풍요의 흐름을 방출해 주소서.
당신이 짜고 계신 황금의 담요를,
나는 받고자 합니다.

**오 우주의 어머니 리버티여,
풍요의 교향악을 지휘하소서.
나는 무엇이 최상의 봉사인지 알게 되고,
이제 풍요는 나에게 현실이 됩니다.**

9. 리버티여, 내가 이것을 정직하게 살펴보고 이렇게 말하도록 도와주소서. "이제 그만, 이것으로 충분해. 나는 이런 자아보다 더 큰 존재이고, 그리스도 신성의 더 높은 수준으로 다시 태어날 것을 알기 때문에, 이를 죽게 내버려 둘 수 있어. 이런 자아들을 죽게 둠으로써 나는 그리스도 안에서 새로운 존재가 될 거야."

오 리버티여, 지친 이들과 가난한 이들을 해방할,
치유의 힘을 방출하소서.
리버티의 사랑 노래는,
대중의 무리를 자유롭게 합니다.

**오 우주의 어머니 리버티여,
풍요의 교향악을 지휘하소서.
나는 무엇이 최상의 봉사인지 알게 되고,
이제 풍요는 나에게 현실이 됩니다.**

파트 4

1. 리버티여, 남성과 여성 모두를 자유롭게 하여, 특히 여성들이 이런 통제 게임에서 스스로 자유로워지거나 적어도 그것을 인식하게 해주소서.

오 리버티여, 가난이란 악마의 저주에서
이제 나를 자유롭게 하소서.
나는 결핍을 어머니의 탓으로 돌리지 않습니다.
오 축복받은 어머니시여, 나를 되돌리소서.

오 우주의 어머니 리버티여,
풍요의 교향악을 지휘하소서.
나는 무엇이 최상의 봉사인지 알게 되고,
이제 풍요는 나에게 현실이 됩니다.

2. 리버티여, 여성들을 일깨워 억압당해 온 사람들이 억압을 멈추는 사이클을 시작할 가능성이 가장 큰 사람이기 때문에, 여성들이 선구자가 될 수 있음을 보게 하소서.

오 리버티여, 나는 머나먼 해안에서,
그 이상이 되려는 희구와 함께 왔습니다.
나는 풍요의 흐름을 보면서,
풍요의 의식을 키워나갑니다.

오 우주의 어머니 리버티여,
풍요의 교향악을 지휘하소서.
나는 무엇이 최상의 봉사인지 알게 되고,
이제 풍요는 나에게 현실이 됩니다.

3. 리버티여, 여성들을 일깨워 우리가 여러 생애 동안 특정한 형태의

억압을 경험했을 때, 점차 우리 자신을 자유롭게 하려는 결심을 굳히게 됨을 보게 하소서.

오 리버티여, 내가 한계에 속박될 수 있다는,
거짓말을 드러내소서.
마터 빛은 나의 적이 아니며,
나에게 진정한 부(富)를 가져다줍니다.

오 우주의 어머니 리버티여,
풍요의 교향악을 지휘하소서.
나는 무엇이 최상의 봉사인지 알게 되고,
이제 풍요는 나에게 현실이 됩니다.

4. 리버티여, 여성들을 일깨워 이것이 현대 민주주의 국가의 여성들이 차별과 억압에 반대하는 목소리를 내고, 더 큰 자유를 요구하는 행성 차원의 선구자였던 이유임을 알게 하소서.

오 리버티여, 타락한 무리가 투사한,
책략을 드러내 주소서.
우주의 어머니시여, 나는 어머니가,
나의 적이 아니라는 진실을 봅니다.

오 우주의 어머니 리버티여,
풍요의 교향악을 지휘하소서.
나는 무엇이 최상의 봉사인지 알게 되고,
이제 풍요는 나에게 현실이 됩니다.

5. 리버티여, 여성들을 자유롭게 하여 우리가 충분한 결정을 내리기 전에, 다른 많은 육화를 거치지 않고도 우리 자신을 자유롭게 할 수 있도록 이런 통제 게임들을 볼 수 있는 기회를 얻게 하소서.

오 리버티여, 나는 이제 열린 눈으로,
악마의 거짓말을 거부합니다.
나는 지고의 신성한 아버지를 보며,
이제 신성한 어머니의 영역을 포용합니다.

오 우주의 어머니 리버티여,
풍요의 교향악을 지휘하소서.
나는 무엇이 최상의 봉사인지 알게 되고,
이제 풍요는 나에게 현실이 됩니다.

6. 리버티여, 여성들을 일깨워 여성 해방이 상승나선 안에 있음을 보게 하소서. 세계에서 가장 낙후된 나라의 여성들이 이런 구시대적인 중세의 억압으로부터 해방되기까지 평생 혹은 수십 년이 걸리지 않도록 여성들을 자유롭게 해주소서.

오 리버티여, 나의 하위체들은,
순수한 성배입니다.
나를 통해 당신의 교향악을 연주하소서.
당신의 선물인 우주의 자유가 흐르게 하소서.

오 우주의 어머니 리버티여,
풍요의 교향악을 지휘하소서.
나는 무엇이 최상의 봉사인지 알게 되고,
이제 풍요는 나에게 현실이 됩니다.

7. 리버티여, 여성들을 일깨워 가장 발전된 나라들과 덜 발전된 나라들 사이의 범위가 광범위한 것은, 오직 덜 발전된 나라 사람들의 마음을 제압하는 거대한 집단 야수들 때문이며, 우리에게는 너무나 명백한 것을 그들은 볼 수 없음을 알게 하소서.

오 리버티여, 나는 초월의 교향악을 위해,
열린 문입니다.
내 차크라 안에서 당신이 방출하는 빛,
이 사랑의 흐름은 결코 멈추지 않을 것입니다.

오 우주의 어머니 리버티여,
풍요의 교향악을 지휘하소서.
나는 무엇이 최상의 봉사인지 알게 되고,
이제 풍요는 나에게 현실이 됩니다.

8. 리버티여, 이슬람 국가의 여성들이 이런 집단적 야수에 의한 최면에서 자유로워지게 해주소서. 이로써 나는 이 야수들을 결박하고 불태워 이런 최면 효과를 제거할 수 있도록 상승 마스터께 야수들을 심판하고 제거할 권한을 드립니다.

오 리버티여, 당신이 베푸시는,
풍요의 흐름을 방출해 주소서.
당신이 짜고 계신 황금의 담요를,
나는 받고자 합니다.

오 우주의 어머니 리버티여,
풍요의 교향악을 지휘하소서.
나는 무엇이 최상의 봉사인지 알게 되고,
이제 풍요는 나에게 현실이 됩니다.

9. 리버티여, 사람들을 일깨워 그들의 눈에서 비늘이 떨어져 나가고, 그들이 깨어나 이렇게 말하게 하소서. "하지만 잠깐만, 우리가 왜 여성들을 이런 식으로 취급하고 있는 거지? 어떻게 우리가 다른 나라들보다 훨씬 뒤처져 있을 수 있을까? 우리는 왜 여성을 열등한 시민으로

규정하는 구시대적 종교 교리와 법을 아직도 고수하고 있는 거지?"

오 리버티여, 지친 이들과 가난한 이들을 해방할,
치유의 힘을 방출하소서.
리버티의 사랑 노래는,
대중의 무리를 자유롭게 합니다.

오 우주의 어머니 리버티여,
풍요의 교향악을 지휘하소서.
나는 무엇이 최상의 봉사인지 알게 되고,
이제 풍요는 나에게 현실이 됩니다.

파트 5

1. 리버티여, 이들 집단 영체들과 그들 배후에 있는 타락한 존재들을 결박하시어 사람들이 많은 생애에 걸쳐 구축해온 결의의 추동력을 자유롭게 표현할 수 있게 하소서.

오 리버티여, 가난이란 악마의 저주에서
이제 나를 자유롭게 하소서.
나는 결핍을 어머니의 탓으로 돌리지 않습니다.
오 축복받은 어머니시여, 나를 되돌리소서.

오 우주의 어머니 리버티여,
풍요의 교향악을 지휘하소서.
나는 무엇이 최상의 봉사인지 알게 되고,
이제 풍요는 나에게 현실이 됩니다.

2. 리버티여, 여성들을 일깨워 일단 사람들이 결심하면, 사회는 이런 낡은 사고방식으로부터 빠르게 벗어나 해결책을 찾기 시작할 것임을

알게 하소서.

오 리버티여, 나는 머나먼 해안에서,
그 이상이 되려는 희구와 함께 왔습니다.
나는 풍요의 흐름을 보면서,
풍요의 의식을 키워나갑니다.

오 우주의 어머니 리버티여,
풍요의 교향악을 지휘하소서.
나는 무엇이 최상의 봉사인지 알게 되고,
이제 풍요는 나에게 현실이 됩니다.

3. 리버티여, 여성들이 걸려 있는 주문, 즉 덜 개발된 국가에 대해 어떤 정치적 압력도 가하길 원하지 않는 주문을 만든 집단적 야수에 대해 심판과 결박을 요청합니다.

오 리버티여, 내가 한계에 속박될 수 있다는,
거짓말을 드러내소서.
마터 빛은 나의 적이 아니며,
나에게 진정한 부(富)를 가져다줍니다.

오 우주의 어머니 리버티여,
풍요의 교향악을 지휘하소서.
나는 무엇이 최상의 봉사인지 알게 되고,
이제 풍요는 나에게 현실이 됩니다.

4. 리버티여, 여성들을 도와 선진국의 여성들이 가진 위치가 세계 나머지 지역에서의 여성 해방을 촉진하고, 다른 많은 명분과 긍정적인 발전을 촉진시킬 책임이 있음을 깨닫게 하소서.

오 리버티여, 타락한 무리가 투사한,
책략을 드러내 주소서.
우주의 어머니시여, 나는 어머니가,
나의 적이 아니라는 진실을 봅니다.

오 우주의 어머니 리버티여,
풍요의 교향악을 지휘하소서.
나는 무엇이 최상의 봉사인지 알게 되고,
이제 풍요는 나에게 현실이 됩니다.

5. 리버티여, 여성들을 일깨워 우리는 이런 나라들에 정치적 압력을 가할 권리뿐 아니라 의무도 있음을 깨닫게 하소서. 우리는 이렇게 말할 의무가 있습니다. "우리는 당신들이 이런 식으로 여성들을 계속 대한다면, 거래할 수 없습니다. 우리는 당신 나라의 석유를 사지 않을 것이고, 석유를 구입하는 것을 대신할 대안을 찾겠습니다."

오 리버티여, 나는 이제 열린 눈으로,
악마의 거짓말을 거부합니다.
나는 지고의 신성한 아버지를 보며,
이제 신성한 어머니의 영역을 포용합니다.

오 우주의 어머니 리버티여,
풍요의 교향악을 지휘하소서.
나는 무엇이 최상의 봉사인지 알게 되고,
이제 풍요는 나에게 현실이 됩니다.

6. 리버티여, 더 발달된 나라의 사람들을 자유롭게 해 기꺼이 이런 정치적 압력을 가하게 해주소서. 나는 "이것은 우리의 책임이다."라고 우리가 말하지 못하게 저지하고 있는 집단적 야수의 결박을 요청합니다.

오 리버티여, 나의 하위체들은,
순수한 성배입니다.
나를 통해 당신의 교향악을 연주하소서.
당신의 선물인 우주의 자유가 흐르게 하소서.

오 우주의 어머니 리버티여,
풍요의 교향악을 지휘하소서.
나는 무엇이 최상의 봉사인지 알게 되고,
이제 풍요는 나에게 현실이 됩니다.

7. 리버티여, 나는 이 집단적 야수들이 결박되거나, 불태워지거나, 세력이 약해져서, 이런 주문들이 풀리기를 요청합니다. 그러면 사람들은 감정체, 멘탈체, 정체성체에서 실제로 취할 준비가 된 행동들을 그들의 외면의 마음으로 자유롭게 할 수 있습니다.

오 리버티여, 나는 초월의 교향악을 위해,
열린 문입니다.
내 차크라 안에서 당신이 방출하는 빛,
이 사랑의 흐름은 결코 멈추지 않을 것입니다.

오 우주의 어머니 리버티여,
풍요의 교향악을 지휘하소서.
나는 무엇이 최상의 봉사인지 알게 되고,
이제 풍요는 나에게 현실이 됩니다.

8. 리버티여, 사람들이 이미 그들의 멘탈체에서 보고 있는 것에 대해 행동하는 것을 방해하는 감정체의 차단으로부터 사람들을 자유롭게 해주소서.

오 리버티여, 당신이 베푸시는,

풍요의 흐름을 방출해 주소서.
당신이 짜고 계신 황금의 담요를,
나는 받고자 합니다.

오 우주의 어머니 리버티여,
풍요의 교향악을 지휘하소서.
나는 무엇이 최상의 봉사인지 알게 되고,
이제 풍요는 나에게 현실이 됩니다.

9. 리버티여, 나는 사람들이 아는 것을 행동으로 옮길 수 없도록 막고 있는 이런 야수들을 결박해 주기를 요청합니다. 사람들은 모두 올바른 통찰력을 가지고 있고, 무엇을 해야 하는지를 알고 있지만, 그들의 이해에 근거한 행동을 취하는 것을 감정적인 수준에서 차단당하고 있습니다.

오 리버티여, 지친 이들과 가난한 이들을 해방할,
치유의 힘을 방출하소서.
리버티의 사랑 노래는,
대중의 무리를 자유롭게 합니다.

오 우주의 어머니 리버티여,
풍요의 교향악을 지휘하소서.
나는 무엇이 최상의 봉사인지 알게 되고,
이제 풍요는 나에게 현실이 됩니다.

봉인
I AM THAT I AM의 이름으로, 나는 대천사 미카엘과 아스트레아와 쉬바께서 나와 모든 건설적인 사람 주위에 뚫을 수 없는 보호막을 형성하여, 우리를 네 옥타브 안에 있는 모든 두려움 기반의 에너지로부터 봉인해 주심을 받아들입니다. 나는 신의 빛(Light of God)이 지구 여성

들을 자유롭게 하는 데 저항하는, 어둠의 힘을 구성하는 두려움 기반의 모든 에너지를 변형하고 소멸하고 있음을 받아들입니다!
.

24
여성에 대한 폭력은 충분히 경험하지 않았나요?

상승 마스터 성모 마리아

나는 상승 마스터 성모 마리아입니다. 이번 발표에서 내 첫 번째 요점은 상승 마스터 리버티께서 얘기한 남성과 여성 간의 통제 게임(control game)을 기반으로 이번 발표를 계속하겠다는 것입니다. 좀 더 널리 퍼져 있는 좀 더 교묘한 통제 게임 가운데 하나는 남성들이 돈을 통해, 더 정확히 말하면 여성들이 돈을 거부하게 만들거나 돈에 접근하지 못하게 함으로써, 여성들을 통제하려고 하는 것입니다. 여성들이 직업을 가질 수 없고, 실제로 일을 할 수 없으며, 생계를 유지하기 위해 돈을 벌 수도 없는, 따라서 물리적으로 살아남기 위해서는 결혼을 하거나 결혼생활을 유지하는 것에 전적으로 의존해야만 하는 사회가 많이 있었습니다. 지금도 여전히 이런 사회를 많이 볼 수 있는데, 이것은 진실로 통제의 한 형태로, 남자들이 하고 있는 통제 게임입니다. 남성들의 마음을 압도해서, 어쨌든 여성들은 돈을 가져서는 안되고 돈을 현명하게 사용할 능력이 없다고 남성들이 생각하게 만드는 이런 야수들을 타락한 존재들은 창조했습니다. 따라서 남성들은 여성들이 돈을 멀리하게 하고 남성들의 통제 하에 있게 해야 합니다. 많은 경우 남성들은 이 집단적인 야수에 의해 너무 눈이 멀게 되어, 그런 생각이 얼마나 비논리적이고, 얼마나 비현실적인지를 알지 못합니다. 그들은 이런 통제 상황이 필요하다고 생각하지만, 그것은 실제로 자신들이 사로잡혀 있는 통제 게임이며, 우리가 말했듯이, 자신이 다른 사람들을 통제하고 있다면 자신 역시 스스로에게 통제당하고 있다는 사실을 그들은 보지 못합니다.

심지어 지금도 자신이 주로 돈을 벌거나 아니면 혼자 돈을 버는 사람이기 때문에, 돈을 어떻게 써야 하는지를 자신이 통제해야 한다고 느끼는 남성들이 아주 많이 있습니다. 여기에서 주목할 점은 남성들이 이런 태도를 가지고 있고, 돈과 관련된 의사결정 과정에서 여성들을 의도적으로 배제한다면, 남성들이 삶의 흐름에 조화롭게 머물 수 없게 된다는 점입니다. 그들은 번 돈을 증식할 수 없습니다. 많은 남성이 가난 속에서 살고 있는 이유가 바로 그것입니다. 정확하게는 그런 태도를 가지고 있기 때문에 그들은 가난에서 벗어나지 못할 것입니다. 만약 그들이 아내에게 더 동등한 가치를 부여하고, 그래서 아내가 돈을 버는 과정에 관여하도록 한다면, 그러면 남성과 여성이 함께 추진력을 더 할 수 있고, 이것이 부부에게 그리고 가족에게 더 높은 수준의 풍요로움을 가져다줄 것입니다. 남자가 더 많은 돈을 벌고 더 나은 직장을 얻게 되거나, 아니면 여성도 수입이 생기게 되어, 돈을 통해 여성을 제한하는 이런 통제 게임에 스스로를 갇혀 있게 할 때보다 가족 전체가 경제적으로 더 나아지게 될 것입니다.

더 발전된 나라에서 보게 되는 진보의 주된 측면 중 하나는 분명히 여성들이 교육을 받을 수 있었고 직업을 가질 수 있었다는 점입니다. 이들 나라에서는 여성들이 합리적으로 보수를 받을 수 있는 직업을 가질 수 있었고, 그들이 가진 직업에서 남성과 동등한 임금을 받을 수 있었습니다. 여성들이 재정적으로 생존할 수 있기 때문에, 여성에게 더 많은 독립성과 더 많은 자유, 그리고 폭력적인 관계에서 벗어날 수 있는 능력을 준다는 측면에서, 이것은 굉장히 중요한 발전입니다.

학대받는 폭력적인 관계에 있지 않으면 자신들이 생존할 수 없거나 아이들을 먹여 살릴 수 없고, 그렇기 때문에 그 관계에서 벗어날 수 없다고 알고 있는, 자신이 그 폭력적인 관계에 갇혀 있다고 느끼는 전 세계 많은 여성에게 우리는 커다란 연민을 느낍니다. 그들은 학대를 견뎌내지만, 그것이 이 여성들의 영혼에 깊은 영향을 미쳐서, 다음 번 육화를 할 때 더 낮은 의식 상태에서 하향나선으로 들어가는 장(場)을 만들게 합니다. 어쩌면 그들은 학대받는 관계나 학대받는 상황을 또다시 끌어당길 수도 있습니다. 비록 그들이 다음 육화에서 남성으로 태어난다고 해도, 그들은 여전히 자신은 돈을 가질 가치가 없고, 돈을 벌 가치도 없다고 느끼는 하향나선에 있으므로, 이 때문에 무의식적으로 스스로에게서 풍요를 밀어냅니다. 여러분이 전 세계 여성들이 남성에 대한 이런 경제적 의존으로부터 자유로워진다는 비전을 가지고 요청을 하는 것이 매우 중요합니다. 여러분은 이런 통제 게임 이면의 야수들, 여성으로 하여금 돈을 멀리하게 하고, 여성들이 생존하는 데 필요한 돈을 남성에게 의존하게 하려는 이런 야수들을 결박해 달라고 요청할 수 있습니다.

여러분의 옷이 어디에서 만들어지는지 아시나요?

자, 다시 말하지만, 여러분은 서구 여성들과 부유한 국가의 여성들이 깨어나, 옷을 구매하는 자신의 습관을 진지하게 관찰하게 해달라고 요청할 수 있습니다. 그들은 이렇게 말할 것입니다. "내 옷장에 있는 옷들이 실제로 어디에서 만들어졌는지 내가 알고 있는 것일까?" 옷장에 있는 대부분의 옷은 아마도 의류공장에서 일하는 여성들이 만들었을 것입니다. 그런데 여러분은 그것이 어느 나라에서 만들어졌고, 이 여성들이 어떤 조건에서 일하는지 아나요? 그들이 받는 급여가 얼마인지 아나요? 그들이 받는 급여가 겨우 생존할 수 있을 정도로 정말 낮은 수준이고, 그 이유는 공장을 소유한 사람이 남자이며, 이익의 대부분을 남자들이 가져가서 그런 것은 아닐까요? 혹시 여러분이 옷을 산 매장이 남성 소유이거나, 아니면 남성이 소유한 기업 아닌가요? 수입업자, 중간 상인 등등 돈을 버는 사람 모두가 남자는 아닌가요? 현대 국가에 있는 매장에서 여러분이 지불하는 가격을 보면, 어떤 한 여성이 드레스를 만들었고, (그들의 임금과 판매가) 둘 사이에 엄청난 차이가 있는 것을 알 수 있으며, 실제로 그 일을 한 여성은 아무것도 얻지 못한다는 것을 알 수 있습니다.

자, 다시 한번 말하지만, 이것을 보고 여러분은 이렇게 말할 수 있습니다. "이것이 지속 가능한 상황인가요?" 덜 부유한 국가 자매들과의 연대를 표현하고, 사람들이 다음과 같은 사실에 대해 알 것을 요구하는 여성 운동이 부유한 국가에서 일어날 수는 없을까요? "내 옷은 어디에서 만들어졌을까요? 특정 매장이나 체인점을 소유하고 있는 여러분이 여성들을 위해 판매하는 옷은 어디에서 만들어졌나요? 누가 그것을 만들었나요? 여성들이 만들었을까요? 내가 매장에서 지불한 가격과 비교해서 그들은 얼마를 받았을까요? 자기 나라 생활비와 비교해서 얼마를 받았을까요? 그들은 어떤 조건에서 일하고 있나요? 그들은 노동력 착취 현장(sweatshops)에서 일하고 있나요? 혹은 세계 곳곳 안전하지 못한 환경에서 일하고 있을까요? 만약 그렇다면, 나는 그 매장에서 옷을 사지 않겠습니다. 여성으로서, 우리는 그 옷들이 어디에서 만들어지고, 이 여성들이 어떤 환경에서 일하는지를 공개하고, 앞으로 나아가지 않는 매장들에 대해서는 불매운동(boycott)을 하겠습니다."

이것이 이 공장들을 변화하게 하고, 심지어 여성들에게 더 많은 임금을 주도록 강요하는 운동을 촉진시킬 수 있습니다. 심지어는 한 명의 소유주나 하나의 기업이 모든 이익을 취하는 이런 전통적인 방식 대신, 함께 일하는 사람들과 사업의 수익을 나누는 여성 공동소유의 공장들이 협동조합 형태로 생겨나는 것을 볼 수 있습니다. 이것은 서구 세계의 여성들이 기업뿐 아니라 국가에도 압력을 가해, 국가 전체가 변하도록 강요하는 정치적 압력을 행사할 수 있는 가능성의 일부입니다. 예를 들면, 의류 산업이 광범위하게 퍼져 있는 방글라데시가 있는데, 중국이나, 베트남, 그 외 다른 나라도 마찬가지여서, 그들은 이것을 살펴보고 이렇게 말합니다. "의류 산업에 종사하는 여성들에게 합리적인 근로조건과 임금을 제공하지 않으면, 현대 국가에 우리 제품을 계속 판매할 수 없을 것입니다. 우리는 반드시 이렇게 해야 합니다."

다시 말해서, 현재 여러분이 가지고 있는 것은 전반적으로 이윤에 의해 움직이는 의류 산업입니다. 부유한 국가에 사는 많은 여성은 자신이 필요로 하는 것보다 더 많은 옷을 자주 구입하지만, 그것이 어디에서 어떤 조건에서 만들어지는지는 신경을 쓰지 않습니다. 그들은 대개 가격을 보고, 그들이 찾을 수 있는 가장 값싼 옷을 삽니다. 이것은 바뀔 수 있습니다. 그래서 여러분은 여성들이 품질을 추구하고 필요한 것보다 더 많이 사지 않는 것을 보게 될 것입니다. 그리고 그들은 그 옷들이 어떤 환경에서 만들어졌는지에 대해 관심을 가지게 되며, 더 이상 여성에 대한 이런 착취를 지지하지 않게 될 것입니다. 다른 산업에서 일어나고 있는 일들도, 의류 산업에서 일어나고 있는 일처럼 여성에 대한 착취이며, 학대이고 폭력입니다. 부유한 나라의 여성들이 여성에게 일자리를 주고 여성들이 합리적인 조건과 보수를 받는 덜 부유한 국가의 기업들을 지원할 수 있으며, 이런 움직임이 다른 산업으로도 확산될 수 있습니다.

여성에 대한 폭력을 설명하기

자, 이제 나의 다음 논제는 약간 다른 주제입니다. 우리는 여성에 대한 폭력을 얘기해 왔습니다. 그리고 자유의 여신, 상승 마스터 리버티는 남성에게 여성이 통제당하는 통제 게임에 관해 이야기했습니다. 남성이 여성을 통제하기 위해 폭력을 사용하는 이런 통제 게임들이 많이 있지만, 여성의 상황을 살펴보고, 지구 곳곳에서 여성들이 노출되어 있는 것이 무엇인지를 살펴본다면, 여러분은 단지 통제 게임만으로는 여성에 대한 이런 모든 폭력을 설명할 수 없게 됩니다. 일부 폭력은 단순하게 남성들이 그들 삶의 방식에서 여성들을 통제하는 방법으로 사용하는 통제 게임에 의해 주도되지만, 모든 폭력이 이것으로 설명되지는 않습니다.

일어나야 할 일, 즉 여러분이 요청할 수 있는 것은, 더 발전된 국가의 여성들, 그리고 자유로워질 수 있는 최대치의 가능성을 이룬 여성들이, 여성 폭력에 관한 이슈를 고려하기 위해 그들의 자유를 이용하기 시작하는 것입니다. 이것이 그들 나라에서는 그렇게 큰 문제가 아닐지는 모르지만, 하지만 다시 한번 말하는데, 여러분은 이런 연대를 보여주고 다른 나라의 여성들과 그곳에서 일어나는 여성 폭력을 살펴볼 필요가 있습니다. 심지어는 가장 발전한 국가에도, 통제 게임만으로는 설명될 수 없는 여성에 대한 폭력이 있습니다. 여성들은 이것을 살펴볼 수도 있고, 여성에 대한 최악의 폭력 사례들을 일부 살펴볼 수도 있습니다. 그리고 남자들이 여성들을 강간할 때, 대부분 그것을 통제 게임으로 설명할 수 없음을 알 수 있습니다. 한 남성이 또는 어떤 집단의 남성들이 한 여성을 강간하고 있는 것을 살펴보면, 거기에는 통제 게임보다 더 많은 것이 있습니다.

이런 상황들을 살펴볼 때, 여러분은 무엇을 알 수 있나요? 대부분의 여성이 이런 것을 보고 싶어하지 않는다는 것을 나는 알고 있습니다. 하지만 그럼에도 불구하고 상황을 개선하기 위해서는 이것을 살펴보는 것이 필요합니다. 문제를 살펴보려고 하지 않으면, 상황을 개선할 수 없습니다. 여성을 강간하고 있는 남성들을 보면, 무엇보다 먼저 거기에 단순한 성욕 이상의 것이 있음을 알 수 있습니다. 그것은 단지 성욕을 충족시키는 문제만이 아닙니다. 거기에는 분노가 있고, 심지어는 여성을 향한 더욱더 강렬한 증오심이 있습니다.

여러분은 여성을 구타하는 남성들을 볼 수 있는데, 어떤 경우에는 여성들이 너무 많이 맞아서 사망하거나, 아니면 영구적인 피해를 보기도 합니다. 일부 여성들은 이런 것에 노출되어왔지만, 다른 많은 여성은 그것을 직접 경험하지 않았습니다. 만일 여성을 구타하는 남성의 눈을 들여다본다면, 이성적으로는 결코 설명할 수 없는 비이성적인 설명을 찾아볼 필요가 있습니다. 만일 그 남자의 눈을 들여다본다면, 여러분은 분노를 보게 될 것이고, 그 증오가 여성에게 향하는 것을 보게 될 것입니다. 어떤 이유로 여성을 처벌하고 싶어서, 여성을 구타하고 폭력을 행사하는 남자들이 일부 있습니다. 통제 게임의 한 측면은 통제당하지 않는 사람들을 처벌하고 싶어하는 것이고, 이 때문에 사람들은 처벌에 대한 이런 욕구를 가지게 되지만, 여성에 대한 폭력은 처벌로도 설명될 수 없습니다. 거기에는 분노가 있고, 증오가 있습니다. 이것은 여성들이 다양한 방법으로 학대당하는 많은 다른 상황에서도 나타납니다.

만약 여러분이 이슬람법(Sharia Law)을 장려하고 여성 억압과 여성에 대한 제한을 지지하는 근본주의 이슬람 성직자들(fundamentalist Muslim preachers)이나 교단 지도자들(imams)이 있는 무슬림 국가에 가게 된다면, 그리고 공개적으로 자유롭게 여성에 대한 그들의 태도에 대해, 그리고 그들이 이런 여성 억압을 지지하는 이유에 대해 얘기할 수 있다면, 여러분은 또한 그들의 눈에서 이성적으로는 설명할 수 없는 뭔가를 보게 될 것입니다. 그 분노가 있고, 그들을 통해 번쩍이는 증오가 있습니다. 실제로 그 번쩍임이 "그 남성한테서 오는 것인가? 아니면 그 남성이 그것에 장악된 것인가?" 하는 의문이 들게 되므로, 나는 그것이 그들을 통해 번쩍인다고 말합니다.

많은 경우, 무엇보다 먼저, 우리는 그것이 실제로는 그 남성에게서 온 것이 아니라는 것을 알게 될 것입니다. 이런 현상은 그 남성의 마음, 즉 그 남자 마음의 네 개 층(육체, 감정체, 멘탈체, 정체성체)이 집단적인 영체(collective entity)에게 장악됐기 때문에 발생합니다. 그 집단 영체는 아주 오랜 기간에 걸쳐 만들어지는데, 바로 여성에 대한 분노의 영체입니다. 그리고 여성에 대한 증오의 또 다른 측면이 있고, 나중에 얘기할 다른 영체들(entities)도 있습니다. 여성에게로 향하는 이런 집단적인 분노와 증오의 영체들이 있고, 그것들은 남성들이 약해졌을 때, 그들의 마음을 장악할 수 있습니다. 남성들이 약해졌을 때는, 남성들이 스스로 좌절감을 느끼는 정신상태로 빠져들었다는 의미입니다. 그들은 자신들이 심한 압박을 받으며 살고 있다고 느끼고, 불안정하다고 느끼며, 미래에 대해 확신을 두지 못합니다. 그들은 엄청난 압박감을 느끼고, 이것에 압도됩니다. 그리고 어떤 종류의 안도감을 얻기 위해, 누군가에게 자신의 분노를 꺼낼 필요가 있는데, 그런데 그에게 자기 아내보다 더 가까운 사람이 있을까요? 그들은 이런 분노의 영체들에게 장악당했고, 증오를 아내에게 직접 퍼부으며 분노를 제거하는 것으로, 짧은 동안이나마 자신에게 힘이 부여되었음을 느낍니다. 때로는 이런 것이 더 심해지면서, 그들이 자신을 혐오하기 시작하고, 그러면서 훨씬 더 많은 압박감과 무력감을 느끼게 되기까지는 시간이 그리 많이 걸리지 않습니다. 비록 그들이 어떤 해방감을 느꼈다 할지라도, 그들은 다시 압박감을 구축하기 시작하고, 이런 식으로 순환이 모두 다시 반복됩니다.

물론 여러분은, 남성들이 그 영체들로부터 자유롭게 되고, 여성들도 이런 폭력을 참고 견디도록 여성들의 마음을 압도하고 있는 집단적인 영체들로부터 자유롭게 되도록, 이런 집단적 영체들을 불태우고 결박할 것을 요청할 수 있습니다. 여성들이 이런 상황을 견디는 이유는, 앞서 말했듯이, 재정적으로 갈 곳이 없기 때문입니다. 많은 경우 그들은 남편이 주는 돈 없이는 살아갈 수 없고 자녀들도 살아갈 수 없습니다. 하지만 그래도 여전히 그것보다 더 많은 것이 있습니다.

여성들이 폭력을 견디는 이유에 대한 설명

만약 여러분이 남성들에게 지속해서 학대당하는 여성들, 예를 들면 남성들에게 구타당하는 여성들 일부를 살펴보게 된다면, 그리고 그들의 눈을 들여다본다면, 거기에도 여러분이 합리적으로 설명할 수 없는 뭔가가 있다는 것을 알 수 있을 것입니다. 이것은 이런 여성들을 이런 종류의 학대에 복종하게 만들기 위해 창조된 집단 영체들에게 그 여성들이 장악당했다는 사실에서 비롯됩니다. 그들은 대안이 없다고 느끼고, 반대할 수 없으며, '안된다(no)'라고 말할 수 없고, 떠날 수 없다고 느낍니다. 그들은 학대가 지속되는 동안 견디고 나서, 마치 아무 일도 없었던 것처럼 삶을 꾸려나가는 것 외에 다른 선택의 여지가 없다고 봅니다.

여러분은 이런 상황에 갇힌 여성들을 볼 수 있습니다. 그들은 자신이 처한 상황에서 그것이 어떤 상황이든, 뭔가를 하겠다고 결정할 수 있는 지점에 실제로 도달해 본 적이 없습니다. 많은 여성이 할 수 있는 것들이 그다지 많지 않다는 것을 나는 이해하지만, 그들은 남편과 대화를 나누고, 선을 긋고, '안돼'라고 말할 수 있는 가능성이 있습니다. 그들은 다양한 방법으로 남편을 도울 수 있는 잠재력이 있지만, 너무 심하게 갇혀 있기 때문에, 어떻게 해야 할지를 모릅니다. 그들은 어쩌면 남편에게서 빠져나올 방법이 없다고 생각하기 때문에, 자신이 남편을 떠날 수 있고, 그렇더라도 여전히 살아갈 수 있다는 것을 볼 수 없습니다. 이것은 또한 그들의 마음이 맹목적으로 되어 있기 때문인데, 이것 또한 당연히 여러분이 요청해야 할 일입니다.

여성 폭력에 대한 더 깊은 이해

여성에게 폭력적인 남성들에게는 특정한 부분(segment)이 있는데, 이런 부분이 있는 이유는 그들의 마음이 이 집단 영체들에게 압도되었고 장악되었기 때문입니다. 지금 내가 어떤 방식으로든 이런 사실이 이 남성들을 책임지는 것으로부터 해방시켜 주거나, 카르마를 만드는 것으로부터 자유롭게 해준다고 말하고 있는 것이 아닙니다. 당연히 이 남성들은 심리적으로 자신에 대해 책임을 지지 않기 때문에 영적인 여정에 있지 않은 것이며, 그들은 영적인 여정에 대해 아무것도 알지 못하므로, 그들은 갇혀 있습니다. 많은 남성이 증명하듯이, 비록 그들이 갇혀 있다고 해도, 여전히 자신의 행동에 대한 책임이 있습니다. 왜냐하면, 아내를 때리지 않고도, 그들은 갇혀 있다는 기분을 느낄 수 있기 때문입니다. 지금 내가 이것을 해명하는 것이 아닙니다. 단지 이런 집단 영체들 때문에 여성에게 폭력적인 특정한 남성들이 있다는 사실을 얘기하는 것입니다.

하지만 일반적인 남성을 보면, 특히 여성들에게 폭력적인 남성들 일부를 살펴보면, 이런 집단적인 영체들에게 마음이 장악당했다고 말하는 것만으로, 그들의 폭력성을 충분히 설명할 수 없는 부분이 있음을 알게 될 것입니다. 음, 이것은 다소 미묘합니다. 왜냐하면, 여성에게 폭력적인 어떤 남성들은, 여성에 대해 분노하고 증오하는 집단 영체들에게 마음이 장악되어 있기 때문입니다. 지금 내가 지적하는 것은, 오로지 자신의 마음을 넘겨줬기 때문에 폭력적인 남자들이 있다는 것입니다. 다시 말해서, 그 남성은 자신이 무엇을 하는지 깨닫지 못한 채 행동하고 있는 것입니다. 이 남자를 통해 흐르고 있는 분노의 에너지, 증오의 에너지가 여전히 있지만, 그것은 실제로는 그 자신의 역장(force field), 그 자신의 오라(aura) 안에 있는 것이 아닙니다. 그의 감정적인 마음과 정신적인 마음속에는, 여성에 대한 이런 증오나 분노가 없습니다. 그가 그것에 마음을 열었을 때 그것이 그를 통해 흐르고 있지만, 실제로 그것은 그에게서 온 것이 아닙니다. 내가 말하고 있는 남성들의 또 다른 부분(segment)은, 비록 그들의 분노가 이런 영체들에 의해 강화되긴 하지만, 그것이 오로지 이런 영체들에게서만 오거나, 그 분노가 이 사람들을 통해서만 오는 것이 아니라는 것입니다. 왜냐하면, 이 남성들은 그들 내면에 그것을 가지고 있기 때문입니다.

그들은 여성들에게 분노하고, 여성들을 증오하는 이런 분리된 자아들을 만들어 왔습니다. 이것은 남성들의 한 부분(segment)으로, 여러분은 이런 영체들을 결박해 달라고 요청할 수 있습니다. 하지만 만약 내일 이런 영체들이 지구에서 완전히 제거된다고 해도, 남성들의 이 특정한 부분은, 그들의 마음이 영체들에 의해 강화되었을 때 행했던 정도는 아니지만, 여전히 화가 나 있을 것이고, 여전히 여성들에게 증오를 표출할 것입니다. 그들은 여전히 그렇게 할 것입니다. 다시 말해서, 여러분은 그 영체들을 제거할 수 있습니다. 또한 여성에게 폭력적인 남성들 대다수가 폭력을 멈출 수 있겠지만, (그들의 수는 지구의 인구수에 비하면 상대적으로 적긴 하지만, 그래도 여전히 큽니다), 어쨌든 여성에 대한 분노와 증오를 여전히 가지고 있는 남성들이 있을 것이고, 그것이 폭력으로 번지게 될 것입니다. 심지어 이런 남성 중 몇몇은 여성들에게 육체적으로 폭력적이지는 않지만, 여전히 분노와 증오심을 내면화하고 있습니다. 여기에서 볼 수 있는 것은 다음과 같습니다. 그들 자신의 존재로부터 여성에 대한 직접적인 분노와 증오심을 가진 특정한 남성들이 있습니다. 그러면 여러분은 이것이 어디에서 오는지를 생각해 볼 필요가 있고, 이것이 타락한 존재에게로 거슬러 간다는 것을 인식해야 합니다. 그것은 타락한 존재들과 함께 시작되었지만, 하지만 내가 지금 모든 남자가 타락한 존재라고 말하는 것은 아닙니다. 그들은 타락한 존재들에게 영향을 받아왔습니다.

여성을 증오하는 타락한 존재들

타락한 존재들의 상황을 살펴보겠습니다. 여러분이 이원성으로 들어갈 때 여러분은 하나의 이원적인 극성을 창조/생성한다고 우리는 말했지만, 항상 그 반대되는 것이 있을 것입니다. 이원성을 바라보는 또 다른 방법은 여러분이 이원적인 사고방식에서 어떤 일을 할 때, 결과가 있고 치러야 할 대가가 있다고 말하는 것입니다. 여러분이 어떤 일을 할 수 있지만, 그렇게 할 때는 여러분은 다른 것을 배제합니다. 여러분이 할 수 없는 어떤 일들이 있습니다. 타락한 존재들이 선택한 것은 남자들을 우월한 위치로 끌어올리는 것입니다. 그들은 구약성서의 신과 같은 남성적인 인격신, 이런 남성 신을 창조해서 여성을 억압할 수 있는 가능성을 열어 놓았습니다.

자, 타락한 존재들은 신에 대한 명백한 분노를 그들 존재 안에 가지고 있습니다. 그들은 신에게 화가 났습니다. 그들은 그 분노를 표현하고 싶어하지만, 그들이 이 남성 신을 창조해서 그것을 소위 우주의 최고 신으로 격상시켰기 때문에, 지구에서 그렇게 하기가 어렵다는 것을 알게 되었습니다. 그러므로 타락한 존재들이 남성들로 하여금 이 신에 대한 분노를 느끼거나 과감히 표현하게 하는 것은 어려운 일입니다. 다시 말해서, 그들은 남성들이 남성 신을 받아들이게 할 수 있고, 남성 신의 명령에 복종하고 경배하게 할 수는 있지만, 대부분의 남성이 이 신에 대한 분노를 표출하거나 분노를 느끼게 할 수는 없습니다. 이제 타락한 존재들은 분노가 생겼습니다. 그것은 신에 대한 분노이지만, 하지만 그들은 그것을 표현할 수 없습니다. 물론, 여러분은 자신의 분노 대상에게 분노를 표출할 수 없을지라도, 화를 다른 데로 돌려 그것을 표출할 수 있습니다. 그렇다면, 타락한 존재들은 무엇을 했을까요?

그들은 여성에 대한 분노를 표현했습니다. 여성 에너지와 극성에 대한 분노, 심지어 영적 영역에 대한 여성의 극성이라고 할 수 있는 전체 물질 영역에 대한 분노를 표출해 왔습니다. 이것이 우리가 전에 얘기했던, '어머니에 대한 증오'의 개념을 만들어낸 것입니다. 다시 말해서, 이것은 어머니 영역에 대한 증오입니다. 그것은 심지어 대상이 되는 여성이 어머니이건 아니건, 여성에 대한 증오에까지 이르게 됩니다.

물질 영역에 대한 증오, 어머니 영역에 대한 증오, 물리적 물질세계에 대한 증오, 인간의 육체에 대한 증오가 있습니다. 그리고 타락한 존재들은 이러한 거짓 종교들, 거짓된 영성 운동들을 만들었으며, 거짓된 구루들을 만들어냈습니다. 여러분은 인도에서, 물질 영역과 육체적인 몸과 욕망, 그리고 육체에 대한 욕망이 영성의 적이고 영적인 목표를 달성하는 데 있어 인간의 적이라는 관점을 진작하고 있는 사람들을 많이 봅니다. 여성들은 남성에게는 하나의 유혹입니다. 창세기에서 보는 것처럼, 이브는 유혹에 빠진 자였고, 그녀는 자신과 함께하도록 아담을 유혹했습니다. 동양에서도 이와 유사하게 알 수 있는 것은, (언제나 덜 영적이거나 유혹에 취약한 것은 여성입니다) 육체의 욕망은 남성들에게는 유혹이고, 여성들은 남성이 더욱 영적인 생활방식을 추구하는 것에서 멀어지도록 그들을 유혹하는데, 어쨌든 그것은 규정된 것이라는 것입니다.

실제로 여러분이 가지고 있는 것은 여성에 대한 엄청난 분노, 어머니 영역에 대한 분노, 물질세계에 대한 분노이고, 그것은 원래 타락한 존재한테서 오는 것입니다. 그 분노는 이 행성에서 너무 오랫동안 표현됐으며, 사회의 많은 측면으로 서서히 흘러 들어갔습니다. 그것이 타락한 존재가 아닌 많은 남성이 물질 영역, 그리고 자신의 물리적인 육체, 여성에 대한 분노와 증오를 받아들이게 만들었습니다.

자, 나는 여성에 대한 이런 분노와 증오를 내면화했기 때문에 여성에게 폭력적으로 되는 남성들에 대해 얘기했습니다. 그들은 그 분노를 표현하고 싶어합니다. 여성들을 처벌하고, 상처 주고, 끌어내리고 싶어합니다. 이것은 노골적인 파괴라고 할 수 있습니다. 그것은 명백히 노골적인 물리적 파괴입니다. 심리적으로 여성을 통제하려고 하는 것처럼 보이는 남성도 있지만, 이런 남성들은 여성에 대한 분노와 증오를 표현하기 위한 심리적 수단으로 폭력을 사용하고 있기 때문에, 실제로 그것은 통제 게임 너머에 있습니다. 그렇게 함으로써 그들은 여성에게 벌을 주고, 상처를 주며, 그들이 할 수만 있다면 여성들의 영혼을 파괴합니다. 왜냐하면, 그들은 실제로 이 여성들을 파괴하고 싶어할 만큼의 증오심을 가지고 있기 때문입니다.

물론, 이것을 더 극단적으로 받아들인 남자들의 특정한 면(segment)이 있으며, 그들은 타락한 존재들에게 더욱 압도되어갑니다. 그들은 여성을 억압하는 생각들, 즉 진실로 합리적인 설명을 할 수 없는, 실제 여성 억압의 한 형태인 개념들을 조장하는 다양한 위치에서 활동을 하고 있는 사람들입니다. 그 개념들은 오로지 여성에 대한 이런 분노와 증오를 정당화하기 위해서 만들어진 생각들입니다. 물론 그것들은 다양한 수단에 의해 교묘하게 위장하고 있는 경우가 대부분입니다. 진실로, 그 이면의 추동력은 합리적이지 않습니다. 만약 여러분이 이슬람 근본주의자들에 의해 조장되는 이슬람법(샤리아법)을 본다면, 그 이면에 합리성이 없음을 알 수 있습니다. 어떤 주장, 어떤 추론을 볼 수 있을지는 모르지만, 실제로 그것들을 살펴본다면 그것은 합리적이지 않습니다. 일관성이 없습니다. 그것은 논리적이지 않습니다. 그것은 어떤 진실에 근거한 것이 아닙니다. 그것은 일부 종교적인 경전이나 교리로 위장되어 있지만, 그 이면의 추동력은 명백히 순전한 분노, 여성에 대한 증오입니다. 수백만 명의 여성들이 정말 매우 더운 기후에서 살고 있지만, 눈 위의 좁은 구멍을 제외하고는, 어쩌면 눈까지도 베일로 덮고서 온몸을 가리는 검은 옷을 입어야 한다는 사실에 어떤 이성적인 이유가 있을 수 있을까요? 여기에 어떤 합리적인 설명이 있을 수 있을까요? 그것은 여성에 대한 분노와 증오입니다.

여러분은 창세기, 아담과 이브의 추락 이야기, 그리고 그들이 분노한 신에 의해 낙원에서 어떻게 쫓겨났는가 하는 얘기를 접하고 그것들을 받아들입니다. 그것들은 인류의 추락 전체와 지구에서 볼 수 있는 모든 불쾌한 상황들이 여성에 의해 생겨났다고 말합니다. 여기에 어떤 합리적인 설명이 있을 수 있을까요? 그것은 여성에 대한 순전한 분노와 증오의 표현일 뿐이며, 종교적인 경전과 교리라는 위장에도 불구하고, 그것은 단지 증오일 뿐입니다. 그것은 어머니에 대한 증오, 여성에 대한 증오 외에는 아무것도 아닙니다.

이 원색적인 분노와 증오로 인해 여성에 대해 명백하게 폭력적인 남성 집단이 지구에는 있습니다. 심지어 지구에는 여성에 대해 이보다 더 큰 분노와 증오를 가진 또 다른 남성 집단이 있는데, 하지만 그들은 그것을 어떤 "자애로운" 이유로, 종종 종교로 위장합니다. 심지어는 물질주의자들 사이에서도 이런 것을 발견할 수 있습니다. 생물학적으로 여성과 남성이 다르다고 절대적으로 확신하는 물질주의자들이 있고, 그들은 여성의 두뇌가 다른 방식으로 연결되어 있다고 생각합니다. 이것은 여성이 특정한 역할을 부여받았기 때문이고, 이 때문에 특정한 방식으로 진화해 왔기 때문에 일어났다는 것입니다. 그것이 어떤 사람에게는 자애로워 보일 수 있고, 심지어는 과학적으로 보일 수도 있지만, 다시 말하지만, 그것은 여성에 대한 순전한 분노의 표현이고 어머니에 대한 증오입니다. 물론 이것에 대해서는, 내가 이 자리에서 설명하려고 하는 것보다, 더 많은 예가 있습니다. 그럼에도 불구하고, 여러분이 상승 마스터 학생들로서 할 수 있는 일은 이런 구술문에 근거해서 우리가 만든 기원문을 통해 우리에게 요청하는 것입니다. 그것은 엄청난 영향을 미칠 수 있습니다.

어떤 남자들은 지구에서 제거되어야 합니다

자, 여기서 한 가지 강조하고 싶은 것이 있습니다. 나는 두 그룹의 남성들에 대해 얘기했습니다. 이런 분노와 증오로 인해 물리적으로 폭력적인 사람들, 그리고 여성에게 영적으로도 폭력적으로 되려고 시도하는 심리적으로 폭력적인 사람들, 이 두 가지 모두 증오에서 비롯된 여성에 대한 폭력이라고 할 수 있습니다. 자, 이 남성들, 육화한 그들 대부분은, 타락한 존재들이 아닙니다. 그들은 이전 구체에서 추락한 것이 아니라, 이번 구체에서 기원합니다. 그들 중 일부는 지구의 원거주민이고, 그들 중 일부는 다른 낮은 행성에서 왔습니다.

이 남성들은 오랫동안 이런 분노와 증오를 품어왔습니다. 그들은 이 지구상에서 볼 수 있는 여성에 대한 억압과 차별, 폭력 등 이런 모든 것들 이면에 있는 추동력이 되었습니다. 그들은 물리적으로 육화하여 존재하는 것을 통해, 그것들을 지구에 고정시키는 물리적인 앵커 포인트(anchor point)가 되어 왔습니다. 너무 오랫동안 이런 의식을 가지고 있었기 때문에, 그들이 이런 의식을 포기하고 그리스도 의식의 여정을 향해 오르기 시작할 것 같지는 않습니다. 그럼 해결책은 무엇일까요? 음, 해결책은 하나입니다. 그들은 지구에서 제거되어야 합니다.

지금 내가 여러분에게 그들의 죽음을 요청하거나, 심지어는 그들이 죽는 것을 상상하거나, 그들이 죽기를 바라라고 요청하는 것이 아닙니다. 그런 의미가 아닙니다. 나는 단지 여러분이, 상승 마스터 학생들인 여러분이, 관심을 가지고 이런 분노와 증오가 더 이상 지구에서 받아들여질 수 없다고 결정을 내려 달라고 요청하는 것입니다. 또한 나는 여러분이 이 사람들을 변화시키거나 지구에서 제거해야 할 필요성을 가지고, 우리의 권위를 이용해 이 분노와 이 증오의 배출구들을 제거하는 데 필요한 조치를 취해 달라고 우리에게 요청하기를 부탁하고 있습니다.

일반적으로 여성들이 이것을 할 수 있을 것이라고 기대할 수 없기 때문에, 우리에게는 이런 결정을 내리고 이러한 요청들을 할 수 있는 상승 마스터 학생들인 여러분이 필요합니다. 자, 여러분이 이렇게 할 때, 점점 더 많은 여성이 이런 최면 상태에서 깨어날 수 있습니다. 그들은 이것을 볼 수 있고, 이 분노와 증오를 확인할 수 있고, 그리고 그것들을 받아들일 수 없다고 결정할 수 있습니다. 그러면 성경에 쓰여 있는 것처럼, 이런 남성 모두가 점차 이런 선택에 직면하는 지점으로 확산될 수 있습니다. "나는 여러분 앞에 삶과 죽음을 놓았습니다. 생명을 선택하세요." 만약 그들이 생명을 선택하지 않는다면, 그들은 다른 행성으로 가야 합니다. 그곳에서 그들은 현재 의식 상태를 지속할 수는 있지만, 그 행성은 지구보다 밀도가 더 높을 것입니다.

여성 해방의 새로운 주기

분명히, 우리가 이 컨퍼런스에서 표현했듯이, 지구에는 상승나선이 존재하며, 여성들이 점점 더 자유로워지고 있는 것은 이 나선이 미치는 영향 가운데 하나입니다. 이제 우리는 여성들이 실제로 이런 분노와 증오로부터 마땅히 자유로워져야 하는 지점에 도달했습니다. 그래서 이런 남성들은 그들의 필사의 자아들을 모두 제거하고 영원한 생명으로 향하는 그리스도를 따르거나, 아니면 이 행성에 육화할 그들의 기회를 모두 써버리거나 하는 선택에 직면해야만 합니다. 이것은 분명히 타락한 존재들의 영향으로부터 지구를 해방시키는 방향으로 나가는 상향나선 안에서의 사이클 전환에 대한 엄연한 진실입니다.

사랑하는 사람들이여, 나는 이것이 무거운 주제라는 것을 알지만, 그럼에도 불구하고 우리 가르침에 익숙한 사람들은 이 때문에 너무 부담을 느끼지 않을 것이라고 믿습니다. 여러분이 요청하기만 하면, 우리는 우리가 처리해야 할 에너지와 생명흐름들을 다루게 될 것입니다. 물론 우리는 여러분이 이 사람들에게 어떤 유형의 분노나 증오를 느껴야 한다고 요청하는 것이 아닙니다. 우리는 여러분이 이것을 현실적으로 보고, 이 행성에서 이런 일이 지속되기를 원하는지, 아니면 그것을 끝내기를 원하는지 결정하기를 요청하고 있습니다. 지금 내가 여러분이 결정해야 한다고 말하는 것이 아닙니다. 여러분은 그것을 끝내야 한다고 결정해야 하며, 그것은 여러분의 자유의지에 의한 선택입니다. 당연히 우리 가르침에 익숙한 여러분 대다수는 여성에 대한 분노와 증오가 끝나기를 바랄 것이라고 나는 믿습니다. 이것으로 다소 무거운 이 연설을 마쳤지만, 여성 해방이라는 주제를 좀 더 완벽하게 다루기 위해서는 이 얘기를 꺼낼 필요가 있었습니다. 여성을 속박하려고 하는 이런 매우 파괴적인 몇몇 세력들에 대해 얘기하지 않고서, 어떻게 여성 해방을 말할 수 있겠습니까?

우리가 이런 말을 하기로 결정한 것은, 우리 학생인 여러분이 이런 이슈들을 인식할 준비가 되었다고 판단했기 때문입니다. 그러므로 여러분은 이런 인식이 확산되어 점점 더 많은 여성이 이를 인식할 수 있게 하는 선구자가 될 수 있습니다. 여러분은 알베르트 아인슈타인이 영감을 받은, '만약 똑같은 일을 계속하면서 다른 결과를 기대한다면, 그것은 미친 것이다.'라는 격언을 알고 있습니다. 여러분은 여성들의 상황을 살펴볼 수 있고, 무슨 일이 있었는지, 어떤 진전이 있었는지를 알 수 있습니다. 그리고 우리가 말한 것처럼, 진정한 진전이 이루어졌다는 것을 인식할 수 있습니다. 그러나 여러분은 또한 사라지지 않은 특정한 문제들도 있다는 것을 인정할 수 있습니다. 그러므로 여러분은 이렇게 말해야 합니다. "지금까지 해왔던 대로 똑같은 일을 계속한다면, 똑같은 일을 계속하면서 여성에 대한 이런 심한 학대들이 사라질 것이라고 어떻게 기대할 수 있을까요?"

만약 그렇지 않다면, 우리는 뭔가 다른 것을 찾아야 합니다. 그리고 이 물리적인 옥타브에서, 이 행성에서는 이전에는 뭔가 다른 것이 도움이 되지 않았습니다. 우리는 가르침을 주었고, 이 컨퍼런스의 나머지 시간 동안 우리가 줄 가르침에 의해, 지금 우리는 물리적인 차원에서 유용한 뭔가를 만들고 있습니다. 그래서 여성들은 그것을 찾고, 그것을 실행하기 시작할 수 있습니다. 이런 생각들은 집단의식 속으로 퍼져나가고 여성들은 일어나 이렇게 결정을 내리기 시작합니다. "이것으로 충분합니다. 우리는 여성에 대한 이런 학대를 더 이상 지구에서 허용하지 않을 것입니다."

여러분은 특정한 세력에 의해 학대당하는 사람들이 '이제 그만'이라고 결심하는 지점에 도달했을 때, 이것 역시 상승 마스터들이 개입하여 지구에서 이러한 세력들을 제거할 수 있도록 권한을 주는 한 가지 방법임을 알고 있습니다. 여러분의 직접적인 요청은 이것으로 충분하다고 결정을 내리는 또 다른 방법입니다. 이것은 우리가 이런 세력들을 완전히 제거하기 전에 임계수치의 여성들이 이런 지점에 도달해야 한다는 의미입니다. 여러분이 여러분의 일을 함으로써, 우리는 이런 세력들을 제거할 수 있는 전환점에 더 빨리 도달하게 될 것입니다. 그들이 제거된다면, 갑자기, 이 문제들이 엷은 공기 속으로 증발된 것처럼 보일 것입니다. 그들이 녹아 사라지면서, 이 문제들을 둘러싼 무거운 의식들 또한 녹아 사라질 것입니다. 갑자기 여성들은 더욱 바로 서게 되고, 더욱 자유롭게 느낄 수 있습니다. 새로운 날이 밝아오고, 새로운 기회가 생깁니다. 가능한 한 많은 여성이 이것을 느끼기를 우리는 바라고 있습니다. 지구 행성에 여성으로 존재한다는 것이 무슨 의미인지를 다시 정의할 새로운 기회가, 새로운 날이, 새로운 주기가 있을 것입니다. 이로써 나는 여러분이 느낄 수 있는 가장 부드럽고 편안한 나의 어머니 화염(Mother Flame) 안에 여러분을 봉인합니다.

25
여성에 대한 폭력의 종식을 기원하기-1 (기원)

I AM THAT I AM, 예수 그리스도의 이름으로, 나는 지구에 육화한 존재로서 가진 내 권한을 사용하여 성모 마리아께 이 기원을 증폭해 달라고 요청합니다. 내 차크라들을 통해 이 기원문의 내용을 집단의식으로 방출하시어, 여성과 남성 모두가 타락한 존재들의 심리적, 영적 속박에서 자유로워지도록 의식을 일깨워 주소서. 우리는 영적인 존재들이며 상승 마스터들과 함께 일함으로써 새로운 미래를 공동창조할 수 있다는 진실(reality)을 일깨워 주소서. 나는 특히 이것을 요청합니다...
(여기에 개인적인 요청을 추가하세요)

파트 1

1. 성모 마리아시여, 나는 남성들이 돈을 통해 여성을 통제하려 하거나, 여성들이 돈이나 돈에 대한 접근을 거부하게 함으로써 여성을 통제하려고 하는, 통제 게임 이면에 있는 어둠의 세력에 대한 신성한 어머니의 심판을 요청합니다.

오 축복받은 성모 마리아, 나의 어머니시여,
당신의 사랑보다 더 큰 사랑은 없습니다.
우리가 가슴과 마음속에서 하나가 될 때,
나는 우주의 위계에서 내 자리를 발견합니다.

**오 성모 마리아시여,
지구를 더 높은 상태로,
가속하는 노래를 내어 주소서.
이제 모든 물질이 눈부시게 반짝입니다.**

2. 성모 마리아시여, 나는 여성들이 직업을 가지거나 생계를 유지할 수 없기 때문에, 육체적 생존을 위해 결혼 상태를 유지하거나 결혼에 전적으로 의존하는 사회 이면에 있는 어둠의 세력에 대해 신성한 어머니의 심판을 요청합니다.

나는 지구의 상승을 돕기 위해,
하늘에서 지구로 내려왔습니다.
나는 신성한 권한을 사용하여,
지구를 자유롭게 하라고 당신에게 명합니다.

**오 성모 마리아시여,
지구를 더 높은 상태로,
가속하는 노래를 내어 주소서.
이제 모든 물질이 눈부시게 반짝입니다.**

3. 성모 마리아시여, 나는 남성들의 마음을 압도하여, 여성들이 돈을 가져서는 안 되고 여성들은 돈을 지혜롭게 사용하지 못할 것이라고 생각하게 만드는 야수들을 창조한, 타락한 존재들에 대해 신성한 어머니의 심판을 요청합니다.

나는 이제 신의 신성한 이름 안에서,
어머니의 화염을 사용해,
두려움에서 나온 에너지를 모두 불태우고,
신성한 조화를 회복하라고 당신께 요청합니다.

오 성모 마리아시여,
지구를 더 높은 상태로,
가속하는 노래를 내어 주소서.
이제 모든 물질이 눈부시게 반짝입니다.

4. 성모 마리아시여, 나는 여성들을 통제하려면 여성들이 돈에 접근하지 못하게 하고 멀리하게 해야 한다고 남성들이 생각하게 만드는, 어둠의 세력들에 대해 신성한 어머니의 심판을 요청합니다.

나는 이로써 당신의 신성한 이름을 찬양하니,
당신은 집단의식을 들어올립니다.
어머니의 화염으로 불태우니,
두려움과 의심과 수치는 모두 사라집니다.

오 성모 마리아시여,
지구를 더 높은 상태로,
가속하는 노래를 내어 주소서.
이제 모든 물질이 눈부시게 반짝입니다.

5. 성모 마리아시여, 나는 돈에 대해서는 여성을 믿을 수 없다고 생각하는 것이 얼마나 비논리적이며 사실과 먼 것인가를 남성이 보지 못하게 막고 있는, 집단적인 야수들에 대한 신성한 어머니의 심판을 요청합니다.

당신은 지상에서 모든 어둠을 몰아내고,

당신의 빛은 거대한 해일처럼 밀려옵니다.
어떤 어둠의 힘도 이제는,
상승나선을 멈출 수 없습니다.

오 성모 마리아시여,
지구를 더 높은 상태로,
가속하는 노래를 내어 주소서.
이제 모든 물질이 눈부시게 반짝입니다.

6. 성모 마리아시여, 나는 이것이 단지 그들이 갇혀 있는 통제 게임이며, 자신이 타인을 통제한다면 자기 스스로도 통제당하는 것임을 남성들이 보지 못하게 막고 있는, 어둠의 세력들에 대해 신성한 어머니의 심판을 요청합니다.

당신은 모든 엘리멘탈을 축복하며,
그들에게서 인간이 부과한 스트레스를 거두어 줍니다.
이제 자연의 정령들은 자유를 얻어,
신성한 디크리를 실현합니다.

오 성모 마리아시여,
지구를 더 높은 상태로,
가속하는 노래를 내어 주소서.
이제 모든 물질이 눈부시게 반짝입니다.

7. 성모 마리아시여, 나는 돈을 버는 사람은 자신이므로 그 돈이 어떻게 쓰이는지를 통제해야 한다고 남성들이 느끼게 하는, 어둠의 세력들에 대한 신성한 어머니의 심판을 요청합니다.

나는 단호한 태도로 목소리를 높이며,
전쟁의 중단을 명합니다.

더 이상 지구는 전쟁으로 상처받지 않으며,
황금시대가 가까이 왔습니다.

**오 성모 마리아시여,
지구를 더 높은 상태로,
가속하는 노래를 내어 주소서.
이제 모든 물질이 눈부시게 반짝입니다.**

8. 성모 마리아시여, 나는 이런 태도를 가지고 돈과 관련된 의사 결정 과정에서 여성들을 고의로 배제하는 남성들에 대해 신성한 어머니의 심판을 요청합니다.

어머니 지구가 마침내 자유를 얻을 때,
재난들은 과거의 일이 됩니다.
어머니 빛은 너무나 강렬하여,
이제 물질의 밀도는 훨씬 낮아집니다.

**오 성모 마리아시여,
지구를 더 높은 상태로,
가속하는 노래를 내어 주소서.
이제 모든 물질이 눈부시게 반짝입니다.**

9. 성모 마리아시여, 나는 이런 태도로는 번 돈을 증식할 수 없음을 남성들이 보지 못하게 막고 있는 어둠의 세력들에 대해 신성한 어머니의 심판을 요청합니다. 그로 인해 이처럼 많은 남자가 가난하게 살고 있으며, 정확하게는 그들은 그런 태도 때문에 가난에서 벗어나지 못할 것입니다.

어머니 빛 안에서 지구는 순수해지고,
상향나선이 유지됩니다.

이제 번영은 일상의 기준이 되고,
신의 비전은 형상으로 구현됩니다.

오 성모 마리아시여,
지구를 더 높은 상태로,
가속하는 노래를 내어 주소서.
이제 모든 물질이 눈부시게 반짝입니다.

파트 2

1. 성모 마리아시여, 남성들을 일깨우시어, 만일 그들이 아내에게 좀 더 평등한 가치를 부여해 돈을 벌고 쓰는 과정에 참여하도록 한다면 남성과 여성이 힘을 더하게 되고, 이것이 가족에게 더 높은 수준의 풍요로움을 가져다줄 것임을 알게 하소서.

오 축복받은 성모 마리아, 나의 어머니시여,
당신의 사랑보다 더 큰 사랑은 없습니다.
우리가 가슴과 마음속에서 하나가 될 때,
나는 우주의 위계에서 내 자리를 발견합니다.

오 성모 마리아시여,
지구를 더 높은 상태로,
가속하는 노래를 내어 주소서.
이제 모든 물질이 눈부시게 반짝입니다.

2. 성모 마리아시여, 남성들을 일깨우시어, 만일 그들이 아내와 함께 일한다면 남성이 더 많은 돈을 벌거나 여성에게도 수입이 생김을 깨닫게 하소서. 따라서 남성들이 돈을 통해 여성을 제한하는 이 통제 게임에 갇혀 있을 때보다 가족 전체가 재정적으로 더 나아질 것입니다.

나는 지구의 상승을 돕기 위해,
하늘에서 지구로 내려왔습니다.
나는 신성한 권한을 사용하여,
지구를 자유롭게 하라고 당신에게 명합니다.

**오 성모 마리아시여,
지구를 더 높은 상태로,
가속하는 노래를 내어 주소서.
이제 모든 물질이 눈부시게 반짝입니다.**

3. 성모 마리아시여, 사람들을 일깨우시어, 우리가 더 발달한 나라에서 보았던 진보의 주된 측면 중 하나는, 여성들이 교육받을 수 있었고 합리적인 보수를 받는 직업을 얻을 수 있었으며, 남성과 동등한 임금을 받을 수 있었던 것임을 알 수 있게 하소서.

나는 이제 신의 신성한 이름 안에서,
어머니의 화염을 사용해,
두려움에서 나온 에너지를 모두 불태우고,
신성한 조화를 회복하라고 당신께 요청합니다.

**오 성모 마리아시여,
지구를 더 높은 상태로,
가속하는 노래를 내어 주소서.
이제 모든 물질이 눈부시게 반짝입니다.**

4. 성모 마리아시여, 사람들을 일깨우시어 이것이 여성에게 더 많은 독립성과 더 많은 자유를 주고, 여성이 재정적으로 생존할 수 있기 때문에 폭력적인 관계에서 벗어날 수 있는 더 많은 능력을 준다는 점에서 매우 중요한 발전임을 알게 하소서.

나는 이로써 당신의 신성한 이름을 찬양하니,
당신은 집단의식을 들어올립니다.
어머니의 화염으로 불태우니,
두려움과 의심과 수치는 모두 사라집니다.

오 성모 마리아시여,
지구를 더 높은 상태로,
가속하는 노래를 내어 주소서.
이제 모든 물질이 눈부시게 반짝입니다.

5. 성모 마리아시여, 폭력적인 관계에 갇혀 있다고 느끼는 전 세계 여성들을 자유롭게 하소서. 그들이 그 관계에서 벗어날 수 있는 방법을 알게 해주시고, 그런 관계에서 빠져나온다면 그들 자신과 아이들이 어떻게 살 수 있는지 알 수 있게 도와주소서.

당신은 지상에서 모든 어둠을 몰아내고,
당신의 빛은 거대한 해일처럼 밀려옵니다.
어떤 어둠의 힘도 이제는,
상승나선을 멈출 수 없습니다.

오 성모 마리아시여,
지구를 더 높은 상태로,
가속하는 노래를 내어 주소서.
이제 모든 물질이 눈부시게 반짝입니다.

6. 성모 마리아시여, 학대를 견디는 여성들을 자유롭게 하시어 그들이 하향나선으로 가지 않게 도와주소서. 이번 생이나 다음 생에서는 그들의 상황이 바뀔 수 있을 것입니다.

당신은 모든 엘리멘탈을 축복하며,

그들에게서 인간이 부과한 스트레스를 거두어 줍니다.
이제 자연의 정령들은 자유를 얻어,
신성한 디크리를 실현합니다.

**오 성모 마리아시여,
지구를 더 높은 상태로,
가속하는 노래를 내어 주소서.
이제 모든 물질이 눈부시게 반짝입니다.**

7. 성모 마리아시여, 나는 여성들이 자신은 돈을 가질 가치가 없고 돈을 벌 가치도 없다고 느끼게 만들어, 무의식적으로 풍요를 밀어내게 하는 어둠의 세력들에 대한 신성한 어머니의 심판을 요청합니다.

나는 단호한 태도로 목소리를 높이며,
전쟁의 중단을 명합니다.
더 이상 지구는 전쟁으로 상처받지 않으며,
황금시대가 가까이 왔습니다.

**오 성모 마리아시여,
지구를 더 높은 상태로,
가속하는 노래를 내어 주소서.
이제 모든 물질이 눈부시게 반짝입니다.**

8. 성모 마리아시여, 전 세계 여성들을 남성에 대한 이런 재정적 의존에서 자유롭게 하여, 그들이 개인적 상황을 바꾸고 사회를 바꿀 수 있게 하소서.

어머니 지구가 마침내 자유를 얻을 때,
재난들은 과거의 일이 됩니다.
어머니 빛은 너무나 강렬하여,

이제 물질의 밀도는 훨씬 낮아집니다.

오 성모 마리아시여,
지구를 더 높은 상태로,
가속하는 노래를 내어 주소서.
이제 모든 물질이 눈부시게 반짝입니다.

9. 성모 마리아시여, 나는 여성이 돈을 멀리하게 하고, 생존을 위해 필요한 돈을 남성에게 의존하게 하려는 야수들을 심판하고 결박해 주기를 요청합니다.

어머니 빛 안에서 지구는 순수해지고,
상향나선이 유지됩니다.
이제 번영은 일상의 기준이 되고,
신의 비전은 형상으로 구현됩니다.

오 성모 마리아시여,
지구를 더 높은 상태로,
가속하는 노래를 내어 주소서.
이제 모든 물질이 눈부시게 반짝입니다.

파트 3

1. 성모 마리아시여, 부유한 나라의 여성들을 일깨우시어 그들이 옷을 사 입는 자신의 습관을 살펴보게 하고, 그 옷이 어디에서 만들어졌으며 그 옷을 생산하기 위해 사람들이 어떤 조건에서 일하는지를 자세히 알아보게 하소서.

오 축복받은 성모 마리아, 나의 어머니시여,
당신의 사랑보다 더 큰 사랑은 없습니다.

우리가 가슴과 마음속에서 하나가 될 때,
나는 우주의 위계에서 내 자리를 발견합니다.

오 성모 마리아시여,
지구를 더 높은 상태로,
가속하는 노래를 내어 주소서.
이제 모든 물질이 눈부시게 반짝입니다.

2. 성모 마리아시여, 부유한 나라의 여성들을 일깨우시어, 여성들이 낮은 임금을 위해 열악한 환경에서 일하게 하고 여성을 이용해 남성들이 부당한 이익을 취하는 공장에서 만들어진 옷을 거부하게 하소서.

나는 지구의 상승을 돕기 위해,
하늘에서 지구로 내려왔습니다.
나는 신성한 권한을 사용하여,
지구를 자유롭게 하라고 당신에게 명합니다.

오 성모 마리아시여,
지구를 더 높은 상태로,
가속하는 노래를 내어 주소서.
이제 모든 물질이 눈부시게 반짝입니다.

3. 성모 마리아시여, 부유한 나라의 여성들을 일깨우시어, 남성들이 모든 돈을 벌게 하는 남성 소유 기업이나 매장, 수입회사에서 옷을 사는 것을 거부하게 하소서.

나는 이제 신의 신성한 이름 안에서,
어머니의 화염을 사용해,
두려움에서 나온 에너지를 모두 불태우고,
신성한 조화를 회복하라고 당신께 요청합니다.

오 성모 마리아시여,
지구를 더 높은 상태로,
가속하는 노래를 내어 주소서.
이제 모든 물질이 눈부시게 반짝입니다.

4. 성모 마리아시여, 부유한 나라의 여성들을 일깨우시어, 어떤 한 여성이 드레스를 만들어 번 돈과 남성들이 그녀의 노동으로 번 돈 사이에 큰 차이가 있다면, 그 옷을 사는 것을 여성들이 거절하게 하소서.

나는 이로써 당신의 신성한 이름을 찬양하니,
당신은 집단의식을 들어올립니다.
어머니의 화염으로 불태우니,
두려움과 의심과 수치는 모두 사라집니다.

오 성모 마리아시여,
지구를 더 높은 상태로,
가속하는 노래를 내어 주소서.
이제 모든 물질이 눈부시게 반짝입니다.

5. 성모 마리아시여, 부유한 나라의 여성들을 일깨우시어 그들이 덜 부유한 국가의 자매들과 연대를 표현하며, 그들의 옷이 어떻게 만들어졌고 누가 이익을 얻었는지를 알고 싶어하는 여성 운동을 만들게 하소서.

당신은 지상에서 모든 어둠을 몰아내고,
당신의 빛은 거대한 해일처럼 밀려옵니다.
어떤 어둠의 힘도 이제는,
상승나선을 멈출 수 없습니다.

오 성모 마리아시여,
지구를 더 높은 상태로,
가속하는 노래를 내어 주소서.
이제 모든 물질이 눈부시게 반짝입니다.

6. 성모 마리아시여, 부유한 나라의 여성들을 일깨우시어 그들의 옷을 만드는 여성들이 좋은 조건에서 일하고, 그들 나라의 생활비에 따라 보수를 좋게 받을 수 있게 해달라고 요구하게 하소서.

당신은 모든 엘리멘탈을 축복하며,
그들에게서 인간이 부과한 스트레스를 거두어 줍니다.
이제 자연의 정령들은 자유를 얻어,
신성한 디크리를 실현합니다.

오 성모 마리아시여,
지구를 더 높은 상태로,
가속하는 노래를 내어 주소서.
이제 모든 물질이 눈부시게 반짝입니다.

7. 성모 마리아시여, 부유한 나라의 여성들을 일깨우시어 옷이 만들어지는 곳과 여성들이 어떤 조건에서 일하고 있는지를 공개하지 않으며, 앞으로 나아가지 않는 매장들을 거부할 여성 세력을 형성하게 하소서.

나는 단호한 태도로 목소리를 높이며,
전쟁의 중단을 명합니다.
더 이상 지구는 전쟁으로 상처받지 않으며,
황금시대가 가까이 왔습니다.

오 성모 마리아시여,
지구를 더 높은 상태로,

가속하는 노래를 내어 주소서.
이제 모든 물질이 눈부시게 반짝입니다.

8. 성모 마리아시여, 사람들을 일깨우시어 여성들이 소유하고 운영하는 공장을 만들게 하소서. 전통적인 사업이 아니라 협동조합으로서 여성들이 기업을 공동소유하고 사업의 수입을 나눠 갖게 도와주소서.

어머니 지구가 마침내 자유를 얻을 때,
재난들은 과거의 일이 됩니다.
어머니 빛은 너무나 강렬하여,
이제 물질의 밀도는 훨씬 낮아집니다.

**오 성모 마리아시여,
지구를 더 높은 상태로,
가속하는 노래를 내어 주소서.
이제 모든 물질이 눈부시게 반짝입니다.**

9. 성모 마리아시여, 부유한 나라의 여성들을 일깨우시어 기업뿐만 아니라 국가들에도 나라 전체가 변화하도록 강요할 수 있는 정치적 압력을 가하게 하소서.

어머니 빛 안에서 지구는 순수해지고,
상향나선이 유지됩니다.
이제 번영은 일상의 기준이 되고,
신의 비전은 형상으로 구현됩니다.

**오 성모 마리아시여,
지구를 더 높은 상태로,
가속하는 노래를 내어 주소서.
이제 모든 물질이 눈부시게 반짝입니다.**

파트 4

1. 성모 마리아시여, 나는 방글라데시, 중국, 베트남과 다른 국가의 의류 산업 이면에 있는 어둠의 세력들에 대해 신성한 어머니의 심판을 요청합니다.

오 축복받은 성모 마리아, 나의 어머니시여,
당신의 사랑보다 더 큰 사랑은 없습니다.
우리가 가슴과 마음속에서 하나가 될 때,
나는 우주의 위계에서 내 자리를 발견합니다.

**오 성모 마리아시여,
지구를 더 높은 상태로,
가속하는 노래를 내어 주소서.
이제 모든 물질이 눈부시게 반짝입니다.**

2. 성모 마리아시여, 사람들을 일깨우시어, 그들이 의류 산업에 종사하는 여성들에게 합리적인 노동의 조건과 합리적인 임금을 주지 않는 한, 현대 국가에 제품을 계속 팔 수 없음을 깨닫게 하소서.

나는 지구의 상승을 돕기 위해,
하늘에서 지구로 내려왔습니다.
나는 신성한 권한을 사용하여,
지구를 자유롭게 하라고 당신에게 명합니다.

**오 성모 마리아시여,
지구를 더 높은 상태로,
가속하는 노래를 내어 주소서.
이제 모든 물질이 눈부시게 반짝입니다.**

3. 성모 마리아시여, 나는 이윤에 의해 움직이는 의류 산업과 가장 싼 옷들을 찾는 여성들 이면에 숨겨진 어둠의 세력들에 대해 신성한 어머니의 심판을 요청합니다. 그들은 옷이 어디에서 만들어지고 어떤 조건에서 만들어지는지에는 신경 쓰지 않습니다.

나는 이제 신의 신성한 이름 안에서,
어머니의 화염을 사용해,
두려움에서 나온 에너지를 모두 불태우고,
신성한 조화를 회복하라고 당신께 요청합니다.

오 성모 마리아시여,
지구를 더 높은 상태로,
가속하는 노래를 내어 주소서.
이제 모든 물질이 눈부시게 반짝입니다.

4. 성모 마리아시여, 여성들을 일깨우시어 여성들이 품질을 추구하게 하고 필요한 것보다 더 많이 사지 않게 하며, 여성에 대한 착취를 지지하지 않도록 옷이 만들어진 환경에 관심을 가지게 하소서.

나는 이로써 당신의 신성한 이름을 찬양하니,
당신은 집단의식을 들어올립니다.
어머니의 화염으로 불태우니,
두려움과 의심과 수치는 모두 사라집니다.

오 성모 마리아시여,
지구를 더 높은 상태로,
가속하는 노래를 내어 주소서.
이제 모든 물질이 눈부시게 반짝입니다.

5. 성모 마리아시여, 나는 그것이 의류 산업과 다른 산업에서도 일어

나고 있는 여성에 대한 착취와 학대임을 사람들이 보지 못하게 막고 있는 어둠의 세력들에 대해 신성한 어머니의 심판을 요청합니다.

당신은 지상에서 모든 어둠을 몰아내고,
당신의 빛은 거대한 해일처럼 밀려옵니다.
어떤 어둠의 힘도 이제는,
상승나선을 멈출 수 없습니다.

**오 성모 마리아시여,
지구를 더 높은 상태로,
가속하는 노래를 내어 주소서.
이제 모든 물질이 눈부시게 반짝입니다.**

6. 성모 마리아시여, 부유한 나라의 여성들을 일깨우시어, 그들이 여성에게 일자리를 주는 덜 부유한 국가의 사업을 기꺼이 지원하게 하고, 여성들이 합리적인 조건과 합리적인 임금을 받을 것을 요구하게 하소서.

당신은 모든 엘리멘탈을 축복하며,
그들에게서 인간이 부과한 스트레스를 거두어 줍니다.
이제 자연의 정령들은 자유를 얻어,
신성한 디크리를 실현합니다.

**오 성모 마리아시여,
지구를 더 높은 상태로,
가속하는 노래를 내어 주소서.
이제 모든 물질이 눈부시게 반짝입니다.**

7. 성모 마리아시여, 나는 남성이 여성을 통제하기 위해 폭력을 사용하는 통제 게임 이면에 있는 어둠의 세력들에 대한 신성한 어머니의

심판을 요청합니다.

나는 단호한 태도로 목소리를 높이며,
전쟁의 중단을 명합니다.
더 이상 지구는 전쟁으로 상처받지 않으며,
황금시대가 가까이 왔습니다.

오 성모 마리아시여,
지구를 더 높은 상태로,
가속하는 노래를 내어 주소서.
이제 모든 물질이 눈부시게 반짝입니다.

8. 성모 마리아시여, 사람들을 일깨우시어 여성 폭력에 대한 모든 것을 통제 게임으로 설명할 수 없음을 알 수 있게 하소서. 어떤 폭력은 남성들이 그들의 삶에서 여성을 통제하는 방법으로 사용하는 통제 게임에 의해 주도되지만, 모든 폭력이 이것으로 설명될 수 있는 것은 아닙니다.

어머니 지구가 마침내 자유를 얻을 때,
재난들은 과거의 일이 됩니다.
어머니 빛은 너무나 강렬하여,
이제 물질의 밀도는 훨씬 낮아집니다.

오 성모 마리아시여,
지구를 더 높은 상태로,
가속하는 노래를 내어 주소서.
이제 모든 물질이 눈부시게 반짝입니다.

9. 성모 마리아시여, 좀 더 발전된 국가의 여성들을 일깨우시어 그들이 여성 폭력 문제를 숙고하게 하시고, 다른 나라 여성들과 그 나라

의 여성 폭력을 살펴보며 그들의 연대를 보여주는 일에 자신의 자유를 사용하게 하소서.

어머니 빛 안에서 지구는 순수해지고,
상향나선이 유지됩니다.
이제 번영은 일상의 기준이 되고,
신의 비전은 형상으로 구현됩니다.

오 성모 마리아시여,
지구를 더 높은 상태로,
가속하는 노래를 내어 주소서.
이제 모든 물질이 눈부시게 반짝입니다.

파트 5

1. 성모 마리아시여, 사람들을 일깨우시어, 가장 발전한 국가에서조차 통제 게임으로 설명될 수 없는 여성에 대한 폭력이 일부 존재한다는 사실을 알게 하소서.

오 축복받은 성모 마리아, 나의 어머니시여,
당신의 사랑보다 더 큰 사랑은 없습니다.
우리가 가슴과 마음속에서 하나가 될 때,
나는 우주의 위계에서 내 자리를 발견합니다.

오 성모 마리아시여,
지구를 더 높은 상태로,
가속하는 노래를 내어 주소서.
이제 모든 물질이 눈부시게 반짝입니다.

2. 성모 마리아시여, 나는 여성을 처벌하고 싶기 때문에 폭력을 사용하는 남성들 이면에 있는 어둠의 세력들에 대해 신성한 어머니의 심판을 요청합니다.

나는 지구의 상승을 돕기 위해,
하늘에서 지구로 내려왔습니다.
나는 신성한 권한을 사용하여,
지구를 자유롭게 하라고 당신에게 명합니다.

**오 성모 마리아시여,
지구를 더 높은 상태로,
가속하는 노래를 내어 주소서.
이제 모든 물질이 눈부시게 반짝입니다.**

3. 성모 마리아시여, 사람들을 일깨우시어, 통제 게임의 한 측면은 통제되지 않는 사람들을 처벌하고 싶어하는 것임을 알게 하소서. 그러나 여성에 대한 폭력은 처벌만으로는 설명될 수 없습니다.

나는 이제 신의 신성한 이름 안에서,
어머니의 화염을 사용해,
두려움에서 나온 에너지를 모두 불태우고,
신성한 조화를 회복하라고 당신께 요청합니다.

**오 성모 마리아시여,
지구를 더 높은 상태로,
가속하는 노래를 내어 주소서.
이제 모든 물질이 눈부시게 반짝입니다.**

4. 성모 마리아시여, 사람들을 일깨우시어 남자가 여자를 강간할 때, 대부분의 경우 이것을 통제 게임으로 설명할 수 없다는 것을 알게 하

소서. 여성을 강간하는 남성이나 남성 집단들에게는 통제 게임보다 더 많은 것이 있습니다.

나는 이로써 당신의 신성한 이름을 찬양하니,
당신은 집단의식을 들어올립니다.
어머니의 화염으로 불태우니,
두려움과 의심과 수치는 모두 사라집니다.

오 성모 마리아시여,
지구를 더 높은 상태로,
가속하는 노래를 내어 주소서.
이제 모든 물질이 눈부시게 반짝입니다.

5. 성모 마리아시여, 사람들을 일깨우시어 문제를 기꺼이 바라보지 않고서는 상황을 개선할 수 없다는 것을 알게 하소서. 여성을 강간하는 남성들을 살펴보면 거기에는 성욕 이상의 것이 있음을 알 수 있습니다. 거기에는 분노가 있고, 심지어는 여성을 향한 더욱더 강렬한 증오심이 있습니다.

당신은 지상에서 모든 어둠을 몰아내고,
당신의 빛은 거대한 해일처럼 밀려옵니다.
어떤 어둠의 힘도 이제는,
상승나선을 멈출 수 없습니다.

오 성모 마리아시여,
지구를 더 높은 상태로,
가속하는 노래를 내어 주소서.
이제 모든 물질이 눈부시게 반짝입니다.

6. 성모 마리아시여, 사람들을 일깨우시어 남자가 여자를 구타하는 것

에 대해 이성적인 설명을 할 수 없기 때문에, 비이성적인 설명을 찾을 필요가 있음을 알게 하소서.

당신은 모든 엘리멘탈을 축복하며,
그들에게서 인간이 부과한 스트레스를 거두어 줍니다.
이제 자연의 정령들은 자유를 얻어,
신성한 디크리를 실현합니다.

오 성모 마리아시여,
지구를 더 높은 상태로,
가속하는 노래를 내어 주소서.
이제 모든 물질이 눈부시게 반짝입니다.

7. 성모 마리아시여, 나는 여성들이 다양한 방법으로 학대를 당하는 많은 상황에서 나타나는 분노와 증오를 일으키는, 어둠의 세력에 대해 신성한 어머니의 심판을 요청합니다.

나는 단호한 태도로 목소리를 높이며,
전쟁의 중단을 명합니다.
더 이상 지구는 전쟁으로 상처받지 않으며,
황금시대가 가까이 왔습니다.

오 성모 마리아시여,
지구를 더 높은 상태로,
가속하는 노래를 내어 주소서.
이제 모든 물질이 눈부시게 반짝입니다.

8. 성모 마리아시여, 나는 이슬람법(Sharia Law)을 장려하고 여성에 대한 억압과 제한을 지지하는 근본주의 이슬람 성직자들(fundamentalist Muslim preachers)이나 교단 지도자들(imams) 이면에 있는 어둠의 세

력에 대해 신성한 어머니의 심판을 요청합니다.

어머니 지구가 마침내 자유를 얻을 때,
재난들은 과거의 일이 됩니다.
어머니 빛은 너무나 강렬하여,
이제 물질의 밀도는 훨씬 낮아집니다.

오 성모 마리아시여,
지구를 더 높은 상태로,
가속하는 노래를 내어 주소서.
이제 모든 물질이 눈부시게 반짝입니다.

9. 성모 마리아시여, 나는 여성 억압에 대한 태도와 여성 억압을 지지하는 이슬람 성직자들에 대한 신성한 어머니의 심판을 요청합니다. 그것은 그 남성들로부터 오지 않는 분노와 증오로 구동(驅動)되고 있는데, 그 이유는 남성들이 그 힘에 장악당했기 때문입니다

어머니 빛 안에서 지구는 순수해지고,
상향나선이 유지됩니다.
이제 번영은 일상의 기준이 되고,
신의 비전은 형상으로 구현됩니다.

오 성모 마리아시여,
지구를 더 높은 상태로,
가속하는 노래를 내어 주소서.
이제 모든 물질이 눈부시게 반짝입니다.

봉인
I AM THAT I AM의 이름으로, 나는 대천사 미카엘과 아스트레아와 쉬바께서 나와 모든 건설적인 사람 주위에 뚫을 수 없는 보호막을 형성

하여, 우리를 네 옥타브 안에 있는 모든 두려움 기반의 에너지로부터 봉인해 주심을 받아들입니다. 나는 신의 빛(Light of God)이 지구 여성들을 자유롭게 하는 데 저항하는, 어둠의 힘을 구성하는 두려움 기반의 모든 에너지를 변형하고 소멸하고 있음을 받아들입니다!
.

26
여성에 대한 폭력의 종식을 기원하기-2 (기원)

I AM THAT I AM, 예수 그리스도의 이름으로, 나는 지구에 육화한 존재로서 가진 내 권한을 사용하여 성모 마리아께 이 기원을 증폭해 달라고 요청합니다. 내 차크라들을 통해 이 기원문의 내용을 집단의식으로 방출하시어, 여성과 남성 모두가 타락한 존재들의 심리적, 영적 속박에서 자유로워지도록 의식을 일깨워 주소서. 우리는 영적인 존재들이며 상승 마스터들과 함께 일함으로써 새로운 미래를 공동창조할 수 있다는 진실(reality)을 일깨워 주소서. 나는 특히 이것을 요청합니다…
(여기에 개인적인 요청을 추가하세요)

파트 1

1. 성모 마리아시여, 나는 여성에게 분노하는 집단적 영체가 마음의 네 층을 장악하도록 허용한 남성들에 대해 신성한 어머니의 심판을 요청합니다.

오 축복받은 성모 마리아, 나의 어머니시여,

당신의 사랑보다 더 큰 사랑은 없습니다.
우리가 가슴과 마음속에서 하나가 될 때,
나는 우주의 위계에서 내 자리를 발견합니다.

**오 성모 마리아시여,
지구를 더 높은 상태로,
가속하는 노래를 내어 주소서.
이제 모든 물질이 눈부시게 반짝입니다.**

2. 성모 마리아시여, 나는 여성에 대한 집단적 분노의 영체에 대해 신성한 어머니의 심판을 요청합니다.

나는 지구의 상승을 돕기 위해,
하늘에서 지구로 내려왔습니다.
나는 신성한 권한을 사용하여,
지구를 자유롭게 하라고 당신에게 명합니다.

**오 성모 마리아시여,
지구를 더 높은 상태로,
가속하는 노래를 내어 주소서.
이제 모든 물질이 눈부시게 반짝입니다.**

3. 성모 마리아시여, 나는 여성에 대한 집단적 증오의 영체에 대해 신성한 어머니의 심판을 요청합니다.

나는 이제 신의 신성한 이름 안에서,
어머니의 화염을 사용해,
두려움에서 나온 에너지를 모두 불태우고,
신성한 조화를 회복하라고 당신께 요청합니다.

오 성모 마리아시여,
지구를 더 높은 상태로,
가속하는 노래를 내어 주소서.
이제 모든 물질이 눈부시게 반짝입니다.

4. 성모 마리아시여, 나는 남성들이 약해져 있을 때 그들의 마음을 장악한, 여성에 대한 분노와 증오의 집단적 영체들에 대해 신성한 어머니의 심판을 요청합니다.

나는 이로써 당신의 신성한 이름을 찬양하니,
당신은 집단의식을 들어올립니다.
어머니의 화염으로 불태우니,
두려움과 의심과 수치는 모두 사라집니다.

오 성모 마리아시여,
지구를 더 높은 상태로,
가속하는 노래를 내어 주소서.
이제 모든 물질이 눈부시게 반짝입니다.

5. 성모 마리아시여, 나는 남성들이 심한 압박감을 받으며 살고 있으며, 불안정하고 미래가 불확실하다고 느끼는 좌절된 마음 상태에 있게 하는 어둠의 세력들에 대한 신성한 어머니의 심판을 요청합니다.

당신은 지상에서 모든 어둠을 몰아내고,
당신의 빛은 거대한 해일처럼 밀려옵니다.
어떤 어둠의 힘도 이제는,
상승나선을 멈출 수 없습니다.

오 성모 마리아시여,
지구를 더 높은 상태로,

가속하는 노래를 내어 주소서.
이제 모든 물질이 눈부시게 반짝입니다.

6. 성모 마리아시여, 나는 남성들이 이런 엄청난 압박감을 느끼게 하고, 압박감 때문에 어쩔 줄 모르게 되어 안도감을 느끼려고 아내에게 분노를 표출하게 만드는, 어둠의 세력들에 대해 신성한 어머니의 심판을 요청합니다.

당신은 모든 엘리멘탈을 축복하며,
그들에게서 인간이 부과한 스트레스를 거두어 줍니다.
이제 자연의 정령들은 자유를 얻어,
신성한 디크리를 실현합니다.

오 성모 마리아시여,
지구를 더 높은 상태로,
가속하는 노래를 내어 주소서.
이제 모든 물질이 눈부시게 반짝입니다.

7. 성모 마리아시여, 나는 이런 분노의 영체들에게 점령당해 자기 아내에게 분노를 향하게 하는 남성들에 대해 신성한 어머니의 심판을 요청합니다.

나는 단호한 태도로 목소리를 높이며,
전쟁의 중단을 명합니다.
더 이상 지구는 전쟁으로 상처받지 않으며,
황금시대가 가까이 왔습니다.

오 성모 마리아시여,
지구를 더 높은 상태로,
가속하는 노래를 내어 주소서.

이제 모든 물질이 눈부시게 반짝입니다.

8. 성모 마리아시여, 나는 자기 아내를 학대하고 자기혐오를 느끼기 시작하는 남성들에 대한 신성한 어머니의 심판을 요청합니다. 이제 그들이 점점 더 좌절감을 느끼게 되고 압박감이 쌓이기 시작하는 그런 순환 전체가 반복됩니다.

어머니 지구가 마침내 자유를 얻을 때,
재난들은 과거의 일이 됩니다.
어머니 빛은 너무나 강렬하여,
이제 물질의 밀도는 훨씬 낮아집니다.

오 성모 마리아시여,
지구를 더 높은 상태로,
가속하는 노래를 내어 주소서.
이제 모든 물질이 눈부시게 반짝입니다.

9. 성모 마리아시여, 나는 이런 집단적 영체들을 결박하고 소멸해 주시기를 요청합니다. 그러면 남성들은 그로부터 자유로워지고, 여성들도 이런 종류의 폭력을 견디도록 그들 마음을 압도하는 집단 영체로부터 해방될 수 있습니다.

어머니 빛 안에서 지구는 순수해지고,
상향나선이 유지됩니다.
이제 번영은 일상의 기준이 되고,
신의 비전은 형상으로 구현됩니다.

오 성모 마리아시여,
지구를 더 높은 상태로,
가속하는 노래를 내어 주소서.

이제 모든 물질이 눈부시게 반짝입니다.

파트 2

1. 성모 마리아시여, 사람들을 일깨우시어 여성들이 지속해서 남성들에게 학대받을 때, 이 여성들은 이런 학대에 복종하게 하는 집단적 영체들에게 장악당해 왔음을 사람들이 알게 하소서.

오 축복받은 성모 마리아, 나의 어머니시여,
당신의 사랑보다 더 큰 사랑은 없습니다.
우리가 가슴과 마음속에서 하나가 될 때,
나는 우주의 위계에서 내 자리를 발견합니다.

**오 성모 마리아시여,
지구를 더 높은 상태로,
가속하는 노래를 내어 주소서.
이제 모든 물질이 눈부시게 반짝입니다.**

2. 성모 마리아시여, 나는 여성들로 하여금 대안이 없고 반대할 수도 없으며, 싫다고 말할 수도 없고 떠날 수도 없다고 느끼게 하는 어둠의 세력들에 대한 신성한 어머니의 심판을 요청합니다. 여성들은 학대가 지속되는 동안 그것을 견디고 나서 아무 일도 없었던 것처럼 삶을 이어나가는 것 외에 다른 선택권을 보려고 하지 않습니다.

나는 지구의 상승을 돕기 위해,
하늘에서 지구로 내려왔습니다.
나는 신성한 권한을 사용하여,
지구를 자유롭게 하라고 당신에게 명합니다.

오 성모 마리아시여,

지구를 더 높은 상태로,
가속하는 노래를 내어 주소서.
이제 모든 물질이 눈부시게 반짝입니다.

3. 성모 마리아시여, 이런 상황에 갇힌 여성들을 자유롭게 하소서. 그리하여 그들이 남편과 대화하며 선을 그어 "아니"라고 말하는 것과 같이, 학대에 대해 뭔가를 하려는 결심을 하게 하소서.

나는 이제 신의 신성한 이름 안에서,
어머니의 화염을 사용해,
두려움에서 나온 에너지를 모두 불태우고,
신성한 조화를 회복하라고 당신께 요청합니다.

**오 성모 마리아시여,
지구를 더 높은 상태로,
가속하는 노래를 내어 주소서.
이제 모든 물질이 눈부시게 반짝입니다.**

4. 성모 마리아시여, 여성들을 자유롭게 하시어 그들이 남편을 도울 수 있는 방법이나 남편을 떠나서도 여전히 살아갈 수 있는 방법을 알 수 있게 하소서.

나는 이로써 당신의 신성한 이름을 찬양하니,
당신은 집단의식을 들어올립니다.
어머니의 화염으로 불태우니,
두려움과 의심과 수치는 모두 사라집니다.

**오 성모 마리아시여,
지구를 더 높은 상태로,
가속하는 노래를 내어 주소서.**

이제 모든 물질이 눈부시게 반짝입니다.

5. 성모 마리아시여, 나는 여성에게 폭력적인 남성들의 부분(segment)에 대해 신성한 어머니의 심판을 요청합니다. 왜냐하면, 그들의 마음은 집단적 영체들에게 압도되었기 때문입니다.

당신은 지상에서 모든 어둠을 몰아내고,
당신의 빛은 거대한 해일처럼 밀려옵니다.
어떤 어둠의 힘도 이제는,
상승나선을 멈출 수 없습니다.

오 성모 마리아시여,
지구를 더 높은 상태로,
가속하는 노래를 내어 주소서.
이제 모든 물질이 눈부시게 반짝입니다.

6. 성모 마리아시여, 나는 심리적으로 자신에 대해 책임지지 않으려는 남성들에 대해 신성한 어머니의 심판을 요청합니다. 그들은 영적 여정에 대해 아무것도 모르기 때문에 갇혀 있다고 느낍니다.

당신은 모든 엘리멘탈을 축복하며,
그들에게서 인간이 부과한 스트레스를 거두어 줍니다.
이제 자연의 정령들은 자유를 얻어,
신성한 디크리를 실현합니다.

오 성모 마리아시여,
지구를 더 높은 상태로,
가속하는 노래를 내어 주소서.
이제 모든 물질이 눈부시게 반짝입니다.

7. 성모 마리아시여, 사람들을 일깨우시어 그들 마음이 집단 영체들에게 장악당했다고 말하는 것으로는 충분한 설명이 될 수 없는 일부 남성들이 있음을 알게 하소서. 그들의 분노는 영체들에 의해 강화되지만, 그것은 영체로부터만 오는 것이 아닙니다. 이 남성들은 내면에 그런 분노와 증오를 가지고 있습니다.

나는 단호한 태도로 목소리를 높이며,
전쟁의 중단을 명합니다.
더 이상 지구는 전쟁으로 상처받지 않으며,
황금시대가 가까이 왔습니다.

오 성모 마리아시여,
지구를 더 높은 상태로,
가속하는 노래를 내어 주소서.
이제 모든 물질이 눈부시게 반짝입니다.

8. 성모 마리아시여, 나는 여성에 대해 분노하고 여성을 증오하는 이런 분리된 자아들을 창조한 남성에 대해 신성한 어머니의 심판을 요청합니다.

어머니 지구가 마침내 자유를 얻을 때,
재난들은 과거의 일이 됩니다.
어머니 빛은 너무나 강렬하여,
이제 물질의 밀도는 훨씬 낮아집니다.

오 성모 마리아시여,
지구를 더 높은 상태로,
가속하는 노래를 내어 주소서.
이제 모든 물질이 눈부시게 반짝입니다.

9. 성모 마리아시여, 나는 여성에게 물리적으로 폭력적이지는 않지만, 그들 자신의 존재로부터 여성에 대한 분노와 증오심을 가진 남성들에 대해 신성한 어머니의 심판을 요청합니다.

어머니 빛 안에서 지구는 순수해지고,
상향나선이 유지됩니다.
이제 번영은 일상의 기준이 되고,
신의 비전은 형상으로 구현됩니다.

오 성모 마리아시여,
지구를 더 높은 상태로,
가속하는 노래를 내어 주소서.
이제 모든 물질이 눈부시게 반짝입니다.

파트 3

1. 성모 마리아시여, 나는 여성에 대한 이런 분노와 증오심을 가지기 시작했고, 타락한 존재가 아닌 남성들에게까지 이것을 퍼뜨린 타락한 존재들에 대해 신성한 어머니의 심판을 요청합니다.

오 축복받은 성모 마리아, 나의 어머니시여,
당신의 사랑보다 더 큰 사랑은 없습니다.
우리가 가슴과 마음속에서 하나가 될 때,
나는 우주의 위계에서 내 자리를 발견합니다.

오 성모 마리아시여,
지구를 더 높은 상태로,
가속하는 노래를 내어 주소서.
이제 모든 물질이 눈부시게 반짝입니다.

2. 성모 마리아시여, 나는 남성들을 우월한 지위로 끌어올리기로 선택한 타락한 존재들에 대해 신성한 어머니의 심판을 요청합니다. 그들은 구약성서의 신처럼 남성적인 인격신을 창조하기로 선택했으며, 그렇게 함으로써 여성을 억압할 가능성을 열었습니다.

나는 지구의 상승을 돕기 위해,
하늘에서 지구로 내려왔습니다.
나는 신성한 권한을 사용하여,
지구를 자유롭게 하라고 당신에게 명합니다.

오 성모 마리아시여,
지구를 더 높은 상태로,
가속하는 노래를 내어 주소서.
이제 모든 물질이 눈부시게 반짝입니다.

3. 성모 마리아시여, 나는 신에 대한 분노를 가지고 있지만, 자신들이 소위 우주 최고의 신이라는 이 남성 신을 창조했기 때문에, 지구에서 분노를 표현하지 못하는 타락한 존재들에 대해 신성한 어머니의 심판을 요청합니다.

나는 이제 신의 신성한 이름 안에서,
어머니의 화염을 사용해,
두려움에서 나온 에너지를 모두 불태우고,
신성한 조화를 회복하라고 당신께 요청합니다.

오 성모 마리아시여,
지구를 더 높은 상태로,
가속하는 노래를 내어 주소서.
이제 모든 물질이 눈부시게 반짝입니다.

4. 성모 마리아시여, 나는 남성들에게 신에게는 분노를 표현할 수 없게 하고, 여성이나 여성적인 에너지 및 극성, 심지어 전체 물질 영역에 대해 분노를 표현하게 하는, 타락한 존재들에 대한 신성한 어머니의 심판을 요청합니다.

나는 이로써 당신의 신성한 이름을 찬양하니,
당신은 집단의식을 들어올립니다.
어머니의 화염으로 불태우니,
두려움과 의심과 수치는 모두 사라집니다.

오 성모 마리아시여,
지구를 더 높은 상태로,
가속하는 노래를 내어 주소서.
이제 모든 물질이 눈부시게 반짝입니다.

5. 성모 마리아시여, 나는 "어머니에 대한 증오"의 개념, 즉 어머니 영역에 대한 증오, 그녀가 어머니이든 아니든 상관없이 모든 여성에 대한 증오의 개념을 만들어낸 타락한 존재들에 대해 신성한 어머니의 심판을 요청합니다.

당신은 지상에서 모든 어둠을 몰아내고,
당신의 빛은 거대한 해일처럼 밀려옵니다.
어떤 어둠의 힘도 이제는,
상승나선을 멈출 수 없습니다.

오 성모 마리아시여,
지구를 더 높은 상태로,
가속하는 노래를 내어 주소서.
이제 모든 물질이 눈부시게 반짝입니다.

6. 성모 마리아시여, 나는 물질 영역(matter realm)에 대한 증오, 어머니 영역에 대한 증오, 물리적 세계에 대한 증오, 인간의 육체에 대한 증오를 조장하는 거짓된 종교와 구루를 만든 타락한 존재들에 대해 신성한 어머니의 심판을 요청합니다.

당신은 모든 엘리멘탈을 축복하며,
그들에게서 인간이 부과한 스트레스를 거두어 줍니다.
이제 자연의 정령들은 자유를 얻어,
신성한 디크리를 실현합니다.

오 성모 마리아시여,
지구를 더 높은 상태로,
가속하는 노래를 내어 주소서.
이제 모든 물질이 눈부시게 반짝입니다.

7. 성모 마리아시여, 나는 물질 영역, 육체, 욕망, 그리고 육체적 욕망을 영적인 목표를 성취하려는 인간의 적으로 보는 견해를 조장하는 인도의 거짓 구루들에 대해 신성한 어머니의 심판을 요청합니다.

나는 단호한 태도로 목소리를 높이며,
전쟁의 중단을 명합니다.
더 이상 지구는 전쟁으로 상처받지 않으며,
황금시대가 가까이 왔습니다.

오 성모 마리아시여,
지구를 더 높은 상태로,
가속하는 노래를 내어 주소서.
이제 모든 물질이 눈부시게 반짝입니다.

8. 성모 마리아시여, 나는 여성은 남성에게 있어 유혹이며, 여성은 덜

영적이거나 유혹에 취약하고, 남성에 대한 유혹으로 육체의 욕망을 이용하면서, 남성들이 더 영적인 생활방식에서 벗어나도록 유혹한다는 견해를 조장하는, 타락한 존재들과 거짓 종교에 대해 신성한 어머니의 심판을 요청합니다.

어머니 지구가 마침내 자유를 얻을 때,
재난들은 과거의 일이 됩니다.
어머니 빛은 너무나 강렬하여,
이제 물질의 밀도는 훨씬 낮아집니다.

오 성모 마리아시여,
지구를 더 높은 상태로,
가속하는 노래를 내어 주소서.
이제 모든 물질이 눈부시게 반짝입니다.

9. 성모 마리아시여, 나는 여성에 대한 분노, 어머니 영역과 물질계에 대한 분노 이면에 있는 어둠의 세력들에 대해 신성한 어머니의 심판을 요청합니다. 그것은 원래 타락한 존재들에게서 오는 것입니다.

어머니 빛 안에서 지구는 순수해지고,
상향나선이 유지됩니다.
이제 번영은 일상의 기준이 되고,
신의 비전은 형상으로 구현됩니다.

오 성모 마리아시여,
지구를 더 높은 상태로,
가속하는 노래를 내어 주소서.
이제 모든 물질이 눈부시게 반짝입니다.

파트 4

1. 성모 마리아시여, 나는 타락한 존재는 아니지만 물질 영역과 자신의 물리적 육체, 여성에 대한 이런 분노와 증오를 그들 존재 속에 받아들인 남성들에 대한 신성한 어머니의 심판을 요청합니다.

오 축복받은 성모 마리아, 나의 어머니시여,
당신의 사랑보다 더 큰 사랑은 없습니다.
우리가 가슴과 마음속에서 하나가 될 때,
나는 우주의 위계에서 내 자리를 발견합니다.

오 성모 마리아시여,
지구를 더 높은 상태로,
가속하는 노래를 내어 주소서.
이제 모든 물질이 눈부시게 반짝입니다.

2. 성모 마리아시여, 나는 여성에 대해 폭력적인 남성들에 대한 신성한 어머니의 심판을 요청합니다. 그들은 여성에 대한 분노와 증오를 내면화했으므로 여성을 처벌하고, 상처 주며, 노골적인 육체적 파괴로 망가뜨리고 싶어합니다.

나는 지구의 상승을 돕기 위해,
하늘에서 지구로 내려왔습니다.
나는 신성한 권한을 사용하여,
지구를 자유롭게 하라고 당신에게 명합니다.

오 성모 마리아시여,
지구를 더 높은 상태로,
가속하는 노래를 내어 주소서.
이제 모든 물질이 눈부시게 반짝입니다.

3. 성모 마리아시여, 나는 여성을 심리적으로 통제하려는 것처럼 보이

는 남성들에 대한 신성한 어머니의 심판을 요청합니다. 그들은 통제 게임 너머에서 여성에 대한 분노와 증오를 표현하기 위해 심리적인 수단들을 이용하고 있습니다.

나는 이제 신의 신성한 이름 안에서,
어머니의 화염을 사용해,
두려움에서 나온 에너지를 모두 불태우고,
신성한 조화를 회복하라고 당신께 요청합니다.

**오 성모 마리아시여,
지구를 더 높은 상태로,
가속하는 노래를 내어 주소서.
이제 모든 물질이 눈부시게 반짝입니다.**

4. 성모 마리아시여, 나는 할 수 있다면 여성을 처벌하고, 상처 주고, 그들의 영혼을 파괴하려는 남성들에 대해 신성한 어머니의 심판을 요청합니다. 그들은 여성을 파괴하고 싶어하는 증오심을 실제로 가지고 있습니다.

나는 이로써 당신의 신성한 이름을 찬양하니,
당신은 집단의식을 들어올립니다.
어머니의 화염으로 불태우니,
두려움과 의심과 수치는 모두 사라집니다.

**오 성모 마리아시여,
지구를 더 높은 상태로,
가속하는 노래를 내어 주소서.
이제 모든 물질이 눈부시게 반짝입니다.**

5. 성모 마리아시여, 나는 이 문제를 더 극단적으로 받아들인 남성들

에 대해 신성한 어머니의 심판을 요청합니다. 그들은 여성 억압의 개념들을 조장할 수 있는 다양한 위치에서 일하고 있으며, 이런 개념들은 이성적으로 설명될 수 없는 여성 폭력의 한 형태입니다.

당신은 지상에서 모든 어둠을 몰아내고,
당신의 빛은 거대한 해일처럼 밀려옵니다.
어떤 어둠의 힘도 이제는,
상승나선을 멈출 수 없습니다.

**오 성모 마리아시여,
지구를 더 높은 상태로,
가속하는 노래를 내어 주소서.
이제 모든 물질이 눈부시게 반짝입니다.**

6. 성모 마리아시여, 나는 비록 교묘하게 위장했지만 오로지 여성에 대한 분노와 증오를 정당화하려고 창조된 개념 이면에 있는, 타락한 존재들에 대한 신성한 어머니의 심판을 요청합니다.

당신은 모든 엘리멘탈을 축복하며,
그들에게서 인간이 부과한 스트레스를 거두어 줍니다.
이제 자연의 정령들은 자유를 얻어,
신성한 디크리를 실현합니다.

**오 성모 마리아시여,
지구를 더 높은 상태로,
가속하는 노래를 내어 주소서.
이제 모든 물질이 눈부시게 반짝입니다.**

7. 성모 마리아시여, 사람들을 일깨우시어 근본주의 이슬람에 의해 추진된 이슬람법(Sharia law)은 그 이면에 어떤 합리성도 없음을 알게

하소서. 특정한 주장과 추론이 있을 수 있겠지만, 그것은 합리적이거나 일관되거나 논리적인 것이 아닙니다.

나는 단호한 태도로 목소리를 높이며,
전쟁의 중단을 명합니다.
더 이상 지구는 전쟁으로 상처받지 않으며,
황금시대가 가까이 왔습니다.

오 성모 마리아시여,
지구를 더 높은 상태로,
가속하는 노래를 내어 주소서.
이제 모든 물질이 눈부시게 반짝입니다.

8. 성모 마리아시여, 사람들을 일깨우시어 이슬람법은 어떤 진실에도 기초하고 있지 않음을 보게 하소서. 비록 종교적인 경전이나 교리로 위장되어 있지만, 그것의 구동력은 여성에 대한 분노와 증오입니다.

어머니 지구가 마침내 자유를 얻을 때,
재난들은 과거의 일이 됩니다.
어머니 빛은 너무나 강렬하여,
이제 물질의 밀도는 훨씬 낮아집니다.

오 성모 마리아시여,
지구를 더 높은 상태로,
가속하는 노래를 내어 주소서.
이제 모든 물질이 눈부시게 반짝입니다.

9. 성모 마리아시여, 사람들을 일깨우시어, 수백만의 여성이 매우 더운 기후에 살고 있지만, 온몸을 덮는 검은 옷을 입어야 한다는 사실에는 어떤 합리적 이유도 없음을 알게 하소서. 그것은 여성에 대한 분노와

증오입니다.

어머니 빛 안에서 지구는 순수해지고,
상향나선이 유지됩니다.
이제 번영은 일상의 기준이 되고,
신의 비전은 형상으로 구현됩니다.

오 성모 마리아시여,
지구를 더 높은 상태로,
가속하는 노래를 내어 주소서.
이제 모든 물질이 눈부시게 반짝입니다.

파트 5

1. 성모 마리아시여, 사람들을 일깨우시어, 인류의 타락과 지구에서 볼 수 있는 모든 불쾌한 상황들이 여성 때문에 일어난다고 말할 합리적인 이유가 전혀 없음을 알게 하소서. 그것은 단지 종교적인 경전과 교리로 위장된, 여성에 대한 분노와 증오의 표현일 뿐입니다.

오 축복받은 성모 마리아, 나의 어머니시여,
당신의 사랑보다 더 큰 사랑은 없습니다.
우리가 가슴과 마음속에서 하나가 될 때,
나는 우주의 위계에서 내 자리를 발견합니다.

오 성모 마리아시여,
지구를 더 높은 상태로,
가속하는 노래를 내어 주소서.
이제 모든 물질이 눈부시게 반짝입니다.

2. 성모 마리아시여, 나는 여성에 대한 이 노골적인 분노와 증오로 인

해 여성에게 폭력을 행사하는 남성들에 대한 신성한 어머니의 심판을 요청합니다. 나는 여성에 대한 훨씬 더 큰 분노와 증오를 가졌지만, 그것을 종종 어떤 자애로운 이유로서 종교로 위장하고 있는 남성들에 대한 신성한 어머니의 심판을 요청합니다.

나는 지구의 상승을 돕기 위해,
하늘에서 지구로 내려왔습니다.
나는 신성한 권한을 사용하여,
지구를 자유롭게 하라고 당신에게 명합니다.

오 성모 마리아시여,
지구를 더 높은 상태로,
가속하는 노래를 내어 주소서.
이제 모든 물질이 눈부시게 반짝입니다.

3. 성모 마리아시여, 나는 여성이 생물학적으로 남성과 다르다고 절대적으로 확신하는 물질주의자들에 대해 신성한 어머니의 심판을 요청합니다. 그들은 여성의 두뇌는 다른 방식으로 연결되어 있고, 진화가 여성에게 특정한 역할을 부여해 주었다고 생각합니다.

나는 이제 신의 신성한 이름 안에서,
어머니의 화염을 사용해,
두려움에서 나온 에너지를 모두 불태우고,
신성한 조화를 회복하라고 당신께 요청합니다.

오 성모 마리아시여,
지구를 더 높은 상태로,
가속하는 노래를 내어 주소서.
이제 모든 물질이 눈부시게 반짝입니다.

4. 성모 마리아시여, 나는 분노와 증오로 인해 여성에게 육체적으로 폭력적인 남성들과 증오로 인해 여성에게 심리적 혹은 영적으로 폭력적인 남성들에 대한 신성한 어머니의 심판을 요청합니다.

나는 이로써 당신의 신성한 이름을 찬양하니,
당신은 집단의식을 들어올립니다.
어머니의 화염으로 불태우니,
두려움과 의심과 수치는 모두 사라집니다.

오 성모 마리아시여,
지구를 더 높은 상태로,
가속하는 노래를 내어 주소서.
이제 모든 물질이 눈부시게 반짝입니다.

5. 성모 마리아시여, 나는 이런 분노와 증오를 오랫동안 가지고 있었고 육체적으로 앵커 포인트(anchor point)가 됨으로써, 여성에 대한 모든 억압과 차별, 폭력 등 이 모든 것의 구동력이 되어 온 남성들에 대해 신성한 어머니의 심판을 요청합니다.

당신은 지상에서 모든 어둠을 몰아내고,
당신의 빛은 거대한 해일처럼 밀려옵니다.
어떤 어둠의 힘도 이제는,
상승나선을 멈출 수 없습니다.

오 성모 마리아시여,
지구를 더 높은 상태로,
가속하는 노래를 내어 주소서.
이제 모든 물질이 눈부시게 반짝입니다.

6. 성모 마리아시여, 나는 너무 오랫동안 이런 분노를 품어 왔기에,

이를 기꺼이 포기하고 그리스도 의식으로 향한 상승의 길을 시작하지
않을 것 같은 남성들에 대해 신성한 어머니의 심판을 요청합니다. 그
들은 이 행성에서 제거되어야 합니다.

당신은 모든 엘리멘탈을 축복하며,
그들에게서 인간이 부과한 스트레스를 거두어 줍니다.
이제 자연의 정령들은 자유를 얻어,
신성한 디크리를 실현합니다.

오 성모 마리아시여,
지구를 더 높은 상태로,
가속하는 노래를 내어 주소서.
이제 모든 물질이 눈부시게 반짝입니다.

7. 성모 마리아시여, 이로써 나는 상승 마스터 학생으로서, 내가 관심을 가지는 한, 이 분노와 증오가 지구에서 더 이상 받아들여질 수 없다고 결정합니다.

나는 단호한 태도로 목소리를 높이며,
전쟁의 중단을 명합니다.
더 이상 지구는 전쟁으로 상처받지 않으며,
황금시대가 가까이 왔습니다.

오 성모 마리아시여,
지구를 더 높은 상태로,
가속하는 노래를 내어 주소서.
이제 모든 물질이 눈부시게 반짝입니다.

8. 성모 마리아시여, 나는 이 사람들을 변화시키거나 지구에서 제거해야 할 필요성에 직면하며, 이런 분노와 증오의 배출구를 제거하는 데

필요한 조치를 취할 권한을 당신에게 부여합니다. 나는 신성한 어머니의 심판을 요청합니다.

어머니 지구가 마침내 자유를 얻을 때,
재난들은 과거의 일이 됩니다.
어머니 빛은 너무나 강렬하여,
이제 물질의 밀도는 훨씬 낮아집니다.

**오 성모 마리아시여,
지구를 더 높은 상태로,
가속하는 노래를 내어 주소서.
이제 모든 물질이 눈부시게 반짝입니다.**

9. 성모 마리아시여, 이 최면 상태에서 깨어나도록 점점 더 많은 여성을 자유롭게 하시어, 이들이 이런 분노와 증오를 알아보고 이를 받아들일 수 없다고 결정하게 하소서.

어머니 빛 안에서 지구는 순수해지고,
상향나선이 유지됩니다.
이제 번영은 일상의 기준이 되고,
신의 비전은 형상으로 구현됩니다.

**오 성모 마리아시여,
지구를 더 높은 상태로,
가속하는 노래를 내어 주소서.
이제 모든 물질이 눈부시게 반짝입니다.**

파트 6

1. 성모 마리아시여, 나는 신성한 어머니의 심판을 요청하며, 이 남성

들이 생명을 선택하지 않는다면 다른 행성으로 가야 한다는 현실에
직면하게 할 권한을 당신에게 드립니다.

오 축복받은 성모 마리아, 나의 어머니시여,
당신의 사랑보다 더 큰 사랑은 없습니다.
우리가 가슴과 마음속에서 하나가 될 때,
나는 우주의 위계에서 내 자리를 발견합니다.

**오 성모 마리아시여,
지구를 더 높은 상태로,
가속하는 노래를 내어 주소서.
이제 모든 물질이 눈부시게 반짝입니다.**

2. 성모 마리아시여, 여성들을 일깨우시어 지구에는 상승나선이 존재하고, 여성들이 점점 더 자유로워지고 있음을 알게 하소서. 우리는 여성들이 이 작은 그룹의 남성들에게서 오는 분노와 증오로부터 자유로워질 자격이 있는 지점에 도달했습니다.

나는 지구의 상승을 돕기 위해,
하늘에서 지구로 내려왔습니다.
나는 신성한 권한을 사용하여,
지구를 자유롭게 하라고 당신에게 명합니다.

**오 성모 마리아시여,
지구를 더 높은 상태로,
가속하는 노래를 내어 주소서.
이제 모든 물질이 눈부시게 반짝입니다.**

3. 성모 마리아시여, 나는 이 남성들이 선택의 기회를 갖도록 이들에 대한 신성한 어머니의 심판을 요청합니다. 그들은 기꺼이 필멸의 자

아를 버리고서 영원한 생명으로 나아가는 그리스도를 따르거나, 아니면 이 행성에서 육화할 기회를 잃을 것인지 하는 선택에 직면할 수 있습니다.

나는 이제 신의 신성한 이름 안에서,
어머니의 화염을 사용해,
두려움에서 나온 에너지를 모두 불태우고,
신성한 조화를 회복하라고 당신께 요청합니다.

오 성모 마리아시여,
지구를 더 높은 상태로,
가속하는 노래를 내어 주소서.
이제 모든 물질이 눈부시게 반짝입니다.

4. 성모 마리아시여, 여성들을 자유롭게 하시어 여성들이 이들에 대한 분노나 증오를 느끼는 것으로부터 자유로우면서도, 이제 이런 일이 우리 행성에서 끝날 때임을 중립적으로 결정할 수 있게 하소서.

나는 이로써 당신의 신성한 이름을 찬양하니,
당신은 집단의식을 들어올립니다.
어머니의 화염으로 불태우니,
두려움과 의심과 수치는 모두 사라집니다.

오 성모 마리아시여,
지구를 더 높은 상태로,
가속하는 노래를 내어 주소서.
이제 모든 물질이 눈부시게 반짝입니다.

5. 성모 마리아시여, 여성들을 자유롭게 하시어 그들을 속박하려고 하는 일부 매우 파괴적인 세력에 대해 말하지 않고는, 여성 해방에 대

해 진정으로 말할 수 없음을 알게 하소서.

당신은 지상에서 모든 어둠을 몰아내고,
당신의 빛은 거대한 해일처럼 밀려옵니다.
어떤 어둠의 힘도 이제는,
상승나선을 멈출 수 없습니다.

오 성모 마리아시여,
지구를 더 높은 상태로,
가속하는 노래를 내어 주소서.
이제 모든 물질이 눈부시게 반짝입니다.

6. 성모 마리아시여, 여성들을 자유롭게 하시어 만약 같은 일을 계속하면서 다른 결과를 기대한다면 제정신이 아님을 알게 하소서. 비록 많은 진전이 있었지만 특정한 문제들은 사라지지 않았습니다. 우리는 계속해서 같은 일을 할 수 없고, 여성에 대한 매우 심각한 학대들이 사라질 것을 기대할 수도 없습니다.

당신은 모든 엘리멘탈을 축복하며,
그들에게서 인간이 부과한 스트레스를 거두어 줍니다.
이제 자연의 정령들은 자유를 얻어,
신성한 디크리를 실현합니다.

오 성모 마리아시여,
지구를 더 높은 상태로,
가속하는 노래를 내어 주소서.
이제 모든 물질이 눈부시게 반짝입니다.

7. 성모 마리아시여, 여성들을 자유롭게 하시어 무언가 다른 것을 찾을 필요가 있음을 알게 하소서. 도저히 이성적으로 설명할 수 없을

정도로 여성에 대한 분노와 증오를 퍼뜨리는 어둠의 세력들에 대한 다른 지식이 필요합니다.

나는 단호한 태도로 목소리를 높이며,
전쟁의 중단을 명합니다.
더 이상 지구는 전쟁으로 상처받지 않으며,
황금시대가 가까이 왔습니다.

**오 성모 마리아시여,
지구를 더 높은 상태로,
가속하는 노래를 내어 주소서.
이제 모든 물질이 눈부시게 반짝입니다.**

8. 성모 마리아시여, 여성들을 자유롭게 하시어, 여성들이 일어나 이렇게 결정하게 하소서. 이제 그만, 충분합니다(enough is enough), 그렇게 함으로써 우리는 이런 세력들을 지구에서 제거할 힘을 상승 마스터들에게 주게 됩니다.

어머니 지구가 마침내 자유를 얻을 때,
재난들은 과거의 일이 됩니다.
어머니 빛은 너무나 강렬하여,
이제 물질의 밀도는 훨씬 낮아집니다.

**오 성모 마리아시여,
지구를 더 높은 상태로,
가속하는 노래를 내어 주소서.
이제 모든 물질이 눈부시게 반짝입니다.**

9. 성모 마리아시여, 임계수치의 여성들을 일깨우시어 이것으로 충분하다고 결정 내리게 하소서. 지금은 여성에 대한 이런 전반적인 폭력

현상이 지구에서 제거될 시점입니다. 지구에서 여성이 되는 것이 무엇을 의미하는지를 다시 정의할 수 있는 새로운 기회가 있음을 여성들이 받아들이도록 도와주소서.

어머니 빛 안에서 지구는 순수해지고,
상향나선이 유지됩니다.
이제 번영은 일상의 기준이 되고,
신의 비전은 형상으로 구현됩니다.

오 성모 마리아시여,
지구를 더 높은 상태로,
가속하는 노래를 내어 주소서.
이제 모든 물질이 눈부시게 반짝입니다.

봉인
I AM THAT I AM의 이름으로, 나는 대천사 미카엘과 아스트레아와 쉬바께서 나와 모든 건설적인 사람 주위에 뚫을 수 없는 보호막을 형성하여, 우리를 네 옥타브 안에 있는 모든 두려움 기반의 에너지로부터 봉인해 주심을 받아들입니다. 나는 신의 빛(Light of God)이 지구 여성들을 자유롭게 하는 데 저항하는, 어둠의 힘을 구성하는 두려움 기반의 모든 에너지를 변형하고 소멸하고 있음을 받아들입니다!

.

27
대부분의 남성은 섹스에 중독되어 있습니다

상승 미스터 아스트레아

나는 엘로힘 아스트레아, 4광선의 엘로힘입니다. 4광선은 대체로 '순수의 광선'으로 여겨져 왔지만, 우리는 4광선이 '가속의 광선'이라는 가르침 역시 제공해 왔습니다. 4광선의 마스터들은 매우 단도직입적이고 노골적이며, 미국식 표현으로 말하자면 고지식할 정도로 진지하고 명료합니다(no-nonsense). 이 담화에서 내가 목표로 하는 것은 섹스에 관한 명료하고 현실적인 관점을 주는 것입니다. 그 이유는 섹스는 명백히 여성을 억압하고 남용하는 데 이용돼온 요소 가운데 하나이기 때문입니다.

섹스에 관한 명료하고 현실적인 관점이 무엇인가요? 자, 나는 이 말로 담화를 시작하겠습니다. "이 행성의 90% 이상 남성이 섹스에 중독되었다." 그렇다면, 중독은 무엇인가요? 음, 세상으로 나가서 과학이 중독을 어떻게 설명하려고 했는지를 보세요. 그들은 꽤 난해하고 지적인 설명들을 내놓았습니다. 하지만 진실로 그들이 사람들이 중독을 극복하도록 도와주었나요? 그들이 많은 사회에서 나타나고 있는 중독의 증가를 막아주었나요?

선진화된 나라, 현대 민주주의 국가라 불리는 곳에서 중독이 증가하는 것을 볼 수 있으며, 이들 나라가 상당한 진보를 이룬 것 역시 볼 수 있습니다. 이들 사회는 여러 측면에서 백 년 혹은 수백 년 전에 비하면 엄청난 진보를 이루었습니다. 하지만 진보하지 않은 특정한 부분이 있고, 심지어 어떤 문제들은 가속도적으로 증가하고 있습니다. 이런 문제 가운데 하나가 분명 '중독'입니다. 100년 전으로 돌아가 보면, 훨씬 적은 수의 사람들이 (예를 들자면) 마약에 중독되어 있었습니다. 또한, 100년 전으로 돌아가 보면, 섹스에 중독된 사람들의 수 역시 훨씬 적었습니다.

중독을 물질주의적으로 설명할 수 없습니다

이런 현상을 중립적이며 현실적이고 명료한 관점으로 살펴보려면, 이렇게 자문해 봐야 합니다. "이들 사회에서 다른 분야는 그렇게 많은 진보를 이루었는데, 중독이 늘어나는 이유는 무엇일까?" 심지어는 이런 관점에서 말해 볼 수도 있습니다. "이들 현대 민주주의 국가에서 지난 백 년간 무슨 일이 일어난 것일까?" 자, 사람들은 여러 측면에서, 정치적으로 그리고 경제적으로 더 자유로워졌습니다. 그런데 중독이 사람들을 더 자유롭게 하는 건가요? 분명히 아닙니다. 중독은 사람들의 자유를 빼앗아가는 것입니다. 이제 여러분은 사람들의 정치적, 경제적 자유는 증가하고 있지만, 이와 동시에 심리적 자유, 심지어 어떤 면에서는 육체적 자유마저 감소하고 있는 것을 봅니다. 왜냐하면, 중독은 사람들에게 자유를 빼앗는 특정한 행동을 하도록 강요하기 때문입니다. 이것을 어떻게 설명할 수 있을까요? 만일 여러분이 과학이 오랫동안 해왔던 것, 즉 모든 것에 대해 물질주의적인 설명을 하려고 고집한다면 분명 이것을 설명할 수 없습니다.

여러분은 몸을 연구할 수 있습니다. 뇌를 연구할 수 있습니다. 유전자를 연구하고, 중독과 연결된 특정한 유전자를 발견할 수도 있습니다. 중독으로 이끈다고 추정되는 뇌화학의 특정한 측면들을 찾아낼 수도 있습니다. 호르몬이나 신경체계 등 원하는 무엇이든 연구해 보려고 할 수 있지만, 결코 중독을 설명할 수 없고, 사람들이 중독에서 벗어나도록 돕지도 못할 것입니다. 물질주의적인 접근 방식으로는 그렇게 할 수 없습니다. 그렇게 될 수가 없습니다.

우리는 앞에서, 거리가 더 작은 증분(增分)으로 무한히 나뉠 수 있음을 보여주는 제논의 역설(Zeno's paradox)이라는 잘 알려진 얘기를 한 적이 있습니다. 과학자들은 이것에 대해 아주 잘 알고 있지요. 여러분은 순전히 물질주의적인 관점에서 몸을 분석할 수 있습니다. 몸 혹은 분자와 원자 안의 더 작은 단위들을 찾으려고 할 수 있습니다. 여러분은 몸의 이런 미시적인 요소들이 중독 행위를 설명할 수 있는 방법을 발견하려고 할 수 있지만, 아리스토텔레스로부터 시작된 이런 전통에도 불구하고, 미시적 요소들을 통해서는 거시적인 현상을 설명할 수 없을 것입니다. 그렇게 될 수가 없습니다.

인간은 대상(물체)이 아닙니다

인간은 세포, 분자, 원자, 아원자 입자들의 집합체가 아닙니다. 물론, 인간의 몸은 아원자 입자, 원자, 분자, 세포들로 구성되어 있습니다. 하지만 인간은 이런 부분들의 집합체 이상입니다. 전체는 부분들의 합보다 더 큰데, 그 이유는 인간은 '존재(being)'이기 때문입니다. 인간은 기계가 아니고, 장치도 아니며, 대상(사물)도 아닙니다. 인간을 하나의 물체로 보면서 어떻게 중독 행위를 설명할 수 있을까요? 음, 그럴 수 없습니다. 그렇게 될 수가 없습니다. 사실, 과학 그리고 많은 현대 민주주의 국가조차, 인간이 어떻게 대상화(물체화)되어 왔는지를 살펴볼 수 있는 돌파 지점에 매우 근접해 있습니다.

분명히, 이 구술은 성(sex)이라는 주제와 성이 여성을 어떻게 학대하고 제한하며 갇히게 하는 데 이용되었나 하는 것과 관련되어 있습니다. 그 과정에서 무슨 일이 일어날까요? 자, 그것은 여성이 물체처럼 대상화된다는 것입니다. 여성들이 성적인 대상이 되지만, 이것이 대상화의 유일한 예일까요? 물론 아닙니다. 또 다른 분명한 사례는, 전쟁에 참여하는 군인들입니다. 그들은 개별적인 사람이나 인간으로 간주되지 않습니다. 그들은 전투 혹은 전쟁에서의 승리라는 서사적으로 중요한 목적을 이루기 위해 이리저리 옮겨지며 희생될 수 있는 대상에 불과합니다. 과학이 물질주의적 접근을 취하는 경우, 내가 과학에 대해 뭐라고 말했나요? 과학이 무엇을 하는 있는 거죠? 음, 과학이 물질주의적 접근법을 사용해서 인간과 관련된 뭔가를 탐구할 때, 그때 과학은 인간을 사물로 대상화합니다. 결코, 이것을 다른 방식으로는 설명할 수 없습니다. 과학에 대한 물질주의적 접근은 인간을 사물처럼 대상화해 왔고, 지금도 대상화하고 있습니다. 여성을 성적으로 대상화하는 것을 포함해, 현대 민주주의 국가에서 이것은 인간을 사물로 대상화하는 모든 다른 분야의 토대가 되고 있습니다.

중독이 무엇인가요?

만일 섹스 중독을 물질주의적 접근 방식으로 설명할 수 없다면, 그럼 그것을 어떻게 설명할 수 있을까요? 음, 먼저 중독이 무엇인지부터 숙고해 보세요. 어떤 면에서, 우리는 좀 더 보편적으로 받아들여질 수 있는 설명부터 시작할 수 있습니다. 우리는 중독의 영향을 살펴볼 수 있습니다. 중독된 사람에게 중독이 어떤 영향을 미치죠? 음, 내가 말했듯이, 그것은 그 사람의 자유를 빼앗아가는데, 이것은 가장 먼저 심리적 차원에 영향을 미칩니다. 어떤 남자가 섹스에 중독되어 있다고 해봅시다. 그는 심리적 자유를 잃습니다. 왜냐하면, 그의 심리 안에 있는 뭔가가 그에게 섹스하도록 강요하기 때문입니다. 이것은 그가 자유롭고 중립적으로 선택할 수 있는 뭔가가 아닙니다. 그는 자신의 의식적인 의지를 압도하는 어떤 힘에 의해 섹스를 하도록 강요당합니다. 그는 "그만"이라고 말할 수 없습니다. 알코올 중독자나 약물 중독자도 마찬가지입니다. 그들은 의지의 자유를 잃어버렸습니다.

이것은 사람들에게 가능한 최대의 자유를 주는 자유 사회라고 자부하는 모든 현대 민주주의 국가들에게 큰 관심사가 되어야 할 문제입니다. 어떻게 정치적, 경제적인 자유가 증가하면서, 동시에 사람들의 자유를 빼앗아가는 이런 심리적인 중독이 증가하게 되는 것일까요? 이것은 인지 부조화입니다. 이런 일이 일어나는 이유는 무엇일까요? 자, 이 지점이 물질주의적 과학이 채우지 못한 부분입니다. 물질주의적 접근 방식은 한계에 도달했습니다. 맞아요. 여러분은 몸을 볼 수 있지요. 그래요. 여러분은 호르몬과 신경체계, 뇌화학과 유전물질을 분석할 수 있고, 어쩌면 특정한 상관관계를 발견할 수도 있습니다. 알코올 중독자인 사람들에게서 특정한 유전자가 활성화되거나, 어떤 상태가 뇌화학이나 뇌 안의 어떤 전자기적 패턴들을 가진다는 측면에서, 알코올 남용에 연결될 수 있는 특정한 유전자들이 있을지도 모릅니다. 물론, 여러분은 이것을 발견할 수 있습니다. 하지만 몸에서 발견되는 그런 것들이 중독의 원인일까요? 아니면 그것은 더 깊은 원인이 물리적 수준에서 나타나는 부작용인 것일까요? 당연히, 그것은 부작용입니다.

상승 마스터 학생들인 여러분에게 우리가 어떤 가르침을 주었나요? 음, 우리는 물리적 우주가 전부가 아니라고 말해 왔습니다. 물질 옥타브, 물질층은 실제로 에너지 진동 연속체의 가장 낮은 층입니다. 물질층 너머로 감정층이 있습니다. 감정층 너머에는 멘탈층이 있습니다. 그 너머에 정체성층이 있습니다. 인간은 에너지 시스템입니다. 동양에서 수천 년 동안 알려져 왔듯, 여러분의 몸 주위에는 에너지장이 있습니다. 음, 몸이 에너지장을 만들고 있다고 많이들 알고 있지만, 우리는 이것이 사실이 아니라고 말했습니다. 육체는 실제로 인간의 전체 에너지장의 가장 낮게 진동하는 확장체입니다. 에너지는 영적 영역에서 정체성체로 흐릅니다. 그런 다음 멘탈체로, 그다음 감정체로, 그다음 육체로 흐르는 이런 에너지 체계를 통해 흐릅니다. 이것은 물질층에서 일어나는 모든 것이 그 자체로 원인이 아니라는 의미입니다. 그것은 감정, 멘탈, 정체성층에 있는 원인으로 인한 결과입니다. 만일 여러분이 아주, 아주 기본적인 이 진실을 이해하지 못한다면, 중독을 설명할 수 없습니다.

중독되었을 때 일어나는 일은 순전히 육체적인 문제가 아닙니다. 어떤 것이 감정층에서, 다시 말해 감정체에서 생겨납니다. 그 사람의 의식적인 의지를 압도하는 것이 감정층에서 생겨납니다. 다시 말해,

누군가가 중독되었을 때, 그 사람의 감정체로부터 특정한 형태의 에너지 급증 현상(surge)이 발생해서 의식적인 마음속으로 흘러 들어가고, 이것이 그 사람을 압도합니다. 그것이 의식적인 마음을 채색하고 의식적인 의지를 무력화시킵니다. 그것이 의식적인 의지를 중단시키며, 그 사람은 이 감정적인 자극을 멈출 힘을 전혀 갖지 못하고, 그 자극에 따라 행동해야 합니다.

자, 물론 감정층은 인간 에너지 시스템에서 가장 높은 단계가 아닙니다. 멘탈 요소와 정체성층의 요소가 있기 때문입니다. 중독을 살펴보면, 중독은 누군가가 자신을 바라보는 방식과 자신을 어떤 종류의 존재로 바라보는가 하는 것에 따라 정체성층에서 시작되는 것을 알 수 있습니다. 그러고 나서 그것은, 그것이 세상과 어떻게 관련되는지, 무엇을 할 수 있는지, 그것이 할 수 있는 것과 할 수 없는 것이 무엇인지를 살펴보는 멘탈 단계의 요소를 가집니다. 그러면 이것은 감정체의 특정한 에너지를 만들기 위한 매트릭스를 설정하는데, 그 에너지가 물리층에서 의식적 마음을 압도할 수 있다고 말할 수 있습니다. 이것을 이해하지 못한다면, 여러분은 중독을 설명할 수 없습니다.

중독에 대한 에너지적 관점

다음으로 고려해야 할 단계는, 인간의 에너지장이 매우 복잡한 구조라는 사실입니다. 과학자들이 기꺼이 활용하고 그 결과를 해석할 의지만 있다면, 실제로 인간의 에너지장을 볼 수 있게 해주는 사용 가능한 기술이 이미 존재합니다. 만일 인간의 에너지장을 가시화할 수 있다면, (수천 년에 걸쳐 투시력을 가진 일부 사람이 볼 수 있었던 것과 같이) 인간의 에너지장 안에는 전통적으로 '차크라'라고 불려온 특정한 센터들이 있는 것을 볼 수 있을 것입니다. 이 센터들은 에너지가 흐를 수 있는 문들, 이른바 포탈(portal)이라고 말할 수 있습니다.

우리가 말했듯이, 정체성층에는 특정한 차크라들이 있습니다. 우리는 일곱 개의 주요 차크라에 초점을 맞추었지만, 실제로는 144개의 차크라가 있고, 정체성층에는 일곱 개의 주된 차크라가 있습니다. 정체성층에서는, 영적인 영역과 상승 마스터들 그리고 여러분의 아이앰 현존으로부터 흐르는 에너지가 이 차크라들을 통해 정체성체 속으로 흐를 수 있습니다. 그 어떤 것도 정체성층의 차크라들을 통해 영적인 영역으로 다시 흘러갈 수는 없습니다. 어떤 에너지도 그럴 수 없습니다. 왜냐하면, 에너지가 더 낮아서 영적인 영역으로 흐를 수 없기 때문입니다. 이제 빛은 차크라들을 통해 정체성층에서부터 흐를 수 있고, 그로부터 에너지가 멘탈층에 있는 차크라들 속으로 흐를 수 있습니다. 에너지는 멘탈층에서 그 차크라들을 통해 흐르지만, 에너지는 또한 멘탈층에서 정체성체로 반대 방향으로도 흐를 수 있습니다. 다시 말해, 정체성 수준에서 차크라들은 양방향으로 가는 포탈들입니다. 물론 감정층의 차크라들 역시 마찬가지로 양방향의 포탈들입니다. 그러므로 에너지는 감정층에 있는 차크라들을 통해 물질층에서 멘탈층으로, 그리고 다시 정체성층으로 흘러 올라갈 수 있습니다.

이렇게 해서 인간, 정확하게는 영적 존재인 의식하는 자아(Conscious You)가, 물질층의 경험에 영향을 받는 정체성층의 정체감을 가지는 것이 가능해집니다. 만일 여러분이 자기 자신과 자신의 에너지 시스템을 지휘하고 있다면, 여러분은 자신이 차크라들을 통해 다시 위로 흐르도록 허용하고 있는 것이 무엇인지를 의식적으로 인식할 것입니다. 그렇게 되면 여러분은 자신이 기꺼이 보려는 것 외에 물질층에서 일어나는 그 어떤 일도 여러분의 정체감을 재프로그래밍 하도록 허용하지 않게 될 것입니다. 물론 대다수 사람들, 분명히 지금 육화해 있는 대다수 사람은, 이것을 전혀 인식하지 못합니다. 영적인 여정 혹은 그리스도 신성 여정의 이상은, 여러분이 자신의 네 하위체와 차크라들에 대한 지휘권을 점차 되찾아, 차크라들을 통해 일어나는 역류를 지휘하게 되는 것입니다. 이상적으로는, 여러분이 차크라를 통해 역류하는 것이 전혀 없는 자기-통달의 지점에 이르는 것입니다. 영적인 영역으로부터 여러분의 차크라들을 거쳐 물질 우주의 네 수준에 이르는 한 방향의 에너지만 있을 뿐입니다. 그때에야 비로소 여러분은 영적으로 자급자족하는 독립적인 인간 혹은 존재가 됩니다.

이제 차크라들을 살펴보겠습니다. 우리는 여러분에게, 가장 하위의 차크라가 생식기를 중심으로 하고, 거기서부터 나머지 차크라들이 중간에 있는 가슴 차크라와 꼭대기의 크라운 차크라까지 수직으로 올라가는 모델을 제시했습니다. 중독을 설명하려면, 차크라를 살펴봐야 합니다. 그리고 성 중독을 설명하려면, 베이스 차크라 혹은 어머니 차크라(역주: 혹은 뿌리 차크라)가 생식기와 나란히 있고, 이곳을 통해 생명 에너지가 성기로 흘러가 성 에너지로 표현될 수 있다는 것을 알아야 합니다. 따라서, 어떤 사람이 섹스에 중독될 때 (그는 남녀 모두일 수 있습니다), 그때는 그 사람의 베이스 차크라에 어떤 일이 일어났기 때문입니다. 베이스 차크라에 어떤 장애와 불균형이 있는데, 이것은 그 사람의 성적 욕망이 자연스러운 범위 이상으로 증가했다는 의미입니다. 많은 경우, 이것은 베이스 차크라를 자연스러운 방향과는 반대되는 방향으로 회전하게 만듭니다. 이것이 베이스 차크라에 어떤 오염이 생기게 합니다. 자, 우리는 베이스 차크라가 순수의 백색 광선인

4광선에 해당하기 때문에 흰색이어야 한다는 모델을 여러분에게 주었습니다. (이것은 뉴에이지 영적 단체에서 많이 발견할 수 있는 모델들과는 다릅니다). 자연스러운 상태에서는 베이스 차크라가 흰색으로 보이고 흰색의 빛을 발산합니다. 하지만 과도하거나 불균형한 성욕과 성 에너지에 의해 오염이 되면, 매우 밝은 붉은 색으로 빛날 수 있습니다. 투시력을 가진 많은 사람에게 이렇게 보이는 이유는 오염된 베이스 차크라를 가진 사람들 대부분의 베이스 차크라가 붉은색으로 빛나고 있기 때문입니다. 어떤 이들은 이것이 자연스러운 상태라고 생각하지만, 사실은 그렇지가 않습니다.

개발된 도구들을 사용해서 보면 많은 사람이 붉은색의 베이스 차크라를 가지고 있는 것을 알 수 있습니다. 만일 보려고 한다면, 어떤 사람의 성욕이 커지면서 그의 베이스 차크라가 붉은색으로 맥동하기 시작하고, 이것이 의식적 수준에서 그 사람으로 하여금 억제할 수 없는 강렬한 성욕을 느끼게 할 수 있다는 것을 관찰할 수 있습니다. 이것은, 하려고만 한다면, 이미 사용할 수 있거나 빠르게 개발될 수 있는 기술을 활용해서 과학적으로 관찰할 수 있는 사실입니다. 물론 이것이 베이스 차크라가 붉은색으로 빛나는 이유를 충분히 설명하지는 못합니다. 그것은 "알코올 중독과 관련이 있을 수 있는 특정 유전자가 존재한다."라고 말하는 것과 같습니다. 유전자가 정말로 알코올 중독의 원인이 될까요? 붉게 빛나는 베이스 차크라는 섹스 중독의 원인이 아닙니다. 그것은 섹스 중독의 결과입니다.

섹스 중독의 진짜 원인

섹스 중독의 원인이 무엇일까요? 음, 우리는 이제 또다시 물질주의적 접근법으로는 어떤 것도 알 수 없는 지점에 도달했습니다. 인류가 반(半)-의식적 영체들(semi-conscious entities), 즉 의식적이긴 하지만 자기-인식적(self-aware)이지는 않은 영체들을, 시간이 흐르면서 집단으로 창조할 수 있다는 사실을 인식해야만 모든 중독을 이해할 수 있습니다. 이러한 영체들은 감정, 멘탈, 정체성층 모두에 존재합니다. 감정층에는 섹스와 관련돼 만들어진 집단 영체들이 있습니다. 사람들이 이런 영체들에게 취약해질 때, 이 집단 영체들은 그 사람의 에너지장을 침범할 수 있습니다. 예를 들면, 섹스 영체는 사람들의 베이스 차크라를 침범할 수 있습니다.

자, 여러분이 집단 영체에 대해 알아야 할 것은 그 영체들은 그것에게 에너지를 공급하는 인간 개개인에 의해 오랜 세월에 걸쳐 만들어진다는 사실입니다. 또, 아주 강력한 분노의 영체가 있습니다. 시간을 거슬러 올라가 보면, 그 영체는 분노하는 사람들에 의해 만들어졌습니다. 사람들이 분노의 에너지를 방사하고, 영체들이 그 에너지를 흡수하며, 그러면서 그 영체들은 더욱더 강력해집니다. 자, 섹스 영체는 순수한 성적 욕구에 때문에 만들어진 것이 아닙니다. 나중에 얘기할 테지만, 그것은 이 행성에서 아주 오랫동안 진행돼온 왜곡된 성적 욕구 때문에 만들어진 것입니다.

집단 영체가 특정한 강도, 즉 일정량의 축적된 에너지에 도달하면, 그것은 많은 사람의 에너지장과 차크라들을 압도할 수 있게 됩니다. 창조된 집단 영체는 엄청난 에너지 저장소(pool)를 가지고 있어서, 이런 에너지가 사람들 각 개인의 베이스 차크라로 직접 향하게 할 수 있습니다. 대부분의 사람은 이것에 대해 아무런 방어도 하지 못합니다. 그들은 이런 영체들이 존재하며, 자신의 차크라가 대단히 강력한 이런 에너지에 노출될 수 있다는 사실도 모릅니다. 사람들은 이런 일이 일어나고 있다는 사실조차 알지 못합니다. 설령 안다고 해도, 반드시 자신을 방어할 수 있는 것도 아닙니다. 그 이유는 나중에 얘기하겠습니다.

이 영체가 특정한 사람을 골라 그 사람의 베이스 차크라에 엄청난 에너지 폭발을 일으킬 수 있고, 그러면 이것이 베이스 차크라의 기능을 완전히 교란시키는 상황이 일어납니다. 이제 차크라는 반대 방향으로 회전하기 시작합니다. 베이스 차크라를 침범한 에너지 오염이, 마치 녹아내리는 용암처럼 붉게 달아오른 에너지 오염이 일어나기 시작합니다. 갑자기 그 사람의 성욕이 증폭되고, 그 사람은 아주 강렬한 섹스 충동을 느끼게 됩니다. 그가 이 에너지에 말려든다면 (이것은 섹스에 대한 환상이나 자위행위 혹은 성관계를 통해 일어날 수 있습니다), 그러면 그 사람은 당연히 베이스 차크라를 통해 에너지를 표현하고 있는 것입니다. 자, 여기서 볼 수 있듯이, 이 과정을 통해 표현된 에너지가, 영체가 그 사람의 베이스 차크라로 유도한 똑같은 그 에너지라면, 그러면 영체가 얻는 것은 아무것도 없습니다. 하지만 대부분의 사람은 자신의 아이앰 현존에게서 오는 일정한 에너지 흐름을 가지고 있습니다. 그들이 집단 영체로부터 비롯된 성적인 표현에 관여할 때, 그들 중 일부, 즉 생명 에너지 혹은 그들 자신의 에너지라고 할 수 있는 것이 이런 성행위를 통해 표현되고, 이 에너지가 영체를 먹여 살릴 수 있습니다.

다시 말하면, 영체가 자기 에너지 일부를 어떤 사람의 베이스 차크라로 보내지만, 그 사람이 이 에너지에 기반을 두고 행동을 하게 되면, (설령 단지 상상만 한다고 해도), 그 영체는 자신이 보낸 것보다 더 많은 에너지를 돌려받게 됩니다. 따라서, 영체는 말 그대로 그 사람의 생명 에너지를 훔쳐 빼돌리고 있는 것입니다. 영체는 스스로는 영적인 영역에서 에너지를 얻지 못합니다. 그래서 영체는 살아남기 위해, 스스로를 증식하기 위해, 영체가 흡수할 수 있는 낮은 진동, 두려움 기반의 진동으로 사람들이 에너지를 부적격화하도록 만들어야 합니다. 알다시피, 영체가 그 사람의 베이스 차크라로 에너지를 보낼 때, 베이스 차크라 안에 있는 에너지 일부가 외부에서 오는 에너지에 대한 반응 패턴, 간섭 패턴 속으로 들어간다고 할 수 있습니다. 이것은 베이스 차크라에 있는 에너지가 질이 더 낮은 성욕으로 진동이 낮춰져 표현된다는 의미이고, 그것은 영체가 흡수할 수 있는 에너지가 됩니다.

이때 그 사람에게는 무슨 일이 일어날까요? 음, 에너지가 고갈됩니다. 여러분은 에너지 고갈을 느낄 수 있습니다. 자, 시간이 흐르면서 자신의 아이앰 현존에게서 흘러오는 에너지로 그 손실된 에너지를 대체할 수는 있지만, (평소 여러분이 민감하고 이것을 알고 있다면), 아주 많은 사람이 섹스를 한 후 에너지 고갈을 느낄 수 있는 것을 알 수 있습니다. 비단 물리적인 에너지만이 아니라 더 깊은 층의 에너지 고갈도 느낍니다. 이것이 실제로 중독, 적어도 감정적 수준에서의 중독 배후에 있는 것입니다. 모든 중독에서 동일한 패턴을 볼 수 있습니다. 그것들은 다른 차크라와도 관련될 수 있지만, 여기서 나는 베이스 차크라와 관련된 섹스와 섹스 중독에 초점을 맞추고 있습니다. 이 집단 영체들은 감정층에 존재합니다. 우리는 앞에서 이 영체들이 제대로 발달되지 못한 형태의 의식을 가지고 있지만, 자기-인식은 하지 못한다고 얘기했습니다. 하나의 예로 동물을 들 수 있습니다. 동물은 의식이 있지만, 자기 인식을 하지는 못합니다. 소는 특정한 수준의 의식을 가지고 있지만, 스스로를 돌아보고서 자신의 행동을 바꾸겠다고 선택하지는 못합니다. 바로 그것이 인간이 할 수 있는 것이며, 인간에게 고유한 특성입니다. 우리는 이것을 자기의식(self-awareness), 혹은 영적인 불꽃(spiritual spark), 신성한 불꽃(divine spark)이라고 부릅니다.

한발 뒤로 물러나 스스로를 바라보고 자신의 행동을 바꾸겠다고 의식적으로 선택할 수 있게 해주는 것이 '의식하는 자아(Conscious You)'입니다. 이것은 또한 여러분이 중독에서 벗어날 수 있게 해주지만, 여러분이 기꺼이 뒤로 한 걸음 물러날 수 있고, 그래서 중독 행위들을 바라보고, 그것이 자신의 자유를 빼앗아가고 있음을 확인할 것을 요구합니다. 여러분은 자신이 이것을 원하지 않는다는 사실을 확인하고, 그것을 바꾸겠다고 결정을 내려야 합니다. 이것이 감정층에서의 중독을 정확하게 설명하는 것입니다. 물론 여러분은 이렇게 말할 수 있습니다. "음, 지구에 있는 모든 사람이 이 집단적인 섹스 영체에게 압도당할 수 있다는 건가요?" 대답은 '아니오'입니다. 내가 말했듯이, 이 행성의 남성 90%가 섹스 영체에게 압도되어 왔고, 성에 중독되어 있지만, 섹스에 중독되지 않은 남성이 있고, 또한 섹스에 중독되지 않은 더 많은 여성이 있습니다.

(이 집단 영체가 아주 아주 강력한데도) 일부 사람들이 섹스 영체에게 압도되지 않는 이유가 무엇일까요? 음, 왜냐하면, 그들은 저급한 섹스 에너지가 자신들의 베이스 차크라로 들어가도록 허용하지 않기 때문입니다. 왜 그들은 저급한 에너지를 허용하지 않는 것일까요? 자, 그들은 멘탈층에 약간의 자각과 이해가 있고, 정체성층에서는 감정적

인 에너지가 자신의 베이스 차크라로 들어가는 것을 막는 정체감이 있기 때문입니다. 감정층의 섹스 영체가 어떤 사람의 베이스 차크라에 침범하려면, 어떤 틈이 있어야 합니다. 이 말은 그 사람의 베이스 차크라에 영체가 사용할 수 있는 낮은 에너지가 있어야 한다는 의미입니다. 베이스 차크라의 그 에너지는 어디서 오는 것일까요? 예, 그것은 멘탈층에서 옵니다. 그 사람은 멘탈층에 섹스와 성관계에 관한 특정한 믿음과 이해를 가지고 있습니다. 정체성층에서 그는 자신을 특정한 방식으로 보며, 어쩌면 그 사람은 자신을 성적인 존재로 느낍니다. 멘탈층에서는 남성이라면 성적으로 왕성해야 하며, 성적으로 활발한 것이 좋은 것이며, 어떤 방식으로든 자신의 성욕을 만족시키는 것은 괜찮다고 느낍니다.

섹스에 대한 사람들의 태도

이제 우리는 감정층에 이런 섹스 영체가 있다고 말할 수 있지만, 그것만으로는 성중독 현상을 전체적으로 설명할 수 없습니다. 왜냐하면, 멘탈층 또한 살펴보고, 사람들이 섹스에 대해 가지고 있는 믿음과 태도를 살펴봐야 하기 때문입니다. 이것을 살펴보면, 다양한 사고 체계의 영향을 알 수 있습니다. 가장 먼저 볼 수 있는 것은 당연히 그리스도교입니다. 그것은 우리가 오늘날 현대 민주주의라고 부르는 많은 사회에 영향을 끼쳤습니다. 섹스에 대한 그리스도교의 태도는 무엇인가요? 그리스도교에 의해 투사되어온 섹스에 대한 시각은 무엇인가요?

음, (적어도 아담과 이브의 추락을 가져온 것이 성욕이었다고 믿는 일부 그리스도교 교회에서) '금지된 과일'이 성욕과 관련된 것은 당연합니다. 우리가 이에 대한 가르침을 준 것처럼, 물론 이것은 사실과 다릅니다. 그러나 많은 크리스천이 그렇게 믿습니다. 일부 크리스천은 성행위에 관여한 것이 원죄였다고 믿습니다. 가톨릭교회가 형성된 이래 수 세기 동안, 일반 대중 사이에 섹스에 대한 이런 정신분열적이고 양면적인 감정이 공존하는 관점이 존재해 왔습니다. 무엇보다 먼저, 당연히 모든 사람에게는 성욕이 있는데, 그리스도교는 이것을 잘못된 것이거나 죄악이며, 그러므로 제한되어야 할 것으로 묘사해 왔습니다. 자, 현재의 현대 민주주의 사회의 많은 사람은 이것을 완전히 원시적이고 구시대적인 산물로 보고 있습니다.

여러분은 그리스도교의 제약에서 사람들을 해방하여, 사람들이 자신의 성생활을 탐구하고 즐기게 했던 '성 혁명'이란 것을 봐왔습니다. 이것을 그리스도교 훨씬 이전부터 감정층에 집단적인 섹스 영체가 있었다는 관점에서 바라보세요. 사람들을 섹스 영체에게 더 취약하게 하는 효과가 있는가? 아니면 덜 취약하게 하는가 하는 측면에서, 섹스에 대한 그리스도교 묘사가 끼친 영향은 무엇일까요? 사실 그것은 이중 효과, 즉 양면적 효과를 가졌습니다. 많은 사람이 그리스도교의 가르침을 이용해 자신들의 성 활동을 강제로 억누르려고 합니다. 어떤 사람들은 자신의 성욕을 감정층에서 억지로 억누르려 하거나, 멘탈층에서 섹스가 괜찮다거나 자연스러운 것이라는 믿음 일체를 억누르려고 합니다. 그리스도교는 성욕과 성 에너지에 대한 상당한 억압을 초래했고, 이것이 많은 사람의 베이스 차크라에 압력을 만들었습니다. 이것은 많은 사람이 자신의 성 충동을 억누르게 만들었지만, 성 충동에 대한 강제적인 억압은 에너지가 계속 축적된다는 것을 의미할 뿐입니다.

결국, 이 사람들은 섹스 영체에 취약하게 됩니다. 그들은 성적 욕망에 굴복하게 되어 섹스를 하게 될 것이고, 섹스를 한 후에는 아주 나쁜 감정을 느낄 것이며, 이것이 실제로 그리스도교에 특화된 또 다른 집단 영체를 만들었습니다. 다른 종교에도 역시 성행위를 하는 것에 대해 죄책감이나 수치심을 느끼게 하는 이런 억압적인 섹스 영체가 존재합니다.

지금 내가 그리스도교가 긍정적인 영향을 끼쳤다고 말할 의도는 전혀 없지만, 이런 그리스도교적인 환경에서 성장한 상당수의 사람이 성욕을 그렇게 강제적으로 억누르지 않고, 심지어 멘탈층에서도 영체들에게 굴복하지 않도록 가르침을 이용하며, 자신의 베이스 차크라에 에너지가 축적되는 것을 허용하지 않았습니다. 이런 사람들은 감정층에 있는 섹스 집단 영체에 대해 취약하지 않았고, 어떤 이들은 전혀 취약하지 않았습니다. 만일 현대 민주주의를 보고, 또 그리스도교의 영향력이 더 강력했던 100년 전이나 200년 전으로 돌아가 본다면, 섹스에 중독된 사람들이 그 당시에 더 적었음을 볼 수 있습니다. 예를 들면 강간을 통해 여성을 성적으로 학대한 사례가 더 적었습니다. 오늘날 성희롱이라 부르는, 여성들이 남성들로부터 아주 저급하고 비도덕적이며 음탕한 말에 시달리거나 원하지 않는 접촉을 당하는 경우가 훨씬 적었습니다. 전반적으로 중립적으로 본다면, 이런 그리스도교 환경에서는 여성에 대한 성희롱과 성적인 학대가 더 적었다고 말해야 합니다. 성적인 문제가 없었다는 것이 아니라, 더 적었다는 말입니다.

성 혁명은 여성들에게 유익한 것이었을까요?

섹스에 대한 그리스도교적 관점에 사회가 덜 지배 받게 되었을 때,

여성들이 성욕을 표현하는 데 자유롭게 되었다고 일부 사람들이 말하는 소위 성 혁명을 겪었을 때, 그때 무슨 일이 일어났나요? 음, 그때 남성들 또한 자유롭게 되었습니다. 그렇지요? 이때 실제로 일어난 일은 사람들이 갑자기 성욕을 표현할 자유를 느꼈기 때문에 성 중독이 증가한 것인데, 그런데 여러분이 실제로 본 것은 소위 성 혁명에 수반되는 것들입니다. 음, 여러분은 실제로 성 충동을 증대시키고자 하는 정말 많은 것들이 늘어나는 것을 보았습니다. 그것은 직접적인 포르노에서부터 더욱 만족스러운 성관계에 도움을 주는 온갖 종류의 장치들, 심지어 비아그라나 그 밖에 남성의 성 기능을 화학적으로 향상시키는 다른 수단들에 이르기까지 모든 것이 될 수 있습니다.

여러분은 여성들이 남성들에게 강간당할 수 있는 곳에서 거의 의식이 없는 수동적인 상태가 되게 하는, 강간 약으로 쓰이는 약물의 증가를 보았습니다. 심지어 그 여성들은 자신들이 강간당한 것도 모릅니다. 성매매도 증가했습니다. 인신매매도 증가했습니다. 꾀임을 당해 매춘을 하거나 팔려가는 여성들이 늘어나고 있고, 그들이 기꺼이 성매매를 하게 하려고, 그들은 마약이나 다른 종류의 중독을 강요당합니다. 현대 민주주의 사회의 성 혁명의 최종적인 결론은 섹스 중독의 증가입니다.

섹스 중독은 남성들이 성관계를 원하는지 아닌지를 선택할 수 없게 하기 때문에, 남성들의 자유를 빼앗아갑니다. 그들은 중독으로 인해 섹스해야 한다고 느끼지 않을 수가 없습니다. 이것이 무슨 일을 할까요? 음, (많은 심리학자가 더 점점 더 인식해 왔고 그들의 의식을 향상시켜 온 것처럼) 그것은 남성들이 여성을 성적 대상으로 보게 합니다. 다시 말하지만, 우리가 여기서 말할 수 있는 것은 매우 매우 분명합니다. 여성에 대한 성적 대상화의 진정한 원인, 적어도 직접적인 원인은 무엇일까요? 음, 그것은 남성들의 섹스 중독의 증가입니다.

남성이 섹스에 중독되지 않았다면, 여성을 성적 대상으로 바라볼까요? 대답은 '아니오'입니다. 그는 여성을 개인 혹은 인간 존재로 바라봅니다. 남성이 성적으로 중독되지 않았다면, 그는 어떤 상황에서든 특정한 여성과 섹스를 하고 싶어하지 않습니다. 섹스에 중독되지 않은 남성에게 섹스는 단지 육체적인 만족을 위한 행위가 아닙니다. 단지 감정적인 만족을 추구하는 것도 아닙니다. 그는 다른 에너지 극성을 가진 다른 인간과의 더욱 깊은 관계를 추구하고 있으며, 이로 인해 자신의 성적 혹은 에너지적인 극성을 균형 잡을 수 있습니다.

섹스에는 더 깊은 목적이 있습니다. 남성이 섹스에 중독되지 않았을 때, 그는 무엇보다도 여성과의 연결을 추구합니다. 사랑하는 이들이여, 대상(objects, 사물)과는 연결될 수 없습니다. 여러분은 다른 인간과 진정한 연결을 가질 수 있고, 여러분이 다른 사람을 인간 존재로 볼 때만 그런 연결이 가능합니다. 이 말은 여러분이 다른 사람들의 필요와 욕구에 민감하게 된다는 의미입니다. 여러분은 여성과의 더 깊은 연결을 위해 섹스를 강요하지 않을 것입니다. 왜냐하면, 힘이 개입되면, 연결이 사라져 버리기 때문입니다.

이제 여러분은 여성에 대한 성적 대상화의 직접적인 원인이 남성들의 섹스 중독임을 알 수 있습니다. 남성이 섹스에 중독되면, 중독 때문에 그들은 강요당합니다. 그들은 섹스를 원하는 것이 아닙니다. 그들은 중독으로 섹스를 하도록 강요되는 것입니다. 그렇기 때문에 단지 일시적 만족인, 그 육체적 혹은 감정적인 만족을 충족시킬 수 있는 대상을 찾고 있습니다. 남성으로서 여성과 좀 더 깊은 연결을 이룬다면, 그것은 멘탈층과 정체성층에서 일어납니다. 대부분의 남성에게 적어도 그것은 감정층과 물질층에서 일어나지 않습니다. 남성들이 중독되지 않았을 때, 그들의 베이스 차크라가 더 저급한 성 에너지에 의해 동요 받지 않을 때, 남성들은 여성과 보다 깊게 감정적인 연결을 가질 수 있습니다. 이것을 이해하지 못하고, 이것에 대해 다루지 않는 한, 여러분은 여성에 대한 성적 대상화(sexual objectification)를 극복하지 못할 것입니다.

여성에 대한 성적 대상화

현대 민주주의 사회를 보면, 그들 사회가 여성에게 권리를 주는 것에 대해 자랑스러워하는 것을 볼 수 있습니다. 맞습니다. 여성들은 더 많은 정치적 권리를 가지고, 더 많은 경제적 기회와 권리를 가지고 있습니다. 동시에 여성에 대한 성적 대상화도 증가했음을 볼 수 있는데, 이것은 여성에 대한 명백한 학대이고 명백한 폭력 행위입니다. 이들 현대 민주주의 사회에서 이것을 어떻게 설명할 수 있을까요? 다시 말하지만, 물질주의적인 패러다임으로는 이것을 설명할 수 없습니다. 그리스도교의 패러다임으로도 설명하지 못합니다. 이 패러다임들은 이들 사회에서 여성에 대한 학대가 증가하고 있는 것을 설명하는 데에는 쓸모가 없습니다.

이것을 정직하고 객관적으로 볼 의사가 있다면, 여러분은 그 추세를 살펴볼 수 있습니다. 강간, 포르노그래피, 여성들에 대한 성희롱에 대한 전반적인 통계를 낼 수도 있고, 그러면 추세가 분명하게 증가하고 있는 것을 확인할 수 있습니다. 이렇게 해서, 이것을 미래까지 추산해 보면, 현대 민주주의 사회들이 이 문제를 다루고 이에 대해 어떤 조치를 취하지 않는다면, 여성에 대한 성적 대상화 때문에, 지난 수백 년간 이루어진 여성의 정치적이고 경제적 해방이 모두 수포로 돌아가게 될 것임을 알 수 있습니다.

현대 민주주의 사회들이 갑자기 진상을 깨닫고 놀라서 이런 각성에 이르게 되는 것이 분명해지지 않나요? "이제 우리는 뭔가를 해야 하지만, 지금까지 해왔던 그리스도교 패러다임, 물질주의 패러다임으로는 이 문제들을 해결할 수 없다." 따라서 이런 패러다임들로는 문제를 해결할 수 없음을 추론해야 합니다. "문제를 해결하는 데 우리가 무력하다는 것을 분명히 말해야 하고, 성적 착취로부터 여성을 보호하는 데 우리가 무력함을 인정하거나, 아니면 다른 접근법을 찾아야 한다."

물론, 우리는 국가들이 공식적인 차원에서, 정부 차원에서 혹은 과학적인 차원에서 그렇게 하리라고 기대하지 않습니다. 분명히 일어날 수 있는 일은 상승 마스터 학생들인 여러분이 요청함으로써, 여기 다루어야 할 일이 있다는 것을 여성들이 자유롭게 알게 되는 것입니다. 이런 일이 왜 일어나는지를 설명할 수 있는 다른 방법을 찾아야 합니다. 물론 이것이 우리가 여러분에게 이런 가르침을 주는 이유입니다. 여러분에게 사회 전체를 바꿀 책임이 있다고 느끼게 하면서 여러분을 압도하려는 것이 아닙니다. 하지만 여러분은 이 과정이 시작될 수 있는 토대를 마련할 수 있도록 요청할 수 있습니다. 자, 더 깊은 이해를 주기 위해 계속 얘기를 하겠습니다.

여성은 남성에게 성적으로 매력적이어야 할까요?

성적 대상화를 통한 여성에 대한 성적 착취에는 명백히 감정 요소가 있습니다. 남성들이 섹스에 중독되어 있다는 것은 하나의 사실입니다. 섹스에 중독되었기 때문에 그들은 여성을 분명하게 성적으로 대상화하는 매춘부에게 가는 것입니다. 또한, 그들은 흔쾌히 여성들을 사물처럼 대상화한 포르노를 봅니다. 그들은 여성을 강간할 의사가 있는데, 분명히 이것 역시 여성에 대한 대상화입니다. 감정체가 섹스에 중독된 남성들이 90% 이상이고, 그들은 여성을 성적 대상 말고는 그 어떤 것으로도 보지 않습니다. 그들은 베이스 차크라의 불균형한 에너지에 심하게 압도되지 않는 시기를 가질 수도 있어. 여성에 대해 좀 더 명확하지 않은 미묘한 관점을 취할 수도 있지만, 그럼에도 불구하고 그들은 감정층에서 베이스 차크라에서 여성을 대상화합니다.

감정층의 에너지나 관점은 어디서 오는 것일까요? 우리가 말했듯이, 그것은 멘탈층에서 옵니다. 그렇다면, 멘탈층에는 무엇이 있나요? 여기에는 여성을 성적으로 대상화하는 것을 목적으로 삼는 다양한 활동이 있습니다. 멘탈층에서는 실제 철학이나 이데올로기가 아닌 다양한 개념과 생각들을 발견할 수 있고, 이런 개념 중 많은 것들이 널리 유포되어 있습니다. 가령, 광고 산업에서 볼 수 있듯이, 이를테면 도전적이고 노골적인 자세, 노출이 심한 옷, 메이크업, 특정한 표정, 남성들의 성욕을 자극하기 위한 특정한 움직임으로 여성들이 묘사되는 것을 볼 수 있습니다. 이것은 명백히 여성에 대한 성적 대상화입니다. 심지어는 여성은 남성에게 성적으로 매력적이어야 한다는 전반적인 개념도 있습니다. 이것이 실제로 철학은 아니지만, 분명히 세상에 널리 퍼져 있습니다. 여성은 매력적이어야 하고 성적 매력을 바탕으로 평가되어야 한다는 이런 신념이 남성과 여성 모두에게 받아들여지고 있습니다. 이것은 당연히 여성이 아름답게 보이는 방법에 대한 기준을 만들어온 전체 뷰티 산업과 관련이 있습니다. 그런 다음 이것들은 여성에게 투사됩니다. 멘탈층과 감정층에서 창조된 야수들은 여성들이 세속적인 미의 기준에 부합해야 한다고 투사하고 있습니다.

육화 중인 어떤 여성도 이런 미의 기준에 부합하지 못한다는 것을 여러분은 잘 알고 있습니다. 여러분은 이 모델 중 몇몇, 혹은 광고에 자주 나오는 여배우들을 선택할 수 있고, 이런 여성들을 매우 아름답게 보이게 하는 잡지 광고를 볼 수도 있습니다. 하지만 실제로 여성을 보면, 그들이 실제로는 그렇게까지 아름답지 않다는 것을 알 수 있습니다. 그것은 컴퓨터 소프트웨어가 사진을 조작할 수 있는 포토샵 효과 때문에 생긴 차이입니다. 카메라는 거짓말을 하지 않지만, 컴퓨터는 확실히 거짓말을 합니다. 여성들이 특정한 방식으로 보여야 하며 광고나 영화, TV 시리즈에 나오는 것처럼 옷을 입는 것이 지극히 정상적인 것으로 받아들여질 만하다는 믿음을 투사하고, 그것을 기반으로 삼는 전반적인 산업이 존재합니다. 여성들은 남성들에게 성적으로 매력적으로 보여야 하고, 남성의 성욕에 호소해야 합니다. 많은 사람 눈에는 이것이 여성에게 특정한 지위를 부여하는 것처럼 보입니다.

이제 정체성층으로 올라갈 수 있고, 정체성층에는 여성이 자신의 성적 매력에 근거해 스스로를 인식하게 하는 특정한 믿음이 떠돌아다니는 것을 볼 수 있습니다. 그들은 스스로를 남성에게 매력적이어야 하고, 심지어는 남성들에게 쓸모가 있어야 하는 성적인 존재로 생각합니다. 그로 인해 우월감을 느끼거나, 기분이 좋아지게 하는 특정한 자아상(self-image)을 가질 수 있기 때문입니다. 심지어 어떤 경우에는, 이런 자아상이 모든 남성이 자신과 섹스를 하고 싶어하게 만들 수 있다는 느낌을 줍니다. 그리고 남성이 섹스를 원할 때 그것을 거부함으로써, 어떤 왜곡된 힘의 감각을 얻게 됩니다. 여성들, 대체로는 여배우들의 역사에서 그런 예들을 볼 수 있습니다. 그들은 어떤 남성이라도 자신을 원하게 만들 수 있다는 정체감을 얻었고, 그것이 그 여성들에게 이런 힘의 감각을 주었습니다. 심지어는 이것을 이용해 정치적 지위와 영향력을 얻은 예도 있습니다. 여러분은 여성은 이러해야 하고, 이런 생각에 부응해서 살아야 한다고 투사하는 정체성을 정체성층에 만들었습니다. 일부 여성 해방 운동에서조차, 남성 지배 사회에서 여성이 권력을 얻으려면 수단과 방법을 가리지 말아야 한다고 믿는 이들도 있습니다. 만일 그렇다면 섹스가 통하는데, 이를 이용하지 말란 법이 있을까요?

여성들 사이에서조차, 여성의 대상화를 불러온 멘탈층과 정체성층의 개념과 믿음들이 받아들여집니다. 남성 지배 사회에서 영향력을 얻기 위해 스스로를 성적으로 대상화한 여성들이 있습니다. 이 모든 것의 결과는, 정체성층에서 시작되는, 여성의 대상화가 존재한다는 것입니다. 만약 여러분이 자신의 특정한 사회와 문화에서 규정된 미의 기준, 이것은 매우 일시적이고 인위적입니다. 이런 기준에 맞춰 여성이 아름다워야 한다고 믿는다면, 그러면 여러분은 이미 정체성층에서 여성을 성적으로 대상화하고 있는 것입니다. 여러분은 여성이 어떤 미의 기준에 부합해야 한다고 말하고 있는 것입니다.

여성의 외모를 통제하는 산업

이것의 문제점이 무엇일까요? 음, 여성이 자신의 신체적 외모를 통제하고 있을까요? 물리적인 외모를 통제할 수 있다고 여성들에게 투사하는 전반적인 산업이 있습니다. 대다수의 여성이 알고 있듯이, 이용할 수 있는 수단들로 외모를 향상시킬 수 있는 수준에는 한계가 있습니다. 왜냐하면, 유전적으로 물려받은 것을 바꿀 수 없기 때문입니다. 여기서 여러분은 이런 산업이 하는 일이 여성의 대상화임을 알게 됩니다.

그것은 이미지를 만듭니다. 이미지는 대상(object)입니다. 그런 산업은 이 이미지를 모든 여성에게 투사하고, 여러분이 그 이미지에 부합하기 위해 애써야 하며, 그렇지 못하면 이에 대해 안좋게 느껴야 한다고 여성들에게 투사합니다. 그것은 또한 여성들이 남성에게 매력적으로 보이게 해주는 이미지에 부합해 살아야 한다고 여성들에게 투사합니다. 여성으로서 여러분은 이 그 이미지에 온전히 부응할 수 없음을 압니다. 그런데 이것의 심리적 효과는 무엇일까요? 그것은, "그래도, 나는 남자들이 내게 접근하게 만들어야 해"입니다. 많은 남성이 접근하는 것은 아니지만, 갑자기 그런 남성이 나타납니다. 기회를 놓치지 않으려면, 이에 굴복해야 합니다. 이 남성이 어떤 사람인지 살펴볼 필요가 없습니다. 그가 정말로 내가 사귀고 싶은 타입인가? 아닙니다! 하지만 나는 내가 부합해야 한다고 믿는 이런 이미지에 부응한다는 환영을 얻기 위해, 그의 접근에 굴복할 수밖에 없다고 느낍니다.

그런 이유로 수많은 여성이 학대받는 관계로 빠지게 됩니다. 그들은 이것을 미리 내다보지 못하는데, 왜냐하면, 그것을 보지 않기 때문입니다. 그들은 여성들에게 투사되는 이 이미지에 너무나 떠밀려서, 자신들에게 접근하는 첫 번째 남자를 아무런 평가 없이 받아들입니다. 이런 평가도 하지 않은 채 말입니다. "이 사람이 내가 사귀고 싶은 유형의 남자인가? 이 사람이 내가 성관계를 가지고 싶은 남성인가? 이 남자가 내가 오랫동안 사귀고 싶은 사람인가? 이 사람이 내가 함께 가정을 꾸리고, 어쩌면 여생을 함께 보내고 싶은 남자인가?" 여성들은 관계에 대해 좋은 결정을 내릴 수 없는 위치에 놓여 있습니다.

물론, 더 넓은 차원에서 보면, 여성들은 남성들의 성적인 공격을 계속 받는 위치에 놓여 있습니다. 많은 경우, 적어도 전반적인 차원에서 그렇지는 않지만, 여성들은 그 공격에서 스스로를 방어할 수 없다고 느낍니다. 심지어 일부 현대 민주주의 사회 상황을 살펴봐도, 여성들은 남성들로부터 이런 성적인 희롱과 착취, 공격적인 접근을 저지하는 데 자신들이 갈수록 더 무력해지고 있다고 느낍니다. 다른 한편으로 그들은 남성에게 성적으로 매력적이어야 한다는 생각을 가지고 있기 때문에, 이것을 어떻게 다루어야 할지를 모릅니다. 또 다른 한편으로는, 그들은 남성들의 이 저급하고 야비한 말투나 접근을 원하지 않는다는 것을 매우 분명하게 경험하지만, 이 두 가지 욕구를 어떻게 균형 잡아야 하는지 알지 못합니다. 그들은 "그만"이라고 말하는 방법을 알지 못하고, 사회 또한 멈추라고 말하는 방법을 모릅니다. 그래서 이런 판단이 언덕 아래로 굴러가는 눈덩이처럼 점점 불어나는 힘을 가지게 됩니다. 사회 안의 누구도 이렇게 말하지 않았습니다. "이제 멈춰야 해. 이것은 너무 심하다."

남성과 여성의 원형

자, 나는 이미 여러분에게 압도적인, 적어도 상승 마스터 학생이 아닌 이들에게는 압도적일 수 있는 메시지를 주었지만, 할 이야기가 더 있으므로 여기서 멈추지 않겠습니다. 다른 마스터들께서 이미 타락한 존재들에 대해 말했고, 그들이 이 행성에 온 초기에, 그들이 어떻게 남성을 우월한 성으로, 여성을 열등한 성으로 만들기로 결정했는지에 대해 얘기했습니다. 남성과 여성들을 이렇게 조종하는 과정에서 그들은 당연히 성욕을 이용했습니다. 그들은 남성의 성욕을 조종하고, 인위적으로 부풀리며, 남성은 가능한 한 많은 여성과 섹스를 하는 성적인 정복자가 되어야 한다고 투사하는 개념들과 철학, 심지어는 종교까지 내놓기 위해 그들이 할 수 있는 모든 것을 했습니다. 이것이 그들이 저 밖으로 투사한 것들입니다.

분명 모든 남성이 여기에 취약한 것은 아니지만, 아주 많은 남성이 역사 내내 이런 투사에 취약했습니다. 여러분은 성적 정복자인 강력하고 사내다운 남자라는 남성 원형(archetype)을 압니다. 이 원형은 그가 접근하면 어떤 여성도 굴복하게 할 수 있고, 자신과 섹스를 하고 싶게 만들 수 있습니다. 왜냐하면, 그는 우두머리 수컷(alpha male)이며, 여성들은 자신의 아이를 낳고 싶어하는 사람이기 때문입니다. 이것이 세간에서 묘사되는 남성의 원형입니다. 이것은 완벽하게 거짓이고, 완벽하게 인위적으로 만들어진 것이며, 오로지 남성과 여성을 조종하기 위한 것입니다.

이것은 또한 여성은 남성의 성적인 접근을 수동적으로 받아들여야 한다는, 여성에 대한 원형을 투사합니다. 그녀는 자녀들을 낳아서 종족을 퍼트려야 하므로, 인간 종족이 이어지게 하려면 이런 접근을 받아들여야 합니다. 이것들은 아주 교묘한 개념들로, 그리스도교에서도 찾아볼 수 있으며, 섹스에 대한 것만큼이나 억압적입니다. 아직도 많은 그리스도인 사이에서 이런 개념들을 찾아볼 수 있습니다. 이런 투사는 타락한 존재들에게서 옵니다. 여기서 내가 말하고 싶은 것은 정확히 이것입니다. 거기에는 어떤 진실도 없다는 것입니다. 거기에는 어떤 영적인 진실도 없습니다. 거기에는 물리적이고, 진화론적인 진실조차 없습니다. 그것만큼이나 불완전한 진화론을 살펴본다 하더라도 말입니다.

  동물들을 보세요. 그들이 일 년 내내 항상 섹스를 하나요? 아닙니다. 모든 동물에게는 성적으로 활발한 일정 기간이 있습니다. 이때 수컷은 성적으로 활발해지고, 암컷은 이에 수용적이지만, 일단 암컷이 임신을 하면 수컷의 성욕은 사라집니다. 장담하건대 수컷 사자는 성적인 환상을 지닌 채 일 년 내내 돌아다니지 않습니다. 수컷 사자의 몸에 특정한 호르몬들이 생기면, 그 사자는 성적으로 활발해져서, 역시 호르몬이 활성화되어 수용적으로 된 암컷 사자를 찾아 나서는 것입니다. 암컷이 임신하고 발정기가 끝나면, 수컷 사자는 어떤 성욕이나 환상을 더 이상 가지지 않습니다. 그것은 그냥 사라집니다. 이제 그 사자는 일상적으로 집중하던 것, 주로 먹고 자는 것에 집중합니다. 이것은 일부 남자들과 비슷하긴 하지만, 하지만 요점을 벗어난 말입니다.

  진화 과정을 살펴볼 때, 동물들은 오직 새끼를 낳으려는 목적으로만 성적으로 활발해지고, 그 나머지 동안은 섹스가 그들 마음에 들어가지도 않습니다. 그런데 왜 인간은 그러지 않는 것일까요? 음, 인간을 생물학적인 동물로 본다면 인간도 그런 식이어야 합니다. 그러니 우선 인간은 생물학적 동물이 될 수 없습니다. 인간이 생물학적 동물이라면, 그들 역시 섹스에 대해 다른 동물과 동일한 접근법을 가져야 하기 때문입니다. 명백히 인간은 그렇지 않으므로, 인간은 생물학적 동물 이상임이 분명합니다. 이 말은 인간이 생물학적 욕구에 의해서만 추동되는 것이 아니라면, 인간의 성적인 활동은 전적으로 생물학적 활동이 아니라는 의미입니다. 그렇다면 그것은 무엇에 의해 추동

될까요? 음, 심리 안에 있는 무언가에 의해서입니다. 그리고 그것은 내가 준 가르침, 즉 사람들이 조종될 수 있고, 성욕이 인위적으로 가속되고 증식될 수 있어서, 성욕이 사람들의 행동을 통제하고, 인간의 고유한 측면인 자유로운 의식적 의지를 박탈할 수 있는 지점에 이를 수 있다는 가르침으로 이어집니다.

혼란을 일으키기 위해 사람들을 조종하는 것

이것은 인간에게 고유한 것입니다. 그것은 자유의지입니다. 그것은 여러분의 행동과 느낌, 정신적 믿음과 정체감에 관해 결정을 내릴 수 있는 여러분의 의식적인 의지입니다. 만약 여러분이 그것을 가지고 있지 않다면, 여러분은 진실로 인간이 아니며, 인간 존재가 가진 잠재력에 부합하지 못하는 것입니다. 그렇다고 동물도 아니고, 그러므로 여러분은 인간과 동물 사이에 있는 뭔가일 것입니다. 어떤 의미에서, 여러분은 기계화된 창조물이거나 혹은 좀 더 의식적인 동물이겠지만, 여전히 자기-인식을 하지 못하고, 충분히 자신을 의식하지 못합니다.

물론 이것은 타락한 존재들이 있다는 사실을 알 때만 이해될 수 있습니다. 그들은 나머지 인류를 조종하려고만 하는, 자기중심적인 나르시시스트들입니다. 여러분은 그들이 물질층에만 육화해 있는 것이 아니라 다른 세 영역에도 존재하며, 인간들을 조종하려는 아주 복잡한 의도(agenda)가 있음을 정말로 이해해야 합니다. 이것이 인간에 대한 모든 형태의 조종 배후에 있는 것, 특히 섹스와 남녀 간의 성적 긴장을 이용해 왔던 그들 방식의 배후에 있는 것입니다. 부분적으로는 사람들을 통제하기 위해, 또 다른 부분적 이유로는 단지 혼돈과 갈등을 일으키기 위해, 타락한 존재들은 그런 긴장감을 부풀려왔습니다.

현대 민주주의 사회에서 여성들에 대한 성적인 착취와 희롱 등이 증가하는 배후에 반드시 서사적 의도가 존재하는 것은 아니지만, 그것을 이용해 그저 혼돈을 일으키려는 타락한 존재들이 있다는 사실을 알아야 합니다. 그들은 현대 민주주의가 출현하는 것을 원하지 않았습니다. 독재, 광신, 엘리트주의에 관한 책에서 얘기했다시피, 그들은 더 독재적인 형태의 정부를 선호했습니다. 그들은 민주주의에 분노하고 있으며, 이런 사회들을 무너뜨릴 혼돈과 무질서를 창조하기 위해 그들이 이용할 수 있는 모든 것을 이용하고 있습니다. 이것 배후에 합리적이거나 논리적인 의도는 없지만, 아주 파괴적인 의도가 있습니다.

이것이 바로 여성들이 인식해야 하는 것입니다. 여성들은 자신들이 성적 대상이 되도록 허용해야 한다는 것에는 합리적이고 생물학적인, 영적인 이유가 전혀 없다는 사실을 알아야 합니다. 그것은 명백히 파괴적인 운동이며 파괴적인 구동력(驅動力)입니다. 여러분은 이것을 인식해야 하고 이것에 저항해야 합니다. 여성들이 일어나서 말해야 합니다. "이제 그만! 우리가 성적인 대상이 되는 것에 이제 진절머리가 난다. 우리는 더 이상 이것을 용납하지 않겠다." 이것을 돌파하려면 아주 단호한 노력이 요구될 것입니다. 이 구술이 길었음에도 나는 여전히 말하고 싶은 것이 있습니다. 이 현대 민주주의 사회에서 이것을 변화시키는 것이 왜 이렇게 어려운지에 대해 나는 아직도 하고 싶은 말이 있습니다.

'권력자'의 원형

자, 많은 나라에서, (특히 미국의 정치인들과 워싱턴 D.C.를 보면),

성 추문이 많이 있었음을 여러분도 알 것입니다. 심지어 미국 대통령들도 비서나 인턴들, 그들을 뭐라고 부르건 그들과 다양한 혼외정사를 가졌습니다. 많은 국회의원과 상원의원들은 워싱턴 D.C.에 정부(情婦)를 두고 있고, 그들이 사는 곳마다, 그 지역이나 주(州)의 커다란 집에는 트로피 와이프(역주: 능력과 재력을 갖춘 남성이 얻은 젊고 아름다운 아내)가 있습니다. 여기에서 일어난 일은, 전 세계를 통틀어서, 실제로 기록되거나 발표된 적이 없는 방식으로, 이런 집단 영체들에게 매여 있거나 그 집단 영체들에 의해 움직이는 사고방식이 출현했다는 것입니다.

이것은 정체성 수준에서 시작되어 멘탈층, 심지어 감정층까지 스며들며 내려온 사고방식입니다. 그것은 권력자, 리드할 수 있는 남성에 관해 만들어진 원형과 관련이 있습니다. 이것은 아주 복잡한 원형이지만 그것 가운데 한 가지 요소는, 이렇게 강력한 남성은 성적으로 왕성해야 한다는 것입니다. 이것이 반드시 최대한 많은 여성과 자야 한다는 것은 아니지만, 그의 성적인 활동이 단지 한 여성에게만 국한되어서는 안되므로, 그가 정부를 갖는 것이 완벽하게 허용된다는 것입니다. 자, 물론 많은 남성이 자신의 아내를 대상화했습니다. 분명히, 어떤 남성에게 정부가 있다면, 그는 명백히 자신의 아내와 정부 모두를 성적으로 대상화한 것입니다. 다른 방법이 있을 수 없습니다. 지도자인 이 강력한 남자의 남성 원형을 살펴보면, 그가 실제로 이런 원형적인 마음에서 여성을 대상화한 것을 알 수 있습니다. 여성은 남성의 성적 욕망을 만족시키기 위한, 남성들의 성적 착취를 위한 '대상'일 뿐입니다.

내가 여기서 말하는 것은 다음과 같습니다. 사회를 보면 대부분의 정치인, 대중 매체의 대다수 사람, 많은 과학자, 많은 배우, 작가들, 즉 세상에서 가장 영향력 있는 사람 대부분이 남성 리더, 중요한 남성, 강력한 남성에 대한 이러한 원형을 받아들이고 있다는 것입니다. 그들은 심지어는 정체성층에서도 이것을 믿고 있고 받아들이고 있습니다. 그들 모두 어떤 형태로든 이것을 믿습니다.

이 남성 원형의 한 측면은 여성의 대상화, 여성에 대한 성적인 대상화입니다. 여성들이 정치적, 경제적 자유와 평등을 어느 정도 획득한 민주 사회에서도 직면하는 도전은, 여성에 대한 성적 대상화를 변화시키려면 의사결정권자들이 이에 동의하도록 해야 한다는 사실인데, 의사결정권자 대부분은 남성들입니다. 그들은 여성을 대상화하려는 남성 원형에 장악당해 마음이 흐릿해 있는데, 어떻게 해야 그들이 동의하게 만들 수 있을까요? 정부(情婦)를 가진 국회의원이나 상원의원에게 여성의 대상화에 반대하는 입법에 동의하게 하거나, 심지어 그 입법을 추진하게 하려면 여러분은 어떻게 하겠습니까? 음, 때에 따라서 여러분은 이것에 동의하도록 그들을 강요하거나 압박을 가할 수 있습니다. 하지만 이것은 힘든 싸움이고, 그것을 막기 위해서는 상당한 투쟁이 있어야 할 것입니다.

당연히, 이 과정을 겪을 수 있고 이 과정을 촉진할 수 있는 여성들이 육화해 있습니다. 상승 마스터 학생들인 여러분이 자신을 그 가운데 하나라고 반드시 생각해야 한다는 것이 아닙니다. 지금 내가 만일 그것이 자신의 신성한 계획에 있다면, 하지 말라고 말하는 것도 아닙니다. 그러나 나는 여러분, 상승 마스터 학생들인 남성과 여성 여러분 모두에게 이것에 대해 요청하기를 요청합니다. 우리가 내려준 기원문들을 활용하세요. 디크리들을 활용하세요. 그 주제들이 여러분에게 개인적으로 연관된다면 그 문제들을 들여다보고, 여러분이 얻게 되는 이해에 기초하여 요청하세요. 어쩌면 여러분은 다른 여성들과 남성들이 이 주제와 이 문제들을 인식하게 만드는 역할을 할 수도 있습니다.

다시 말하지만, 컨퍼런스를 할 때마다 우리는 여러분에게 많은 가르침을 주고 있고, 이것이 압도적으로 여겨질 수 있음을 잘 알고 있습니다. 전에도 우리가 말했듯이, 여러분은 우리가 말하는 모든 것에 대해 행동할 필요가 없습니다. 개인적으로 끌리는 것을 찾아서 그 주제에 집중하고, 그것에 대해 요청하세요. 여러분이 여성이고 상승 마스터 학생이라면, 이 컨퍼런스에서 개인적으로 끌리는 무언가가 분명 있을 것이므로, 그것에 집중하세요. 또한, 압도되지 말고, 한 분야에 집중하면서, 다른 여성들이 행동을 취하는 데 자유로워질 수 있도록 요청을 한다면, 여러분이 엄청난 영향을 미칠 수 있음을 깨달으세요. 그러면 다가오는 10년 안에 사회에 수많은 변화가 있을 것이고, 인식이 높아질 것입니다. 이전에는 한 번도 공개적으로 말해진 적이 없는 주제들에 대해 갑자기 공개적으로 말하기 시작하는 여성들이 있을 것입니다. 여기에 응답하는 남성들도 있을 것입니다. 불현듯 새로운 운동과 새로운 여성 해방 운동이 일어날 수 있습니다. 그것은 훨씬 더 깊게 진행되어 정치적 자유와 경제적 자유 그 이상을 요구하고, 평등 이상을 요구하며, 심리적 자유 또한 요구할 것입니다.

왜냐하면, 실제로 여성이 성적 대상이 되면, 어떤 일이 일어날까요? 음, 만약 그녀가 이것을 받아들이면, 그녀의 심리적 자유가 박탈됩니다. 성적으로 중독되어 여성을 대상화하고 싶어하는 남성에게 어떤 일이 일어날까요? 예, 그의 심리적 자유 역시 박탈됩니다. 당연히 우리는 여성의 심리적 해방만이 아니라 남성의 해방 또한 추구합니다.

우리는 이 시기를, 심리적 차원에서 여성들이 사회의 해방을 이끌어 내는 추동력이 되고, 심리적 자유를 목표로 하는 새로운 사회 혁명을 창조하는 역사적인 기회로 보고 있습니다.

 이로써 사랑하는 이들이여, 나는 여러분의 집중에 대해, 그리고 이 긴 담화를 기꺼이 견디며 여러분의 차크라가 방송국으로 활용되는 것을 허용해 준 것에 대해 무한한 고마움을 느낍니다. 그러므로 나는 4 광선의 가속하는 힘에, 영원히 가속하는 기쁨 안에 여러분을 봉인합니다. 나는 아스트레아입니다.

.

28
성적인 착취에서 여성들을 해방하기-1 (기원)

I AM THAT I AM, 예수 그리스도의 이름으로, 나는 지구에 육화한 존재로서 가진 내 권한을 사용하여 엘로힘 아스트레아께 이 기원을 증폭해 달라고 요청합니다. 내 차크라들을 통해 이 기원문의 내용을 집단의식으로 방출하시어, 여성과 남성 모두가 타락한 존재들의 심리적, 영적 속박에서 자유로워지도록 의식을 일깨워 주소서. 우리는 영적인 존재들이며 상승 마스터들과 함께 일함으로써 새로운 미래를 공동창조할 수 있다는 진실(reality)을 일깨워 주소서. 나는 특히 이것을 요청합니다…
(여기에 개인적인 요청을 추가하세요)

파트 1

1. 아스트레아시여, 사람들을 일깨워 이 행성의 남성 90% 이상이 섹스에 중독되었음을 알게 하소서.

아스트레아여, 사랑이 가득한 백색의 존재시여,
당신의 현존은 나의 순수한 기쁨입니다.

당신은 백청색의 원과 검으로,
아스트랄계를 갈라버립니다.

**아스트레아여, 가속해 오소서.
나를 순수함으로 진동하게 하소서.
빛나는 백청색의 불꽃을 방출하시어,
내 오라를 진동하는 빛으로 채워 주소서.**

2. 아스트레아시여, 사람들을 일깨워 현대 민주주의 국가들이 상당한 진보를 이루었지만 어떤 문제들은 가속화되고 있으며, 이런 문제 중 하나가 중독임을 알게 하소서.

아스트레아여, 격렬한 폭풍을 잠재우시고,
순수함이 표준이 되게 하소서.
기사의 빛나는 갑옷처럼,
나의 오라는 백청색 빛으로 채워집니다.

**아스트레아여, 가속해 오소서.
나를 순수함으로 진동하게 하소서.
빛나는 백청색의 불꽃을 방출하시어,
내 오라를 진동하는 빛으로 채워 주소서.**

3. 아스트레아시여, 사람들을 일깨워 이들 사회가 다른 분야에서는 그렇게 많은 진보를 이루었음에도, 중독이 증가하고 있는 이유에 대해 의문을 제기해야 함을 알게 하소서.

아스트레아여, 모든 구속하는 영체를 차단하시고,
나를 자유롭게 하소서.
아스트랄 세력 모두를 결박하여,
내가 반드시 진정한 자유를 찾게 하소서.

아스트레아여, 가속해 오소서.
나를 순수함으로 진동하게 하소서.
빛나는 백청색의 불꽃을 방출하시어,
내 오라를 진동하는 빛으로 채워 주소서.

4. 아스트레아시여, 사람들을 일깨워 지난 100년간 사람들이 정치적, 경제적으로는 더 자유로워졌지만, 중독은 사람들을 자유롭게 하지 않음을 알게 하소서. 중독은 사람들의 자유를 앗아갑니다.

아스트레아여, 진지하게 촉구드립니다.
모든 데몬을 몰아내고 나를 정결하게 하소서.
그들을 모두 소멸하고 나를 더 높이 올려 주소서.
나는 정화하는 당신의 불꽃을 견뎌내겠습니다.

아스트레아여, 가속해 오소서.
나를 순수함으로 진동하게 하소서.
빛나는 백청색의 불꽃을 방출하시어,
내 오라를 진동하는 빛으로 채워 주소서.

5. 아스트레아시여, 사람들을 일깨워 많은 사회에서 사람들의 정치적 경제적 자유가 향상되었지만, 동시에 사람들의 심리적 자유는 감소했으며, 어떤 면에서는 육체적 자유마저 감소했다는 사실을 알게 하소서. 왜냐하면, 중독은 사람들의 자유를 빼앗기 때문입니다.

아스트레아여, 모든 영체를 결박하시어,
더 이상 내 눈이 멀지 않도록 하소서.
그 영체와 그의 트윈을 직시하면서,
나는 그리스도의 승리를 얻습니다.

아스트레아여, 가속해 오소서.

나를 순수함으로 진동하게 하소서.
빛나는 백청색의 불꽃을 방출하시어,
내 오라를 진동하는 빛으로 채워 주소서.

6. 아스트레아시여, 사람들을 일깨워 만일 우리가 과학이 주장해온 것과 같이 모든 것에 대해 물질주의적인 설명을 하려고 한다면, 중독에 대해 설명할 수 없음을 알게 하소서.

아스트레아여, 죽음과 지옥의 에너지로부터,
나의 모든 세포를 정화해 주소서.
내 몸은 이제 자유롭게 성장하고,
각 세포는 내면의 빛을 발산합니다.

아스트레아여, 가속해 오소서.
나를 순수함으로 진동하게 하소서.
빛나는 백청색의 불꽃을 방출하시어,
내 오라를 진동하는 빛으로 채워 주소서.

7. 아스트레아시여, 사람들을 일깨워 물질주의적인 접근을 통해서는 결코 중독을 설명할 수 없고, 중독으로부터 자유로워지도록 사람들을 도울 수도 없다는 사실을 알게 하소서.

아스트레아여, 나의 감수성을 맑게 하소서.
순수함 안에서 나는 평화를 발견합니다.
당신이 방출하는 고양된 느낌과,
완전한 평화 안에서 나는 공동창조를 합니다.

아스트레아여, 가속해 오소서.
나를 순수함으로 진동하게 하소서.
빛나는 백청색의 불꽃을 방출하시어,

내 오라를 진동하는 빛으로 채워 주소서.

8. 아스트레아시여, 사람들을 일깨워 우리가 순전히 물질주의적 관점에서 몸을 분석할 수는 있지만, 미시적 요소를 통해서는 결코 거시적 현상을 설명할 수 없음을 알게 하소서.

아스트레아여, 나의 멘탈층을 정화하시고,
내 그리스도 자아가 항상 지휘하게 하소서.
모두의 지고 선을 위한 매트릭스가,
어떻게 구현되는지 나는 이제 압니다.

**아스트레아여, 가속해 오소서.
나를 순수함으로 진동하게 하소서.
빛나는 백청색의 불꽃을 방출하시어,
내 오라를 진동하는 빛으로 채워 주소서.**

9. 아스트레아시여, 사람들을 일깨워 인간은 세포, 분자, 원자, 아원자 입자들의 집합체가 아니라는 사실을 알게 하소서. 인간은 부분들의 집합 그 이상입니다. 전체는 부분들의 합보다 더 큰데, 그 이유는 인간은 '존재(being)'이기 때문입니다. 인간은 기계가 아니고, 장치도 아니며, 대상(사물)도 아닙니다.

아스트레아여, 광대한 명료성 안에서,
나는 새로운 정체성을 선포합니다.
이제 나는 에테르 청사진을 보며,
깨어난 의식으로 공동창조를 합니다.

**아스트레아여, 가속해 오소서.
나를 순수함으로 진동하게 하소서.
빛나는 백청색의 불꽃을 방출하시어,**

내 오라를 진동하는 빛으로 채워 주소서.

파트 2

1. 아스트레아시여, 사람들을 일깨워 인간을 단지 대상(objects)으로 봐서는 중독적인 행위를 설명할 수 없음을 알게 하소서. 돌파 지점에 근접한 많은 사람을 자유롭게 하시어, 인간이 어떻게 사물로 대상화되어 왔는지 볼 수 있게 하소서.

아스트레아여, 사랑이 가득한 백색의 존재시여,
당신의 현존은 나의 순수한 기쁨입니다.
당신은 백청색의 원과 검으로,
아스트랄계를 갈라버립니다.

아스트레아여, 가속해 오소서.
나를 순수함으로 진동하게 하소서.
빛나는 백청색의 불꽃을 방출하시어,
내 오라를 진동하는 빛으로 채워 주소서.

2. 아스트레아시여, 사람들을 일깨워 성이 여성을 학대하고 제한하며 갇히게 하는 데 이용돼온 까닭은 여성이 대상화되었기 때문임을 알게 하소서. 여성들은 성적인 대상이 되었습니다.

아스트레아여, 격렬한 폭풍을 잠재우시고,
순수함이 표준이 되게 하소서.
기사의 빛나는 갑옷처럼,
나의 오라는 백청색 빛으로 채워집니다.

아스트레아여, 가속해 오소서.
나를 순수함으로 진동하게 하소서.

빛나는 백청색의 불꽃을 방출하시어,
내 오라를 진동하는 빛으로 채워 주소서.

3. 아스트레아시여, 사람들을 일깨워 전쟁에 나가는 군인들이 개별적인 사람 혹은 인간들로 여겨지지 않는다는 사실을 알게 하소서. 그들은 서사적으로 중요한 어떤 목표를 달성하기 위해, 이리저리 옮겨질 수 있고 희생될 수 있는 대상일 뿐입니다.

아스트레아여, 모든 구속하는 영체를 차단하시고,
나를 자유롭게 하소서.
아스트랄 세력 모두를 결박하여,
내가 반드시 진정한 자유를 찾게 하소서.

아스트레아여, 가속해 오소서.
나를 순수함으로 진동하게 하소서.
빛나는 백청색의 불꽃을 방출하시어,
내 오라를 진동하는 빛으로 채워 주소서.

4. 아스트레아시여, 사람들을 일깨워 과학이 물질주의적인 접근법을 취할 때, 과학은 인간을 사물로 대상화하고 있음을 알게 하소서. 과학에 대한 물질주의적 접근법이 인간을 사물로 대상화해 왔고, 지금도 인간을 대상화하고 있습니다.

아스트레아여, 진지하게 촉구드립니다.
모든 데몬을 몰아내고 나를 정결하게 하소서.
그들을 모두 소멸하고 나를 더 높이 올려 주소서.
나는 정화하는 당신의 불꽃을 견뎌내겠습니다.

아스트레아여, 가속해 오소서.
나를 순수함으로 진동하게 하소서.

빛나는 백청색의 불꽃을 방출하시어,
내 오라를 진동하는 빛으로 채워 주소서.

5. 아스트레아시여, 사람들을 일깨워 현대 민주주의 사회에서 여성을 성적인 대상으로 보는 것을 포함한 이런 물질주의적 접근법은, 인간을 대상화하는 다른 모든 영역의 토대가 되고 있음을 알게 하소서.

아스트레아여, 모든 영체를 결박하시어,
더 이상 내 눈이 멀지 않도록 하소서.
그 영체와 그의 트윈을 직시하면서,
나는 그리스도의 승리를 얻습니다.

아스트레아여, 가속해 오소서.
나를 순수함으로 진동하게 하소서.
빛나는 백청색의 불꽃을 방출하시어,
내 오라를 진동하는 빛으로 채워 주소서.

6. 아스트레아시여, 사람들을 일깨워 중독은 사람들의 자유를 앗아가고 있으며, 무엇보다 먼저 심리적 수준의 자유를 앗아가고 있음을 알게 하소서.

아스트레아여, 죽음과 지옥의 에너지로부터,
나의 모든 세포를 정화해 주소서.
내 몸은 이제 자유롭게 성장하고,
각 세포는 내면의 빛을 발산합니다.

아스트레아여, 가속해 오소서.
나를 순수함으로 진동하게 하소서.
빛나는 백청색의 불꽃을 방출하시어,
내 오라를 진동하는 빛으로 채워 주소서.

7. 아스트레아시여, 사람들을 일깨워 남성이 섹스에 중독된 경우 섹스를 하게끔 강제하는 뭔가가 그의 심리 안에 있으므로, 그는 심리적 자유를 잃은 것임을 알게 하소서.

아스트레아여, 나의 감수성을 맑게 하소서.
순수함 안에서 나는 평화를 발견합니다.
당신이 방출하는 고양된 느낌과,
완전한 평화 안에서 나는 공동창조를 합니다.

아스트레아여, 가속해 오소서.
나를 순수함으로 진동하게 하소서.
빛나는 백청색의 불꽃을 방출하시어,
내 오라를 진동하는 빛으로 채워 주소서.

8. 아스트레아시여, 사람들을 일깨워 이것은 그가 자유롭게 중립적으로 선택한 것이 아님을 알게 하소서. 그는 자신의 의식적인 의지를 압도하는 어떤 힘에 의해 섹스를 하도록 강요당합니다. 그는 "그만"이라고 말할 수 없습니다. 알코올 중독자나 약물 중독자도 마찬가지입니다. 그들은 의지의 자유를 잃어버렸습니다.

아스트레아여, 나의 멘탈층을 정화하시고,
내 그리스도 자아가 항상 지휘하게 하소서.
모두의 지고 선을 위한 매트릭스가,
어떻게 구현되는지 나는 이제 압니다.

아스트레아여, 가속해 오소서.
나를 순수함으로 진동하게 하소서.
빛나는 백청색의 불꽃을 방출하시어,
내 오라를 진동하는 빛으로 채워 주소서.

9. 아스트레아시여, 사람들을 일깨워 이것은 가능한 가장 큰 개인적 자유를 주는 자유 사회라고 자부하는 모든 현대 민주주의 사회의 큰 관심사가 되어야 함을 알게 하소서.

아스트레아여, 광대한 명료성 안에서,
나는 새로운 정체성을 선포합니다.
이제 나는 에테르 청사진을 보며,
깨어난 의식으로 공동창조를 합니다.

아스트레아여, 가속해 오소서.
나를 순수함으로 진동하게 하소서.
빛나는 백청색의 불꽃을 방출하시어,
내 오라를 진동하는 빛으로 채워 주소서.

파트 3

1. 아스트레아시여, 사람들을 일깨워 우리가 정치적 경제적 자유가 증가하는 것을 보면서, 동시에 사람들의 자유를 빼앗는 이런 심리적 중독의 증가를 보게 되는 것은 인지 부조화임을 알게 하소서.

아스트레아여, 사랑이 가득한 백색의 존재시여,
당신의 현존은 나의 순수한 기쁨입니다.
당신은 백청색의 원과 검으로,
아스트랄계를 갈라버립니다.

아스트레아여, 가속해 오소서.
나를 순수함으로 진동하게 하소서.
빛나는 백청색의 불꽃을 방출하시어,
내 오라를 진동하는 빛으로 채워 주소서.

2. 아스트레아시여, 사람들을 일깨워 물질주의적인 과학은 물질주의적 접근법의 한계에 봉착했기 때문에 이것을 설명할 수 없음을 알게 하소서. 우리는 호르몬과 신경체계, 뇌 화학과 유전자 물질을 분석할 수는 있지만, 우리가 발견하는 것은 더 깊은 원인이 물리적인 수준에서 나타난 부작용일 뿐입니다.

아스트레아여, 격렬한 폭풍을 잠재우시고,
순수함이 표준이 되게 하소서.
기사의 빛나는 갑옷처럼,
나의 오라는 백청색 빛으로 채워집니다.

**아스트레아여, 가속해 오소서.
나를 순수함으로 진동하게 하소서.
빛나는 백청색의 불꽃을 방출하시어,
내 오라를 진동하는 빛으로 채워 주소서.**

3. 아스트레아시여, 사람들을 일깨워 인간은 에너지 시스템이고 우리는 몸 주변에 에너지장을 가지고 있음을 알게 하소서. 에너지는 영적 영역에서 정체성체로 흐릅니다. 그런 다음 멘탈체로, 그다음 감정체로, 그다음 육체로 흐르는 이런 에너지 체계를 통해 흐릅니다.

아스트레아여, 모든 구속하는 영체를 차단하시고,
나를 자유롭게 하소서.
아스트랄 세력 모두를 결박하여,
내가 반드시 진정한 자유를 찾게 하소서.

**아스트레아여, 가속해 오소서.
나를 순수함으로 진동하게 하소서.
빛나는 백청색의 불꽃을 방출하시어,
내 오라를 진동하는 빛으로 채워 주소서.**

4. 아스트레아시여, 사람들을 일깨워 물리적 수준에서 일어나는 모든 일은 그 자체로 원인이 아니라는 사실을 알게 하소서. 그것은 감정, 멘탈, 정체성층에 있는 원인으로 인한 결과입니다. 이 기본적인 사실을 이해하지 못한다면, 중독을 설명할 수 없습니다.

아스트레아여, 진지하게 촉구드립니다.
모든 데몬을 몰아내고 나를 정결하게 하소서.
그들을 모두 소멸하고 나를 더 높이 올려 주소서.
나는 정화하는 당신의 불꽃을 견뎌내겠습니다.

아스트레아여, 가속해 오소서.
나를 순수함으로 진동하게 하소서.
빛나는 백청색의 불꽃을 방출하시어,
내 오라를 진동하는 빛으로 채워 주소서.

5. 아스트레아시여, 사람들을 일깨워 누군가가 중독될 때 벌어지는 일이 순전히 물리적인 일이 아니라는 사실을 알게 하소서. 어떤 것은 그 사람의 의식적 의지를 압도하는 감정적인 수준에서 일어납니다.

아스트레아여, 모든 영체를 결박하시어,
더 이상 내 눈이 멀지 않도록 하소서.
그 영체와 그의 트윈을 직시하면서,
나는 그리스도의 승리를 얻습니다.

아스트레아여, 가속해 오소서.
나를 순수함으로 진동하게 하소서.
빛나는 백청색의 불꽃을 방출하시어,
내 오라를 진동하는 빛으로 채워 주소서.

6. 아스트레아시여, 사람들을 일깨워 사람들이 중독되어 있을 때, 그

사람의 감정체에서 생겨난 특정 형태의 에너지 급증(surge of energy)이 의식적인 마음으로 밀려들어 오고, 그것이 그 사람의 의식적인 마음을 압도하여 의식적인 의지를 무력화시킨다는 사실을 알게 하소서.

아스트레아여, 죽음과 지옥의 에너지로부터,
나의 모든 세포를 정화해 주소서.
내 몸은 이제 자유롭게 성장하고,
각 세포는 내면의 빛을 발산합니다.

아스트레아여, 가속해 오소서.
나를 순수함으로 진동하게 하소서.
빛나는 백청색의 불꽃을 방출하시어,
내 오라를 진동하는 빛으로 채워 주소서.

7. 아스트레아시여, 사람들을 일깨워 에너지 급증(surge of energy)이 의식적인 의지를 압도하여, 그 사람은 이 감정적 자극을 멈추게 할 아무런 힘을 갖지 못하게 되고, 그 에너지에 따라 행동하게 된다는 사실을 알게 하소서.

아스트레아여, 나의 감수성을 맑게 하소서.
순수함 안에서 나는 평화를 발견합니다.
당신이 방출하는 고양된 느낌과,
완전한 평화 안에서 나는 공동창조를 합니다.

아스트레아여, 가속해 오소서.
나를 순수함으로 진동하게 하소서.
빛나는 백청색의 불꽃을 방출하시어,
내 오라를 진동하는 빛으로 채워 주소서.

8. 아스트레아시여, 사람들을 일깨워 감정 수준은 인간의 에너지 체계

에서 가장 높은 단계가 아니며, 멘탈 요소와 정체성의 요소 또한 있다는 사실을 알게 하소서.

아스트레아여, 나의 멘탈층을 정화하시고,
내 그리스도 자아가 항상 지휘하게 하소서.
모두의 지고 선을 위한 매트릭스가,
어떻게 구현되는지 나는 이제 압니다.

아스트레아여, 가속해 오소서.
나를 순수함으로 진동하게 하소서.
빛나는 백청색의 불꽃을 방출하시어,
내 오라를 진동하는 빛으로 채워 주소서.

9. 아스트레아시여, 사람들을 일깨워 중독은 그 사람이 자신을 바라보는 방식, 자신이 어떤 존재인가라는 믿음에 의해 정체성 수준에서 시작됨을 알게 하소서. 그리고 나서 그것은, 그것이 세상과 어떻게 관련되는지, 무엇을 할 수 있는지, 그것이 할 수 있는 것과 할 수 없는 것이 무엇인지를 살펴보는 멘탈 단계의 요소를 가집니다.

아스트레아여, 광대한 명료성 안에서,
나는 새로운 정체성을 선포합니다.
이제 나는 에테르 청사진을 보며,
깨어난 의식으로 공동창조를 합니다.

아스트레아여, 가속해 오소서.
나를 순수함으로 진동하게 하소서.
빛나는 백청색의 불꽃을 방출하시어,
내 오라를 진동하는 빛으로 채워 주소서.

파트 4

1. 아스트레아시여, 사람들을 일깨워 이것이 감정체에 특정 에너지를 생산하는 매트릭스를 설정함을 알게 하소서. 그 매트릭스는 물질적 수준에서 의식적 마음을 압도할 수 있습니다. 이것을 이해하지 않는 한, 우리는 중독을 설명할 수 없습니다.

아스트레아여, 사랑이 가득한 백색의 존재시여,
당신의 현존은 나의 순수한 기쁨입니다.
당신은 백청색의 원과 검으로,
아스트랄계를 갈라버립니다.

아스트레아여, 가속해 오소서.
나를 순수함으로 진동하게 하소서.
빛나는 백청색의 불꽃을 방출하시어,
내 오라를 진동하는 빛으로 채워 주소서.

2. 아스트레아시여, 인간의 에너지장을 가시화할 수 있는 기술을 개발할 수 있는 사람들과 측정치를 해석할 수 있는 사람들이 깨어나게 하소서.

아스트레아여, 격렬한 폭풍을 잠재우시고,
순수함이 표준이 되게 하소서.
기사의 빛나는 갑옷처럼,
나의 오라는 백청색 빛으로 채워집니다.

아스트레아여, 가속해 오소서.
나를 순수함으로 진동하게 하소서.
빛나는 백청색의 불꽃을 방출하시어,
내 오라를 진동하는 빛으로 채워 주소서.

3. 아스트레아시여, 사람들을 일깨워 인간의 에너지장에는 네 하위체

를 통해 에너지가 흐르게 하는 특정 센터들이 있음을 알게 하소서.

아스트레아여, 모든 구속하는 영체를 차단하시고,
나를 자유롭게 하소서.
아스트랄 세력 모두를 결박하여,
내가 반드시 진정한 자유를 찾게 하소서.

아스트레아여, 가속해 오소서.
나를 순수함으로 진동하게 하소서.
빛나는 백청색의 불꽃을 방출하시어,
내 오라를 진동하는 빛으로 채워 주소서.

4. 아스트레아시여, 사람들을 일깨워 섹스 중독을 설명하려면, 베이스 차크라가 성기와 나란히 위치해 있다는 사실을 인식해야 함을 알게 하소서. 왜냐하면, 생명 에너지는 베이스 차크라를 통해 흐르고, 에너지가 성기로 유도되면서 성 에너지로 표현될 수 있기 때문입니다.

아스트레아여, 진지하게 촉구드립니다.
모든 데몬을 몰아내고 나를 정결하게 하소서.
그들을 모두 소멸하고 나를 더 높이 올려 주소서.
나는 정화하는 당신의 불꽃을 견뎌내겠습니다.

아스트레아여, 가속해 오소서.
나를 순수함으로 진동하게 하소서.
빛나는 백청색의 불꽃을 방출하시어,
내 오라를 진동하는 빛으로 채워 주소서.

5. 아스트레아시여, 사람들을 일깨워 누군가가 섹스에 중독되었다면, 그것은 그 사람의 베이스 차크라에 무언가가 발생했기 때문임을 알게 하소서. 베이스 차크라에 어떤 교란과 불균형이 생긴 것입니다.

아스트레아여, 모든 영체를 결박하시어,
더 이상 내 눈이 멀지 않도록 하소서.
그 영체와 그의 트윈을 직시하면서,
나는 그리스도의 승리를 얻습니다.

아스트레아여, 가속해 오소서.
나를 순수함으로 진동하게 하소서.
빛나는 백청색의 불꽃을 방출하시어,
내 오라를 진동하는 빛으로 채워 주소서.

6. 아스트레아시여, 사람들을 일깨워 이것은 그 사람의 성욕이 자연스러운 한계 이상으로 증대되었음을 의미한다는 사실을 알게 하소서. 이로 인해 베이스 차크라는 자연스러운 방향과 반대로 회전할 수 있습니다. 그리고 이것은 베이스 차크라에 오염을 일으킵니다.

아스트레아여, 죽음과 지옥의 에너지로부터,
나의 모든 세포를 정화해 주소서.
내 몸은 이제 자유롭게 성장하고,
각 세포는 내면의 빛을 발산합니다.

아스트레아여, 가속해 오소서.
나를 순수함으로 진동하게 하소서.
빛나는 백청색의 불꽃을 방출하시어,
내 오라를 진동하는 빛으로 채워 주소서.

7. 아스트레아시여, 사람들을 일깨워 누군가의 성욕이 커지면 베이스 차크라가 붉은빛으로 맥동하기 시작하고, 이로 인해 그 사람은 의식적인 수준에서 억제할 수 없는 강한 섹스 충동을 느낄 수 있음을 알게 하소서.

아스트레아여, 나의 감수성을 맑게 하소서.
순수함 안에서 나는 평화를 발견합니다.
당신이 방출하는 고양된 느낌과,
완전한 평화 안에서 나는 공동창조를 합니다.

아스트레아여, 가속해 오소서.
나를 순수함으로 진동하게 하소서.
빛나는 백청색의 불꽃을 방출하시어,
내 오라를 진동하는 빛으로 채워 주소서.

8. 아스트레아시여, 사람들을 일깨워 섹스 중독의 원인은 사람들이 오랜 시간에 걸쳐 반(半)-의식(semi-conscious)을 가진 영체들을 창조할 수 있었기 때문임을 알게 하소서.

아스트레아여, 나의 멘탈층을 정화하시고,
내 그리스도 자아가 항상 지휘하게 하소서.
모두의 지고 선을 위한 매트릭스가,
어떻게 구현되는지 나는 이제 압니다.

아스트레아여, 가속해 오소서.
나를 순수함으로 진동하게 하소서.
빛나는 백청색의 불꽃을 방출하시어,
내 오라를 진동하는 빛으로 채워 주소서.

9. 아스트레아시여, 사람들을 일깨워 감정, 멘탈, 정체성의 영역 모두에 영체들(entities)이 있다는 사실을 알게 하소서. 감정층에는 섹스와 관련돼 만들어진 집단 영체들이 있습니다.

아스트레아여, 광대한 명료성 안에서,
나는 새로운 정체성을 선포합니다.

이제 나는 에테르 청사진을 보며,
깨어난 의식으로 공동창조를 합니다.

아스트레아여, 가속해 오소서.
나를 순수함으로 진동하게 하소서.
빛나는 백청색의 불꽃을 방출하시어,
내 오라를 진동하는 빛으로 채워 주소서.

파트 5

1. 아스트레아시여, 사람들을 일깨워 사람들이 집단 영체에 취약해지면, 이들이 사람들의 에너지장에 침범할 수 있으며, 섹스 영체가 베이스 차크라로 침범할 수 있음을 알게 하소서.

아스트레아여, 사랑이 가득한 백색의 존재시여,
당신의 현존은 나의 순수한 기쁨입니다.
당신은 백청색의 원과 검으로,
아스트랄계를 갈라버립니다.

아스트레아여, 가속해 오소서.
나를 순수함으로 진동하게 하소서.
빛나는 백청색의 불꽃을 방출하시어,
내 오라를 진동하는 빛으로 채워 주소서.

2. 아스트레아시여, 사람들을 일깨워 집단 영체는 그것에게 에너지를 공급하는 인간 개개인에 의해 오랜 세월에 걸쳐 만들어졌음을 알게 하소서. 섹스 영체는 순수한 성욕이 아닌 왜곡된 성욕에 의해 만들어집니다. 그것들은 이 행성에서 매우 오랜 세월에 걸쳐 만들어졌습니다.

아스트레아여, 격렬한 폭풍을 잠재우시고,
순수함이 표준이 되게 하소서.
기사의 빛나는 갑옷처럼,
나의 오라는 백청색 빛으로 채워집니다.

아스트레아여, 가속해 오소서.
나를 순수함으로 진동하게 하소서.
빛나는 백청색의 불꽃을 방출하시어,
내 오라를 진동하는 빛으로 채워 주소서.

3. 아스트레아시여, 사람들을 일깨워 집단 영체가 특정한 힘, 즉 일정량의 축적된 에너지에 도달하면, 많은 사람의 에너지장과 차크라를 압도할 수 있음을 알게 하소서.

아스트레아여, 모든 구속하는 영체를 차단하시고,
나를 자유롭게 하소서.
아스트랄 세력 모두를 결박하여,
내가 반드시 진정한 자유를 찾게 하소서.

아스트레아여, 가속해 오소서.
나를 순수함으로 진동하게 하소서.
빛나는 백청색의 불꽃을 방출하시어,
내 오라를 진동하는 빛으로 채워 주소서.

4. 아스트레아시여, 사람들을 일깨워 섹스 영체는 엄청난 에너지 저장소(pool)를 가지고 있기에, 이런 에너지를 개인의 베이스 차크라로 흐르게 할 수 있다는 사실을 알게 하소서. 대부분의 사람은 이것에 대해 아무런 방어도 하지 못합니다. 그들은 이런 영체들이 존재하며, 자신의 차크라가 대단히 강력한 이런 에너지에 노출될 수 있다는 사실도 모릅니다.

아스트레아여, 진지하게 촉구드립니다.
모든 데몬을 몰아내고 나를 정결하게 하소서.
그들을 모두 소멸하고 나를 더 높이 올려 주소서.
나는 정화하는 당신의 불꽃을 견뎌내겠습니다.

아스트레아여, 가속해 오소서.
나를 순수함으로 진동하게 하소서.
빛나는 백청색의 불꽃을 방출하시어,
내 오라를 진동하는 빛으로 채워 주소서.

5. 아스트레아시여, 사람들을 일깨워 영체는 특정 인물을 선택하여 그의 베이스 차크라에 엄청난 에너지 폭발을 일으킬 수 있고, 이것이 베이스 차크라의 기능을 교란한다는 사실을 알게 하소서. 차크라는 반대 방향으로 돌기 시작하고, 이 붉고 뜨거운 에너지가 베이스 차크라를 손상시킵니다.

아스트레아여, 모든 영체를 결박하시어,
더 이상 내 눈이 멀지 않도록 하소서.
그 영체와 그의 트윈을 직시하면서,
나는 그리스도의 승리를 얻습니다.

아스트레아여, 가속해 오소서.
나를 순수함으로 진동하게 하소서.
빛나는 백청색의 불꽃을 방출하시어,
내 오라를 진동하는 빛으로 채워 주소서.

6. 아스트레아시여, 사람들을 일깨워 그렇게 되면 갑자기 그 사람의 성욕이 증폭되어 섹스에 대한 아주 강렬한 충동을 느끼게 됨을 알게 하소서. 이 에너지에 말려들 때, 그는 자신의 베이스 차크라를 통해 에너지를 표현하고 있는 것입니다.

아스트레아여, 죽음과 지옥의 에너지로부터,
나의 모든 세포를 정화해 주소서.
내 몸은 이제 자유롭게 성장하고,
각 세포는 내면의 빛을 발산합니다.

아스트레아여, 가속해 오소서.
나를 순수함으로 진동하게 하소서.
빛나는 백청색의 불꽃을 방출하시어,
내 오라를 진동하는 빛으로 채워 주소서.

7. 아스트레아시여, 사람들을 일깨워 우리가 집단 영제들로부터 시작된 이런 성적인 표현에 관여하게 되면, 우리의 생명 에너지 일부가 영체를 먹여 살리게 됨을 알게 하소서.

아스트레아여, 나의 감수성을 맑게 하소서.
순수함 안에서 나는 평화를 발견합니다.
당신이 방출하는 고양된 느낌과,
완전한 평화 안에서 나는 공동창조를 합니다.

아스트레아여, 가속해 오소서.
나를 순수함으로 진동하게 하소서.
빛나는 백청색의 불꽃을 방출하시어,
내 오라를 진동하는 빛으로 채워 주소서.

8. 아스트레아시여, 사람들을 일깨워 영체는 자신의 에너지 일부를 사람들의 베이스 차크라로 유도하고, 그 사람이 그 에너지에 따라서 행동하게 된다면, 영체는 자신이 보낸 것보다 더 많은 에너지를 되돌려 받게 된다는 사실을 알게 하소서. 말 그대로 영체는 그 사람의 생명 에너지를 훔치고 있습니다.

아스트레아여, 나의 멘탈층을 정화하시고,
내 그리스도 자아가 항상 지휘하게 하소서.
모두의 지고 선을 위한 매트릭스가,
어떻게 구현되는지 나는 이제 압니다.

아스트레아여, 가속해 오소서.
나를 순수함으로 진동하게 하소서.
빛나는 백청색의 불꽃을 방출하시어,
내 오라를 진동하는 빛으로 채워 주소서.

9. 아스트레아시여, 사람들을 일깨워 영체는 살아남고 스스로를 증식하기 위해, 인간들로 하여금 영체 자신이 흡수할 수 있는 두려움 기반의 낮은 진동으로 에너지를 오용하게 해야 함을 알게 하소서.

아스트레아여, 광대한 명료성 안에서,
나는 새로운 정체성을 선포합니다.
이제 나는 에테르 청사진을 보며,
깨어난 의식으로 공동창조를 합니다.

아스트레아여, 가속해 오소서.
나를 순수함으로 진동하게 하소서.
빛나는 백청색의 불꽃을 방출하시어,
내 오라를 진동하는 빛으로 채워 주소서.

봉인
I AM THAT I AM의 이름으로, 나는 대천사 미카엘과 아스트레아와 쉬바께서 나와 모든 건설적인 사람 주위에 뚫을 수 없는 보호막을 형성하여, 우리를 네 옥타브 안에 있는 모든 두려움 기반의 에너지로부터 봉인해 주심을 받아들입니다. 나는 신의 빛(Light of God)이 지구 여성들을 자유롭게 하는 데 저항하는, 어둠의 힘을 구성하는 두려움 기반

의 모든 에너지를 변형하고 소멸하고 있음을 받아들입니다!
.

29
성적인 착취에서 여성들을 해방하기-2 (기원)

I AM THAT I AM, 예수 그리스도의 이름으로, 나는 지구에 육화한 존재로서 가진 내 권한을 사용하여 엘로힘 아스트레아께 이 기원을 증폭해 달라고 요청합니다. 내 차크라들을 통해 이 기원문의 내용을 집단의식으로 방출하시어, 여성과 남성 모두가 타락한 존재들의 심리적, 영적 속박에서 자유로워지도록 의식을 일깨워 주소서. 우리는 영적인 존재들이며 상승 마스터들과 함께 일함으로써 새로운 미래를 공동창조할 수 있다는 진실(reality)을 일깨워 주소서. 나는 특히 이것을 요청합니다...
(여기에 개인적인 요청을 추가하세요.)

파트 1

1. 아스트레아시여, 사람들을 일깨워 사람들이 섹스하고 난 후에는 종종 에너지의 고갈을 느낀다는 사실을 알게 하소서.

아스트레아여, 사랑이 가득한 백색의 존재시여,
당신의 현존은 나의 순수한 기쁨입니다.

당신은 백청색의 원과 검으로,
아스트랄계를 갈라버립니다.

아스트레아여, 가속해 오소서.
나를 순수함으로 진동하게 하소서.
빛나는 백청색의 불꽃을 방출하시어,
내 오라를 진동하는 빛으로 채워 주소서.

2. 아스트레아시여, 사람들을 일깨워 우리는 의식하는 자아를 가지고 있기에, 한 걸음 물러나 스스로를 살펴보고 행동을 바꾸겠다고 의식적으로 선택할 수 있음을 알게 하소서. 의식하는 자아가 우리를 중독에서 벗어나게 해줍니다.

아스트레아여, 격렬한 폭풍을 잠재우시고,
순수함이 표준이 되게 하소서.
기사의 빛나는 갑옷처럼,
나의 오라는 백청색 빛으로 채워집니다.

아스트레아여, 가속해 오소서.
나를 순수함으로 진동하게 하소서.
빛나는 백청색의 불꽃을 방출하시어,
내 오라를 진동하는 빛으로 채워 주소서.

3. 아스트레아시여, 사람들을 일깨워 우리가 스스로를 자유롭게 하려면, 기꺼이 뒤로 물러나 중독적인 행위들을 살펴봐야 함을 알게 하소서. 그렇게 함으로써 우리는 그것이 우리의 자유를 앗아가고 있으며, 우리가 그것을 원하지 않는다는 사실을 확인할 수 있고, 그것을 바꾸겠다고 결정할 수 있습니다.

아스트레아여, 모든 구속하는 영체를 차단하시고,

나를 자유롭게 하소서.
아스트랄 세력 모두를 결박하여,
내가 반드시 진정한 자유를 찾게 하소서.

**아스트레아여, 가속해 오소서.
나를 순수함으로 진동하게 하소서.
빛나는 백청색의 불꽃을 방출하시어,
내 오라를 진동하는 빛으로 채워 주소서.**

4. 아스트레아시여, 사람들을 일깨워 어떤 사람들은 섹스 영체에게 압도되지 않는다는 사실을 알게 하소서. 왜냐하면, 그들은 저급한 성 에너지가 자신의 베이스 차크라로 들어오는 것을 허용하지 않기 때문입니다.

아스트레아여, 진지하게 촉구드립니다.
모든 데몬을 몰아내고 나를 정결하게 하소서.
그들을 모두 소멸하고 나를 더 높이 올려 주소서.
나는 정화하는 당신의 불꽃을 견뎌내겠습니다.

**아스트레아여, 가속해 오소서.
나를 순수함으로 진동하게 하소서.
빛나는 백청색의 불꽃을 방출하시어,
내 오라를 진동하는 빛으로 채워 주소서.**

5. 아스트레아시여, 사람들을 일깨워 그렇게 된 이유는 그들이 멘탈 수준에서 지닌 인식과 정체성층에서 지닌 정체감이, 자신의 베이스 차크라로 감정 에너지가 침투하는 것을 막기 때문이라는 사실을 알게 하소서.

아스트레아여, 모든 영체를 결박하시어,

더 이상 내 눈이 멀지 않도록 하소서.
그 영체와 그의 트윈을 직시하면서,
나는 그리스도의 승리를 얻습니다.

**아스트레아여, 가속해 오소서.
나를 순수함으로 진동하게 하소서.
빛나는 백청색의 불꽃을 방출하시어,
내 오라를 진동하는 빛으로 채워 주소서.**

6. 아스트레아시여, 사람들을 일깨워 감정층의 섹스 영체가 어떤 사람의 베이스 차크라로 침범하려면 틈이 있어야 하고, 영체가 사용할 수 있는 에너지가 그 사람의 베이스 차크라에 있어야 한다는 사실을 알게 하소서.

아스트레아여, 죽음과 지옥의 에너지로부터,
나의 모든 세포를 정화해 주소서.
내 몸은 이제 자유롭게 성장하고,
각 세포는 내면의 빛을 발산합니다.

**아스트레아여, 가속해 오소서.
나를 순수함으로 진동하게 하소서.
빛나는 백청색의 불꽃을 방출하시어,
내 오라를 진동하는 빛으로 채워 주소서.**

7. 아스트레아시여, 사람들을 일깨워 베이스 차크라에 있는 에너지는 멘탈층에서 온다는 사실을 알게 하소서. 그 사람의 멘탈층에 성과 성생활에 대한 특정한 믿음이 있고, 정체성층에도 특정한 정체성이 있습니다.

아스트레아여, 나의 감수성을 맑게 하소서.

순수함 안에서 나는 평화를 발견합니다.
당신이 방출하는 고양된 느낌과,
완전한 평화 안에서 나는 공동창조를 합니다.

아스트레아여, 가속해 오소서.
나를 순수함으로 진동하게 하소서.
빛나는 백청색의 불꽃을 방출하시어,
내 오라를 진동하는 빛으로 채워 주소서.

8. 아스트레아시여, 사람들을 일깨워 우리가 자신을 특정한 방식으로 볼 때 섹스 영체에 취약해진다는 사실을 알게 하소서. 남성은 성욕을 만족시키기 위해 어떤 방식으로든 성적인 활동을 해야 한다는 느낌을 멘탈층에 가지고 있다면, 우리는 섹스 영체에 취약해집니다.

아스트레아여, 나의 멘탈층을 정화하시고,
내 그리스도 자아가 항상 지휘하게 하소서.
모두의 지고 선을 위한 매트릭스가,
어떻게 구현되는지 나는 이제 압니다.

아스트레아여, 가속해 오소서.
나를 순수함으로 진동하게 하소서.
빛나는 백청색의 불꽃을 방출하시어,
내 오라를 진동하는 빛으로 채워 주소서.

9. 아스트레아시여, 사람들을 일깨워 섹스 중독을 설명하려면 멘탈 수준을 살펴보고, 섹스에 관해 사람들이 가지고 있는 믿음과 태도를 살펴봐야 함을 알게 하소서.

아스트레아여, 광대한 명료성 안에서,
나는 새로운 정체성을 선포합니다.

이제 나는 에테르 청사진을 보며,
깨어난 의식으로 공동창조를 합니다.

**아스트레아여, 가속해 오소서.
나를 순수함으로 진동하게 하소서.
빛나는 백청색의 불꽃을 방출하시어,
내 오라를 진동하는 빛으로 채워 주소서.**

파트 2

1. 아스트레아시여, 사람들을 일깨워 그리스도교가 섹스에 대해 이런 정신분열적이고 이중적인 관점을 투사해 왔다는 사실을 알게 하소서. 그리스도교는 성을 제한해야 할 무엇, 잘못되거나 죄악인 무언가로 묘사해 왔습니다.

아스트레아여, 사랑이 가득한 백색의 존재시여,
당신의 현존은 나의 순수한 기쁨입니다.
당신은 백청색의 원과 검으로,
아스트랄계를 갈라버립니다.

**아스트레아여, 가속해 오소서.
나를 순수함으로 진동하게 하소서.
빛나는 백청색의 불꽃을 방출하시어,
내 오라를 진동하는 빛으로 채워 주소서.**

2. 아스트레아시여, 사람들을 일깨워 현대 민주주의 사회의 많은 사람이 이것을 원시적이며 구시대적인 것으로 보면서, 성 혁명(sexual revolution)이 그런 제약으로부터 사람들을 해방시켰다고 생각한다는 사실을 알게 하소서.

아스트레아여, 격렬한 폭풍을 잠재우시고,
순수함이 표준이 되게 하소서.
기사의 빛나는 갑옷처럼,
나의 오라는 백청색 빛으로 채워집니다.

**아스트레아여, 가속해 오소서.
나를 순수함으로 진동하게 하소서.
빛나는 백청색의 불꽃을 방출하시어,
내 오라를 진동하는 빛으로 채워 주소서.**

3. 아스트레아시여, 사람들을 일깨워 그리스도교 이전에도 감정층에 집단적인 섹스 영체가 존재해 왔음을 알게 하소서. 그리스도교는 사람들을 섹스 영체에 더 취약하게 만들거나, 혹은 덜 취약하게 만드는 이중의 효과를 가져왔습니다.

아스트레아여, 모든 구속하는 영체를 차단하시고,
나를 자유롭게 하소서.
아스트랄 세력 모두를 결박하여,
내가 반드시 진정한 자유를 찾게 하소서.

**아스트레아여, 가속해 오소서.
나를 순수함으로 진동하게 하소서.
빛나는 백청색의 불꽃을 방출하시어,
내 오라를 진동하는 빛으로 채워 주소서.**

4. 아스트레아시여, 사람들을 일깨워 그리스도교가 성욕과 성 에너지에 대해 상당한 억압을 초래했고, 이것이 많은 사람의 베이스 차크라에 압력을 만들었음을 알게 하소서. 이것은 많은 사람으로 하여금 성욕을 억누르게 했지만, 강제적인 억압은 에너지의 계속되는 축적을 의미할 뿐입니다.

아스트레아여, 진지하게 촉구드립니다.
모든 데몬을 몰아내고 나를 정결하게 하소서.
그들을 모두 소멸하고 나를 더 높이 올려 주소서.
나는 정화하는 당신의 불꽃을 견뎌내겠습니다.

아스트레아여, 가속해 오소서.
나를 순수함으로 진동하게 하소서.
빛나는 백청색의 불꽃을 방출하시어,
내 오라를 진동하는 빛으로 채워 주소서.

5. 아스트레아시여, 사람들을 일깨워 결국 이 사람들은 섹스 영체에게 취약해질 것임을 알게 하소서. 그들은 성욕에 굴복하게 되고, 섹스를 한 후에는 매우 불쾌해질 것이며, 이것이 그리스도교에 특정되는 또 다른 집단 영체를 창조해 왔습니다.

아스트레아여, 모든 영체를 결박하시어,
더 이상 내 눈이 멀지 않도록 하소서.
그 영체와 그의 트윈을 직시하면서,
나는 그리스도의 승리를 얻습니다.

아스트레아여, 가속해 오소서.
나를 순수함으로 진동하게 하소서.
빛나는 백청색의 불꽃을 방출하시어,
내 오라를 진동하는 빛으로 채워 주소서.

6. 아스트레아시여, 사람들을 일깨워 그리스도교가 일부 사람들에게 그리 강제적이지 않을 정도로 자신의 성욕을 억누르게 했음을 알게 하소서. 하지만 그들은 멘탈 수준에서도 성욕에 굴복하지 않을 수 있었고, 따라서 그들의 베이스 차크라에 에너지가 축적되는 것을 허용하지 않았습니다.

아스트레아여, 죽음과 지옥의 에너지로부터,
나의 모든 세포를 정화해 주소서.
내 몸은 이제 자유롭게 성장하고,
각 세포는 내면의 빛을 발산합니다.

아스트레아여, 가속해 오소서.
나를 순수함으로 진동하게 하소서.
빛나는 백청색의 불꽃을 방출하시어,
내 오라를 진동하는 빛으로 채워 주소서.

7. 아스트레아시여, 사람들을 일깨워 그리스도교의 영향력이 더 강력했을 때, 섹스에 중독된 사람들이 더 적었다는 사실을 알게 하소서. 그때는 강간이나 성희롱 같은 여성에 대한 성적 학대 사례도 더 적었습니다.

아스트레아여, 나의 감수성을 맑게 하소서.
순수함 안에서 나는 평화를 발견합니다.
당신이 방출하는 고양된 느낌과,
완전한 평화 안에서 나는 공동창조를 합니다.

아스트레아여, 가속해 오소서.
나를 순수함으로 진동하게 하소서.
빛나는 백청색의 불꽃을 방출하시어,
내 오라를 진동하는 빛으로 채워 주소서.

8. 아스트레아시여, 사람들을 일깨워 사회가 그리스도교적인 섹스 관점의 지배를 덜 받게 되었을 때, 소위 성 혁명이 일어났을 때, 사람들이 자신의 성욕을 표현하는 데 자유롭게 되었다고 느꼈기 때문에, 섹스 중독이 증가했음을 알게 하소서.

아스트레아여, 나의 멘탈층을 정화하시고,
내 그리스도 자아가 항상 지휘하게 하소서.
모두의 지고 선을 위한 매트릭스가,
어떻게 구현되는지 나는 이제 압니다.

아스트레아여, 가속해 오소서.
나를 순수함으로 진동하게 하소서.
빛나는 백청색의 불꽃을 방출하시어,
내 오라를 진동하는 빛으로 채워 주소서.

9. 아스트레아시여, 사람들을 일깨워 성 혁명이 포르노나 비아그라, 그 밖에 여성 강간에 사용되는 약물처럼 성욕을 증대시키기 위한 많은 것을 가져왔음을 알게 하소서.

아스트레아여, 광대한 명료성 안에서,
나는 새로운 정체성을 선포합니다.
이제 나는 에테르 청사진을 보며,
깨어난 의식으로 공동창조를 합니다.

아스트레아여, 가속해 오소서.
나를 순수함으로 진동하게 하소서.
빛나는 백청색의 불꽃을 방출하시어,
내 오라를 진동하는 빛으로 채워 주소서.

파트 3

1. 아스트레아시여, 사람들을 일깨워 성매매, 인신매매의 건수가 증가해 왔고, 점점 더 많은 여성이 성매매로 유인되거나 팔려가고 있으며, 그들이 기꺼이 성매매를 하게 만들기 위해 마약중독에 빠지도록 강요당하고 있음을 알게 하소서.

아스트레아여, 사랑이 가득한 백색의 존재시여,
당신의 현존은 나의 순수한 기쁨입니다.
당신은 백청색의 원과 검으로,
아스트랄계를 갈라버립니다.

아스트레아여, 가속해 오소서.
나를 순수함으로 진동하게 하소서.
빛나는 백청색의 불꽃을 방출하시어,
내 오라를 진동하는 빛으로 채워 주소서.

2. 아스트레아시여, 사람들을 일깨워 현대 민주주의 사회에서, 소위 성 혁명의 최종적인 결과는 섹스 중독의 증가라는 사실을 알게 하소서.

아스트레아여, 격렬한 폭풍을 잠재우시고,
순수함이 표준이 되게 하소서.
기사의 빛나는 갑옷처럼,
나의 오라는 백청색 빛으로 채워집니다.

아스트레아여, 가속해 오소서.
나를 순수함으로 진동하게 하소서.
빛나는 백청색의 불꽃을 방출하시어,
내 오라를 진동하는 빛으로 채워 주소서.

3. 아스트레아시여, 사람들을 일깨워 섹스 중독은 남성들의 자유를 박탈한다는 사실을 알게 하소서. 이제 그들은 자신이 섹스를 원하는지 아닌지를 선택할 수 없기 때문입니다. 그들은 중독으로 인해 섹스해야 한다고 느끼지 않을 수가 없습니다.

아스트레아여, 모든 구속하는 영체를 차단하시고,

나를 자유롭게 하소서.
아스트랄 세력 모두를 결박하여,
내가 반드시 진정한 자유를 찾게 하소서.

아스트레아여, 가속해 오소서.
나를 순수함으로 진동하게 하소서.
빛나는 백청색의 불꽃을 방출하시어,
내 오라를 진동하는 빛으로 채워 주소서.

4. 아스트레아시여, 사람들을 일깨워 이것이 남성들로 하여금 여성을 성적인 대상으로 바라보게 한다는 사실을 알게 하소서. 여성에 대한 성적 대상화의 직접적인 원인은 남성들의 섹스 중독의 증가입니다.

아스트레아여, 진지하게 촉구드립니다.
모든 데몬을 몰아내고 나를 정결하게 하소서.
그들을 모두 소멸하고 나를 더 높이 올려 주소서.
나는 정화하는 당신의 불꽃을 견뎌내겠습니다.

아스트레아여, 가속해 오소서.
나를 순수함으로 진동하게 하소서.
빛나는 백청색의 불꽃을 방출하시어,
내 오라를 진동하는 빛으로 채워 주소서.

5. 아스트레아시여, 사람들을 일깨워 남성이 섹스에 중독되지 않으면, 여성을 성적 대상으로 보지 않는다는 사실을 알게 하소서. 그는 여성을 개인 혹은 인간 존재로 바라봅니다.

아스트레아여, 모든 영체를 결박하시어,
더 이상 내 눈이 멀지 않도록 하소서.
그 영체와 그의 트윈을 직시하면서,

나는 그리스도의 승리를 얻습니다.

아스트레아여, 가속해 오소서.
나를 순수함으로 진동하게 하소서.
빛나는 백청색의 불꽃을 방출하시어,
내 오라를 진동하는 빛으로 채워 주소서.

6. 아스트레아시여, 사람들을 일깨워 남성이 성적으로 중독되지 않으면, 어떤 상황일지라도 어떤 여성과도 섹스를 하고 싶어하지 않음을 알게 하소서. 그는 자신과 다른 에너지 극성을 가진 또 다른 인간과의 더 깊은 연결을 추구하게 되며, 이를 통해 자신의 에너지 극성을 균형 잡을 수 있습니다.

아스트레아여, 죽음과 지옥의 에너지로부터,
나의 모든 세포를 정화해 주소서.
내 몸은 이제 자유롭게 성장하고,
각 세포는 내면의 빛을 발산합니다.

아스트레아여, 가속해 오소서.
나를 순수함으로 진동하게 하소서.
빛나는 백청색의 불꽃을 방출하시어,
내 오라를 진동하는 빛으로 채워 주소서.

7. 아스트레아시여, 사람들을 일깨워 성에는 좀 더 깊은 목적이 있음을 알게 하소서. 남성이 섹스에 중독되지 않으면, 무엇보다 그는 여성과의 연결을 추구합니다. 우리는 대상(object)과는 연결되지 못합니다.

아스트레아여, 나의 감수성을 맑게 하소서.
순수함 안에서 나는 평화를 발견합니다.
당신이 방출하는 고양된 느낌과,

완전한 평화 안에서 나는 공동창조를 합니다.

아스트레아여, 가속해 오소서.
나를 순수함으로 진동하게 하소서.
빛나는 백청색의 불꽃을 방출하시어,
내 오라를 진동하는 빛으로 채워 주소서.

8. 아스트레아시여, 사람들을 일깨워 우리는 다른 인간과 오로지 진정한 연결만을 가질 수 있고, 우리가 그 사람을 인간으로 볼 때만 그런 연결이 가능함을 알게 하소서. 이것은 우리가 다른 사람의 욕구에 민감해진다는 의미입니다.

아스트레아여, 나의 멘탈층을 정화하시고,
내 그리스도 자아가 항상 지휘하게 하소서.
모두의 지고 선을 위한 매트릭스가,
어떻게 구현되는지 나는 이제 압니다.

아스트레아여, 가속해 오소서.
나를 순수함으로 진동하게 하소서.
빛나는 백청색의 불꽃을 방출하시어,
내 오라를 진동하는 빛으로 채워 주소서.

9. 아스트레아시여, 사람들을 일깨워 남성이 여성과 더 깊은 연결을 얻고자 할 때, 결코 성관계를 강요하지 않음을 알게 하소서. 왜냐하면, 강압이 개입되면 연결이 사라지기 때문입니다.

아스트레아여, 광대한 명료성 안에서,
나는 새로운 정체성을 선포합니다.
이제 나는 에테르 청사진을 보며,
깨어난 의식으로 공동창조를 합니다.

아스트레아여, 가속해 오소서.
나를 순수함으로 진동하게 하소서.
빛나는 백청색의 불꽃을 방출하시어,
내 오라를 진동하는 빛으로 채워 주소서.

파트 4

1. 아스트레아시여, 사람들을 일깨워 남성의 성적인 중독이 여성에 대한 성적 대상화의 직접적인 원인임을 알게 하소서. 그들은 섹스를 원하는 것이 아닙니다. 그들은 중독으로 섹스를 하도록 강요되는 것입니다.

아스트레아여, 사랑이 가득한 백색의 존재시여,
당신의 현존은 나의 순수한 기쁨입니다.
당신은 백청색의 원과 검으로,
아스트랄계를 갈라버립니다.

아스트레아여, 가속해 오소서.
나를 순수함으로 진동하게 하소서.
빛나는 백청색의 불꽃을 방출하시어,
내 오라를 진동하는 빛으로 채워 주소서.

2. 아스트레아시여, 사람들을 일깨워 그들은 섹스를 원하는 것이 아니라, 섹스를 강요당하고 있음을 알게 하소서. 그들이 일시적 만족을 위해, 육체적 혹은 감정적인 만족을 충족시킬 수 있는 대상을 찾는 이유가 그것입니다.

아스트레아여, 격렬한 폭풍을 잠재우시고,
순수함이 표준이 되게 하소서.
기사의 빛나는 갑옷처럼,

나의 오라는 백청색 빛으로 채워집니다.

아스트레아여, 가속해 오소서.
나를 순수함으로 진동하게 하소서.
빛나는 백청색의 불꽃을 방출하시어,
내 오라를 진동하는 빛으로 채워 주소서.

3. 아스트레아시여, 사람들을 일깨워 남성이 여성과 더 깊은 관계를 가질 때, 그 일은 멘탈층과 정체성층에서 일어남을 알게 하소서. 그 일은 감정층과 물리적 수준에서 일어나지 않습니다.

아스트레아여, 모든 구속하는 영체를 차단하시고,
나를 자유롭게 하소서.
아스트랄 세력 모두를 결박하여,
내가 반드시 진정한 자유를 찾게 하소서.

아스트레아여, 가속해 오소서.
나를 순수함으로 진동하게 하소서.
빛나는 백청색의 불꽃을 방출하시어,
내 오라를 진동하는 빛으로 채워 주소서.

4. 아스트레아시여, 사람들을 일깨워 남성들이 중독되었을 때, 즉 그들의 베이스 차크라가 저급한 에너지로 교란받을 때, 그들은 여성과의 깊은 감정적인 연결을 가질 수 없음을 알게 하소서.

아스트레아여, 진지하게 촉구드립니다.
모든 데몬을 몰아내고 나를 정결하게 하소서.
그들을 모두 소멸하고 나를 더 높이 올려 주소서.
나는 정화하는 당신의 불꽃을 견뎌내겠습니다.

아스트레아여, 가속해 오소서.
나를 순수함으로 진동하게 하소서.
빛나는 백청색의 불꽃을 방출하시어,
내 오라를 진동하는 빛으로 채워 주소서.

5. 아스트레아시여, 사람들을 일깨워 우리가 이것을 이해하고 다루지 않는 한, 여성에 대한 성적 대상화를 극복하지 못할 것임을 알게 하소서.

아스트레아여, 모든 영체를 결박하시어,
더 이상 내 눈이 멀지 않도록 하소서.
그 영체와 그의 트윈을 직시하면서,
나는 그리스도의 승리를 얻습니다.

아스트레아여, 가속해 오소서.
나를 순수함으로 진동하게 하소서.
빛나는 백청색의 불꽃을 방출하시어,
내 오라를 진동하는 빛으로 채워 주소서.

6. 아스트레아시여, 사람들을 일깨워 현대 민주주의 사회에서 여성들이 더 많은 정치적 권리와 경제적 기회를 가지고 있지만, 동시에 여성에 대한 성적인 대상화가 증가했음을 알게 하소서. 이것은 여성에 대한 학대나 폭력의 한 형태입니다.

아스트레아여, 죽음과 지옥의 에너지로부터,
나의 모든 세포를 정화해 주소서.
내 몸은 이제 자유롭게 성장하고,
각 세포는 내면의 빛을 발산합니다.

아스트레아여, 가속해 오소서.

나를 순수함으로 진동하게 하소서.
빛나는 백청색의 불꽃을 방출하시어,
내 오라를 진동하는 빛으로 채워 주소서.

7. 아스트레아시여, 사람들을 일깨워 강간 건수, 포르노의 양, 여성에 대한 성희롱의 총량이 증가하고 있음을 알게 하소서. 우리가 이 문제를 다루지 않는다면, 여성에 대한 이런 성적인 대상화 때문에, 여성의 정치적 경제적 해방이 수포로 돌아갈 것임을 알게 하소서.

아스트레아여, 나의 감수성을 맑게 하소서.
순수함 안에서 나는 평화를 발견합니다.
당신이 방출하는 고양된 느낌과,
완전한 평화 안에서 나는 공동창조를 합니다.

아스트레아여, 가속해 오소서.
나를 순수함으로 진동하게 하소서.
빛나는 백청색의 불꽃을 방출하시어,
내 오라를 진동하는 빛으로 채워 주소서.

8. 아스트레아시여, 사람들을 일깨워 이렇게 깨닫게 하소서. 우리는 이에 대해 뭔가를 해야 합니다. 하지만 지금까지 취해 왔던 그리스도교적 패러다임과 물질주의적 패러다임은 문제를 감소시키지 못했습니다. 따라서 이런 패러다임들로는 문제를 해결할 수 없음을 추론해야 합니다.

아스트레아여, 나의 멘탈층을 정화하시고,
내 그리스도 자아가 항상 지휘하게 하소서.
모두의 지고 선을 위한 매트릭스가,
어떻게 구현되는지 나는 이제 압니다.

아스트레아여, 가속해 오소서.
나를 순수함으로 진동하게 하소서.
빛나는 백청색의 불꽃을 방출하시어,
내 오라를 진동하는 빛으로 채워 주소서.

9. 아스트레아시여, 사람들을 일깨워 문제를 해결함에 있어 우리가 무력함을 선언하고, 성적인 착취로부터 여성을 보호하는 데 무력하다는 사실을 인정하거나, 아니면 다른 접근법을 찾아야 한다는 사실을 알게 하소서.

아스트레아여, 광대한 명료성 안에서,
나는 새로운 정체성을 선포합니다.
이제 나는 에테르 청사진을 보며,
깨어난 의식으로 공동창조를 합니다.

아스트레아여, 가속해 오소서.
나를 순수함으로 진동하게 하소서.
빛나는 백청색의 불꽃을 방출하시어,
내 오라를 진동하는 빛으로 채워 주소서.

파트 5

1. 아스트레아시여, 여성들을 자유롭게 해 여기 다룰 필요가 있는 뭔가가 있음을 알게 하소서. 이런 일이 왜 일어나는지를 설명할 수 있는 다른 방법을 찾아야 합니다.

아스트레아여, 사랑이 가득한 백색의 존재시여,
당신의 현존은 나의 순수한 기쁨입니다.
당신은 백청색의 원과 검으로,
아스트랄계를 갈라버립니다.

아스트레아여, 가속해 오소서.
나를 순수함으로 진동하게 하소서.
빛나는 백청색의 불꽃을 방출하시어,
내 오라를 진동하는 빛으로 채워 주소서.

2. 아스트레아시여, 사람들을 일깨워 여성의 대상화를 통해 성적으로 학대하는 것에는 감정적인 요소가 있음을 알게 하소서. 남성들이 매춘부에게 가거나 포르노를 보거나 여성을 성폭행하는 데에는 여성의 대상화(objectification of women)가 있습니다.

아스트레아여, 격렬한 폭풍을 잠재우시고,
순수함이 표준이 되게 하소서.
기사의 빛나는 갑옷처럼,
나의 오라는 백청색 빛으로 채워집니다.

아스트레아여, 가속해 오소서.
나를 순수함으로 진동하게 하소서.
빛나는 백청색의 불꽃을 방출하시어,
내 오라를 진동하는 빛으로 채워 주소서.

3. 아스트레아시여, 사람들을 일깨워 남성 90% 이상이 감정체에서 섹스에 중독되어 있고, 그들은 여성을 성적 대상 말고는 정말이지 아무것도 아닌 것으로 본다는 사실을 알게 하소서.

아스트레아여, 모든 구속하는 영체를 차단하시고,
나를 자유롭게 하소서.
아스트랄 세력 모두를 결박하여,
내가 반드시 진정한 자유를 찾게 하소서.

아스트레아여, 가속해 오소서.

나를 순수함으로 진동하게 하소서.
빛나는 백청색의 불꽃을 방출하시어,
내 오라를 진동하는 빛으로 채워 주소서.

4. 아스트레아시여, 사람들을 일깨워 감정층에서의 관점은 멘탈 수준에서 비롯됨을 알게 하소서. 여성을 대상화하는 것을 목적으로 하는 다양한 활동이 멘탈층에서 발견됩니다.

아스트레아여, 진지하게 촉구드립니다.
모든 데몬을 몰아내고 나를 정결하게 하소서.
그들을 모두 소멸하고 나를 더 높이 올려 주소서.
나는 정화하는 당신의 불꽃을 견뎌내겠습니다.

아스트레아여, 가속해 오소서.
나를 순수함으로 진동하게 하소서.
빛나는 백청색의 불꽃을 방출하시어,
내 오라를 진동하는 빛으로 채워 주소서.

5. 아스트레아시여, 나는 여성의 대상화를 교묘한 방식으로 조장하는 개념과 생각들 배후에 있는 어둠의 세력에 대해 그리스도의 심판을 요청합니다.

아스트레아여, 모든 영체를 결박하시어,
더 이상 내 눈이 멀지 않도록 하소서.
그 영체와 그의 트윈을 직시하면서,
나는 그리스도의 승리를 얻습니다.

아스트레아여, 가속해 오소서.
나를 순수함으로 진동하게 하소서.
빛나는 백청색의 불꽃을 방출하시어,

내 오라를 진동하는 빛으로 채워 주소서.

6. 아스트레아시여, 나는 남성들의 성욕을 자극할 목적으로 여성들을 묘사하는, 광고 산업의 배후에 있는 어둠의 세력들에 대해 그리스도의 심판을 요청합니다.

아스트레아여, 죽음과 지옥의 에너지로부터,
나의 모든 세포를 정화해 주소서.
내 몸은 이제 자유롭게 성장하고,
각 세포는 내면의 빛을 발산합니다.

아스트레아여, 가속해 오소서.
나를 순수함으로 진동하게 하소서.
빛나는 백청색의 불꽃을 방출하시어,
내 오라를 진동하는 빛으로 채워 주소서.

7. 아스트레아시여, 나는 여성은 남성에게 성적으로 매력적이어야 하고, 여성은 성적인 매력에 따라 평가되어야 한다는 개념 배후에 있는 어둠의 세력들에 대해 그리스도의 심판을 요청합니다.

아스트레아여, 나의 감수성을 맑게 하소서.
순수함 안에서 나는 평화를 발견합니다.
당신이 방출하는 고양된 느낌과,
완전한 평화 안에서 나는 공동창조를 합니다.

아스트레아여, 가속해 오소서.
나를 순수함으로 진동하게 하소서.
빛나는 백청색의 불꽃을 방출하시어,
내 오라를 진동하는 빛으로 채워 주소서.

8. 아스트레아시여, 나는 여성의 아름다운 외모에 대한 기준을 만들어 온 뷰티 산업 배후에 있는 어둠의 세력들에 대해 그리스도의 심판을 요청합니다.

아스트레아여, 나의 멘탈층을 정화하시고,
내 그리스도 자아가 항상 지휘하게 하소서.
모두의 지고 선을 위한 매트릭스가,
어떻게 구현되는지 나는 이제 압니다.

아스트레아여, 가속해 오소서.
나를 순수함으로 진동하게 하소서.
빛나는 백청색의 불꽃을 방출하시어,
내 오라를 진동하는 빛으로 채워 주소서.

9. 아스트레아시여, 나는 아름다움에 대한 이런 비현실적인(other-worldly) 기준에 부합해야 한다고 여성에게 투사하고 있는, 멘탈층과 감정층에 만들어진 야수들을 결박해 달라고 요청합니다.

아스트레아여, 광대한 명료성 안에서,
나는 새로운 정체성을 선포합니다.
이제 나는 에테르 청사진을 보며,
깨어난 의식으로 공동창조를 합니다.

아스트레아여, 가속해 오소서.
나를 순수함으로 진동하게 하소서.
빛나는 백청색의 불꽃을 방출하시어,
내 오라를 진동하는 빛으로 채워 주소서.

봉인
I AM THAT I AM의 이름으로, 나는 대천사 미카엘과 아스트레아와 쉬

바께서 나와 모든 건설적인 사람 주위에 뚫을 수 없는 보호막을 형성하여, 우리를 네 옥타브 안에 있는 모든 두려움 기반의 에너지로부터 봉인해 주심을 받아들입니다. 나는 신의 빛(Light of God)이 지구 여성들을 자유롭게 하는 데 저항하는, 어둠의 힘을 구성하는 두려움 기반의 모든 에너지를 변형하고 소멸하고 있음을 받아들입니다!

.

30
성적인 착취에서 여성들을 해방하기-3 (기원)

I AM THAT I AM, 예수 그리스도의 이름으로, 나는 지구에 육화한 존재로서 가진 내 권한을 사용하여 엘로힘 아스트레아께 이 기원을 증폭해 달라고 요청합니다. 내 차크라들을 통해 이 기원문의 내용을 집단의식으로 방출하시어, 여성과 남성 모두가 타락한 존재들의 심리적, 영적 속박에서 자유로워지도록 의식을 일깨워 주소서. 우리는 영적인 존재들이며 상승 마스터들과 함께 일함으로써 새로운 미래를 공동창조할 수 있다는 진실(reality)을 일깨워 주소서. 나는 특히 이것을 요청합니다...
(여기에 개인적인 요청을 추가하세요)

파트 1

1. 아스트레아시여, 나는 현실적으로 어떤 여성도 부합하지 못할 아름다움의 인위적 기준을 설정하게 하는, 컴퓨터 기술 사용 배후에 있는 어둠의 세력들에 대해 그리스도의 심판을 요청합니다.

아스트레아여, 사랑이 가득한 백색의 존재시여,

당신의 현존은 나의 순수한 기쁨입니다.
당신은 백청색의 원과 검으로,
아스트랄계를 갈라버립니다.

아스트레아여, 가속해 오소서.
나를 순수함으로 진동하게 하소서.
빛나는 백청색의 불꽃을 방출하시어,
내 오라를 진동하는 빛으로 채워 주소서.

2. 아스트레아시여, 나는 여성이 특정한 방식으로 보여져야 하고 광고나 영화, 티브이 시리즈에 나오는 것처럼 옷을 입는 것이 지극히 정상적으로 받아들여진다는 믿음 투사를 기반으로 삼는, 이들 산업 배후에 있는 어둠의 세력들에 대해 그리스도의 심판을 요청합니다.

아스트레아여, 격렬한 폭풍을 잠재우시고,
순수함이 표준이 되게 하소서.
기사의 빛나는 갑옷처럼,
나의 오라는 백청색 빛으로 채워집니다.

아스트레아여, 가속해 오소서.
나를 순수함으로 진동하게 하소서.
빛나는 백청색의 불꽃을 방출하시어,
내 오라를 진동하는 빛으로 채워 주소서.

3. 아스트레아시여, 나는 여성은 남성에게 성적 매력이 있어야 하고, 남성의 성욕에 호소해야 하며, 많은 사람의 눈에 이것이 여성에게 특정한 지위를 부여하는 것처럼 보이도록 투사하는 산업 배후에 있는, 어둠의 세력들에 대해 그리스도의 심판을 요청합니다.

아스트레아여, 모든 구속하는 영체를 차단하시고,

나를 자유롭게 하소서.
아스트랄 세력 모두를 결박하여,
내가 반드시 진정한 자유를 찾게 하소서.

아스트레아여, 가속해 오소서.
나를 순수함으로 진동하게 하소서.
빛나는 백청색의 불꽃을 방출하시어,
내 오라를 진동하는 빛으로 채워 주소서.

4. 아스트레아시여, 나는 여성들로 하여금 자신의 성적 매력을 바탕으로 스스로를 정의하게 하는 정체성층 개념 배후에 있는 어둠의 세력들에 대해 그리스도의 심판을 요청합니다. 그들은 남성에게 매력적이고 남성들이 이용할 수 있는 성적인 존재로서 자신을 정의합니다.

아스트레아여, 진지하게 촉구드립니다.
모든 데몬을 몰아내고 나를 정결하게 하소서.
그들을 모두 소멸하고 나를 더 높이 올려 주소서.
나는 정화하는 당신의 불꽃을 견뎌내겠습니다.

아스트레아여, 가속해 오소서.
나를 순수함으로 진동하게 하소서.
빛나는 백청색의 불꽃을 방출하시어,
내 오라를 진동하는 빛으로 채워 주소서.

5. 아스트레아시여, 나는 여성들에게 자신의 성적 매력 때문에 우월감을 느끼게 하는 특정한 자아상(self-image)을 심어주는 어둠의 세력들에 대해 그리스도의 심판을 요청합니다.

아스트레아여, 모든 영체를 결박하시어,
더 이상 내 눈이 멀지 않도록 하소서.

그 영체와 그의 트윈을 직시하면서,
나는 그리스도의 승리를 얻습니다.

아스트레아여, 가속해 오소서.
나를 순수함으로 진동하게 하소서.
빛나는 백청색의 불꽃을 방출하시어,
내 오라를 진동하는 빛으로 채워 주소서.

6. 아스트레아시여, 나는 어떤 남성이라도 자신과 섹스하고 싶게 만들 수 있다는 느낌 때문에, 일부 여성들이 큰 영향력을 가졌다고 느끼게 만드는 어둠의 세력들에 대해 그리스도의 심판을 요청합니다. 그들은 남성들이 섹스를 원하게 한 후 이를 거부함으로써, 왜곡된 힘의 감각을 얻습니다.

아스트레아여, 죽음과 지옥의 에너지로부터,
나의 모든 세포를 정화해 주소서.
내 몸은 이제 자유롭게 성장하고,
각 세포는 내면의 빛을 발산합니다.

아스트레아여, 가속해 오소서.
나를 순수함으로 진동하게 하소서.
빛나는 백청색의 불꽃을 방출하시어,
내 오라를 진동하는 빛으로 채워 주소서.

7. 아스트레아시여, 나는 성적 매력을 이용해 힘의 감각을 얻거나 정치적 지위와 영향력을 얻은 여성들 배후에 있는 어둠의 세력들에 대해 그리스도의 심판을 요청합니다.

아스트레아여, 나의 감수성을 맑게 하소서.
순수함 안에서 나는 평화를 발견합니다.

당신이 방출하는 고양된 느낌과,
완전한 평화 안에서 나는 공동창조를 합니다.

아스트레아여, 가속해 오소서.
나를 순수함으로 진동하게 하소서.
빛나는 백청색의 불꽃을 방출하시어,
내 오라를 진동하는 빛으로 채워 주소서.

8. 아스트레아시여, 나는 여성 해방 운동을, 남성-지배사회에서 여성이 권력을 얻으려면 수단과 방법을 가리지 말아야 하고, 만일 섹스가 통한다면 그것을 이용하지 않을 이유가 어디에 있겠느냐고 일부 여성들이 생각하게 만드는 데 이용하는 어둠의 세력들에 대해 그리스도의 심판을 요청합니다.

아스트레아여, 나의 멘탈층을 정화하시고,
내 그리스도 자아가 항상 지휘하게 하소서.
모두의 지고 선을 위한 매트릭스가,
어떻게 구현되는지 나는 이제 압니다.

아스트레아여, 가속해 오소서.
나를 순수함으로 진동하게 하소서.
빛나는 백청색의 불꽃을 방출하시어,
내 오라를 진동하는 빛으로 채워 주소서.

9. 아스트레아시여, 나는 남성-지배사회에서 영향력을 얻기 위해 여성 스스로가 자신을 대상화하도록 하는 원인, 그 배후에 있는 어둠의 세력들에 대해 그리스도의 심판을 요청합니다.

아스트레아여, 광대한 명료성 안에서,
나는 새로운 정체성을 선포합니다.

이제 나는 에테르 청사진을 보며,
깨어난 의식으로 공동창조를 합니다.

아스트레아여, 가속해 오소서.
나를 순수함으로 진동하게 하소서.
빛나는 백청색의 불꽃을 방출하시어,
내 오라를 진동하는 빛으로 채워 주소서.

파트 2

1. 아스트레아시여, 사람들을 일깨워 만일 우리가 특정한 사회와 문화에서 정의된 기준에 따라 여성이 아름다워야 한다고 믿는다면, 이미 우리는 정체성층에서 여성을 대상화하고 있다는 사실을 알게 하소서.

아스트레아여, 사랑이 가득한 백색의 존재시여,
당신의 현존은 나의 순수한 기쁨입니다.
당신은 백청색의 원과 검으로,
아스트랄계를 갈라버립니다.

아스트레아여, 가속해 오소서.
나를 순수함으로 진동하게 하소서.
빛나는 백청색의 불꽃을 방출하시어,
내 오라를 진동하는 빛으로 채워 주소서.

2. 아스트레아시여, 나는 여성들에게 자신의 신체적 외모를 통제할 수 있다고 투사하는 산업 배후에 있는 어둠의 세력들에 대해 그리스도의 심판을 요청합니다.

아스트레아여, 격렬한 폭풍을 잠재우시고,
순수함이 표준이 되게 하소서.

기사의 빛나는 갑옷처럼,
나의 오라는 백청색 빛으로 채워집니다.

**아스트레아여, 가속해 오소서.
나를 순수함으로 진동하게 하소서.
빛나는 백청색의 불꽃을 방출하시어,
내 오라를 진동하는 빛으로 채워 주소서.**

3. 아스트레아시여, 유전적으로 물려받은 것을 바꿀 수는 없으므로, 이용할 수 있는 수단들을 가지고 신체적 외모를 향상시키는 것에는 한계가 있다는 사실을 모든 여성이 깨닫도록 도와주소서. 그런 믿음은 여성을 대상화합니다.

아스트레아여, 모든 구속하는 영체를 차단하시고,
나를 자유롭게 하소서.
아스트랄 세력 모두를 결박하여,
내가 반드시 진정한 자유를 찾게 하소서.

**아스트레아여, 가속해 오소서.
나를 순수함으로 진동하게 하소서.
빛나는 백청색의 불꽃을 방출하시어,
내 오라를 진동하는 빛으로 채워 주소서.**

4. 아스트레아시여, 사람들을 일깨워 뷰티 산업은 이미지를 만들며, 이미지는 대상(object)이라는 사실을 알게 하소서. 뷰티 산업은 이런 이미지를 모든 여성에게 투사하면서 그들은 그 이미지에 부합하려고 노력해야 하고, 그렇지 못하다면 좋지 않게 느껴야 한다고 합니다.

아스트레아여, 진지하게 촉구드립니다.
모든 데몬을 몰아내고 나를 정결하게 하소서.

그들을 모두 소멸하고 나를 더 높이 올려 주소서.
나는 정화하는 당신의 불꽃을 견뎌내겠습니다.

아스트레아여, 가속해 오소서.
나를 순수함으로 진동하게 하소서.
빛나는 백청색의 불꽃을 방출하시어,
내 오라를 진동하는 빛으로 채워 주소서.

5. 아스트레아시여, 여성은 자신을 남성에게 매력적으로 보이게 해주는 이런 이미지에 부합해야 한다는 투사 배후에 있는 어둠의 세력들에 대해 그리스도의 심판을 요청합니다.

아스트레아여, 모든 영체를 결박하시어,
더 이상 내 눈이 멀지 않도록 하소서.
그 영체와 그의 트윈을 직시하면서,
나는 그리스도의 승리를 얻습니다.

아스트레아여, 가속해 오소서.
나를 순수함으로 진동하게 하소서.
빛나는 백청색의 불꽃을 방출하시어,
내 오라를 진동하는 빛으로 채워 주소서.

6. 아스트레아시여, 나는 여성들은 남성이 자신에게 접근하게 해야 하고, 또한 그 접근에 굴복해야 한다고 느끼게 만드는 어둠의 세력들에 대해 그리스도의 심판을 요청합니다.

아스트레아여, 죽음과 지옥의 에너지로부터,
나의 모든 세포를 정화해 주소서.
내 몸은 이제 자유롭게 성장하고,
각 세포는 내면의 빛을 발산합니다.

아스트레아여, 가속해 오소서.
나를 순수함으로 진동하게 하소서.
빛나는 백청색의 불꽃을 방출하시어,
내 오라를 진동하는 빛으로 채워 주소서.

7. 아스트레아시여, 여성들을 자유롭게 해 여성들이 자신에게 접근하는 첫 번째 남자에게 강압적으로 굴복해서 학대받는 관계에 들어가지 않게 하소서.

아스트레아여, 나의 감수성을 맑게 하소서.
순수함 안에서 나는 평화를 발견합니다.
당신이 방출하는 고양된 느낌과,
완전한 평화 안에서 나는 공동창조를 합니다.

아스트레아여, 가속해 오소서.
나를 순수함으로 진동하게 하소서.
빛나는 백청색의 불꽃을 방출하시어,
내 오라를 진동하는 빛으로 채워 주소서.

8. 아스트레아시여, 여성들을 자유롭게 해 그들이 이렇게 평가하게 하소서. "이 사람이 내가 관계를 맺고 싶은 유형의 남성인가? 이 사람이 내가 성관계를 가지고 싶은 남성인가? 이 남자가 내가 오랫동안 사귀고 싶은 사람인가? 이 사람이 내가 함께 가정을 꾸리고, 어쩌면 여생을 함께 보내고 싶은 남자인가?"

아스트레아여, 나의 멘탈층을 정화하시고,
내 그리스도 자아가 항상 지휘하게 하소서.
모두의 지고 선을 위한 매트릭스가,
어떻게 구현되는지 나는 이제 압니다.

아스트레아여, 가속해 오소서.
나를 순수함으로 진동하게 하소서.
빛나는 백청색의 불꽃을 방출하시어,
내 오라를 진동하는 빛으로 채워 주소서.

9. 아스트레아시여, 나는 남성들로부터의 성적인 공격을 끊임없이 받는 위치에 놓인 여성 배후에 있는 어둠의 세력들에 대해 그리스도의 심판을 요청합니다. 그들은 대체로 스스로를 방어할 수 없다고 느낍니다.

아스트레아여, 광대한 명료성 안에서,
나는 새로운 정체성을 선포합니다.
이제 나는 에테르 청사진을 보며,
깨어난 의식으로 공동창조를 합니다.

아스트레아여, 가속해 오소서.
나를 순수함으로 진동하게 하소서.
빛나는 백청색의 불꽃을 방출하시어,
내 오라를 진동하는 빛으로 채워 주소서.

파트 3

1. 아스트레아시여, 나는 남성들로부터의 이런 성적 희롱을 멈추게 하고, 성적인 착취와 공격적 접근을 막는 데 자신이 점점 더 무력해진다고 느끼는 여성들 배후에 있는 어둠의 세력들에 대해 그리스도의 심판을 요청합니다.

아스트레아여, 사랑이 가득한 백색의 존재시여,
당신의 현존은 나의 순수한 기쁨입니다.
당신은 백청색의 원과 검으로,

아스트랄계를 갈라버립니다.

아스트레아여, 가속해 오소서.
나를 순수함으로 진동하게 하소서.
빛나는 백청색의 불꽃을 방출하시어,
내 오라를 진동하는 빛으로 채워 주소서.

2. 아스트레아시여, 임계수치의 여성들을 자유롭게 하시어 남성들에게 성적으로 매력적이어야 한다는 생각을 놓아버리고, 그들이 이렇게 말할 수 있게 하소서. "이제 멈춰야 한다. 이것은 너무 심하다."

아스트레아여, 격렬한 폭풍을 잠재우시고,
순수함이 표준이 되게 하소서.
기사의 빛나는 갑옷처럼,
나의 오라는 백청색 빛으로 채워집니다.

아스트레아여, 가속해 오소서.
나를 순수함으로 진동하게 하소서.
빛나는 백청색의 불꽃을 방출하시어,
내 오라를 진동하는 빛으로 채워 주소서.

3. 아스트레아시여, 나는 남성과 여성을 조종하는 과정에서 성욕을 이용해온 타락한 존재들에 대해 그리스도의 심판을 요청합니다.

아스트레아여, 모든 구속하는 영체를 차단하시고,
나를 자유롭게 하소서.
아스트랄 세력 모두를 결박하여,
내가 반드시 진정한 자유를 찾게 하소서.

아스트레아여, 가속해 오소서.

나를 순수함으로 진동하게 하소서.
빛나는 백청색의 불꽃을 방출하시어,
내 오라를 진동하는 빛으로 채워 주소서.

4. 아스트레아시여, 나는 남성은 성적인 정복자가 되어야 하고, 남성은 가능한 한 많은 여성과 섹스를 해야 한다고 투사하는 타락한 존재들에 대해 그리스도의 심판을 요청합니다. 그들은 이를 위해 남성의 성욕을 인위적으로 부풀려 놓은 개념, 철학, 종교들을 내놓았습니다.

아스트레아여, 진지하게 촉구드립니다.
모든 데몬을 몰아내고 나를 정결하게 하소서.
그들을 모두 소멸하고 나를 더 높이 올려 주소서.
나는 정화하는 당신의 불꽃을 견뎌내겠습니다.

아스트레아여, 가속해 오소서.
나를 순수함으로 진동하게 하소서.
빛나는 백청색의 불꽃을 방출하시어,
내 오라를 진동하는 빛으로 채워 주소서.

5. 아스트레아시여, 자신은 우두머리 수컷(alpha male)이고 여성들은 자신의 아이를 낳고 싶어하므로 어떤 여성이든 접근하여 굴복시킬 수 있으며 자신과 섹스하고 싶게 만들 수 있다는, 이 강하고 사내다운 남성에 대한 남성 원형을 창조한 타락한 존재들에 대해 그리스도의 심판을 요청합니다.

아스트레아여, 모든 영체를 결박하시어,
더 이상 내 눈이 멀지 않도록 하소서.
그 영체와 그의 트윈을 직시하면서,
나는 그리스도의 승리를 얻습니다.

아스트레아여, 가속해 오소서.
나를 순수함으로 진동하게 하소서.
빛나는 백청색의 불꽃을 방출하시어,
내 오라를 진동하는 빛으로 채워 주소서.

6. 아스트레아시여, 나는 남성의 성적 접근을 수동적으로 받는 존재라는 여성 원형을 창조한 타락한 존재들에 대해 그리스도의 심판을 요청합니다. 그들은 여성은 아이를 낳아서 종족을 퍼트려야 하므로, 인간 종족이 이어지려면 여성은 남성들의 접근을 받아들여야 한다고 말합니다.

아스트레아여, 죽음과 지옥의 에너지로부터,
나의 모든 세포를 정화해 주소서.
내 몸은 이제 자유롭게 성장하고,
각 세포는 내면의 빛을 발산합니다.

아스트레아여, 가속해 오소서.
나를 순수함으로 진동하게 하소서.
빛나는 백청색의 불꽃을 방출하시어,
내 오라를 진동하는 빛으로 채워 주소서.

7. 아스트레아시여, 사람들을 자유롭게 해 이것에는 그 어떤 실재성도 없다는 사실을 알게 하소서. 거기에는 어떤 영적인 진실도 없습니다. 여기에는 물리적이고 진화론적 진실조차 없는데, 그 이유는 동물은 아무 때나 섹스를 하지 않기 때문입니다.

아스트레아여, 나의 감수성을 맑게 하소서.
순수함 안에서 나는 평화를 발견합니다.
당신이 방출하는 고양된 느낌과,
완전한 평화 안에서 나는 공동창조를 합니다.

아스트레아여, 가속해 오소서.
나를 순수함으로 진동하게 하소서.
빛나는 백청색의 불꽃을 방출하시어,
내 오라를 진동하는 빛으로 채워 주소서.

8. 아스트레아시여, 사람들을 자유롭게 해 동물은 오직 새끼를 낳으려는 목적으로만 성적으로 활발해지며, 나머지 기간에는 섹스가 마음에 들어오지 않는다는 사실을 알게 하소서. 그런데 인간은 왜 그러지 않는 것일까요?

아스트레아여, 나의 멘탈층을 정화하시고,
내 그리스도 자아가 항상 지휘하게 하소서.
모두의 지고 선을 위한 매트릭스가,
어떻게 구현되는지 나는 이제 압니다.

아스트레아여, 가속해 오소서.
나를 순수함으로 진동하게 하소서.
빛나는 백청색의 불꽃을 방출하시어,
내 오라를 진동하는 빛으로 채워 주소서.

9. 아스트레아시여, 사람들을 자유롭게 해 인간이 생물학적 동물이라면 모든 동물이 가진 것과 동일한 섹스 접근법을 가져야 함을 알게 하소서. 인간은 명백히 동물과 다른 접근법을 가졌으므로, 인간은 동물 이상인 존재임이 틀림없습니다.

아스트레아여, 광대한 명료성 안에서,
나는 새로운 정체성을 선포합니다.
이제 나는 에테르 청사진을 보며,
깨어난 의식으로 공동창조를 합니다.

아스트레아여, 가속해 오소서.
나를 순수함으로 진동하게 하소서.
빛나는 백청색의 불꽃을 방출하시어,
내 오라를 진동하는 빛으로 채워 주소서.

파트 4

1. 아스트레아시여, 사람들을 자유롭게 해 만일 인간이 생물학적 욕구에 의해서만 구동(驅動)되지 않는다면, 인간의 성적인 활동은 생물학적 활동만은 아니라는 사실을 알게 하소서.

아스트레아여, 사랑이 가득한 백색의 존재시여,
당신의 현존은 나의 순수한 기쁨입니다.
당신은 백청색의 원과 검으로,
아스트랄계를 갈라버립니다.

아스트레아여, 가속해 오소서.
나를 순수함으로 진동하게 하소서.
빛나는 백청색의 불꽃을 방출하시어,
내 오라를 진동하는 빛으로 채워 주소서.

2. 아스트레아시여, 사람들을 자유롭게 해 섹스는 심리 안에 있는 뭔가에 의해 추동됨을 알게 하소서. 이 말은 사람들이 조종당할 수 있고, 성욕이 사람들의 행동을 제어하는 지점, 인간의 고유한 측면인 자유로운 의식적 의지를 박탈하는 지점까지 증대돼 치달을 수 있다는 의미입니다.

아스트레아여, 격렬한 폭풍을 잠재우시고,
순수함이 표준이 되게 하소서.
기사의 빛나는 갑옷처럼,

나의 오라는 백청색 빛으로 채워집니다.

아스트레아여, 가속해 오소서.
나를 순수함으로 진동하게 하소서.
빛나는 백청색의 불꽃을 방출하시어,
내 오라를 진동하는 빛으로 채워 주소서.

3. 아스트레아시여, 사람들을 자유롭게 해 인간에게 고유한 것은 '의지의 자유'임을 알게 하소서. 의식적 의지는 우리의 행동과 감정, 정신적 믿음, 정체감에 대한 결정을 내리게 하는 인간 고유의 자질입니다.

아스트레아여, 모든 구속하는 영체를 차단하시고,
나를 자유롭게 하소서.
아스트랄 세력 모두를 결박하여,
내가 반드시 진정한 자유를 찾게 하소서.

아스트레아여, 가속해 오소서.
나를 순수함으로 진동하게 하소서.
빛나는 백청색의 불꽃을 방출하시어,
내 오라를 진동하는 빛으로 채워 주소서.

4. 아스트레아시여, 사람들을 자유롭게 해 의지의 자유 없이는 우리는 진실로 인간이 아니며, 인간의 잠재성에 부합하고 있지 않음을 알게 하소서. 우리는 동물이 아니고, 인간과 동물 사이의 무언가입니다. 우리는 기계화된 창조물이거나 혹은 좀 더 의식적인 동물이지만, 여전히 완전한 자기-인식은 없습니다.

아스트레아여, 진지하게 촉구드립니다.
모든 데몬을 몰아내고 나를 정결하게 하소서.
그들을 모두 소멸하고 나를 더 높이 올려 주소서.

나는 정화하는 당신의 불꽃을 견뎌내겠습니다.

아스트레아여, 가속해 오소서.
나를 순수함으로 진동하게 하소서.
빛나는 백청색의 불꽃을 방출하시어,
내 오라를 진동하는 빛으로 채워 주소서.

5. 아스트레아시여, 사람들을 자유롭게 해 오로지 대중을 조종하려고만 하는 타락한 존재들, 자기애적(narcissistic) 존재들이 있다는 사실을 알게 하소서. 그들은 물리적 영역에만 있는 것이 아니라 다른 세 영역에도 존재하며, 인간을 조종하려는 아주 복잡한 의도(agenda)를 가지고 있습니다.

아스트레아여, 모든 영체를 결박하시어,
더 이상 내 눈이 멀지 않도록 하소서.
그 영체와 그의 트윈을 직시하면서,
나는 그리스도의 승리를 얻습니다.

아스트레아여, 가속해 오소서.
나를 순수함으로 진동하게 하소서.
빛나는 백청색의 불꽃을 방출하시어,
내 오라를 진동하는 빛으로 채워 주소서.

6. 아스트레아시여, 사람을 자유롭게 해 인간에 대한 온갖 형태의 조종, 특히 남녀 간의 성적 긴장과 섹스를 이용한 모든 조종 배후에는 이런 타락한 존재들이 있음을 알게 하소서. 부분적으로는 사람들을 통제하기 위해, 또 다른 부분적 이유로는 단지 혼돈과 갈등을 일으키기 위해, 타락한 존재들은 그런 긴장감을 부풀려왔습니다.

아스트레아여, 죽음과 지옥의 에너지로부터,

나의 모든 세포를 정화해 주소서.
내 몸은 이제 자유롭게 성장하고,
각 세포는 내면의 빛을 발산합니다.

아스트레아여, 가속해 오소서.
나를 순수함으로 진동하게 하소서.
빛나는 백청색의 불꽃을 방출하시어,
내 오라를 진동하는 빛으로 채워 주소서.

7. 아스트레아시여, 사람들을 자유롭게 해 여성에 대한 성적인 착취와 성적 희롱의 증가 그 이면에는, 서사적 의도는 없지만, 단지 혼란을 일으키기 위해 이를 이용하는 타락한 존재들이 있음을 알게 하소서.

아스트레아여, 나의 감수성을 맑게 하소서.
순수함 안에서 나는 평화를 발견합니다.
당신이 방출하는 고양된 느낌과,
완전한 평화 안에서 나는 공동창조를 합니다.

아스트레아여, 가속해 오소서.
나를 순수함으로 진동하게 하소서.
빛나는 백청색의 불꽃을 방출하시어,
내 오라를 진동하는 빛으로 채워 주소서.

8. 아스트레아시여, 사람들을 자유롭게 해 타락한 존재들은 현대 민주주의가 출현하는 것을 원하지 않았다는 사실을 알게 하소서. 그들은 더 독재적인 형태의 정부를 선호했고, 이들 민주주의 사회를 무너뜨릴 혼돈과 무질서를 일으킬 수 있는 모든 것을 이용하고 있습니다.

아스트레아여, 나의 멘탈층을 정화하시고,
내 그리스도 자아가 항상 지휘하게 하소서.

모두의 지고 선을 위한 매트릭스가,
어떻게 구현되는지 나는 이제 압니다.

**아스트레아여, 가속해 오소서.
나를 순수함으로 진동하게 하소서.
빛나는 백청색의 불꽃을 방출하시어,
내 오라를 진동하는 빛으로 채워 주소서.**

9. 아스트레아시여, 사람들을 자유롭게 해 여성이 스스로를 성적인 대상이 되도록 허용해야 할 아무런 합리적, 생물학적, 영적인 이유가 없다는 사실을 알게 하소서. 그것은 단순히 파괴적인 운동이고, 파괴적인 추동력입니다. 우리는 이것을 인식하고, 이에 저항해야 합니다.

아스트레아여, 광대한 명료성 안에서,
나는 새로운 정체성을 선포합니다.
이제 나는 에테르 청사진을 보며,
깨어난 의식으로 공동창조를 합니다.

**아스트레아여, 가속해 오소서.
나를 순수함으로 진동하게 하소서.
빛나는 백청색의 불꽃을 방출하시어,
내 오라를 진동하는 빛으로 채워 주소서.**

파트 5

1. 아스트레아시여, 여성들이 일어나 이렇게 말할 수 있도록 자유롭게 하소서. "이제 그만! 우리가 성적인 대상이 되는 것에 이제 진절머리가 난다. 우리는 더 이상 이것을 용납하지 않겠다."

아스트레아여, 사랑이 가득한 백색의 존재시여,

당신의 현존은 나의 순수한 기쁨입니다.
당신은 백청색의 원과 검으로,
아스트랄계를 갈라버립니다.

아스트레아여, 가속해 오소서.
나를 순수함으로 진동하게 하소서.
빛나는 백청색의 불꽃을 방출하시어,
내 오라를 진동하는 빛으로 채워 주소서.

2. 아스트레아시여, 권력자의 원형(archetype)을 창조한 배후에 있는 타락한 존재들을 결박하고 집단 영체들을 소멸하소서. 그들은 지도자적인 인물은 성적으로 활발하기에, 그의 성생활이 한 명의 여성에게만 국한돼서는 안되며, 정부(情婦)를 갖는 것이 완벽하게 용인된다고 말합니다.

아스트레아여, 격렬한 폭풍을 잠재우시고,
순수함이 표준이 되게 하소서.
기사의 빛나는 갑옷처럼,
나의 오라는 백청색 빛으로 채워집니다.

아스트레아여, 가속해 오소서.
나를 순수함으로 진동하게 하소서.
빛나는 백청색의 불꽃을 방출하시어,
내 오라를 진동하는 빛으로 채워 주소서.

3. 아스트레아시여, 사람들을 자유롭게 해 지도자인 이 강력한 남성의 원형이 여성을 대상화함을 알게 하소서. 여성은 남성의 성적 욕망을 만족시키기 위한, 남성들의 성적 착취를 위한 '대상'일 뿐입니다.

아스트레아여, 모든 구속하는 영체를 차단하시고,

나를 자유롭게 하소서.
아스트랄 세력 모두를 결박하여,
내가 반드시 진정한 자유를 찾게 하소서.

아스트레아여, 가속해 오소서.
나를 순수함으로 진동하게 하소서.
빛나는 백청색의 불꽃을 방출하시어,
내 오라를 진동하는 빛으로 채워 주소서.

4. 아스트레아시여, 사람들을 자유롭게 해 정치인, 언론인, 과학자, 배우, 작가, 그리고 영향력 있는 사람들 대다수가 남성 리더, 즉 중요한 남성, 권력자에 대한 이런 원형을 믿고 받아들이고 있음을 알게 하소서.

아스트레아여, 진지하게 촉구드립니다.
모든 데몬을 몰아내고 나를 정결하게 하소서.
그들을 모두 소멸하고 나를 더 높이 올려 주소서.
나는 정화하는 당신의 불꽃을 견뎌내겠습니다.

아스트레아여, 가속해 오소서.
나를 순수함으로 진동하게 하소서.
빛나는 백청색의 불꽃을 방출하시어,
내 오라를 진동하는 빛으로 채워 주소서.

5. 아스트레아시여, 사람들을 자유롭게 해 여성에 대한 성적인 대상화를 변화시키려면 의사결정권자들이 동의하게 해야 함을 알게 하소서. 의사결정권자 대다수가 남성입니다. 여성을 대상화하려는 이런 남성 원형에 그들 마음이 지배되어 있다면, 그들이 이에 동의하게 할 수 없습니다.

아스트레아여, 모든 영체를 결박하시어,
더 이상 내 눈이 멀지 않도록 하소서.
그 영체와 그의 트윈을 직시하면서,
나는 그리스도의 승리를 얻습니다.

아스트레아여, 가속해 오소서.
나를 순수함으로 진동하게 하소서.
빛나는 백청색의 불꽃을 방출하시어,
내 오라를 진동하는 빛으로 채워 주소서.

6. 아스트레아시여, 이 과정을 촉진하고 사회 변화를 이끌어낼 수 있는 육화 중인 여성들을 자유롭게 하시어 그들의 인식이 높아지게 하소서. 여성들을 자유롭게 해 이전에는 결코 말한 적이 없는 주제에 대해 공개적으로 말할 수 있게 하소서. 또한, 남성들을 자유롭게 해, 이에 응답할 수 있게 하소서.

아스트레아여, 죽음과 지옥의 에너지로부터,
나의 모든 세포를 정화해 주소서.
내 몸은 이제 자유롭게 성장하고,
각 세포는 내면의 빛을 발산합니다.

아스트레아여, 가속해 오소서.
나를 순수함으로 진동하게 하소서.
빛나는 백청색의 불꽃을 방출하시어,
내 오라를 진동하는 빛으로 채워 주소서.

7. 아스트레아시여, 사람들을 자유롭게 해 더 깊이 나아가 정치적 경제적 자유 이상을 요구하고, 평등 이상을 요구하며, 심리적 자유를 요구하는 새로운 여성 해방 운동이 일어나게 하소서.

아스트레아여, 나의 감수성을 맑게 하소서.
순수함 안에서 나는 평화를 발견합니다.
당신이 방출하는 고양된 느낌과,
완전한 평화 안에서 나는 공동창조를 합니다.

아스트레아여, 가속해 오소서.
나를 순수함으로 진동하게 하소서.
빛나는 백청색의 불꽃을 방출하시어,
내 오라를 진동하는 빛으로 채워 주소서.

8. 아스트레아시여, 사람들을 자유롭게 해 여성이 성적 대상이 될 때, 그녀의 심리적 자유가 박탈된다는 사실을 알게 하소서. 남성이 성적으로 중독되어 있어서 여성을 대상화하고 싶어할 때, 그의 심리적 자유 또한 박탈됩니다.

아스트레아여, 나의 멘탈층을 정화하시고,
내 그리스도 자아가 항상 지휘하게 하소서.
모두의 지고 선을 위한 매트릭스가,
어떻게 구현되는지 나는 이제 압니다.

아스트레아여, 가속해 오소서.
나를 순수함으로 진동하게 하소서.
빛나는 백청색의 불꽃을 방출하시어,
내 오라를 진동하는 빛으로 채워 주소서.

9. 아스트레아시여, 사람들을 자유롭게 해 여성의 심리적 해방만이 아니라 남성의 해방 역시 필요함을 알게 하소서. 여성이 심리적 수준에서 사회 해방을 이루는 데 동력이 되고, 심리적 자유를 가져오는 것을 목표로 하는 새로운 혁명을 일으키는 원동력이 될 역사적 기회가 있습니다.

아스트레아여, 광대한 명료성 안에서,
나는 새로운 정체성을 선포합니다.
이제 나는 에테르 청사진을 보며,
깨어난 의식으로 공동창조를 합니다.

아스트레아여, 가속해 오소서.
나를 순수함으로 진동하게 하소서.
빛나는 백청색의 불꽃을 방출하시어,
내 오라를 진동하는 빛으로 채워 주소서.

봉인
I AM THAT I AM의 이름으로, 나는 대천사 미카엘과 아스트레아와 쉬바께서 나와 모든 건설적인 사람 주위에 뚫을 수 없는 보호막을 형성하여, 우리를 네 옥타브 안에 있는 모든 두려움 기반의 에너지로부터 봉인해 주심을 받아들입니다. 나는 신의 빛(Light of God)이 지구 여성들을 자유롭게 하는 데 저항하는, 어둠의 힘을 구성하는 두려움 기반의 모든 에너지를 변형하고 소멸하고 있음을 받아들입니다!
.

31
왜 파워 엘리트는 여성을 억압하려 할까요?

상승 마스터 성모 마리아

나는 상승 마스터 성모 마리아입니다. 아스트레아께서 앞에서 성에 관해 언급하셨는데, 저도 이에 대해 얘기할 것이 있으므로, 그 주제를 이어가겠습니다. 만일 성을 베이스 차크라와 관련된 제4 순수광선의 관점에서 본다면, 현재 성이 굉장히 불결하고, 많은 경우에는 아주 불순한 활동이 되어온 것을 알 수 있습니다. 성 왜곡과 성의 비하가 있고, 성에 대한 전반적인 개념이 한두 세대 이전보다 훨씬 더 낮은 수준으로 내려왔다는 것을 알 수 있습니다. 내 말의 의미는 이런 현상이 순전히 성적 혁명 때문에 유발되었다는 것이 아니라, 그것이 성적 혁명을 가져왔다고 말하는 것은 좀 더 고려해봐야 한다는 것입니다. 아마도, 사람들이 성적인 것을 더 자유롭게 표현할 수 있었다면, 성에 대한 표현이 더 '불순'해지고, 더 비하되었을 것이며, 특히 여성에 대해서는 더욱 심해졌을 것입니다.

왜 이럴까요? 음, 여러분이 지구에는 매우 자기중심적이고, 자아도

취적이며, 타인에게 둔감한 존재가 있다는 사실을 모른다면 이것을 이해할 수 없습니다. 이 극도로 자기중심적인 나르시시스트적 존재들은 개인이나 대중이 자신들이 하는 이런 조작에 대해 전혀 모르게 조작할 수 있을 정도로, 그들이 할 수 있는 범위 내에서 모든 것을 조종하고 있습니다. 타락한 존재들은 사람들 대부분이 성을 순전히 육체적인 활동으로, 그리고 순수하지 못한 것으로 보도록 격하시키기 위해, 그들이 할 수 있는 모든 일을 신중하게 진행해 왔습니다. 불순하다고 조장되어 온 많은 성적인 활동들을 아주 많은 사람이 볼 수 있습니다.

이런 일이 왜 일어날까요? 여기에는 두 가지 주된 이유가 있습니다. 자, 그 하나는 어떤 활동이 더 불순해질수록 (더 비도덕적이고 더 역겹고, 더 원초적일수록), 어떤 사람들은 더 중독적으로 되기 때문입니다. 물론 어떤 활동이 더 불순해질수록, 참여하는 사람들이 그 활동을 통해 에너지와 빛을 방출하도록 더 많이 강요받을 수 있습니다. 예를 들자면 전에도 말했지만, 사람들로 하여금 빛을 방출하게 하는 방법 중에 가장 효과적인 것이 고문인데, 이것은 정말 부도덕한 활동입니다. 감정 영역에 있는 타락한 존재들이나 집단 영체들은 생명에 대해 절대적으로 무감각합니다. 또한 자신들이 생존하기 위해, 혹은 원하는 것을 하기 위해 필요한 에너지를 방출하도록 강제로 사람들이 빛을 방출하게 하는 것에 대해 어떤 죄책감도 없습니다.

전반적인 성중독 현상의 또 다른 측면은 타락한 존재들이 사람들을 그들 삶의 더 높은 목표로부터 떼어놓으려 한다는 것입니다. 타락한 존재들은 대중을 조종하기를 원하며, 그렇게 할 수 있는 가장 효과적 방법은, 사람들이 가슴 차크라보다 더 높은 곳에 있는 차크라를 활성화하지 못하게 하는 것입니다. 이것들은 주로 영성 혹은 창조성이라고 부를 수 있는, 더 높은 자질을 표현하는 차크라입니다. 아스트레아께서 준 가르침은, 일곱 차크라가 수직선 상에 있고, 가장 낮은 차크라는 베이스 차크라이며, 에너지가 가장 먼저 베이스 차크라로 내려간다는 것입니다.

여기에는 실제로 이유가 있습니다. 그것은 베이스 차크라가 성 기능의 중심이자 성적인 기관이며, 육체를 움직이게 하고 살아가게 하는 데 필요한 생명력의 중심이기 때문입니다. 물리적인 몸을 가졌을 때는, 육체를 유지하는 것이 가장 기본적인 욕구입니다. 왜냐하면, 육체는 영적인 성장을 위한 토대이기 때문입니다. 이 때문에 에너지가 베이스 차크라로 제일 먼저 내려오는 것이며, 그 에너지가 육체와 신경계, 두뇌를 유지해 줍니다. 그런 다음, 이런 기본적인 신체기능이 잘 처리되고 나면, 남은 에너지가 더 높은 차크라를 통해 올라갑니다. 먼저 가슴 차크라로, 다음 목 차크라, 그리고 제3의 눈 차크라, 이어서 크라운 차크라로 올라갑니다. 이런 센터들이 활성화되면 사람들의 의식이 더 높아지고, 더 영적으로 되며, 더 많이 연결되고, 더 직관적이 되면서 전체와 더 많이 연결됩니다.

타락한 존재들은 그리스도 의식을 막고 싶어합니다.

영적인 사람들과 그리스도 의식의 여정을 걷는 사람들은, (이것은 일곱 차크라가 활성화되어야만 가능한 일인데), 타락한 존재들에게는 위협이 되기 때문에, 타락한 존재들은 이것을 방해하려고 합니다. 그 사람들은 타락한 존재들에게 통제당하지 않으며, 통제에서 벗어나는 방법을 사람들에게 보여줄 수 있습니다. 타락한 존재들은 가능한 한 많은 사람이 베이스 차크라에 에너지를 집중하게 만들어 더 높이 올라갈 수 있는 에너지가 충분히 남아 있지 않게 하려고 합니다. 예를 들면, 어떤 남자가 성에 중독되어서 대부분의 관심을 성에 쏟고, 시간과 에너지를 성에 대한 환상으로 모두 써버린다면, 그의 에너지는 베이스 차크라에서 모두 소모되어 다른 차크라로 올라갈 것이 거의 남지 않게 됩니다.

물론 타락한 존재들은 더 많은 의도를 가지고 있습니다. 아스트레아께서 말했듯이, 성적인 활동을 남자의 타락이라고 믿는 일부 종교가 있습니다. 현재 여러분은, 성적인 행위가 점점 더 추하게 되어가는 것을 보고 있습니다. 그리고 이런 활동들이 상호 작용하면서 집단의식에 아주 많은 사고방식(attitude)들이 생겨나고 있지만, 그것들 대부분이 말로 표현되거나 글로 기록되지는 않습니다. 특히 동양의 일부 종교나 그리스도교에서, 성이 영적 성장과 정반대되는 것이며 영적인 목표의 적이고, 성이 영적인 성장을 제한한다고 기술합니다. 사제들의 결혼이 허용되지 않는 가톨릭교회에서 이런 개념들 전체가 펼쳐지고 있는 것을 볼 수 있습니다. 따라서 사제들은 섹스를 하면 안 될 것 같지만, 여러분 모두는 그것이 대부분 거짓말임을 잘 알고 있습니다. 적어도 일부 사제들은 평생을 독신으로 살아갑니다. 동양의 많은 종교, 구루, 금욕생활을 하는 스님과 수녀, 현자, 영적인 사람들에 대한 전반적인 개념이 있습니다. 그들은 은둔자로서 살아가고 있고, 성행위와 다른 많은 신체 활동을 엄격히 자제하고 있습니다.

여러분은 영적인 성장이란 성행위를 해서는 안되는 것을 의미한다는 이런 개념들을 만들어왔습니다. 그런데 이런 것들의 목적이 무엇일까요? 그것은 가능한 한 많은 사람이 영적 여정을 따르는 것을 방해하여, 타락한 존재들에게 위협이 되지 못하게 하려는 것입니다. 동시에 타락한 존재들은 남녀 모두에게, 사람들 대부분의 성적인 욕망을 부풀리려고 합니다. 사람들은 성적 활동을 포기하거나, 성관계를 갖거나, 혹은 영적인 여정을 추구하거나 하는 이런 선택을 강요당합니다. 바꿔 말하자면, 진실로 영적인 길을 추구하기 위해서는 성 활동을 포기해야 한다고 사람들이 생각하게 되고, 그래서 많은 사람이 영적인 여정을 추구하는 것을 원하지 않게 됩니다. 사람들은 이런 사실에 대해 잘 알지 못하며, 만일 그것에 직면한다면 영적인 성장을 위해서 성을 포기하고 싶어하지 않습니다.

성은 본질적으로 반-영성적인 것이 아닙니다.

여기에서 내가 제일 먼저 조언하고 싶은 것은, 상승 마스터의 관점에서는, 성에 대해 본질적으로 부도덕하거나 반(反)-영성적인 것이 없다는 것입니다. 여러분은 지구에서 육체를 가지고 있습니다. 여러분이 몸으로 할 수 있는 활동 중에는 성적 활동도 포함됩니다. 상승 마스터의 관점에서는, 육체적인 많은 활동이 선천적으로 불순하지 않습니다. 자, 내가 섹스가 항상 순수하다고 말하는 것은 아닙니다. 전에도 말했듯이 섹스는 인간의 활동 가운데 가장 불순하고 저급한 것 중 하나가 될 수 있기 때문이지만, 이것은 어떤 활동이든 마찬가지입니다. 본질적으로 불순한 것은 없습니다. 성적으로 활동적이면서도 그리스도나 붓다의 여정을 포함한 영적인 길을 가는 것이 전적으로 가능합니다.

거슬러 올라가 본다면, 여러분은 왜 이런 개념을 가지게 되었을까요? 음, 부분적으로는 타락한 존재들 때문이고, 다른 한편으로는 여기에 어떤 진실이 있기 때문입니다. 내가 얘기했듯이, 특정한 에너지의 총량이 있습니다. 여러분의 의식 수준에 따라, 여러분의 아이앰 현존으로부터 네 하위체로 흐르는 일정량의 에너지가 있습니다. 영적으로 진보를 하기 위해서는, 상위 차크라로 올라가서 그 차크라들을 활성화시키는 에너지가 일부 있어야 합니다. 질문은 단순합니다. "여러분이 주어진 시간에 받은 에너지의 양 중 얼마만큼을 여러분은 물리적 옥타브에서의 물리적이고 신체적인 활동에 사용했으며, 그중 얼마나 많은 에너지가 상위 차크라를 활성화하기 위해 남겨질까요?" 고타마 붓다께서 육 년 동안의 고행 후에 알게 되었듯이, 영적인 성장을 추구하기 위해서 세속적이고 육체적인 활동을 포기하는 것은 분명히 필요치 않습니다. 여러분은 자신의 아이앰 현존으로부터 받은 에너지를 육체적인 활동에 모두 쓰지 않는 방법을 찾아야 합니다. 에너지가 더 높은 차크라로 올라가서, 그것을 활성화하도록 여분을 남겨두어야 합니다. 물론 이것은 여러분이 하고 있는 활동들을 살펴봐야 한다는 의미이고, 성을 포함한 이런저런 활동들에 자신이 에너지를 얼마나 소모하고 있는지를 살펴봐야 한다는 의미입니다.

이것은 전적으로 가능한 일입니다. 우리가 수차례 이야기했듯이, 물병자리 시대의 이상은 영적인 사람들이 금욕생활을 하는 것이 아니라, 사회에서 능동적으로 활발하게 살아가면서, (가족이 있고, 관계가 있습니다), 여전히 영적인 성장을 추구하는 것입니다. 그래서 성적인 활동을 삼가할 필요가 없다는 점을 고려해야 하지만, 하지만 그렇다고 성에 중독된 남자들이 성행위에 대부분의 시간과 에너지를 소모하는 것처럼, 극단으로 들어가서는 안됩니다. 만일 그렇게 된다면, 에너지가 하나도 남지 않을 것입니다. 보다 균형 잡힌 접근법이 필요합니다. 이것은 여러분이 한 명의 파트너와 헌신적인 관계를 맺고 살아가면서, 성적인 것과 다른 욕구 모두를 충족시키기 위해 서로 헌신할 때 가능합니다. 여러분은 이런 욕구에 대처하고, 이런 욕구를 처리하기 위해 서로를 도울 수 있고, 이런 방식으로 두 사람 모두 상위 차크라로 올라갈 에너지를 남겨두게 됩니다. 다시 말하지만, 이것이 명백한 영적 진실입니다. 이것이 소위 영적인 성장을 위한 경제학입니다. 경제의 기본 이론은, 수입과 지출의 균형을 이루는 것입니다.

　이것이 성은 영적인 성장의 적이며, 영적 성장을 멈추게 하거나 완전히 막을 것이며, 심지어는 구원받지 못하게 방해할 것이라는 이런 개념들을 통해 타락한 존재들이 왜곡해온 것입니다. 성을 포기하는 것이 영적인 성장을 할 수 없게 한다고 말하는 것이 아닙니다. 어떤 사람들에게는 금욕이 영적 성장의 가장 빠른 지름길이 될 수 있고, 그들은 여전히 그렇게 하기를 원할 수 있습니다. 우리가 말하는 것은, 이 시대 이번 주기의 대부분의 사람에게는 금욕이 필요치 않다는 것입니다. 실제로 여러분은 사회에서 활발한 삶과 관계를 유지하며 살아가면서, 가장 빠르게 영적인 성장을 이룰 수 있습니다. 왜냐하면, 이렇게 하는 것이 반응 패턴을 이끌어내서, 여러분이 그것들을 볼 수 있기 때문입니다.

　과거나 지금 고립되고 통제된 환경에서 하루 종일 명상을 하며, 은둔자의 삶을 살아온 사람들이 있습니다. 그렇게 하는 것이 얼마간의 성장으로 이어질 수 있겠지만, 많은 경우 가장 빠른 성장으로는 이어지지 않습니다. 통제된 환경 안에 있을 때, 무엇이 반응 패턴과 여러분의 분리된 자아를 자극할까요? 여러분은 자신이 영적이며, 조화로운 상태에 있다고 생각하는 마음 상태를 쉽게 가질 수 있지만, 분명 그것은 여러분의 해결되지 못한 심리를 휘젓는 것이 전혀 없어서, 여러분이 그것을 보지 못하기 때문입니다. 심지어 여러분은 자신이 그런 것을 가지고 있지 않다고 믿습니다. 수년 혹은 수십 년 동안 명상적인 환경에 앉아 있었지만, 거의 진전을 이루지 못한 사람들이 있습니다. 우리가 이 시대 대부분의 사람에게 적극적인 삶을 권하는 이유가 바로 그것입니다. 하지만 예외가 있을 수 있으므로, 여러분은 자신의 직감을 따라야 합니다.

여기서 내가 (결론처럼) 얘기하고 싶은 것은 이것입니다. 성은 그 자체로 불순한 행위가 아니며, 매우 순수한 활동이 될 수 있다는 것입니다. 만일 파트너 둘이 영적으로 성장하도록 서로를 돕는다면, 그들은 성욕을 정화할 수 있고, 기본 차크라를 정화하고, 집단 영체로부터 자신을 보호하며 자유로워질 수 있습니다. 그들은 성과 관련된 분리된 자아들을 해결할 수 있는데, 왜냐하면, (오랫동안 육화해 온) 여러분 모두가, 오랫동안 계속되어온 조작으로 인해 성과 관련된 그런 분리된 자아들을 가지고 있을 것이기 때문입니다. 일단 그렇게 한다면, 여러분은 실제로 영적 성장에서 벗어나지 않는 방식으로, 성적으로 활발해질 수 있습니다.

물리적 세상은 영적인 성장의 적이 아닙니다.

또 다른 것은 성적 활동이나 다른 많은 육체 활동은 영적인 성장의 적이 아니라는 것입니다. 왜 이럴까요? 왜냐하면, 여러분은 왜 애초에 왜 육화했을까요? 만약 여러분이 영적 성장과 성에 대한 것뿐만 아니라 물질 영역, 혹은 육체를 영적인 성장의 적으로 보는, 사방에 퍼져있는 이런 영적 개념들을 살펴볼 때, 실제로 자신이 하는 말이 무엇인지 아는 사람이 있나요? 그들은 삶의 목적이 가능한 한 빨리 물질계를 벗어나는 것이라고 합니다. 그들은 여러분이 여기에 온 것이 실수라고도 합니다. 하지만 "힐링 트라우마", 그리고 그 후에 나온 책에서 우리가 뭐라고 말했습니까?

여러분은 왜 지구에 왔을까요? 그것은 여러분의 아이앰 현존이 긍정적인 목표를 가지고 지구에서 뭔가를 경험하고 싶어했기 때문입니다. 여러분의 현존은 이런 환경에서 자기 자신을 경험하기를 원했습니다. 그 목적은 가능한 한 빨리 지구를 벗어나는 것이 아니었습니다. 그 목적은 지구에서 어떤 경험을 하는 것이었습니다. 왜냐하면, 실제로 그 경험들은 여러분의 외적 자아나 영혼, 네 하위체에 필요한 것이 아니라, 여러분의 아이앰 현존이 영적으로 성장하는 데 도움을 주기 때문입니다. 자, 지구에 오랫동안 육화해 왔고 (그들의 신성한 계획에 따라) 이번 생이 마지막 육화인 사람도 있을 수 있습니다. 그들의 목표는 이번 생이 끝나면 상승하는 것이고, 물론 그 목표를 성취하는 데 더 집중해야 하겠지만, 하지만 또한 여러분은 지구에서 경험하고 싶은 많은 것들을 충분히 경험하려고 할 것입니다.

인간에 대한 대상화(對象化; objectification)는 어디에서 비롯되었나

이제 이야기의 방향을 바꾸겠습니다. 아스트레아께서 말한 여성의 대상화에 대해 계속 얘기하겠습니다. 아스트레아께서 주신 통찰의 단계를 통해 되돌아 본다면, 일반적으로 대상화가 어디에서 비롯되는지를 물을 수 있습니다. 인간을 단순한 대상(사물)으로 볼 수 있는 생명에 대한 이 전반적인 개념과 생각, 행동, 태도는 어디에서 올까요? 인간이 선천적으로 다른 사람을 대상화하려는 경향을 가지고 있고, 그 때문에 그들 자신을 대상화하게 되는 것일까요? 진실은 그렇지 않습니다. 타락한 존재들이 지구에 오기 전에는, 인류는 서로를 대상화하지 않았습니다. 사람들은 이원성에 빠졌기 때문에, 논리적으로 그렇게 할 수 있었습니다. 이원성에 빠지면, 어느 정도까지는 모든 것을 대상화하게 됩니다. 우리가 말한 것처럼, 여러분은 어떤 대상(object)을 보면서, 자신을 주체(subject)로 보게 됩니다. 여러분 외부에 어떤 객체가 있고, 그 객체는 실제로 대상화되어 있습니다.

타락한 존재들이 지구에 오기 전에는 만물에 대한 일반적인 대상화 외에, 현재 볼 수 있는 그런 유형의 대상화는 없었습니다. 자기 자신을 주체로 보고, 대상들이 자기 주변을 둘러싸고 있는 것을 본다 하더라도, 여러분에게는 인간을 바위나 나무 같은 대상으로 보지 않는, 우리가 말한 기본적인 인간애, 본질적인 인간애가 여전히 남아 있었습니다. 여러분이 기본적인 인간애에 연결되어 있다면, 인간은 자기의식을 하는 존재이고, 생각하고 느끼며, 여러분이 다른 사람에게 하는 행위가 그 사람에게 어떤 생각과 감정을 불러일으킬 것임을 깨닫습니다. 그러므로 여러분은 모든 영적이고 종교적인 가르침의 모토인 "다른 사람이 네게 하기를 원하는 대로 행하라."라는 모토나 말을 수용하게 됩니다. 만약 여러분이 다른 사람에게 해를 끼치지 않으면, 다른 사람도 여러분에게 해를 끼치지 않을 것이고, 이것은 모든 사람에게 최선이 됩니다.

자, 이제 타락한 존재들이 지구에 왔고, 타락한 존재들은 추락했기 때문에 자기 초월하는 상향의 움직임에 저항했습니다. 여러분은, 자기 초월의 핵심이 무엇이냐고 물을 수 있습니다. 음, 여러분이 자아를 초월할 때, 여러분은 자신을 명확하게 정의되고 변할 수 없는 고정된 실체(entity)로 보지 않습니다. 여러분은 자아를 죽게 하고, 어떤 의미에서는 자아를 객체로 보는 경향에서 벗어나게 되고, 자신을 객체로 보는 것에서 해방됩니다. 타락한 존재들은 이 과정에 반발했고, 그렇게 하면서 자신을 대상화하였습니다. 왜냐하면, 그들은 자신들이 포기하지 않을 자아를, 즉 그리스도를 따르기 위해 죽게 놔두지 않을 자아를 대상화했기 때문입니다. 이에 따라서 그들은 다른 모든 것을 대상화했습니다. 상승 마스터를 대상화하고, 신을 대상화하고, 자기 주변의 모든 것을 대상화했습니다. 음, 타락한 존재들은 지구의 인간들은 자신들을 위한 대상(수단)일 뿐이라는 사고방식을 가지고, 지구에 왔습니다. 타락한 존재들은 완전히 자기중심적입니다. 요즘 말로 자기도취자(나르시시스트)나 정신병자(사이코패스), 반사회적 인격장애자(소시오패스)라고 할 수 있습니다. 왜냐하면, 그들은 그들 자신과 자신이 원하는 것에 완전히 집중되어 있어서, 자신이 다른 사람에게 무엇을 하고 있는지, 무슨 영향을 끼치는지에 대해서는 완전히 무감각하기 때문입니다.

이것이 총체적인 대상화입니다. 즉, 인류는 타락한 존재들을 위한 대상일 뿐입니다. 타락한 존재들은 의도(아젠다)를 가지고 있고, 특정한 욕망이 있습니다. 무엇보다도 먼저, 그들은 힘을 가지고 싶어하고, 가능한 한 지구에서 얻을 수 있는 가장 많은 힘을 가지고 스스로를 높이기를 원합니다. 그것이 무슨 의미일까요? 그것은 사람들이 타락한 존재들을 지도자로 받들어, 지도자의 명령을 맹목적으로 따르게 하기 위해, 사람들을 복종시켜야 한다는 의미입니다. 이것이 여러분이 시대를 관통해 독재국가에서 보게 되는 것입니다. 어떤 사람이 자신을 독재자로 추켜 세우면, 자기 밑에 있는 사람들에게 완전히 무감각해지는 이런 경향을 볼 수 있습니다. 그는 부하들에게 전쟁에 나가라고 명령하고, 수백만 명이 죽임을 당하지만, 어떤 연민도, 어떤 문제의식도 가지지 않습니다. 왜냐하면, 타락한 존재들에게 인간이란 단지 대상(수단)에 불과하기 때문입니다. 타락한 존재에게 여러분은 단지 대상일 뿐입니다.

여성에 대한 억압은 파워 엘리트로부터 옵니다

짧은 기간에 일반 대중이 타락한 존재에 대해 알게 되고, 이런 생각을 수용하는 것은 전혀 현실적이지 않음을 나도 알고 있습니다. 모든 나라에는, 특히 더 발전된 민주국가와 현대 민주국가에는 자신이 처한 상황을 잘 알고 한 걸음 내디딜 준비가 된 여성들이 매우 많이 있습니다. 이것을 볼 준비가 된 여성들이 많이 있습니다. 그리고 여러분이 요청함으로써 이것이 정말로 현실적이지 않고, 여성 억압에 대해 남성을 일반적으로 비난하는 것은 공정하지도 않고 합리적이지도 않다는 것을 그들이 알게 될 것입니다. 여성 해방 운동이 매우 부정적이거나, 많은 사람이 전반적으로 남성에 대해 매우 부정적이던 시기가 있었습니다. 이것은 여성이 더 평등한 권리를 얻는 것에 대한 저항을 돌파하기 위한 발걸음이었지만, 이제 그것은 더 이상 건설적이지 않으며, 많은 여성이 이미 거기에서 벗어났습니다.

이제 일어날 일은 여성들이 뉘앙스(역주: 섬세한 의미의 차이)를 좀 더 달리해야 한다는 이런 깨어남, 이런 인식을 하게 되는 것입니다. 즉 여성들은 이렇게 말해야 합니다. "우리는 더 분별력이 있어야 하고, 더 현명해야 하며, 여성들이 일반적으로 남성에게 억압받는다고 말하지 말아야 합니다. 대신에, 우리는 역사를 통틀어, 그리고 현재까지도, 특정 집단의 사람들이 여성을 억압한다는 것을 인식해야 합니다." 이 사람들 대부분은 남자들이지만, 하지만 역사를 살펴보면, 여성들도 일부 있었습니다. 물론 대부분은 남성이었는데, 그들의 특징은 무엇일까요? 그들은 권력을 가졌고, 엘리트를 형성했습니다. 그들은 자신들이 더 낫고, 더 능력 있고, 권위가 더 많고, 더 많은 힘을 가졌으므로, 보통 사람들보다 대중을 더 잘 이끌 수 있다고 생각했으며, 그렇기 때문에 스스로를 엘리트로 내세웠습니다. 그들은 엘리트 의식을 가졌고, 권력과 특권에 대한 욕망이 거의 무제한적이어서, 일단 권력과 특권을 갖게 되면, 그것을 놓으려 하지 않습니다. 이것이 유사 이래 지금까지 지구에서 여성을 억압해온 힘, 파워 엘리트입니다.

  진정으로 여성이 자유롭게 되기 위해서는, 파워 엘리트의 영향으로부터 여성이 자유로워져야 합니다. 여러분은 이렇게 말할 수도 있습니다. "하지만 현대 민주주의가 있잖아요. 우리에게는 민주주의가 있는데, 그러니 더 이상 파워 엘리트가 큰 영향력을 가지지 않고, 예전과 같은 파워 엘리트도 더 이상 없는 것 아닌가요?" 나는 이렇게 말하겠습니다. "정말 그럴까요?" 현재 민주국가에 파워 엘리트가 없는 것일까요? 음, 물론 중세 유럽의 봉건사회에서 보았던 그런 파워 엘리트는 없습니다. 오늘날에는 국민을 물리적, 군사적, 정치적으로 통제하는 소수 그룹의 지주나 귀족, 왕이나 황제가 없는 것이 사실입니다. 그러나 대중에 대한 통제력이 덜 드러나는 파워 엘리트가 여전히 존재합니다. 무엇보다 먼저, 세계 금융 시스템을 통제하는 경제, 금융 분야의 파워 엘리트가 대다수의 나라에 존재합니다. 우리는 앞서, 미국에서 점점 더 많은 돈과 점점 더 많은 부가 점점 더 소수에게 집중되어 가고 있다고 말했습니다. 여러분도 아시다시피 전 세계적으로 같은 현상이 일어나고 있습니다.

여러분은 파워 엘리트가 있는 것을 알 수 있지만, 이제 그들은 공개적으로 군사력이나 정치력을 사용하지 않고, 화폐와 화폐 제도를 통제하면서, 그들이 가진 영향력을 사용해 군사력과 정치력을 간접적으로 이용합니다. 그들은 거대 산업을 통제하고 있기 때문에, 민주적으로 선출된 정부에도 압력을 행사할 수 있습니다. 사랑하는 이들이여, 코로나바이러스 위기에서, 여러분은 무엇을 보았나요? 민주정부가 무엇을 해야 한다고 느꼈습니까? 그들은 화폐를 발행하거나, 돈을 빌려서 경제를 진작시키고 있습니다. 그 돈은 어디로 갔나요? 음, 기본적으로는 금융기관이나 금융 엘리트에게 갑니다. 우리가 앞서도 얘기했지만, 국민에게 바로 가지 않는 이유는 무엇일까요? 정말로 왜 그러면 안될까요? 이것은 파워 엘리트가 있다는 것을 증명합니다. 소위 가장 앞선 민주국가에도 여전히 파워 엘리트가 존재합니다.

여러분은 정치적 파워 엘리트도 있음을 인식해야 합니다. 아스트레아께서 미국에 대해 얘기한 것처럼, 정치나 경제 분야뿐만 아니라, 배우나 작가, 그리고 자신이 여론 주도자라고 믿는 사람 가운데에는 이런 엘리트주의적 사고방식을 가진 사람들이 많습니다. 이런 파워 엘리트들이 여성을 심하게 비하하는 태도를 가지고 있음을 여성들이 인식할 잠재력이 있습니다.

아스트레아께서는, 이들 중 정말 많은 사람이 정부(情婦)를 가지고 있으며, 현대 민주 사회에서도 여성에 대한 성적 착취나 성희롱에 대해 어떤 적극적인 조치도 취하려 하지 않음을 언급했습니다. 그 이유는 만일 그렇게 한다면, 그들의 성적인 자유가 제한받기 때문입니다.

이 너머에, 역사상 실제 볼 수 있는 것들을 넘어서서, 그 너머에 파워 엘리트가 있는 것을 알 수 있습니다. 그러면 이들 파워 엘리트의 특징은 무엇일까요? 음, 그들은 성취하고 싶은 특정한 목표를 가지고 있으며, 자국 국민은 단지 그 목적을 달성하는 데 필요한 수단일 뿐입니다. 여러분은 인간이 아니라, 단지 대상일 뿐입니다.

파워 엘리트가 여성에게 원하는 것

남자들은 병역을 강요받을 수 있는 대상이 되므로, 파워 엘리트는 다른 나라의 경쟁 관계에 있는 파워 엘리트에 대항하여 전쟁을 벌일 수 있고, 이로 인해 세계 정복이라는 환상적인 목표를 위해 분투할 수 있습니다. 자, 이제 역사적인 파워 엘리트들이, 심지어 지금까지도, 여성들을 어떻게 봐왔는지 살펴보겠습니다. 여성들 역시 대상(수단)일 뿐입니다. 그들은 전통적으로, 최근 몇십 년 동안에는, 여성을 병역에 투입하지 않았지만, 여성들은 필요한 용도 때문에, 여전히 대상(수단)이 되어왔습니다. 무엇보다도, 여성들은 첫째로는 전쟁에서 싸울 수 있는 병사들을, 두 번째로는 파워 엘리트들이 여자이든 남자이든 그들을 위해 온갖 험한 일을 할 수 있는 노동자들을 가질 수 있도록 아이들을 낳아야 합니다. 왜냐하면, 파워 엘리트들은 더운 날 들판에서 일을 하거나, 공장에서 험한 일을 절대 하지 않으려고 하기 때문입니다.

파워 엘리트는 전쟁에 나갈 군인들이 필요했고, 자신들을 위해 실제적인 모든 일을 해줄 노동자들이 필요합니다. 그것이 그들로 하여금 사람들이 노동으로 생산한 부나 재화 대부분을 수확해 갈 수 있는 특권적 지위를 차지하게 해줍니다. 아시다시피, 전통적으로 이런 파워 엘리트 대부분은, 기본적으로 여성을 육아를 위해 있는 것으로 생각합니다. 그들은 이런 종교와 이런 정치적 이념을 만들고, 심지어는 여성들은 집에 있어야 하고, 엄마가 되고 아이들을 보살피는 것에 집중해야 한다고 얘기하는 집단의식 속에 (무의식적으로) 떠도는 교묘한 신념까지도 만들어냈습니다. 살펴본다면 현재에도 많은 국가에 기업을 운영하는 파워 엘리트들이 있는 것을 알 수 있습니다. 그들은 사업을 최대 규모로 성장시키고, 경쟁업체를 인수하는 것에 대한 서사적 명분을 가집니다. 이렇게 하기 위해, 일주일에 60~80시간을 기꺼이 소비하며 일하므로, 경쟁업체보다 더 효율적일 수 있는 남자들이 그들에게는 필요합니다. 만일 집에서 모든 가사와 육아를 실제적으로 맡아 줄 여성이 없다면 남자들이 그렇게 일할 수 있을까요? 이것이 역사적으로나 지금 현재에나, 파워 엘리트들이 여성들을 얽매어 속박하고 싶어하는 역할입니다.

물론 파워 엘리트들은 여성들이 성적인 착취에 이용될 수 있기를 바랍니다. 그들 자신만이 아니라, 그들을 위해 일하는 남자들, 그리고 군인인 남자들이 그들의 성적인 만족감을 충족시킬 수 있는 방법을 가지길 원하므로, 여성들이 그런 역할에 강요될 수 있습니다. 예를 들면 일본제국이 한국을 지배했을 때, 일본 군인들을 위한 "위안부(慰安婦)"라는 멋진 말로, 많은 한국 여성들을, 물론 그 여성들은 위안부가 아니었지만, 성적 착취 상태로 몰아넣은 것을 볼 수 있습니다. 그들은 일본의 파워 엘리트에 의해 성적으로 착취를 당했습니다. 전 세계적으로 역사를 통해 이와 동일한 현상을 볼 수 있습니다.

여러분은 이런 아이디어들에 열려 있고, 자기 자신을 자유롭게 해야 할 필요성을 보는 데 열려 있으며, 그럼으로써 남성들과 사회를 이런 자기중심적인(narcissistic) 파워 엘리트로부터 해방시킬 수 있기 때문에, 여러분은 여성들이 독특한 위치에 있다는 것을 압니다. 다시 말합니다. 타락한 존재라는 개념을 대다수의 여성이 받아들일 수 있을까요? 아마도 그렇지 못하겠지만, 분명 그들 중 많은 사람이, 역사를 최대한 멀리까지 거슬러 올라가 본다면, 이 행성을 지배해온 자기중심적인 파워 엘리트가 있다는 개념을 받아들이게 될 것입니다. 지금은 이에 대해 뭔가를 행하고, 여성들이 파워 엘리트들을 위한 명분에 헌신하는 대상(수단)이라는 이런 역할에 속박당하는 것으로부터 여성들을 해방시켜야 할 때입니다.

여성들이 사회에 진정한 변화를 가져올 수 있습니다

여성들이 이렇게 할 수 있는 특별한 위치에 있는 이유가 무엇일까요? 그 이유는 여성들이 남성들보다 서사적 사고방식을 더 쉽게 꿰뚫어 볼 수 있기 때문입니다. (이미 얘기했지만, 지구에서 만들어진 왜곡된 남성 심리의 한 측면에서) 남성들은 전통적으로, 서사적 명분을 진작하기 위해 다른 사람들을 기꺼이 죽이거나, 자기 삶을 희생하거나, 혹은 이런저런 서사적 명분을 지지하며 그 명분을 위해 싸우는 데 더 쉽게 끌려들어 갑니다. 여성들은 이런 서사적 명분들을 자주 살펴보았고, 남성들이 격분해서 십자군 전쟁이나 이런저런 전쟁에 나가서 어떻게 싸우는지를 보았으며, 자신들이 아무 말도 할 수 없다는 것을 알고 조용히 머리를 흔들며, 일들이 어떻게 펼쳐질지 그 결과를 기다렸습니다. 물론 여성들 사이에서는 남편이 멈춰야 한다고 말하지 못할 때, 자신들이 그들에게 "그만"이라고 말해야 하며, "왜 그렇게 일을 많이 하나요?"라고 물어야 한다는 인식이 높아지고 있습니다. 그것이 정말로 그럴만한 가치가 있나요? 그 돈이 우리에게 필요한가요? 승진이 꼭 필요하나요? 이런 근무 환경에서 모든 생애를 보내고 나서, 전임자들처럼 퇴직 후 이 년 만에 죽을 필요가 있나요?

부분적으로는 여성이 가족과 자녀들에게 더 집중하기 때문이고, 또 다른 측면에서는 여성이 일반적으로 남성보다 영적인 성장에 더 열려 있기 때문에, 여성들은 이런 것에 쉽게 사로잡히지 않습니다. 일반적으로 남성은 신체적인 활동에 더 집중하고, 여성은 영적인 활동에 더 열려 있습니다. 지금은 여성들이 사회의 초점을 바꾸고, 관계의 초점을 바꿀 수 있는 지점으로 접근하고 있는 역사적으로 매우 중요한 전환점입니다. 여성들은 뒤로 한 걸음 물러나 사회를 살펴보며 "우리는 어디로 가고 있나요?"라고 물을 수 있는 운동을 펼치는 선구자가 될 수 있습니다. 우리는 지금 무엇을 하고 있을까요? 만일 지금 하고 있는 것을 계속한다면, 우리는 어디로 가게 될까요? 그리고 그곳이 정말로 우리가 가고 싶은 곳일까요?"

현대 민주주의가 있었던 지난 백 년을 살펴보면, 경제가 많이 발전했고, 대다수 사람의 경제 상황이 개선되었으며, 정치적 자유와 경제적인 자유가 더 증대되었고, 여성들에게는 더 많은 자유가 주어졌으며, 더 많은 평등이 있게 되었음을 알 수 있습니다. 이것 자체가 목표일까요? 경제 성장 그 자체가 목표일까요? 더 부유해지도록 우리는 계속 노력해야 할까요? 우리는 이미 필요 이상의 물질적 재화를 가지고 있는데도, 아무 생각도 없이 무한정 물질적인 것을 축적하려고 해야 할까요? 아니면 우리가 이렇게 얘기할 때가 된 것일까요? "물질적으로 안락한 생활방식을 가지는 목적이 무엇인가? 그것으로 우리가 할 수 있는 일은 무엇일까?" 그런 것이, "음, 여기에는 더 높은 목적이 있어야 해요."라고 말하는 여성들에게서 일어날 수 있고, 지금 일어나고 있는 자각입니다. 그 목적은 더 안락해지고, 여행을 하거나, 더 큰 차를 갖고, 여름용 별장을 더 많이 가지거나 하는 것들이 될 수 없습니다. 여기 진정한 목적이 있어야 합니다. 그 목적은, 전에 얘기했듯이, 자아실현, 자아 개발, 개인적 성장, 의식의 성장입니다. 실제로 이것이 현대 민주주의 국가들에 영향을 미칠 수 있습니다.

그러면 "우리 사회의 목적은 더 많은 물질적 부와 재화를 제공하는 것이 아닙니다."라고 말하는 전환이 일어나며, 국가 전체의 중점이 바뀔 수 있습니다. 진정한 목적은 삶의 질을 개선하는 것입니다. 그것은 오로지 인간의 심리, 즉 무엇이 인간을 행복하게 하고, 성취감을 느끼게 하는지 하는 것에 중점을 두고, 이것에 대해 배울 때만 얻을 수 있습니다. 이전에도 말했지만, 이들 많은 현대 국가에서 정신질환이 많아지는 것은, 많은 사람이 자아실현을 추구할 준비가 되었다는 신호입니다. 하지만 사람들은 무엇을 해야 할지를 모르고, 사회는 어떤 도움도 주지 못하고 있습니다. 그렇기 때문에 정신질환이 급증하고 있으며, 그것이 사회가 변화하도록 압력을 가하고 있습니다. 만일 사회가 변화하지 않는다면 사회 안전망과 의료 시스템이 붕괴될 것입니다. 여성들은 개인의 성장과 삶의 질, 삶의 목적의식을 얻기 위한 이런 변화의 선구자가 될 수 있습니다.

새로운 시대의 남성-여성 관계

그것은 또한 여러분 자신을 넘어서는 곳에 도달하기 위한 목적이 될 수 있습니다. 우리가 말했듯이, 여러분은 여러분의 특권적 위치를 활용하여 다른 나라의 불우한 사람들을 도울 수 있습니다. 이것은 내가 여기서 다루려고 하는 다음 주제인 남성-여성 관계에 중요한 영향을 미칠 것입니다.

내가 말한 파워 엘리트에 대해 살펴보세요. 그들이 여성들이 수행하기를 바라는 특정한 역할, 그들이 원하는 관계의 목적은 무엇이었나요? 많은 경우에 남성들은 아내를 대상(수단)으로 보았습니다. 기업의 극심한 생존경쟁에 갇힌 많은 남성은 자기 아내를 객체(수단)로 보고 있습니다. "아내는 내가 귀가해서 섹스를 원할 때는 언제나 할 수 있도록, 나를 위해 집에 있어야 합니다. 그녀는 내게 아이를 주기 위해 있습니다. 비록 내가 직장 때문에 아이들을 충분히 돌보지 못하더라도, 나는 아이가 필요합니다. 그런데 아내가 아이들을 돌보고 아이들을 양육하기 위해 집에 있습니다. 그래서 비록 내가 실제로 그곳에는 없었지만, 미래 언젠가 내가 아이들을 훌륭하게 키웠고, 아이들에게 좋은 아버지였다는 느낌을 가질 수 있게 해줍니다. 여성들은 이런 것들을 처리해야 합니다. 그녀는 내가 나의 전문적인 직업 환경에 걸맞은 옷을 입을 수 있게, 내가 입을 옷들을 준비해야 합니다. 그녀가 이 모든 필요사항을 충족시키는 한, 그녀는 돈을 가질 수 있고, 하고 싶은 것은 무엇이든지 할 수 있기는 하지만, 그녀는 내가 없는 시간 동안만 그녀의 시간을 활용해서 원하는 것은 무엇이든지 할 수 있습니다. 내 욕구가 충족된다면, 무엇이든 좋습니다."

그것은 아내를 대상화하는 것입니다. 여러분은 무언가를 공유할 파트너를 실제로 갖지 못합니다. 여러분은 이런 기능을 수행해 줄 어떤 사람을 한 명 가지는 것이며, 그렇지 않은 경우라면 여러 명을 고용해야 합니다. 그것은 어머니, 매춘부, 청소부, 요리사, 기타 등등일 수 있습니다. 실제로 무한정 많은 돈을 가진 파워 엘리트들이 이런 기능을 수행하기 위한 많은 사람을 고용하고 있는 것을 볼 수 있습니다. 그들은 아내가 한 명 있지만, 매춘을 한다거나 정부를 두고 있습니다. 그러니, 전통적인 관계에서 본다면, 여성들은 대상화되어 왔습니다.

이것은 여성들이 먼저 자기 자신에게, 그다음 남편에게, 그리고 사회에 대해 이렇게 말해야 한다는 의미입니다. "우리는 이것만으로 충분하지 않습니다. 충분히 충분하지만, 이것만으로는 충분하지 않습니다. 그리고 우리는 충분하지 못한 것을 충분히 경험했습니다. 우리는 더 나은 관계를 원합니다." 우리의 관계에는 목적을 있어야 하는데, 만일 그것이 물질적 소유물을 축적하지 않는 것이라면, 무엇이 될 수 있을까요? 그것은 영(spirit)입니다. 그것은 개인적인 성장이고, 자아실현이며, 실제로 이것은 또한 영적인 성장입니다. 대부분의 사람은 자신을 개선할 목적이 있어야 한다는 것을 알 수 있을 만큼 준비가 되어 있지 않을 수도 있습니다. 관계의 진정한 목적은 서로를 도와 서로를 개선하는 것입니다. 여러분이 다 같이 성장하고, 서로 성장을 촉진시키고, 서로 돕고, 서로를 지지하는 것이 관계의 더 높은 목적입니다.

많은 여성이 이것을 볼 준비가 되어 있고, (물론 일부 여성들은 이미 이것을 보고 있으며), 일부 여성들은 이것을 받아들일 준비가 되어 있습니다. 이것은 사회에 엄청난 충격을 가져올 변혁이 될 수 있습니다. 그것은 타락한 존재들이 무엇을 해야 할지 모를 일입니다. 파워 엘리트 역시 이것에 어떻게 반응해야 할지를 모를 것입니다. 이런 흐름이 어느 수준을 돌파해 나가면, 사회에 충격을 주기 시작할 것이고, 파워 엘리트들은 사람들이 이 일을 좋아하는 이유를 그들의 마음으로는 도저히 이해할 수 없기 때문에, 그것을 중단시킬 수 없을 것입니다. 실제로, 이것은 아주 중요한 영향력입니다. 그것은 먼저 현대 민주 국가에 큰 충격을 줄 것이고, 점차 다른 나라로 펴져 나갈 것입니다.

개인적인 관계들을 영성화하기

사회와 사회의 변화에 대한 전반적인 것들을 모두 얘기해 왔으므로, 이제는 좀 더 개인적인 수준에서 얘기하겠습니다. 여성인 상승 마스터 학생들에게 얘기하고 싶습니다. 그리고 미래에 이런 가르침을 발견할지도 모를 여성들에게 보다 폭넓게 얘기하고 싶고, 집단의식을 향해서도 얘기하려고 합니다. 여러분의 개인적 관계에 대해 여러분은 무엇을 할 수 있나요? 만약 여러분이 여성이라면, 여러분은 삶에서 남성과의 관계에 대해 무엇을 할 수 있을까요? 무엇보다 먼저, 여러분은 전환을 가져올 수 있습니다. (여러분 중 일부는 이미 이렇게 했지만, 더 많은 사람이 이렇게 할 수 있도록), 삶의 개인적인 목적은 개인적인 성장, 영적 성장, 더 높은 수준으로 의식을 높이는 일이라는 깨달음에 이를 수 있도록, 여러분이 변화를 만들 수 있습니다. 분명히 여러분은 자신을 여성으로, 아내로, 파트너로 보지 않고, 한 개별적 존재로 볼 수 있습니다. 여러분은 자신을 한 개인으로 보고, 자신의 목표가 영적 성장이고 더 높은 수준의 의식임을 알게 됩니다.

그리고 여러분은 (우리가 여러 가르침에서 여러 번 강조했던) 불교에서 마라의 데몬들이나 마야의 환영, 예수가 이 세상의 군주(君主; prince) 혹은 사탄이라고 부르는 세력이 이 세상에 존재한다는 것을 깨닫게 되는 전환을 해야 합니다. 다시 말하지만, 그것들은 주로는 타락한 존재이지만, 그것은 또한 대중 의식과 집단의식 안에 있는 영체들(entities)입니다. 영적인 성장을 중단시키고, 지구상의 누구든 더 높은 의식, 특히 그리스도 의식을 성취하지 못하게 방해하려고 하는 세력들이 있습니다. 사람들의 영적 성장을 멈추게 하려고 이 세력들이 주로 사용하는 도구는 무엇일까요? 바로 이것, 여러분의 개인적인 영적 성장이 외부 환경에 달려있다는 투사입니다. 그것은 영적 성장이 사회나 종교, 직업, 부, 건강에 달려있다는 것일 수도 있습니다. 이런 맥락에서, 많은 여성이 비록 영적인 가르침에는 열려 있어도, 자신의 영적 성장이 그들의 남성 파트너에게 달려있다고 여전히 믿고 있습니다. '이것은 진실이 아니다.'라는 것을 깨닫는 전환이 있어야 합니다. 그렇지 않으면 여러분은 그것을 진실이라 믿게 되고, 그것은 자기충족적 예언이 되고 맙니다. 여러분의 개인적 성장이 외적인 무엇에 의존하게 만드는 어떤 실제적인 힘도, 어떤 영적인 힘도 절대로 없습니다. 영적인 성장은 여러분의 오라 안에 있는 네 하위체, 여러분의 마음과 심리 안에서 일어나는 과정입니다. 그것은 오로지 자신의 심리를 기꺼이 살펴보고, 그것들을 다루고, 해결할 것들을 해결해 나가면서, 낡은 자아감을 죽게 하고 그리스도 안에서 새로운 존재로 다시 태어나고자 하는 여러분의 의지에 달려있습니다. 이렇게 하면 두 가지를 이룰 수 있습니다.

먼저, 여러분은 남편이 여러분에게 부과한 압박감, 즉 남편도 영적으로 성장해야 하고, 남편도 반응해야 하며 이것저것을 해야 한다는 압박감을 벗어버릴 수 있습니다. 그러면, 여러분은 스스로 자립하게 되고, 진정으로 독립적인 사람이 됩니다. 그리고 이렇게 말할 수 있게 됩니다. "나의 내적인 성장은 내 내면의 과정에 달려 있습니다." 자, 여러분은 여전히 실용적인 현실주의자가 될 수 있습니다. 여러분은 지속되는 특성들, 이를테면 자녀를 가질 수 있고, 직업이나 경력, 기타 여러분을 끌어당기는 외적인 것들을 가질 수 있습니다. 여러분은 이렇게 말할 수 있습니다. "나는 여기서 개인적인 균형을 찾을 수 있어. 가이사(황제)의 것, 즉 세속적인 것은 가이사에게, 그리고 신의 것은 신에게. 달리 말하면 나는 여전히 일상적인 의무를 다하면서도, 영적인 성장을 추구할 수 있는 길을 찾을 수 있어." 여러분은 의무를 따로 제쳐 두거나, 그것들에 대해 후회할 필요가 없습니다. 여러분은 해야 할 일을 하고, 남은 시간과 에너지를 사용합니다. 그리고 대부분의 경우에는, 영적 성장을 추구하거나 심리 작업을 하고, 여러분의 심리 안에 있는 것들을 해결하기 위해 남겨진 여분의 무언가가 있을 것입니다.

당신의 남자는 당신의 어떤 욕구를 충족시키나요?

여러분이 이런 전환을 한다면 다른 전환도 할 수 있고, 또한 우리가 독재에 관한 책에서 얘기한 뭔가를 자각할 수 있습니다. 그것은 역사상 최악의 독재자일지라도 독재의 대상이던 자국민의 욕구를 어느 정도는 실제로 충족시켜 주었다는 것입니다. 국민은 독재자가 충족시켜 주는 특정한 유형의 욕구를 가졌기 때문에, 독재자에게 복종했습니다. 그러므로 여러분은 이것을 활용하여 외부 상황을 살펴볼 수 있고, 특히 남편이나 여러분 삶에 연관된 남자를 살펴보고, 이렇게 말할 수 있습니다. "그 남자는 내가 가진 어떤 욕구를 채워 주고 있는 것이 분명해, 그렇지 않다면 내가 이런 상황에 이끌리지 않았을 거야. 내가 이런 상황에 있는 것은, 그 남자가 내 욕구를 충족시켜 주고 있기 때문이야." 그러면 여러분은 그 욕구가 무엇인지 살펴볼 수 있습니다.

여러분은 남성에게 학대받는 어떤 여성이, 학대하는 남성과의 관계에서 벗어나더라도 똑같이 폭력적이거나, 더 폭력적인 남성에게 이끌리는 심리적인 순환(psychological circles)에 대해 알고 있습니다. 이런 일이 일어나는 것은 비록 폭력적인 남자일지라도 여성이 가지고 있는 특정한 욕구를 충족시켜 주기 때문입니다. 분명히 그것은 높은 수준은 아니지만, 그 여성은 특정한 욕구를 가진 분리된 자아를 가지고 있습니다. 아마도 분리된 자아는 자신이 무가치하다고 느끼고, 남자는 그것을 재확인해 줍니다. 어쩌면 그 자아는 결정을 내리고 싶지 않을 것이고, 그 남성은 그것을 재확인해 줍니다. 여러분은 (여러분이 학대받는 관계에 있지 않더라도) 자신을 살펴보고 말할 수 있습니다. "내 남자가 실제로 충족시켜 주는 특정한 욕구가 내게 있는 것일까? 내 삶에서 실제로 그 남자가 충족시켜 주고 있는 심리적인 욕구가 내게 있는 것일까?" 그러면, 여러분은 자신의 심리적인 욕구를 살펴볼 수 있고, 만일 그것이 실제로 분리된 자아에서 나왔다면, 분리된 자아를 보게 해주는 우리가 준 도구를 사용할 수 있습니다. 다른 말로 하면 이렇습니다. "이 욕구를 가진 것이 나인가? 아니면 분리된 자아인가?" 그런 다음 여러분은 도구를 사용하여 분리된 자아를 식별할 수 있으며, 그 이면의 결정을 살펴보고, 분리된 자아를 죽게 놔둘 수 있습니다. 그리고 여러분은 그 욕구로부터 자유로워집니다.

다른 경우, 여러분은 남편이 충족시켜 주는 논리적인 욕구를 자신이 가지고 있음을 깨달을지도 모릅니다. 예컨대 여러분은 전업주부로 있으면서 영적 성장에 집중하기를 바랄 수도 있습니다. 그런 경우 여러분의 남편은 이런 욕구를 충족시키기 위해 돈을 벌어야 하고, 여러분은 물질적으로 안락한 위치에서 살아갈 수 있습니다. 이런 욕구가 본질적으로 잘못된 것이 아니지만, 여러분은 이것을 살펴보고, 그 욕구를 인정하고, 남편이 여러분이 해주기를 바라는 것을 해주고 있다는 것을 깨닫게 될 것입니다. 여러분에게 어떤 욕구를 가지게 하는 이런 자아들을 제거한다면, 이 남성이 더 이상 여러분이 필요로 하는 사람이 아니며, 그는 지금 여러분이 가지고 있는 개인적 성장이나 영적인 성장에 필요한 욕구를 충족시킬 수 없다는 사실을 깨닫게 됩니다. 그런 경우라면 그 관계는 끝이 나고, 여러분은 앞으로 나아갈 수 있으며, 새로운 관계를 찾거나, 잠시 동안 홀로 있을 수도 있습니다. 여러분이 그렇게 해야 한다거나 해서는 안된다고 말하는 것이 아닙니다.

내가 말하는 것은, 매슬로우가 "결핍 욕구(deficit needs)"라고 명확하게 표현한, 과거 생에서의 상처에서 오는 이런 욕구들을 여러분이 가지고 있고, 여러분이 이것들을 극복한다면, 자유롭게 앞으로 나아갈 수 있다는 것입니다. 많은 경우에 여러분은 파트너를 바꿀 필요가 없으며, 파트너와 다른 방식으로 관계 맺을 수 있는 새로운 국면으로 나아갈 수 있습니다. 만일 이런 결핍 욕구 가운데 하나를 가지고 있다면, 여러분과 파트너 사이에 긴장감이 생길 것입니다. 이런 욕구들을 극복한다면, 그러면 여러분은 그 긴장감을 극복하고, 긴장감을 뛰어넘을 수 있으며, 그러면 파트너와 보다 솔직하게 대화할 수 있을 것입니다. 여러분은 자신의 욕구 너머를 볼 수 있고, 또 이렇게도 볼 수 있을 것입니다. "음, 남편이 충족시켜 준 욕구가 있다면, 남편도 내가 충족시켜 주었거나 충족시키지 못한 욕구를 가지고 있지 않을까? 남편의 욕구는 무엇일까?" 여러분은 그것을 살펴본 후 이렇게 말할 수 있습니다. "그가 가지고 있는 욕구는 타당한 것인가? 내가 이제껏

해온 것보다 그것을 더 잘 해낼 수 있을까?" 또는 여러분은 남편이 이런 욕구에 갇혀 있는 것을 보고, 그가 그것을 초월해 성장하도록 도울 수 있습니다.

여러분이 변하면 관계가 변할 것입니다.

내가 말하려는 것은 이것입니다. 여러분이 자신에 대해 작업하고, 심리 문제를 해결하고, 분리된 자아를 극복하는 것에 집중하여, 일정 기간 심리 치유를 하고 나면, 여러분 관계의 역학이 변할 것입니다. 여러분은 여러분 삶에 있는 남자들과 보다 솔직하고, 직접적인 방식으로 대화할 수 있게 되는데, 많은 경우에 그 남자들은 이것에 긍정적으로 반응할 것입니다. 또한, 그는 당신과의 관계에서 어쩌면 어떤 긴장을 느끼지만, 그 긴장감을 어떻게 처리해야 할지 모를 수도 있습니다. 만약 여러분이 그런 긴장을 해결할 수 있고, 긴장감을 완화시킬 수 있다면, 그는 편안해지고, 좀 더 솔직하게 되어 자신을 기꺼이 살펴볼 수도 있습니다. 또한 그는 많은 남성이 억압해야 한다고 배워온 감정을 실제로 살펴볼 수 있고, 삶에서 자신이 원하는 것이 무엇이고, 어디로 가기를 원하는지, 자신의 욕구를 인식할 수도 있습니다. 이것은 아주 많은 경우, 내가 얘기했던 그런 관계로 이어질 수 있습니다. 즉 여러분과 파트너 둘 다 자신을 향상시키고 싶어하고, 개인적 성장과 자아-실현, 심지어는 영적인 성장까지 원한다는 것을 알게 되는 그런 관계로 이어질 수 있습니다. 여러분은 자신이 누구이고, 개인적인 여정에서 어느 지점에 있는가 하는 것에 바탕을 두고, 서로가 그런 욕구를 성취하도록 서로를 지원하게 됩니다. 이것이 관계의 역학을 전환시킬 수 있습니다. 어떤 경우에는 이것을 경험하기 전에 다른 관계를 찾을 수도 있는데, 그런 경우 그것은 여러분의 신성한 계획 일부일 것입니다.

여성을 위한 다음 혁명은 집(home)에서 출발합니다. 여기서 "집에서"라는 말은 집이나 가정을 의미하지 않고, 마음(psyche; 프시케)을 의미합니다. 다음번의 여성 혁명은 심리적인 혁명이 될 것이며, 되어야 하며, 그렇게 될 수밖에 없습니다. 그것은 많은 여성이 그랬던 것처럼, 그들 자신을 성찰하고, 자신의 심리를 개선하려는 것에서 시작합니다. 지금까지는 많은 여성이 이것을 대중적으로 유용한 것들을 취하는, 어느 정도는 피상적인 방법으로 해왔습니다. 사람들은 요가의 영적인 배경을 살펴보지 않고 요가를 할 수도 있고, 깊이 살펴보지 않고 마음 챙김 수련을 하기도 합니다. 우리의 직계 제자인 여러분은 이번 컨퍼런스에서 우리가 주의를 촉구했던 많은 것들에 대해 요청을 할 수 있습니다. 많은 것들이 개방될 것이고 더 많은 여성이 이것을 하기 위한 더 높고 더 깊은 접근법을 찾게 될 것이며, 이름에 상관없이 영적인 성장을 추구하기 시작할 것입니다.

우리의 목표는 모든 여성을 상승 마스터 학생으로 만드는 것이 아니라, 모든 여성을 개인적인 성장의 긍정적 길로 가게 하는 것입니다. 물론 우리 목표에는 그 길에 남성들도 참여하게 하는 것이 포함됩니다. 우리는 가장 현실적인 목표부터 시작할 것인데, 그것은 여성들을 개인적 성장의 길로 전환하게 하는 것입니다. 장기적으로 볼 때 이것은(다소 긴 시간이 걸릴 수 있지만) 현대 민주주의가 물질적 복지에 지나치게 초점을 맞추는 것이 아니라 심리적이고 영적인 복지(psycho-spiritual welfare)에 초점을 맞추도록 전환하는 것입니다. 이것이 우리의 진정한 목표입니다. 왜냐하면, 이것이 인류가 행복해지고 충만해지며, 마음의 평화를 얻고, 목적의식을 가지며, 실제로 삶이 사람들을 어떤 곳으로 나아가게 하는 과정임을 보게 되는 유일한 방법이기 때문입니다.

삶은 선물입니다. 삶은 후회스럽거나 저항해야 하는 어떤 것이 아닙니다. 삶은 아무 생각 없이 살아야 하는 그런 것이 아닙니다. 삶은 진실로 선물입니다. 이것이 우리가 이 행성에서 진실로 보고 싶은 것입니다. 그것은 타락한 존재들이 지구에서 절대 보고 싶어하지 않는 것입니다. 여러분 내면의 성장이 외부의 어떤 것에 의존하거나, 외부의 어떤 것으로 멈추게 할 수 없음을 깨닫게 되면, 타락한 존재들이 무엇을 할 수 있을까요? 이 세상의 군주가 오더라도 여러분에게서 가져갈 것이 없으므로, 그들은 사회에 대한, 여성에 대한, 그리고 남성에 대한 힘을 잃게 됩니다.

이것으로 나는 이번 담화의 목적을 이루었습니다. 이번 담화와 이번 컨퍼런스에서 주어진 모든 담화, 그리고 디크리, 기원문에 집중해 준 여러분에게 감사합니다. 또한 2020년대의 수십 년을 만들어갈 제2의 페미니스트 운동 혹은 여성 혁명을 시작하는 초기 과정의 일부가 되려고 하는 여러분의 의지에 우리는 정말로 정말로 감사하고 있습니다.

32
파워 엘리트로부터 여성들을 자유롭게 하기-1 (기원)

I AM THAT I AM, 예수 그리스도의 이름으로, 나는 지구에 육화한 존재로서 가진 내 권한을 사용하여 성모 마리아께 이 기원을 증폭해 달라고 요청합니다. 내 차크라들을 통해 이 기원문의 내용을 집단의식으로 방출하시어, 여성과 남성 모두가 타락한 존재들의 심리적, 영적 속박에서 자유로워지도록 의식을 일깨워 주소서. 우리는 영적인 존재들이며 상승 마스터들과 함께 일함으로써 새로운 미래를 공동창조할 수 있다는 진실(reality)을 일깨워 주소서. 나는 특히 이것을 요청합니다...
(여기에 개인적인 요청을 추가하세요)

파트 1

1. 성모 마리아시여, 나는 성을 불결하고 순수하지 못한 행위라고 왜곡하고 비하하는 경향 이면에 있는 타락한 존재들과 집단 영체들에 대해 신성한 어머니의 심판을 요청합니다.

오 축복받은 성모 마리아, 나의 어머니시여,
당신의 사랑보다 더 큰 사랑은 없습니다.
우리가 가슴과 마음속에서 하나가 될 때,
나는 우주의 위계에서 내 자리를 발견합니다.

오 성모 마리아시여,
지구를 더 높은 상태로,
가속하는 노래를 내어 주소서.
이제 모든 물질이 눈부시게 반짝입니다.

2. 성모 마리아시여, 나는 성행위에 대한 전반적인 개념이 전 세대보다 훨씬 낮은 수준으로 내려가게 된 사실 이면에 있는 타락한 존재들과 집단 영체들에 대해 신성한 어머니의 심판을 요청합니다.

나는 지구의 상승을 돕기 위해,
하늘에서 지구로 내려왔습니다.
나는 신성한 권한을 사용하여,
지구를 자유롭게 하라고 당신에게 명합니다.

오 성모 마리아시여,
지구를 더 높은 상태로,
가속하는 노래를 내어 주소서.
이제 모든 물질이 눈부시게 반짝입니다.

3. 성모 마리아시여, 나는 성행위를 자유롭게 표현할수록, 성행위의 표현이 더 '불결해지고', 특히 여성에 대해 더욱 모욕적으로 표현되는 사실 이면에 있는 타락한 존재들과 집단 영체들에 대해 신성한 어머니의 심판을 요청합니다.

나는 이제 신의 신성한 이름 안에서,

어머니의 화염을 사용해,
두려움에서 나온 에너지를 모두 불태우고,
신성한 조화를 회복하라고 당신께 요청합니다.

**오 성모 마리아시여,
지구를 더 높은 상태로,
가속하는 노래를 내어 주소서.
이제 모든 물질이 눈부시게 반짝입니다.**

4. 성모 마리아시여, 나는 성을 육체적이고 낮은 수준의 행위로 격하시키기 위해 고의적으로 온갖 일을 자행해온 타락한 존재들과 집단 영체들에 대해 신성한 어머니의 심판을 요청합니다.

나는 이로써 당신의 신성한 이름을 찬양하니,
당신은 집단의식을 들어올립니다.
어머니의 화염으로 불태우니,
두려움과 의심과 수치는 모두 사라집니다.

**오 성모 마리아시여,
지구를 더 높은 상태로,
가속하는 노래를 내어 주소서.
이제 모든 물질이 눈부시게 반짝입니다.**

5. 성모 마리아시여, 나는 어떤 행위가 불순해질수록 더 중독적으로 되기 때문에, 성을 격하시켜온 타락한 존재들과 집단 영체들에 대한 신성한 어머니의 심판을 요청합니다.

당신은 지상에서 모든 어둠을 몰아내고,
당신의 빛은 거대한 해일처럼 밀려옵니다.
어떤 어둠의 힘도 이제는,

상승나선을 멈출 수 없습니다.

오 성모 마리아시여,
지구를 더 높은 상태로,
가속하는 노래를 내어 주소서.
이제 모든 물질이 눈부시게 반짝입니다.

6. 성모 마리아시여, 나는 어떤 행위가 불순해질수록 사람들에게 더 많은 에너지를 방출하도록 강제할 수 있기 때문에, 성을 격하시켜온 타락한 존재들과 집단 영체들에 대해 신성한 어머니의 심판을 요청합니다.

당신은 모든 엘리멘탈을 축복하며,
그들에게서 인간이 부과한 스트레스를 거두어 줍니다.
이제 자연의 정령들은 자유를 얻어,
신성한 디크리를 실현합니다.

오 성모 마리아시여,
지구를 더 높은 상태로,
가속하는 노래를 내어 주소서.
이제 모든 물질이 눈부시게 반짝입니다.

7. 성모 마리아시여, 나는 생명에 대해 둔감하고, 자신이 생존하는 데 필요하고 자신이 원하는 일을 하는 데 필요한 에너지를 사람들이 방출하도록 강요하면서, 아무런 죄책감도 느끼지 않는 타락한 존재들과 집단 영체들에 대해 신성한 어머니의 심판을 요청합니다.

나는 단호한 태도로 목소리를 높이며,
전쟁의 중단을 명합니다.
더 이상 지구는 전쟁으로 상처받지 않으며,

황금시대가 가까이 왔습니다.

**오 성모 마리아시여,
지구를 더 높은 상태로,
가속하는 노래를 내어 주소서.
이제 모든 물질이 눈부시게 반짝입니다.**

8. 성모 마리아시여, 나는 사람들을 삶의 더 높은 목표에서 벗어나게 하고, 더 높은 차크라를 활성화하는 것을 방해함으로써, 대중을 통제하고 싶어하는 타락한 존재들과 집단 영체들에 대해 신성한 어머니의 심판을 요청합니다.

어머니 지구가 마침내 자유를 얻을 때,
재난들은 과거의 일이 됩니다.
어머니 빛은 너무나 강렬하여,
이제 물질의 밀도는 훨씬 낮아집니다.

**오 성모 마리아시여,
지구를 더 높은 상태로,
가속하는 노래를 내어 주소서.
이제 모든 물질이 눈부시게 반짝입니다.**

9. 성모 마리아시여, 나는 사람들이 그리스도 신성의 여정을 걸음으로써 타락한 존재들에게 위협이 되는 것을 막으려고 하는, 타락한 존재들과 집단 영체들에 대해 신성한 어머니의 심판을 요청합니다.

어머니 빛 안에서 지구는 순수해지고,
상향나선이 유지됩니다.
이제 번영은 일상의 기준이 되고,
신의 비전은 형상으로 구현됩니다.

오 성모 마리아시여,
지구를 더 높은 상태로,
가속하는 노래를 내어 주소서.
이제 모든 물질이 눈부시게 반짝입니다.

파트 2

1. 성모 마리아시여, 나는 가능한 한 많은 사람이 베이스 차크라에 에너지를 집중하게 만들어 충분한 에너지가 더 높은 차크라로 올라가지 못하게 하려고 하는, 타락한 존재들과 집단 영체들에 대해 신성한 어머니의 심판을 요청합니다.

오 축복받은 성모 마리아, 나의 어머니시여,
당신의 사랑보다 더 큰 사랑은 없습니다.
우리가 가슴과 마음속에서 하나가 될 때,
나는 우주의 위계에서 내 자리를 발견합니다.

오 성모 마리아시여,
지구를 더 높은 상태로,
가속하는 노래를 내어 주소서.
이제 모든 물질이 눈부시게 반짝입니다.

2. 성모 마리아시여, 나는 남자들이 자신의 주의력을 성에 쏟고, 시간과 에너지를 성에 관련된 일이나 성에 대한 환상에 소비하게 만드는 타락한 존재들과 집단 영체들에 대해 신성한 어머니의 심판을 요청합니다. 그럼으로써 남성들은 베이스 차크라를 통해 에너지를 끌어다 쓰게 되고, 다른 차크라를 활성화할 에너지가 남아 있지 않게 됩니다.

나는 지구의 상승을 돕기 위해,
하늘에서 지구로 내려왔습니다.

나는 신성한 권한을 사용하여,
지구를 자유롭게 하라고 당신에게 명합니다.

오 성모 마리아시여,
지구를 더 높은 상태로,
가속하는 노래를 내어 주소서.
이제 모든 물질이 눈부시게 반짝입니다.

3. 성모 마리아시여, 나는 성이 우리의 영적 성장을 저해하고, 영적 목표의 적이며, 영적인 성장을 제한한다는 생각을 조장하는 타락한 존재들과 집단 영체들에 대해 신성한 어머니의 심판을 요청합니다.

나는 이제 신의 신성한 이름 안에서,
어머니의 화염을 사용해,
두려움에서 나온 에너지를 모두 불태우고,
신성한 조화를 회복하라고 당신께 요청합니다.

오 성모 마리아시여,
지구를 더 높은 상태로,
가속하는 노래를 내어 주소서.
이제 모든 물질이 눈부시게 반짝입니다.

4. 성모 마리아시여, 나는 가톨릭 사제들에게 결혼을 허용하지 않으면서, 사제들은 성행위를 해서는 안된다고 제한하는 사실 이면에 있는, 타락한 존재들과 집단 영체들에 대해 신성한 어머니의 심판을 요청합니다.

나는 이로써 당신의 신성한 이름을 찬양하니,
당신은 집단의식을 들어올립니다.
어머니의 화염으로 불태우니,

두려움과 의심과 수치는 모두 사라집니다.

오 성모 마리아시여,
지구를 더 높은 상태로,
가속하는 노래를 내어 주소서.
이제 모든 물질이 눈부시게 반짝입니다.

5. 성모 마리아시여, 나는 많은 종교의 수도사, 수녀 그리고 영적인 사람들이 금욕적인 삶을 살고 있다는 사실 이면에 있는 타락한 존재들과 집단 영체들에 대해 신성한 어머니의 심판을 요청합니다.

당신은 지상에서 모든 어둠을 몰아내고,
당신의 빛은 거대한 해일처럼 밀려옵니다.
어떤 어둠의 힘도 이제는,
상승나선을 멈출 수 없습니다.

오 성모 마리아시여,
지구를 더 높은 상태로,
가속하는 노래를 내어 주소서.
이제 모든 물질이 눈부시게 반짝입니다.

6. 성모 마리아시여, 나는 '영적인 성장은 성행위를 할 수 없음'을 의미한다는 생각 이면에 있는 타락한 존재들과 집단 영체들에 대해 신성한 어머니의 심판을 요청합니다.

당신은 모든 엘리멘탈을 축복하며,
그들에게서 인간이 부과한 스트레스를 거두어 줍니다.
이제 자연의 정령들은 자유를 얻어,
신성한 디크리를 실현합니다.

오 성모 마리아시여,
지구를 더 높은 상태로,
가속하는 노래를 내어 주소서.
이제 모든 물질이 눈부시게 반짝입니다.

7. 성모 마리아시여, 나는 사람들이 타락한 존재들에게 위협이 되지 않도록 가능한 한 많은 사람이 영적인 여정을 따르지 못하게 방해하는, 타락한 존재들과 집단 영체들에 대한 신성한 어머니의 심판을 요청합니다.

나는 단호한 태도로 목소리를 높이며,
전쟁의 중단을 명합니다.
더 이상 지구는 전쟁으로 상처받지 않으며,
황금시대가 가까이 왔습니다.

오 성모 마리아시여,
지구를 더 높은 상태로,
가속하는 노래를 내어 주소서.
이제 모든 물질이 눈부시게 반짝입니다.

8. 성모 마리아시여, 나는 사람들이 성행위를 할 것인지 영적인 여정을 추구할지 선택하도록 강요하기 위해, 대부분의 사람의 성적 욕망을 부풀리려고 하는 타락한 존재들과 집단 영체들에 대한 신성한 어머니의 심판을 요청합니다.

어머니 지구가 마침내 자유를 얻을 때,
재난들은 과거의 일이 됩니다.
어머니 빛은 너무나 강렬하여,
이제 물질의 밀도는 훨씬 낮아집니다.

오 성모 마리아시여,
지구를 더 높은 상태로,
가속하는 노래를 내어 주소서.
이제 모든 물질이 눈부시게 반짝입니다.

9. 성모 마리아시여, 나는 사람들이 영적인 성장을 추구하기 위해서는 성을 포기해야 한다고 생각하게 만들어, 많은 사람이 영적인 길을 걷는 것을 원하지 않게 만드는 타락한 존재들과 집단 영체들에 대해 신성한 어머니의 심판을 요청합니다.

어머니 빛 안에서 지구는 순수해지고,
상향나선이 유지됩니다.
이제 번영은 일상의 기준이 되고,
신의 비전은 형상으로 구현됩니다.

오 성모 마리아시여,
지구를 더 높은 상태로,
가속하는 노래를 내어 주소서.
이제 모든 물질이 눈부시게 반짝입니다.

파트 3

1. 성모 마리아시여, 사람들을 일깨워 영적인 관점과 상승 마스터의 관점에서 보면, 본래 성에는 불순하거나 반-영성적인 것은 없음을 알게 하소서. 우리는 육체를 가지고 지구에 육화에 있으며, 육체를 가지고 할 수 있는 활동 중 하나가 성행위입니다.

오 축복받은 성모 마리아, 나의 어머니시여,
당신의 사랑보다 더 큰 사랑은 없습니다.
우리가 가슴과 마음속에서 하나가 될 때,

나는 우주의 위계에서 내 자리를 발견합니다.

**오 성모 마리아시여,
지구를 더 높은 상태로,
가속하는 노래를 내어 주소서.
이제 모든 물질이 눈부시게 반짝입니다.**

2. 성모 마리아시여, 사람들을 일깨워 상승 마스터의 관점에서는 육체적인 많은 활동에 본질적으로 불순한 것이 없음을 인식하게 하소서. 성행위가 불순한 활동이 될 수는 있지만, 성에는 본질적으로 불순한 것이 없습니다.

나는 지구의 상승을 돕기 위해,
하늘에서 지구로 내려왔습니다.
나는 신성한 권한을 사용하여,
지구를 자유롭게 하라고 당신에게 명합니다.

**오 성모 마리아시여,
지구를 더 높은 상태로,
가속하는 노래를 내어 주소서.
이제 모든 물질이 눈부시게 반짝입니다.**

3. 성모 마리아시여, 사람들을 일깨워 성적으로 활발하면서도 그리스도 의식이나 붓다 의식에 이르는 여정을 포함한 영적인 길을 가는 것이 가능함을 인식하게 하소서.

나는 이제 신의 신성한 이름 안에서,
어머니의 화염을 사용해,
두려움에서 나온 에너지를 모두 불태우고,
신성한 조화를 회복하라고 당신께 요청합니다.

오 성모 마리아시여,
지구를 더 높은 상태로,
가속하는 노래를 내어 주소서.
이제 모든 물질이 눈부시게 반짝입니다.

4. 성모 마리아시여, 사람들을 일깨워, 아이앰 현존으로부터 네 하위체로 내려오는 에너지에는 우리 의식 수준에 따라 특정한 총량이 있음을 알게 하소서. 영적인 성장을 하기 위해서는, 일부 에너지가 올라가서 더 높은 차크라를 활성화해야 합니다.

나는 이로써 당신의 신성한 이름을 찬양하니,
당신은 집단의식을 들어올립니다.
어머니의 화염으로 불태우니,
두려움과 의심과 수치는 모두 사라집니다.

오 성모 마리아시여,
지구를 더 높은 상태로,
가속하는 노래를 내어 주소서.
이제 모든 물질이 눈부시게 반짝입니다.

5. 성모 마리아시여, 사람들을 일깨워 문제는 우리가 받은 에너지 중 얼마만큼을 육체적 활동에 사용하며, 상위 차크라를 활성화하기 위해 얼마만큼이 남겨지느냐임을 알게 하소서.

당신은 지상에서 모든 어둠을 몰아내고,
당신의 빛은 거대한 해일처럼 밀려옵니다.
어떤 어둠의 힘도 이제는,
상승나선을 멈출 수 없습니다.

오 성모 마리아시여,
지구를 더 높은 상태로,
가속하는 노래를 내어 주소서.
이제 모든 물질이 눈부시게 반짝입니다.

6. 성모 마리아시여, 사람들을 일깨워 영적인 성장을 추구하기 위해 세속적이거나 육체적인 모든 활동을 포기할 필요가 없음을 인식하게 하소서. 일부 에너지가 상위 차크라로 올라가서 활성화할 수 있도록 우리는 균형을 찾아야 합니다.

당신은 모든 엘리멘탈을 축복하며,
그들에게서 인간이 부과한 스트레스를 거두어 줍니다.
이제 자연의 정령들은 자유를 얻어,
신성한 디크리를 실현합니다.

오 성모 마리아시여,
지구를 더 높은 상태로,
가속하는 노래를 내어 주소서.
이제 모든 물질이 눈부시게 반짝입니다.

7. 성모 마리아시여, 사람들을 일깨워 물병자리 시대의 이상은 영적인 사람들이 금욕적인 생활을 하는 것이 아니라, 영적 성장을 추구하면서도 사회에서 활동적인 삶을 사는 것임을 알 수 있게 하소서.

나는 단호한 태도로 목소리를 높이며,
전쟁의 중단을 명합니다.
더 이상 지구는 전쟁으로 상처받지 않으며,
황금시대가 가까이 왔습니다.

오 성모 마리아시여,

지구를 더 높은 상태로,
가속하는 노래를 내어 주소서.
이제 모든 물질이 눈부시게 반짝입니다.

8. 성모 마리아시여, 사람들을 일깨워 다른 차크라로 올라갈 수 있는 에너지를 남겨두는 방식으로 신체적 욕구를 처리할 수 있는 균형 잡힌 접근법을 찾을 수 있게 하소서.

어머니 지구가 마침내 자유를 얻을 때,
재난들은 과거의 일이 됩니다.
어머니 빛은 너무나 강렬하여,
이제 물질의 밀도는 훨씬 낮아집니다.

오 성모 마리아시여,
지구를 더 높은 상태로,
가속하는 노래를 내어 주소서.
이제 모든 물질이 눈부시게 반짝입니다.

9. 성모 마리아시여, 사람들을 일깨워 우리 중 많은 사람이 사회에서 활동적으로 살아가고 관계를 맺으며 살아감으로써 더 빠른 영적인 성장을 이룰 수 있음을 인식하게 하소서. 우리는 이렇게 함으로써 자신의 반응 패턴을 이끌어내고, 그것을 볼 기회를 갖게 됩니다.

어머니 빛 안에서 지구는 순수해지고,
상향나선이 유지됩니다.
이제 번영은 일상의 기준이 되고,
신의 비전은 형상으로 구현됩니다.

오 성모 마리아시여,
지구를 더 높은 상태로,

가속하는 노래를 내어 주소서.
이제 모든 물질이 눈부시게 반짝입니다.

파트 4

1. 성모 마리아시여, 사람들을 일깨워 우리가 영적이고 조화롭다고 생각하지만, 그것은 우리의 해결되지 못한 심리를 자극하는 것이 없으므로 그것을 보지 못하기 때문임을 알게 하소서.

오 축복받은 성모 마리아, 나의 어머니시여,
당신의 사랑보다 더 큰 사랑은 없습니다.
우리가 가슴과 마음속에서 하나가 될 때,
나는 우주의 위계에서 내 자리를 발견합니다.

오 성모 마리아시여,
지구를 더 높은 상태로,
가속하는 노래를 내어 주소서.
이제 모든 물질이 눈부시게 반짝입니다.

2. 성모 마리아시여, 사람들을 일깨워 서로가 영적인 성장을 하도록 돕는 데 헌신하는 파트너들은 그들의 성적 욕구를 정화할 수 있음을 인식하게 하소서. 베이스 차크라를 정화할 수 있기 때문에 그들은 스스로를 보호할 수 있고, 집단 영체들로부터 자유로워질 수 있습니다.

나는 지구의 상승을 돕기 위해,
하늘에서 지구로 내려왔습니다.
나는 신성한 권한을 사용하여,
지구를 자유롭게 하라고 당신에게 명합니다.

오 성모 마리아시여,

지구를 더 높은 상태로,
가속하는 노래를 내어 주소서.
이제 모든 물질이 눈부시게 반짝입니다.

3. 성모 마리아시여, 사람들을 일깨워 우리 대다수가 타락한 존재들의 조작으로 성과 관련된 분리된 자아들을 가지고 있음을 인식하게 하소서. 하지만 파트너들은 성과 관련된 분리된 자아를 해결할 수 있습니다. 그럼으로써 우리는 영적인 성장을 벗어나지 않으면서도, 성적인 활동을 할 수 있습니다.

나는 이제 신의 신성한 이름 안에서,
어머니의 화염을 사용해,
두려움에서 나온 에너지를 모두 불태우고,
신성한 조화를 회복하라고 당신께 요청합니다.

**오 성모 마리아시여,
지구를 더 높은 상태로,
가속하는 노래를 내어 주소서.
이제 모든 물질이 눈부시게 반짝입니다.**

4. 성모 마리아시여, 사람들을 일깨워 우리의 아이앰 현존은 긍정적인 목표를 가지고 지구에서 특정한 경험을 하기 원했고, 또한 이런 환경에서 자기 자신을 경험하고 싶어했기에 지구에 왔음을 인식하게 하소서.

나는 이로써 당신의 신성한 이름을 찬양하니,
당신은 집단의식을 들어올립니다.
어머니의 화염으로 불태우니,
두려움과 의심과 수치는 모두 사라집니다.

오 성모 마리아시여,
지구를 더 높은 상태로,
가속하는 노래를 내어 주소서.
이제 모든 물질이 눈부시게 반짝입니다.

5. 성모 마리아시여, 사람들을 일깨워 우리가 지구에 온 목적은 가능한 한 빨리 이곳을 벗어나는 것이 아님을 인식하게 하소서. 그 목적은 우리의 아이앰 현존이 영적 성장에서 실제로 진전할 수 있기 때문에, 지구에서 어떤 경험을 하는 것입니다.

당신은 지상에서 모든 어둠을 몰아내고,
당신의 빛은 거대한 해일처럼 밀려옵니다.
어떤 어둠의 힘도 이제는,
상승나선을 멈출 수 없습니다.

오 성모 마리아시여,
지구를 더 높은 상태로,
가속하는 노래를 내어 주소서.
이제 모든 물질이 눈부시게 반짝입니다.

6. 성모 마리아시여, 사람들을 일깨워 인간을 단지 대상(수단)으로 여기는 개념들은 전적으로 타락한 존재들에게서 오는 것임을 알 수 있게 하소서.

당신은 모든 엘리멘탈을 축복하며,
그들에게서 인간이 부과한 스트레스를 거두어 줍니다.
이제 자연의 정령들은 자유를 얻어,
신성한 디크리를 실현합니다.

오 성모 마리아시여,

지구를 더 높은 상태로,
가속하는 노래를 내어 주소서.
이제 모든 물질이 눈부시게 반짝입니다.

7. 성모 마리아시여, 사람들을 일깨워 타락한 존재들이 지구에 오기 전에는 사람들이 서로를 대상화하지 않았음을 알게 하소서. 사람들은 자신을 대상(물체)에 둘러싸인 주체로 보긴 하지만, 인류가 대상(물체)이 아님을 아는 기본적인 인간애와 본질적인 인간애를 가지고 있었습니다.

나는 단호한 태도로 목소리를 높이며,
전쟁의 중단을 명합니다.
더 이상 지구는 전쟁으로 상처받지 않으며,
황금시대가 가까이 왔습니다.

**오 성모 마리아시여,
지구를 더 높은 상태로,
가속하는 노래를 내어 주소서.
이제 모든 물질이 눈부시게 반짝입니다.**

8. 성모 마리아시여, 사람들을 일깨워 우리가 다른 사람에게 한 일이 그 사람 내면에 특정한 생각과 감정을 불러일으킴을 인식하게 하소서. 우리는 "다른 사람에게서 대접받기 원하는 대로 다른 사람에게 행하라."라는 영적 가르침이 주는 교훈을 받아들입니다.

어머니 지구가 마침내 자유를 얻을 때,
재난들은 과거의 일이 됩니다.
어머니 빛은 너무나 강렬하여,
이제 물질의 밀도는 훨씬 낮아집니다.

오 성모 마리아시여,
지구를 더 높은 상태로,
가속하는 노래를 내어 주소서.
이제 모든 물질이 눈부시게 반짝입니다.

9. 성모 마리아시여, 나는 사람들이 자신을 고정된 실체(entities)로 보는 모든 경향에서 벗어나게 해주는, 자기-초월의 상향 운동에 저항해 온 타락한 존재들에 대해 신성한 어머니의 심판을 요청합니다.

어머니 빛 안에서 지구는 순수해지고,
상향나선이 유지됩니다.
이제 번영은 일상의 기준이 되고,
신의 비전은 형상으로 구현됩니다.

오 성모 마리아시여,
지구를 더 높은 상태로,
가속하는 노래를 내어 주소서.
이제 모든 물질이 눈부시게 반짝입니다.

파트 5

1. 성모 마리아시여, 나는 이런 상향 운동에 저항하고, 스스로를 대상화해 온 타락한 존재들에 대해 신성한 어머니의 심판을 요청합니다. 그들은 그 자아를 포기하지 않았으며, 그리스도를 따르기 위해 죽게 놔두려 하지 않은 그 자아를 대상화했습니다.

오 축복받은 성모 마리아, 나의 어머니시여,
당신의 사랑보다 더 큰 사랑은 없습니다.
우리가 가슴과 마음속에서 하나가 될 때,
나는 우주의 위계에서 내 자리를 발견합니다.

오 성모 마리아시여,
지구를 더 높은 상태로,
가속하는 노래를 내어 주소서.
이제 모든 물질이 눈부시게 반짝입니다.

2. 성모 마리아시여, 나는 다른 모든 것을 대상화하는 타락한 존재들에 대해 신성한 어머니의 심판을 요청합니다. 그들은 상승 마스터들을 대상화하고, 신을 대상화하고, 주변의 모든 것을 대상화했습니다.

나는 지구의 상승을 돕기 위해,
하늘에서 지구로 내려왔습니다.
나는 신성한 권한을 사용하여,
지구를 자유롭게 하라고 당신에게 명합니다.

오 성모 마리아시여,
지구를 더 높은 상태로,
가속하는 노래를 내어 주소서.
이제 모든 물질이 눈부시게 반짝입니다.

3. 성모 마리아시여, 나는 지구의 인간은 자신들을 위한 대상(수단)일 뿐이라는 사고방식을 가지고 지구에 온 타락한 존재들에 대해 신성한 어머니의 심판을 요청합니다.

나는 이제 신의 신성한 이름 안에서,
어머니의 화염을 사용해,
두려움에서 나온 에너지를 모두 불태우고,
신성한 조화를 회복하라고 당신께 요청합니다.

오 성모 마리아시여,

지구를 더 높은 상태로,
가속하는 노래를 내어 주소서.
이제 모든 물질이 눈부시게 반짝입니다.

4. 성모 마리아시여, 나는 완전히 자기-중심적인 타락한 존재들에 대해 신성한 어머니의 심판을 요청합니다. 그들은 자기 자신과 자신이 원하는 것에 전적으로 집중하며, 자신이 하는 일이 타인에게 미치는 영향에 대해서는 전적으로 무감각합니다. 그들은 자아도취자(나르시시스트)이거나 사이코패스(정신이상자) 혹은 소시오패스(반사회적 인격장애자)입니다.

나는 이로써 당신의 신성한 이름을 찬양하니,
당신은 집단의식을 들어올립니다.
어머니의 화염으로 불태우니,
두려움과 의심과 수치는 모두 사라집니다.

오 성모 마리아시여,
지구를 더 높은 상태로,
가속하는 노래를 내어 주소서.
이제 모든 물질이 눈부시게 반짝입니다.

5. 성모 마리아시여, 나는 인간들을 전적으로 대상화해 온 타락한 존재들에 대해 신성한 어머니의 심판을 요청합니다. 그들은 어떤 의도를 가지고 있습니다. 그들은 권력을 가지기를 원하며, 지구에서 가능한 한 많은 권력을 모아서 스스로를 높이기를 원합니다.

당신은 지상에서 모든 어둠을 몰아내고,
당신의 빛은 거대한 해일처럼 밀려옵니다.
어떤 어둠의 힘도 이제는,
상승나선을 멈출 수 없습니다.

**오 성모 마리아시여,
지구를 더 높은 상태로,
가속하는 노래를 내어 주소서.
이제 모든 물질이 눈부시게 반짝입니다.**

6. 성모 마리아시여, 나는 대중이 자신을 지도자로 받들고, 지도자의 명령에 맹목적으로 복종하길 바라는 타락한 존재들에 대해 신성한 어머니의 심판을 요청합니다.

당신은 모든 엘리멘탈을 축복하며,
그들에게서 인간이 부과한 스트레스를 거두어 줍니다.
이제 자연의 정령들은 자유를 얻어,
신성한 디크리를 실현합니다.

**오 성모 마리아시여,
지구를 더 높은 상태로,
가속하는 노래를 내어 주소서.
이제 모든 물질이 눈부시게 반짝입니다.**

7. 성모 마리아시여, 나는 수백만의 사람이 살해당하는 것에 완전히 무감각한 타락한 존재들에 대해 신성한 어머니의 심판을 요청합니다. 이런 일이 일어나는 것에 대해 그들은 어떤 연민도, 어떤 문제 의식도 없습니다. 왜냐하면, 타락한 존재들에게 인간이란 단지 대상(수단)에 불과하기 때문입니다.

나는 단호한 태도로 목소리를 높이며,
전쟁의 중단을 명합니다.
더 이상 지구는 전쟁으로 상처받지 않으며,
황금시대가 가까이 왔습니다.

오 성모 마리아시여,
지구를 더 높은 상태로,
가속하는 노래를 내어 주소서.
이제 모든 물질이 눈부시게 반짝입니다.

8. 성모 마리아시여, 현대 민주주의 사회의 여성들을 일깨워 여성 억압에 대한 비난을 전반적으로 남성에게 돌리는 것은 현실적이지 않고 합리적이지 않음을 인식하게 하소서. 이 여성들이 남성에 대해 일반적으로 갖는 부정적 성향에서 벗어나게 도와주소서.

어머니 지구가 마침내 자유를 얻을 때,
재난들은 과거의 일이 됩니다.
어머니 빛은 너무나 강렬하여,
이제 물질의 밀도는 훨씬 낮아집니다.

오 성모 마리아시여,
지구를 더 높은 상태로,
가속하는 노래를 내어 주소서.
이제 모든 물질이 눈부시게 반짝입니다.

9. 성모 마리아시여, 여성들을 일깨워 여성들이 미묘한 차이를 좀 더 알게 되고, 좀 더 분별력 있으며, 좀 더 현명해지고, 평소 남성에게 억압받는다는 말을 하지 않아야 함을 인식하게 하소서.

어머니 빛 안에서 지구는 순수해지고,
상향나선이 유지됩니다.
이제 번영은 일상의 기준이 되고,
신의 비전은 형상으로 구현됩니다.

오 성모 마리아시여,
지구를 더 높은 상태로,
가속하는 노래를 내어 주소서.
이제 모든 물질이 눈부시게 반짝입니다.

봉인

I AM THAT I AM의 이름으로, 나는 대천사 미카엘과 아스트레아와 쉬바께서 나와 모든 건설적인 사람 주위에 뚫을 수 없는 보호막을 형성하여, 우리를 네 옥타브 안에 있는 모든 두려움 기반의 에너지로부터 봉인해 주심을 받아들입니다. 나는 신의 빛(Light of God)이 지구 여성들을 자유롭게 하는 데 저항하는, 어둠의 힘을 구성하는 두려움 기반의 모든 에너지를 변형하고 소멸하고 있음을 받아들입니다!
.

33
파워 엘리트로부터
여성들을 자유롭게 하기-2 (기원)

I AM THAT I AM, 예수 그리스도의 이름으로, 나는 지구에 육화한 존재로서 가진 내 권한을 사용하여 성모 마리아께 이 기원을 증폭해 달라고 요청합니다. 내 차크라들을 통해 이 기원문의 내용을 집단의식으로 방출하시어, 여성과 남성 모두가 타락한 존재들의 심리적, 영적 속박에서 자유로워지도록 의식을 일깨워 주소서. 우리는 영적인 존재들이며 상승 마스터들과 함께 일함으로써 새로운 미래를 공동창조할 수 있다는 진실(reality)을 일깨워 주소서. 나는 특히 이것을 요청합니다...
(여기에 개인적인 요청을 추가하세요)

파트 1

1. 성모 마리아시여, 여성들을 일깨워 역사를 통틀어, 그리고 지금도 여성들이 엘리트를 형성하는 특정 그룹의 사람들에게 억압받고 있음을 알게 하소서. 그들은 자신들이 일반 사람보다 국민을 더 잘 이끌 수 있다고 생각합니다.

오 축복받은 성모 마리아, 나의 어머니시여,
당신의 사랑보다 더 큰 사랑은 없습니다.
우리가 가슴과 마음속에서 하나가 될 때,
나는 우주의 위계에서 내 자리를 발견합니다.

**오 성모 마리아시여,
지구를 더 높은 상태로,
가속하는 노래를 내어 주소서.
이제 모든 물질이 눈부시게 반짝입니다.**

2. 성모 마리아시여, 여성들을 일깨워 우리가 엘리트주의적 사고방식을 가진 소수 엘리트에 의해 억압받아 왔음을 인식하게 하소서. 그들은 권력과 특권에 대해 무제한의 욕망을 가지고 있으며, 한번 권력을 잡으면 그것을 포기하려 하지 않습니다.

나는 지구의 상승을 돕기 위해,
하늘에서 지구로 내려왔습니다.
나는 신성한 권한을 사용하여,
지구를 자유롭게 하라고 당신에게 명합니다.

**오 성모 마리아시여,
지구를 더 높은 상태로,
가속하는 노래를 내어 주소서.
이제 모든 물질이 눈부시게 반짝입니다.**

3. 성모 마리아시여, 여성들을 일깨워 역사적으로 그리고 오늘날에도 여성을 억압하는 지구상의 힘이 파워 엘리트임을 알게 하소서.

나는 이제 신의 신성한 이름 안에서,
어머니의 화염을 사용해,

두려움에서 나온 에너지를 모두 불태우고,
신성한 조화를 회복하라고 당신께 요청합니다.

오 성모 마리아시여,
지구를 더 높은 상태로,
가속하는 노래를 내어 주소서.
이제 모든 물질이 눈부시게 반짝입니다.

4. 성모 마리아시여, 여성들을 일깨워 여성을 진실로 해방하기 위해서는, 파워 엘리트의 영향으로부터 여성들을 자유롭게 해야 함을 인식하게 하소서.

나는 이로써 당신의 신성한 이름을 찬양하니,
당신은 집단의식을 들어올립니다.
어머니의 화염으로 불태우니,
두려움과 의심과 수치는 모두 사라집니다.

오 성모 마리아시여,
지구를 더 높은 상태로,
가속하는 노래를 내어 주소서.
이제 모든 물질이 눈부시게 반짝입니다.

5. 성모 마리아시여, 여성들을 일깨워 현대 민주 사회에서조차, 예컨대 금융 시스템을 조종하는 경제 엘리트와 같이, 덜 드러나게 대중을 통제하는 파워 엘리트가 있음을 인식하게 하소서.

당신은 지상에서 모든 어둠을 몰아내고,
당신의 빛은 거대한 해일처럼 밀려옵니다.
어떤 어둠의 힘도 이제는,
상승나선을 멈출 수 없습니다.

오 성모 마리아시여,
지구를 더 높은 상태로,
가속하는 노래를 내어 주소서.
이제 모든 물질이 눈부시게 반짝입니다.

6. 성모 마리아시여, 여성들을 일깨워 파워 엘리트가 있지만, 그들은 공개적인 방식으로 군사력이나 정치력을 이용하지 않음을 알게 하소서. 그들은 화폐와 화폐 제도를 통제하기 때문에 간접적으로 영향력을 행사하고 있습니다.

당신은 모든 엘리멘탈을 축복하며,
그들에게서 인간이 부과한 스트레스를 거두어 줍니다.
이제 자연의 정령들은 자유를 얻어,
신성한 디크리를 실현합니다.

오 성모 마리아시여,
지구를 더 높은 상태로,
가속하는 노래를 내어 주소서.
이제 모든 물질이 눈부시게 반짝입니다.

7. 성모 마리아시여, 여성들을 일깨워 사회의 여론 형성자들 가운데 많은 사람이 엘리트주의적 사고방식을 가지고 있으며, 이런 파워 엘리트들은 여성을 매우 경멸하는 태도를 가지고 있음을 인식하게 하소서.

나는 단호한 태도로 목소리를 높이며,
전쟁의 중단을 명합니다.
더 이상 지구는 전쟁으로 상처받지 않으며,
황금시대가 가까이 왔습니다.

오 성모 마리아시여,
지구를 더 높은 상태로,
가속하는 노래를 내어 주소서.
이제 모든 물질이 눈부시게 반짝입니다.

8. 성모 마리아시여, 여성들을 일깨워 파워 엘리트들은 이루려는 특정한 목표가 있고, 그들에게 자국민은 그들의 목표를 달성하기 위한 대상(수단)에 불과함을 인식하게 하소서. 우리는 진짜 인간이 아니며, 단지 대상일 뿐입니다.

어머니 지구가 마침내 자유를 얻을 때,
재난들은 과거의 일이 됩니다.
어머니 빛은 너무나 강렬하여,
이제 물질의 밀도는 훨씬 낮아집니다.

오 성모 마리아시여,
지구를 더 높은 상태로,
가속하는 노래를 내어 주소서.
이제 모든 물질이 눈부시게 반짝입니다.

9. 성모 마리아시여, 여성들을 일깨워 파워 엘리트들은 역사적으로 그리고 지금도, 여성을 애를 낳기 위한 대상으로 여겨왔음을 인식하게 하소서. 아이들은 군인이 될 수 있고 엘리트를 위해 모든 험한 일들을 하는 노동자가 될 수 있습니다.

어머니 빛 안에서 지구는 순수해지고,
상향나선이 유지됩니다.
이제 번영은 일상의 기준이 되고,
신의 비전은 형상으로 구현됩니다.

오 성모 마리아시여,
지구를 더 높은 상태로,
가속하는 노래를 내어 주소서.
이제 모든 물질이 눈부시게 반짝입니다.

파트 2

1. 성모 마리아시여, 여성들을 일깨워 파워 엘리트들은 전쟁을 벌일 수 있는 병사들을 원하고, 그들을 위해 실제적인 모든 일을 할 노동자를 원함을 인식하게 하소서. 그것이 그들에게 특권적인 지위를 주며, 사람들이 노동으로 생산한 부의 대부분을 수확해가는 경제적 혜택을 가져다줍니다.

오 축복받은 성모 마리아, 나의 어머니시여,
당신의 사랑보다 더 큰 사랑은 없습니다.
우리가 가슴과 마음속에서 하나가 될 때,
나는 우주의 위계에서 내 자리를 발견합니다.

오 성모 마리아시여,
지구를 더 높은 상태로,
가속하는 노래를 내어 주소서.
이제 모든 물질이 눈부시게 반짝입니다.

2. 성모 마리아시여, 여성들을 일깨워 이들 파워 엘리트 중 많은 존재가 여성을 기본적으로 육아를 위해 있는 존재로 여김을 인식하게 하소서. 그들은 여성은 집에 있어야 하며, 어머니가 되는 것과 남편을 돌보는 것에 집중해야 한다는 좀 더 미묘한 신념과 종교들, 정치 이념들을 만들었습니다.

나는 지구의 상승을 돕기 위해,

하늘에서 지구로 내려왔습니다.
나는 신성한 권한을 사용하여,
지구를 자유롭게 하라고 당신에게 명합니다.

오 성모 마리아시여,
지구를 더 높은 상태로,
가속하는 노래를 내어 주소서.
이제 모든 물질이 눈부시게 반짝입니다.

3. 성모 마리아시여, 여성들을 일깨워 많은 나라의 경제 엘리트들은 사업을 최대 규모로 키우고, 경쟁사를 인수해야 한다는 서사적 명분을 가지고 있음을 알게 하소서.

나는 이제 신의 신성한 이름 안에서,
어머니의 화염을 사용해,
두려움에서 나온 에너지를 모두 불태우고,
신성한 조화를 회복하라고 당신께 요청합니다.

오 성모 마리아시여,
지구를 더 높은 상태로,
가속하는 노래를 내어 주소서.
이제 모든 물질이 눈부시게 반짝입니다.

4. 성모 마리아시여, 여성들을 일깨워 엘리트는 열심히 일할 의지가 있는 남성들이 필요하고, 이들 남성은 가사를 전담하고 자녀를 돌볼 여성을 필요로 함을 인식하게 하소서. 파워 엘리트들이 여성이 얽매이기를 원하는 역할이 바로 이것입니다.

나는 이로써 당신의 신성한 이름을 찬양하니,
당신은 집단의식을 들어올립니다.

어머니의 화염으로 불태우니,
두려움과 의심과 수치는 모두 사라집니다.

오 성모 마리아시여,
지구를 더 높은 상태로,
가속하는 노래를 내어 주소서.
이제 모든 물질이 눈부시게 반짝입니다.

5. 성모 마리아시여, 여성들을 일깨워 파워 엘리트는 자기 자신뿐만 아니라, 그들을 위해 일하는 남성들을 위해서도 여성이 성적 착취에 이용되기를 원함을 인식하게 하소서.

당신은 지상에서 모든 어둠을 몰아내고,
당신의 빛은 거대한 해일처럼 밀려옵니다.
어떤 어둠의 힘도 이제는,
상승나선을 멈출 수 없습니다.

오 성모 마리아시여,
지구를 더 높은 상태로,
가속하는 노래를 내어 주소서.
이제 모든 물질이 눈부시게 반짝입니다.

6. 성모 마리아시여, 여성들을 일깨워 여성들이 독특한 위치에 있음을 알게 하소서. 그 이유는 여성들은 이런 아이디어를 쉽게 받아들이고, 자신을 자유롭게 해야 할 필요성을 볼 수 있으며, 이로 인해 자기도취적인 파워 엘리트로부터 남성과 사회를 자유롭게 할 수 있기 때문입니다.

당신은 모든 엘리멘탈을 축복하며,
그들에게서 인간이 부과한 스트레스를 거두어 줍니다.

이제 자연의 정령들은 자유를 얻어,
신성한 디크리를 실현합니다.

오 성모 마리아시여,
지구를 더 높은 상태로,
가속하는 노래를 내어 주소서.
이제 모든 물질이 눈부시게 반짝입니다.

7. 성모 마리아시여, 여성들을 일깨워 여성들이 역사를 돌아보고 이 행성을 지배해 온 자기도취적인 파워 엘리트의 개념을 받아들이게 하소서. 지금이 여성들이 이에 대해 뭔가를 할 때이며, 여성들이 파워 엘리트의 명분에 봉사하는 대상일뿐인 이런 역할들에 자신을 한정하는 것에서 해방될 때입니다.

나는 단호한 태도로 목소리를 높이며,
전쟁의 중단을 명합니다.
더 이상 지구는 전쟁으로 상처받지 않으며,
황금시대가 가까이 왔습니다.

오 성모 마리아시여,
지구를 더 높은 상태로,
가속하는 노래를 내어 주소서.
이제 모든 물질이 눈부시게 반짝입니다.

8. 성모 마리아시여, 여성들을 일깨워 여성들이 서사적 사고방식을 꿰뚫어 볼 수 있음을 인식하게 하소서. 반면에 남성들은 더 쉽게 이런 서사적 명분을 위해 싸우거나, 서사적 명분을 위해 희생하며, 서사적 명분을 진작하기 위해 타인을 죽이려고 합니다.

어머니 지구가 마침내 자유를 얻을 때,

재난들은 과거의 일이 됩니다.
어머니 빛은 너무나 강렬하여,
이제 물질의 밀도는 훨씬 낮아집니다.

오 성모 마리아시여,
지구를 더 높은 상태로,
가속하는 노래를 내어 주소서.
이제 모든 물질이 눈부시게 반짝입니다.

9. 성모 마리아시여, 여성들을 일깨워 남성들은 이 행성을 서사적 사고방식과 서사적 명분으로부터 해방시킬 수 없음을 인식하게 하소서. 따라서 여성들이 사회를 전쟁과 갈등 너머로 끌어올릴 수 있는 역사적 기회를 갖게 됩니다.

어머니 빛 안에서 지구는 순수해지고,
상향나선이 유지됩니다.
이제 번영은 일상의 기준이 되고,
신의 비전은 형상으로 구현됩니다.

오 성모 마리아시여,
지구를 더 높은 상태로,
가속하는 노래를 내어 주소서.
이제 모든 물질이 눈부시게 반짝입니다.

파트 3

1. 성모 마리아시여, 여성들을 일깨워 남편이 '그만'이라고 말하지 못할 때, 여성들이 "멈춰"라고 분명히 말해야 함을 인식하게 하소서. 여성들은 이렇게 말해야 합니다. "당신은 왜 그렇게 많이 일하나요? 그것이 정말로 그럴만한 가치가 있나요? 그 돈이 우리에게 필요한가요?

승진이 꼭 필요하나요? 평생을 그런 기업 환경에서 보내고, 퇴직 후 이삼 년 내에 사망할 필요가 있나요?"

오 축복받은 성모 마리아, 나의 어머니시여,
당신의 사랑보다 더 큰 사랑은 없습니다.
우리가 가슴과 마음속에서 하나가 될 때,
나는 우주의 위계에서 내 자리를 발견합니다.

**오 성모 마리아시여,
지구를 더 높은 상태로,
가속하는 노래를 내어 주소서.
이제 모든 물질이 눈부시게 반짝입니다.**

2. 성모 마리아시여, 여성들을 일깨워 여성들이 남성보다 영적인 성장에 더 열려 있음을 알게 하소서. 남성들은 물질적인 활동에 더 집중하고, 여성들은 영적인 활동에 더 집중합니다.

나는 지구의 상승을 돕기 위해,
하늘에서 지구로 내려왔습니다.
나는 신성한 권한을 사용하여,
지구를 자유롭게 하라고 당신에게 명합니다.

**오 성모 마리아시여,
지구를 더 높은 상태로,
가속하는 노래를 내어 주소서.
이제 모든 물질이 눈부시게 반짝입니다.**

3. 성모 마리아시여, 여성들을 일깨워 우리가 역사적으로 중요한 전환점에 다가서고 있음을 알게 하소서. 여성들이 진실로 사회의 초점을 전환하고 관계의 초점을 이동시킬 수 있습니다.

파워 엘리트로부터 여성들을 자유롭게 하기-2 (기원) 383

나는 이제 신의 신성한 이름 안에서,
어머니의 화염을 사용해,
두려움에서 나온 에너지를 모두 불태우고,
신성한 조화를 회복하라고 당신께 요청합니다.

**오 성모 마리아시여,
지구를 더 높은 상태로,
가속하는 노래를 내어 주소서.
이제 모든 물질이 눈부시게 반짝입니다.**

4. 성모 마리아시여, 여성들을 일깨워 한 걸음 물러서 사회를 살펴보고 이렇게 말하는 운동의 선구자가 될 수 있음을 알게 하소서. "우리는 어디로 가고 있나요? 우리는 지금 무엇을 하고 있을까요? 만일 지금 하고 있는 것을 계속한다면, 우리는 어디로 가게 될까요? 그리고 그곳이 정말로 우리가 가고 싶은 곳일까요?"

나는 이로써 당신의 신성한 이름을 찬양하니,
당신은 집단의식을 들어올립니다.
어머니의 화염으로 불태우니,
두려움과 의심과 수치는 모두 사라집니다.

**오 성모 마리아시여,
지구를 더 높은 상태로,
가속하는 노래를 내어 주소서.
이제 모든 물질이 눈부시게 반짝입니다.**

5. 성모 마리아시여, 여성들을 일깨워 경제 성장 그 자체가 목표인지 물을 수 있게 하소서. 단지 더 부유해지기 위해 계속 노력해야 하고, 물질적 재화를 무한정 축적하는 일을 생각 없이 계속해야 할까요?

당신은 지상에서 모든 어둠을 몰아내고,
당신의 빛은 거대한 해일처럼 밀려옵니다.
어떤 어둠의 힘도 이제는,
상승나선을 멈출 수 없습니다.

오 성모 마리아시여,
지구를 더 높은 상태로,
가속하는 노래를 내어 주소서.
이제 모든 물질이 눈부시게 반짝입니다.

6. 성모 마리아시여, 여성들을 일깨워 이렇게 말하게 하소서. "안락한 물질적 생활방식을 가지려는 목적이 무엇일까요? 그것으로 우리가 할 수 있는 일은 무엇일까?"

당신은 모든 엘리멘탈을 축복하며,
그들에게서 인간이 부과한 스트레스를 거두어 줍니다.
이제 자연의 정령들은 자유를 얻어,
신성한 디크리를 실현합니다.

오 성모 마리아시여,
지구를 더 높은 상태로,
가속하는 노래를 내어 주소서.
이제 모든 물질이 눈부시게 반짝입니다.

7. 성모 마리아시여, 여성들을 일깨워 이렇게 말하게 하소서. "음, 여기에는 더 높은 목적이 있어야 합니다. 단지 더 안락해지고, 여행을 가거나, 더 큰 차를 갖거나, 더 많은 여름 별장을 소유하기 위한 것일 수는 없습니다. 이것에는 진정한 목적이 있을 수 없습니다."

나는 단호한 태도로 목소리를 높이며,

전쟁의 중단을 명합니다.
더 이상 지구는 전쟁으로 상처받지 않으며,
황금시대가 가까이 왔습니다.

**오 성모 마리아시여,
지구를 더 높은 상태로,
가속하는 노래를 내어 주소서.
이제 모든 물질이 눈부시게 반짝입니다.**

8. 성모 마리아시여, 여성들을 일깨워 자아실현, 자기계발의 목적은 개인적인 성장이며 의식을 높이는 일임을 인식하게 하소서.

어머니 지구가 마침내 자유를 얻을 때,
재난들은 과거의 일이 됩니다.
어머니 빛은 너무나 강렬하여,
이제 물질의 밀도는 훨씬 낮아집니다.

**오 성모 마리아시여,
지구를 더 높은 상태로,
가속하는 노래를 내어 주소서.
이제 모든 물질이 눈부시게 반짝입니다.**

9. 성모 마리아시여, 여성들을 일깨워 여성들이 이렇게 말하며 국가 전체의 초점을 전환할 수 있게 하소서. "더 많은 물질적 복지와 재화를 제공하는 것이 우리 사회의 목적이 아닙니다. 그것은 삶의 질을 높이는 것이며, 그것은 오로지 무엇이 우리를 행복하게 하고, 무엇이 우리를 충만하게 하는지에 대한 인간 심리를 배우는 것을 통해서만 이룰 수 있습니다."

어머니 빛 안에서 지구는 순수해지고,

상향나선이 유지됩니다.
이제 번영은 일상의 기준이 되고,
신의 비전은 형상으로 구현됩니다.

오 성모 마리아시여,
지구를 더 높은 상태로,
가속하는 노래를 내어 주소서.
이제 모든 물질이 눈부시게 반짝입니다.

파트 4

1. 성모 마리아시여, 여성들을 일깨워 현대 많은 국가에서 정신질환이 증가하고 있는 것은 많은 사람이 자아실현을 추구할 준비가 되어 있다는 신호임을 인식하게 하소서. 하지만 사람들은 그것을 어떻게 다뤄야 할지 모르며, 사회도 그들에게 어떤 도움도 주지 못하고 있습니다.

오 축복받은 성모 마리아, 나의 어머니시여,
당신의 사랑보다 더 큰 사랑은 없습니다.
우리가 가슴과 마음속에서 하나가 될 때,
나는 우주의 위계에서 내 자리를 발견합니다.

오 성모 마리아시여,
지구를 더 높은 상태로,
가속하는 노래를 내어 주소서.
이제 모든 물질이 눈부시게 반짝입니다.

2. 성모 마리아시여, 여성들을 일깨워 여성들이 이런 전환을 위한 선구자가 되게 하시고, 개인적인 성장과 삶의 질, 삶의 목적의식을 갖는 데 초점을 맞추게 하소서.

나는 지구의 상승을 돕기 위해,
하늘에서 지구로 내려왔습니다.
나는 신성한 권한을 사용하여,
지구를 자유롭게 하라고 당신에게 명합니다.

**오 성모 마리아시여,
지구를 더 높은 상태로,
가속하는 노래를 내어 주소서.
이제 모든 물질이 눈부시게 반짝입니다.**

3. 성모 마리아시여, 여성들을 일깨워 직장에서 과당경쟁에 갇혀 있는 많은 남성이 아내를 섹스 대상으로 여기거나 아이들을 양육하는 대상으로 여긴다는 것을 인식하게 하소서.

나는 이제 신의 신성한 이름 안에서,
어머니의 화염을 사용해,
두려움에서 나온 에너지를 모두 불태우고,
신성한 조화를 회복하라고 당신께 요청합니다.

**오 성모 마리아시여,
지구를 더 높은 상태로,
가속하는 노래를 내어 주소서.
이제 모든 물질이 눈부시게 반짝입니다.**

4. 성모 마리아시여, 여성들을 일깨워 이렇게 말하게 하소서. "이것만으로는 충분하지 않습니다. 충분히 충분하지만, 이것만으로는 충분하지 않습니다. 그리고 우리는 충분하지 못한 것을 충분히 경험했습니다. 우리는 더 나은 관계를 원합니다."

나는 이로써 당신의 신성한 이름을 찬양하니,

당신은 집단의식을 들어올립니다.
어머니의 화염으로 불태우니,
두려움과 의심과 수치는 모두 사라집니다.

오 성모 마리아시여,
지구를 더 높은 상태로,
가속하는 노래를 내어 주소서.
이제 모든 물질이 눈부시게 반짝입니다.

5. 성모 마리아시여, 여성들을 일깨워 관계에는 목적이 있어야 하며, 그것은 물질적 소유물을 축적하는 것이 아님을 인식하게 하소서. 관계의 목적은 개인적인 성장과 자아실현입니다.

당신은 지상에서 모든 어둠을 몰아내고,
당신의 빛은 거대한 해일처럼 밀려옵니다.
어떤 어둠의 힘도 이제는,
상승나선을 멈출 수 없습니다.

오 성모 마리아시여,
지구를 더 높은 상태로,
가속하는 노래를 내어 주소서.
이제 모든 물질이 눈부시게 반짝입니다.

6. 성모 마리아시여, 여성들을 일깨워 관계의 진정한 목적은 서로를 개선하기 위해 서로를 돕는 것임을 인식하게 하소서. 우리는 함께 성장하고, 서로의 성장을 촉진하며, 서로 돕고, 서로를 지지합니다. 그것이 관계의 더 높은 목적입니다.

당신은 모든 엘리멘탈을 축복하며,
그들에게서 인간이 부과한 스트레스를 거두어 줍니다.

이제 자연의 정령들은 자유를 얻어,
신성한 디크리를 실현합니다.

오 성모 마리아시여,
지구를 더 높은 상태로,
가속하는 노래를 내어 주소서.
이제 모든 물질이 눈부시게 반짝입니다.

7. 성모 마리아시여, 여성들을 일깨워 이것이 엄청난 사회 변혁이 될 수 있음을 인식하게 하소서. 파워 엘리트들은 이것에 어떻게 대처해야 할지 모를 것입니다.

나는 단호한 태도로 목소리를 높이며,
전쟁의 중단을 명합니다.
더 이상 지구는 전쟁으로 상처받지 않으며,
황금시대가 가까이 왔습니다.

오 성모 마리아시여,
지구를 더 높은 상태로,
가속하는 노래를 내어 주소서.
이제 모든 물질이 눈부시게 반짝입니다.

8. 성모 마리아시여, 여성들을 일깨워 이런 변혁이 일정 수준을 넘어서면 사회에 충격을 주게 되고, 파워 엘리트들은 사람들이 이것을 원하는 이유를 이해할 수 없기 때문에 이를 멈추게 할 수 없음을 알게 하소서.

어머니 지구가 마침내 자유를 얻을 때,
재난들은 과거의 일이 됩니다.
어머니 빛은 너무나 강렬하여,

이제 물질의 밀도는 훨씬 낮아집니다.

오 성모 마리아시여,
지구를 더 높은 상태로,
가속하는 노래를 내어 주소서.
이제 모든 물질이 눈부시게 반짝입니다.

9. 성모 마리아시여, 여성들을 일깨워 영적인 성장을 멈추게 하고, 지구에서 그 누구라도 더 높은 의식 수준, 특히 개인적인 그리스도 의식에 이르는 것을 방해하려는 세력이 존재함을 인식하게 하소서.

어머니 빛 안에서 지구는 순수해지고,
상향나선이 유지됩니다.
이제 번영은 일상의 기준이 되고,
신의 비전은 형상으로 구현됩니다.

오 성모 마리아시여,
지구를 더 높은 상태로,
가속하는 노래를 내어 주소서.
이제 모든 물질이 눈부시게 반짝입니다.

파트 5

1. 성모 마리아시여, 여성들을 일깨워 이 세력들의 주된 무기는 우리의 개인적인 영적 성장이 외부 환경에 의존한다는 투사임을 알 수 있게 하소서.

오 축복받은 성모 마리아, 나의 어머니시여,
당신의 사랑보다 더 큰 사랑은 없습니다.
우리가 가슴과 마음속에서 하나가 될 때,

나는 우주의 위계에서 내 자리를 발견합니다.

**오 성모 마리아시여,
지구를 더 높은 상태로,
가속하는 노래를 내어 주소서.
이제 모든 물질이 눈부시게 반짝입니다.**

2. 성모 마리아시여, 여성들을 일깨워 영적인 성장이 남성 파트너에게 달려있다는 환영에서 깨어나게 하소서. 우리의 개인적인 성장을 외부 어떤 것에 의존하게 만든 진정한 힘, 영적인 힘은 없음을 여성들이 알 수 있게 도와주소서.

나는 지구의 상승을 돕기 위해,
하늘에서 지구로 내려왔습니다.
나는 신성한 권한을 사용하여,
지구를 자유롭게 하라고 당신에게 명합니다.

**오 성모 마리아시여,
지구를 더 높은 상태로,
가속하는 노래를 내어 주소서.
이제 모든 물질이 눈부시게 반짝입니다.**

3. 성모 마리아시여, 여성들을 일깨워 개인적인 성장은 우리 마음 안에서 일어나며, 자신의 심리를 살펴보려는 의지와 해결해야 할 것을 해결하는 데 달려있음을 인식하게 하소서.

나는 이제 신의 신성한 이름 안에서,
어머니의 화염을 사용해,
두려움에서 나온 에너지를 모두 불태우고,
신성한 조화를 회복하라고 당신께 요청합니다.

오 성모 마리아시여,
지구를 더 높은 상태로,
가속하는 노래를 내어 주소서.
이제 모든 물질이 눈부시게 반짝입니다.

4. 성모 마리아시여, 여성들을 일깨워 우리 스스로가 진실로 독립적인 사람이 되어 이렇게 말하게 하소서. "나의 내적인 성장은 내 내면의 과정에 달려있다. 그리고 나는 성장과 일상적 삶 사이에서 균형을 발견할 수 있다."

나는 이로써 당신의 신성한 이름을 찬양하니,
당신은 집단의식을 들어올립니다.
어머니의 화염으로 불태우니,
두려움과 의심과 수치는 모두 사라집니다.

오 성모 마리아시여,
지구를 더 높은 상태로,
가속하는 노래를 내어 주소서.
이제 모든 물질이 눈부시게 반짝입니다.

5. 성모 마리아시여, 여성들을 일깨워 그들 삶에 있는 남성들을 살펴보고 이렇게 말하게 하소서. "저 남자는 내가 가진 어떤 욕구를 충족시켜 주고 있음이 틀림없어, 그렇지 않다면 내가 이런 상황에 끌려들어 갔을 리가 없어. 내가 이런 상황에 있는 것은, 그 남자가 내 욕구를 충족시켜 주고 있기 때문이야."

당신은 지상에서 모든 어둠을 몰아내고,
당신의 빛은 거대한 해일처럼 밀려옵니다.
어떤 어둠의 힘도 이제는,
상승나선을 멈출 수 없습니다.

오 성모 마리아시여,
지구를 더 높은 상태로,
가속하는 노래를 내어 주소서.
이제 모든 물질이 눈부시게 반짝입니다.

6. 성모 마리아시여, 여성들을 일깨워 그들이 자신의 심리적 욕구를 살펴보고, 그 욕구를 해결하거나 그런 욕구를 가진 것에 대해 평화롭게 만들어주는 실용적 도구를 사용할 수 있게 하소서.

당신은 모든 엘리멘탈을 축복하며,
그들에게서 인간이 부과한 스트레스를 거두어 줍니다.
이제 자연의 정령들은 자유를 얻어,
신성한 디크리를 실현합니다.

오 성모 마리아시여,
지구를 더 높은 상태로,
가속하는 노래를 내어 주소서.
이제 모든 물질이 눈부시게 반짝입니다.

7. 성모 마리아시여, 여성들을 일깨워 그들이 모든 결핍 욕구를 극복하여 파트너와 다른 방식으로 관계 맺고, 긴장감을 해소하여 파트너에게 좀 더 솔직하게 얘기할 수 있게 하소서.

나는 단호한 태도로 목소리를 높이며,
전쟁의 중단을 명합니다.
더 이상 지구는 전쟁으로 상처받지 않으며,
황금시대가 가까이 왔습니다.

오 성모 마리아시여,
지구를 더 높은 상태로,

가속하는 노래를 내어 주소서.
이제 모든 물질이 눈부시게 반짝입니다.

8. 성모 마리아시여, 여성들을 일깨워 여성들이 파트너의 욕구를 살펴보고 그것을 충족시키거나, 아니면 파트너가 그 욕구를 초월하여 성장하도록 돕게 하소서.

어머니 지구가 마침내 자유를 얻을 때,
재난들은 과거의 일이 됩니다.
어머니 빛은 너무나 강렬하여,
이제 물질의 밀도는 훨씬 낮아집니다.

오 성모 마리아시여,
지구를 더 높은 상태로,
가속하는 노래를 내어 주소서.
이제 모든 물질이 눈부시게 반짝입니다.

9. 성모 마리아시여, 여성들을 일깨워 여성들이 자신의 심리치료에 집중하면, 관계의 역학을 바꾸고 의사소통을 방해하는 긴장감을 극복할 수 있음을 인식하게 하소서.

어머니 빛 안에서 지구는 순수해지고,
상향나선이 유지됩니다.
이제 번영은 일상의 기준이 되고,
신의 비전은 형상으로 구현됩니다.

오 성모 마리아시여,
지구를 더 높은 상태로,
가속하는 노래를 내어 주소서.
이제 모든 물질이 눈부시게 반짝입니다.

파트 6

1. 성모 마리아시여, 여성들을 일깨워 파트너 둘 다 자신을 개선하기를 원하고, 자아-실현을 경험하기 원함을 인식하여, 그렇게 하는 데 서로를 지지하는 관계를 만들 수 있게 하소서.

오 축복받은 성모 마리아, 나의 어머니시여,
당신의 사랑보다 더 큰 사랑은 없습니다.
우리가 가슴과 마음속에서 하나가 될 때,
나는 우주의 위계에서 내 자리를 발견합니다.

**오 성모 마리아시여,
지구를 더 높은 상태로,
가속하는 노래를 내어 주소서.
이제 모든 물질이 눈부시게 반짝입니다.**

2. 성모 마리아시여, 여성들을 일깨워 여성을 위한 다음 혁명은 집, 즉 마음(psyche)에서 출발함을 인식하게 하소서. 다음번의 여성 혁명은 심리적인 혁명이 될 것이며, 되어야 하며, 그렇게 될 수밖에 없습니다.

나는 지구의 상승을 돕기 위해,
하늘에서 지구로 내려왔습니다.
나는 신성한 권한을 사용하여,
지구를 자유롭게 하라고 당신에게 명합니다.

**오 성모 마리아시여,
지구를 더 높은 상태로,
가속하는 노래를 내어 주소서.
이제 모든 물질이 눈부시게 반짝입니다.**

3. 성모 마리아시여, 여성들을 일깨워 여성들이 자기 자신을 살펴보고, 자신의 심리를 개선하려고 하며, 이에 대한 더 높은 접근법, 더 깊은 접근법을 발견해 영적인 성장을 추구하게 하소서.

나는 이제 신의 신성한 이름 안에서,
어머니의 화염을 사용해,
두려움에서 나온 에너지를 모두 불태우고,
신성한 조화를 회복하라고 당신께 요청합니다.

오 성모 마리아시여,
지구를 더 높은 상태로,
가속하는 노래를 내어 주소서.
이제 모든 물질이 눈부시게 반짝입니다.

4. 성모 마리아시여, 여성들을 일깨워 여성들이 개인적 성장이라는 긍정적인 길을 가게 해주시고, 그런 다음 남성들이 그 길을 걷는 것을 돕게 하소서.

나는 이로써 당신의 신성한 이름을 찬양하니,
당신은 집단의식을 들어올립니다.
어머니의 화염으로 불태우니,
두려움과 의심과 수치는 모두 사라집니다.

오 성모 마리아시여,
지구를 더 높은 상태로,
가속하는 노래를 내어 주소서.
이제 모든 물질이 눈부시게 반짝입니다.

5. 성모 마리아시여, 여성들을 일깨워 현대 민주주의 국가들이 물질적인 복지에 지나치게 집중하는 것보다는, 심리적이고 영적인 복지

(psycho-spiritual welfare)에 집중하는 것으로 전환하도록 돕게 하소서.

당신은 지상에서 모든 어둠을 몰아내고,
당신의 빛은 거대한 해일처럼 밀려옵니다.
어떤 어둠의 힘도 이제는,
상승나선을 멈출 수 없습니다.

**오 성모 마리아시여,
지구를 더 높은 상태로,
가속하는 노래를 내어 주소서.
이제 모든 물질이 눈부시게 반짝입니다.**

6. 성모 마리아시여, 여성들을 일깨워 이것이 인류를 행복하고, 충만하게 하며, 마음에 평화가 있게 하고, 목적의식을 가지게 하는 유일한 방법임을 인식하게 하소서. 또한 삶은 실제로는 어디론가 우리를 나아가게 하는 과정임을 여성들이 알 수 있게 하소서.

당신은 모든 엘리멘탈을 축복하며,
그들에게서 인간이 부과한 스트레스를 거두어 줍니다.
이제 자연의 정령들은 자유를 얻어,
신성한 디크리를 실현합니다.

**오 성모 마리아시여,
지구를 더 높은 상태로,
가속하는 노래를 내어 주소서.
이제 모든 물질이 눈부시게 반짝입니다.**

7. 성모 마리아시여, 여성들을 일깨워 삶이 선물임을 인식하게 하소서. 삶은 후회스럽거나 저항해야 하는 어떤 것이 아닙니다. 삶은 아무 생각 없이 살아야 하는 그런 것이 아닙니다. 삶은 진실로 선물입니다.

나는 단호한 태도로 목소리를 높이며,
전쟁의 중단을 명합니다.
더 이상 지구는 전쟁으로 상처받지 않으며,
황금시대가 가까이 왔습니다.

**오 성모 마리아시여,
지구를 더 높은 상태로,
가속하는 노래를 내어 주소서.
이제 모든 물질이 눈부시게 반짝입니다.**

8. 성모 마리아시여, 여성들을 일깨워 평범한 사람에게 삶은 즐기는 것이 아니라 견뎌야 할 투쟁이라는, 파워 엘리트들이 만든 무거운 부담으로부터 현대 사회를 자유롭게 할 수 있게 도와주소서.

어머니 지구가 마침내 자유를 얻을 때,
재난들은 과거의 일이 됩니다.
어머니 빛은 너무나 강렬하여,
이제 물질의 밀도는 훨씬 낮아집니다.

**오 성모 마리아시여,
지구를 더 높은 상태로,
가속하는 노래를 내어 주소서.
이제 모든 물질이 눈부시게 반짝입니다.**

9. 성모 마리아시여, 여성들을 일깨워 지금이 삶을 투쟁으로 바꾸는 역할들로부터 여성들이 벗어나야 할 때임을 인식하게 하소서. 그래야만 우리가 진실로 삶을 즐기고 포용하며, 삶을 우리 자신을 초월할 기회로 최대한 활용할 수 있습니다.

어머니 빛 안에서 지구는 순수해지고,
상향나선이 유지됩니다.
이제 번영은 일상의 기준이 되고,
신의 비전은 형상으로 구현됩니다.

오 성모 마리아시여,
지구를 더 높은 상태로,
가속하는 노래를 내어 주소서.
이제 모든 물질이 눈부시게 반짝입니다.

봉인
I AM THAT I AM의 이름으로, 나는 대천사 미카엘과 아스트레아와 쉬바께서 나와 모든 건설적인 사람 주위에 뚫을 수 없는 보호막을 형성하여, 우리를 네 옥타브 안에 있는 모든 두려움 기반의 에너지로부터 봉인해 주심을 받아들입니다. 나는 신의 빛(Light of God)이 지구 여성들을 자유롭게 하는 데 저항하는, 어둠의 힘을 구성하는 두려움 기반의 모든 에너지를 변형하고 소멸하고 있음을 받아들입니다!
.

34
모든 여성에게 더 나은 삶을 제공하기

상승 마스터 고타마 붓다

나는 상승 마스터 고타마 붓다입니다. 누군가는 이렇게 말할지 모르겠습니다. "붓다가 여성에 대해 무엇을 알겠어?" 나는 이렇게 대답하겠습니다. "예, 아무것도 모릅니다. 나는 여성에 대해 아무것도 모릅니다. 왜냐하면, 멀리서는 아무것도 알 수 없기 때문입니다." 붓다 의식이 무엇입니까? 그것은 지적이고 선형적이며 이성적인 마음이 더는 존재하지 않는 수준에 도달하는 것입니다. 멀리서 아는 마음이 더 이상 없습니다. 하나가 됨으로써 아는 것, 내면에서 경험함으로써 아는 것, 그것이 붓다 의식입니다. 따라서, 나는 (여러분이 말하는 것처럼) 우주 어느 곳에나 내 마음을 투사할 수 있습니다. 하지만, 나는 우주 어느 곳에나 내 마음을 투사한다고 말하지 않겠습니다. 나는 "내 마음은 모든 곳, 내가 지구를 위해 유지하고 있는 공간 모든 곳에 존재한다."라고 말하겠습니다. 그러므로 나는 내면으로부터, 지구 모든 인간의 상황을 경험합니다. 나는 여러분의 마음을 경험함으로써 여러분의 마음을 압니다. 나는 지구의 공간 어디에나 초점을 맞출 수 있고, 그곳의 의식을 경험할 수 있습니다. 이것이 내가 여성에 대해 안다는 의미일까요? 자, 이것이 내가 자세히 설명하려고 하는 문제입니다.

안다는 것은 무슨 의미인가요?

다시 한번 말하지만, 안다는 것이 무슨 의미인가요? 고대 어느 사원의 문 위에 이렇게 적혀 있었습니다. "사람이여(man), 너 자신(thyself)을 알라." 물론 당시는 남성 우월주의 시기였습니다. 그럼 그것을 이렇게 말해 봅시다. "인간(human)이여, 너 자신(thyself)을 알라." 인간이 자신을 안다는 것이 무슨 의미일까요? 어떤 의미에서, 우리는 여러분이 자기 자신을 알고, 자신의 심리를 알고, 영적 성장의 여러 단계, 자신의 반응 패턴, 집착들, 분리된 자아들에 대한 것들을 알도록 도우면서, 여러 가지 영적 운동을 통해 여러분이 이 모든 것을 해결할 수 있도록 아주 많은 가르침을 주었습니다. 이 모든 가르침을 취해서 공부하고 이것을 적용한다면, 만일 그런다면 여러분이 자신을 알게 될까요? 글쎄요. 그것은 어떤 마음 상태에 있느냐에 달려있습니다. 만일 여러분이 이 행성의 인간 대부분이 지닌 선형적 마음의 상태에 있다면, 여러분은 여러분 자신을 알 수 있습니다. 그런데 여러분은 이 문장 안에 '여러분(you)'도 있고, '자신(self)'도 있는 것을 알 것입니다.

아마도 '여러분(you)'은 '자신(self)'을 알고 있을 것입니다. 하지만 그 '여러분'이 '자신(self)'과 같을까요? 만일 여러분이 정말로 자신을 안다면, 여러분이 알고 있는 그것, 그 자신은 무엇일까요? 여러분과 그 자신은 같은 존재인가요? 주체와 객체가 있고, 주체-객체(subjectobject)의 이원성이 존재하나요? 지구 대부분의 사람에게는, 심지어 다수의 영적인 구루와 스승들에게도, 여전히 주체-객체의 이원성이 존재합니다. 어떤 영적인 교사는 얼마간의 진보를 이루었고, 자신의 의식을 높였으며, 심지어 자신이 스스로를 안다고 주장할지도 모르겠습니다. 하지만 자기 자신을 주체로 본다면, 즉 자기 자신을 하나의 대상으로 알고 있다면, 여러분은 진정으로 자신을 이해하지 못한 것입니다.

이것에 근거를 두고 보면, 대부분의 여성이 스스로를 이 '주체-객체'의 이원성을 통해 보고 있기 때문에, 그들이 자신을 알고 있는 것처럼 내가 여성을 알지 못한다고 말할 수 있겠습니다. 이런 이유로 여성들은 타락한 존재들의 거짓말에 현혹되고 속게 되었습니다. 그 거짓말들은 타락한 존재들이 벗어나지 못하는 주체-객체의 이원성으로부터 정의된 것입니다. 따라서 타락한 존재들이 정의한 것은 이 주체-객체의 이원성을 강화할 수 있을 뿐입니다. 타락한 존재들은, 여성이 된다는 것이 무엇을 의미하는지에 대한 역할 또는 원형들(原型)을 만들려고 했습니다.

예를 들면, 영성계에서조차 점성술을 사용하여 그들이 어떤 유형의 사람인지를 파악하려는 사람들이 있습니다. 이런 모든 분리를 창조하는 또 다른 영적 운동들이 있습니다. 이런 유형의 사람이 있고, 저런 유형, 그다음 유형의 사람이 있으며, 여러분이 어떤 유형의 사람인지를 알아내기 위해 사용할 수 있는 몇 가지 기준이 있다고 그들은 말합니다. 여성들도 마찬가지입니다. 여성 잡지를 보면 여러분이 이런 범주에 속하는지 저런 범주에 속하는지를 알아보기 위한 설문 조사나 테스트가 있습니다. 심지어는 다른 유형의 여성들에 대해 얘기하는 일부 영적인 가르침들이나 페미니스트 가르침들이 있습니다. 물론, 여러분에게는 여성과 남성 간의 전반적인 분열도 있습니다. 여성이 남성과 다른가요? 우리가 뭐라고 말했습니까? '의식하는 자아(Conscious You)'는 남성도 여성도 아닙니다. 그것은 나누어질 수 없는 순수인식입니다. 여러분의 '아이앰 현존(I AM Presence)'은 남성도 아니고 여성도 아닙니다. 그것은 지구에서 정의된 이런 분열들을 모두 초월해 있습니다.

오직 분리된 자아만이 남성 혹은 여성일 수 있습니다

아이앰 현존이 의식하는 자아를 지구의 물질 영역 네 층으로 처음 보냈을 때, 그것은 남성도 아니고 여성도 아니었습니다. 시간이 지나면서, 의식하는 자아가 남성과 여성의 몸 모두로 육화함에 따라, 특정한 자아들을 만듭니다. 안타깝게도, 이 자아들은 보통 타락한 존재들에 대한 반응, 그리고 사람들이 지구에서 노출되는 다양한 형태의 조종이나 폭력에 대한 반응으로 만들어집니다. 이는, 여러분이 여성이 된다는 것을 어떻게 바라보고, 남성이 된다는 것을 어떻게 바라보는지를 정의하는 특정한 자아들을 만든다는 의미입니다. 남성의 의식하는 자아는 여성의 의식하는 자아와 다르지 않지만, 남성의 분리된 자아와 여성의 분리된 자아는 다릅니다. 그럼, 남성이 여성과 다른가요? 대다수 남성의 눈에는 그렇습니다. 대다수 여성의 눈에도 그렇습니다.

그런 구분이나 분열이 필요하고 심지어 유익하다고 말하는 사람도 일부 있을 것입니다. 특정한 의식 수준에서는, 생명흐름이 자신이 원하는 대로 자신을 정의할 자유를 인정할 준비가 되어 있지 않다고 말할 수 있습니다. 그러므로 배우가 극장에 들어가 의상을 입고 극작가가 써놓은 역할을 연기하는 것과 같이, 미리 정의된 역할 속으로 들어가 역할을 연기하는 것이 도움이 될 수 있습니다. 미리 정의된 역할도 없이, 어떤 대본도 없이, 무대에 올라가 관중의 이목을 사로잡을 수 있다고 자신하는 배우는 매우 드뭅니다. 그래서 지구상의 많은 인간에게는 일종의 미리 정의된 역할이 필요합니다. 타락한 존재들이 정의한 역할조차 한동안은 도움이 될 수 있고, 지구에서의 경험을 얻는 데 도움이 됩니다. 이런 역할들이 이원성으로부터 정의되고, 타락한 존재들이 여러분을 조종하는 것이 가능하게끔 고의적으로 정의된다는 사실을 고려하면, 이 역할들이 여러분을 가두게 된다는 것 또한 명백합니다.

우리는 특정한 외부 압력에서 여성이 해방되는 것에 대해 얘기했고, 남성의 해방에 관해서도 얘기했습니다. 여성이 완전히 해방되려면, 여러분은 이 행성에서 정의된 여성의 역할에서 해방되어야 합니다. 자신을 영적인 존재로 보고 영적인 존재로 식별하기 위해서 여러분은 자유로워져야 합니다. 중성적이거나 성-중립적인 것이 아니라, 성(젠더)을 초월해 있는 영적인 존재로서 말입니다. 그렇게 하는 것이 여러분이 성장하면서 떠맡게 된, (혹은 여러분이 맡기로 선택한), 여성을 위해 미리 정의된 역할들을 살펴보고, "내가 그 역할들을 계속하고 싶은가?" 하는 것을 평가할 수 있는 방법입니다. 자, 어떤 경우에는 다양한 이유로 얼마간 이 역할을 계속하고 싶다고 결정할 수 있습니다. 그러지 말아야 할 이유는 없습니다. 그 역할을 맡도록 프로그래밍되고 길들여진 것이 아니라, 그 역할을 하겠다고 여러분이 의도적인 선택을 했다면, 그러면 여러분은 더 이상 그 역할과 완전히 동일시되지 않습니다. 여러분은 그것에 갇혀 있지 않고, 그 역할이 영적 존재인 자신을 정의한다고 생각하지도 않습니다.

여성을 위해 정의된 역할들을 초월하기

음, 물론 그 역할을 꿰뚫어 보게 되면, 여러분은 그것을 초월할 선택권을 가지게 됩니다. 그 지점에서 (상승 마스터 학생인 여러분 다수가 이렇게 할 수 있는 잠재력이 있고, 또 그것이 여러분의 신성한 계획에 들어 있는데), 여러분은 지구에서 여성이 된다는 것이 어떤 의미인지를 다시 정의할 수 있습니다. 여러분은 여성이 된다는 것이 무엇인지에 대해 다른 역할을 정의할 수도 있습니다. 한동안 그 역할을 맡을 수도 있습니다. 심지어 더 이상 어떤 역할도 정의하지 않고, 더 이상 어떤 역할도 하지 않고, 더 이상 여성으로 존재하지 않으며, 우연히 여성의 몸으로 있게 된 영적 존재로서, 여기 지구에 존재하는 단계에 이를 수 있습니다.

물론 이것은 미묘하고 비전적이고, 신비적인 주제여서, 지구에 있는 보통 여성들이 다룰 준비가 되어 있는 것 이상입니다. 하지만 여성을 해방한다는 것이 무슨 의미인지에 대한 더욱 충분한 묘사를 위해서는 반드시 표현돼야 할 주제입니다. 상승 마스터 학생인 여러분 가운데 일부는 이것을 숙고하고 내면화할 수 있으며, 이에 따라 살아갈 수 있을 것입니다. 그러므로, 여러분은 또다시 집단의식에, (시간이 지나면서 지구에서 규정돼 온 이런 역할에서 다른 여성들이 벗어나는 것을 가능하게 해주는), 새로운 지평을 열 수 있습니다.

누군가는 이렇게 말할 것입니다. "글쎄요. 여성을 위한 역할 중에 타락한 존재들의 영향을 받지 않은, 자연스럽고 좋으며 영적인 것이 지구에는 없지 않나요?" 답은 분명합니다. "예, 없습니다." 타락한 존재들은 이 행성에서 삶의 모든 측면을 조종해 왔고, 타락한 존재들의 영향을 받지 않은 남성 혹은 여성의 역할은 없습니다. 영적인 스승이나 구루가 된다는 것이 어떤 의미인지에 관한 특정한 이미지나 역할을 마음속에 지닌 영적인 사람들이 많이 있습니다. 그런 이미지들 역시 타락한 존재들로부터 영향을 받아왔으며, 그것은 종종 알아차리기 매우 어려운 교묘한 방식으로 이루어집니다. 이 메신저는 이 특별한 주제에 대해 작업을 해왔고, 그것이 그가 특정한 방식으로 자신을 내세우지 않는 이유입니다. 그는 명백히 이 행성에 존재하는 영적 스승에 대해 미리 정의된 역할 가운데 하나에 갇혀 있기를 원하지 않습니다. 이것은 매우 타당합니다. 예수도 육화 시 그렇게 했고, 나도 육화 때 그렇게 했으며, 다른 영적인 교사들도 마찬가지였습니다. 왜냐하면, 상승 마스터들의 목표는 사람들이 그런 역할에서 벗어나도록 돕는 것이기 때문입니다. 만일 우리가, 육화해 있는 동안, 타락한 존재들에게 영향받아온 역할을 맡아서 한다면, 어떻게 사람들이 그런 역할에서 벗어나도록 도울 수 있었겠습니까?

  자, 물론 어려운 점은, 일종의 영적 교사로서 역할을 수행할 때, 여러분의 가르침을 공부하는 학생들이 자신의 마음속에 어떤 역할을 가질 수 있고, 그것을 여러분에게 투사할 수 있다는 점입니다. 그것에 대해 영적인 교사로서 여러분은 무엇을 할 수 있을까요? 음, 때때로 여러분은 그 역할에 맞서고, 그것을 드러내며, 그것에 도전할 수 있습니다. 여러분은 학생들이 기대하는 것에 어긋나는 것을 행할 수 있습니다. 또한, 여러분은 학생들이 이것을 보고, 그것이 얼마나 불필요한지를 보도록 도울 수 있습니다. 그리고 여러분이 의식의 144단계를 향해 성장해 감에 따라, 여러분은 이런 미리 정의된 역할이라는 뱀 허물을 벗어버립니다. 따라서 여러분은 영적인 사람, 영적인 교사, 혹은 그리스도화된 존재가 된다는 것이 어떤 의미인지에 관해 정해진 패턴을 따르지 않습니다. 상승 마스터 학생들조차, 특히 이전의 시혜에서, 학생들은 그리스도화된 존재가 되는 것의 의미에 대해 특정한 역할을 규정하려고 했습니다. 그런 이미지를 투사하고 싶어했던 일부 학생들이 예수께 온다면 예수는 뭐라고 할까요? 음, 베드로에게 말한 그대로 말할 것입니다. "사탄아, 물러가라." 그리스도의 역할이 무엇인가요? 붓다의 역할은 무엇인가요? 더 높은 의식 수준을 달성한 사람의 역할은 무엇일까요? 자, 그것은 당연하게도, 인간의 역할들에서 벗어나는 길이 있음을 보여주는 것입니다. 만약 여러분이 특정한 사람들에 의해 자신에게 투사된 역할과 이미지를 인정한다면, 그것을 어떻게 시범 보일 수 있겠습니까.

여성들은 더 나은 삶을 원합니다

진실로, 내가 나의 인식(awareness)을 지구 여성들의 마음속으로 투사해 보면, (나는 지구 여성들 모두에게 동시에 이렇게 할 수 있습니다. 지금 내가 하고 있는 것처럼 말입니다), 먼저 여성들이 처해 있는 아주 다양한 상황들이 보입니다. 너무나 다양한 외부 상황들, 너무나 다양한 의식 상태와 심리 상태가 존재합니다. 진실로 여러분은 여성들에 관해, 지구 여성들의 상황에 관해 보편적인 뭔가를 말할 수 있을까요? 여러분이 그들의 개별적 마음의 다양함을 경험한다면, 보편적인 무언가를 말할 수 있을까요? 음, 무언가를 말할 수는 있습니다. 일반적으로 여성들은 더 나은 삶을 원합니다. 그들은 지금보다 더 나은 삶을 원합니다. 지구에서 가장 가난한 환경 어느 한 곳에 살건, 어딘가 있는 저택에서 하인들을 마음대로 부리며 살건, 그들은 여전히 더 나은 삶을 원합니다. 그들은 어떤 긴장감을 느낍니다. 왜냐하면, 그들은 자신이 경험하는 외부 상황이 지금보다 더 나아지거나 더 높아질 수 있음을 알기 때문입니다. (자신이 알고 있는 이유는 모르지만, 그들 내면 어딘가에서는 이것을 알고 있습니다), 그들은 이것이 옳지 않다고 느끼며, 상황들이 개선되지 않았다고 느낍니다.

왜 그럴까요? 왜냐하면, 여성들은 어머니 화염(Mother flame), 어머니 의식(Mother consciousness)에 조율하기 때문입니다. 어머니 의식이 무엇일까요? 그것은 새로운 뭔가를 태어나게 하는 의식입니다. 다른 마스터들은 성장의 간격과 성장의 과정을 규정하는 특정한 그리스도 원리, 즉 비상승 구체를 위한 성장의 상향나선에 대한 특정한 그리스도 원리가 있다고 말했습니다. 어머니(Mother)는 이것에 조율하지만, 또한 물리 옥타브 내의 실제 현실에도 조율합니다. 그러므로, 어머니 의식(Mother consciousness)은, 지구에서 매우 실제적이고 구체적인 외적 개선이 발생할 때 일어날 수 있는 특정한 상향나선, 특정한 과정이 존재함을 압니다. 어머니 화염(Mother Flame)은, 이 특정 시기에, 특정한 새로운 환경이 태어날 가능성이 있었음을 알고 있습니다. 이것은 마치, 그날 아이가 태어날 수 있었지만 태어나지 않고 그날이 미루어졌음을 아는 것과 비슷합니다. 어머니는 그것을 감지하는데, 그것을 감지할 때 어떤 긴장감이 있습니다. "내 아이가 태어나지 않았다. 그러니 나는 아이를 기르지 못하고 아이가 성장하는 것을 보지 못한다." 지구의 거의 모든 여성이 이것을 감지합니다. 비록 많은 여성이 자신이 감지하는 것이 무엇인지 의식적으로 인식하지는 못해도, 그들은 그 긴장감을 인식합니다. 많은 여성에게 이것은 유쾌하지 않은 일입니다. 그들은 무언가가 잘못되었고, 무언가를 놓쳤으며, 무언가를 박탈당했고, 이것이 불공정하고 부당하다고 느끼기 때문에, 사실상 그것은 매우 불쾌한 경험입니다. 그들은 자신들이 이런 상황에 있으면 안된다고 느낍니다. 이것이 그들로 하여금 어떤 긴장감 혹은 삶에 대한 (말하자면) 부정적인 관점이나 태도를 가지게 합니다. 때로 그들은 더 나은 조건들을 가지지 못한다는 사실에 대해 남편을 원망하며 화풀이하거나, 때로는 스스로를 탓하기도 하지만, 여기에 탓할 것은 정말로 없습니다. 물론 이런 말을 하는 것이, 내가 존재하는지조차 모르는 많은 여성을 돕지는 못하겠지만, 일부 여성들에게는 도움이 될 수 있습니다. 누군가는 이해할 것입니다.

보다시피 일반적으로 여성들은 현재 상황(status quo)에 만족하지 않습니다. 사실, 타락한 존재들이 지구에 와서 남성을 우월한 성이 되도록 선택하고, 여성을 억압했던 바로 그 순간부터, 여성들은 현재 상황에 만족하지 않았습니다. 많은 경우, 다수의 남성은 현재 상황에 만족해 왔고, 특히 다른 사람들이 자신을 섬기는 이 특권적 지위를 얻은 파워 엘리트들은 더욱 그랬습니다. 그들은 현재 상황을 바꾸고 싶어하지 않았고, 종종 그런 이유에서 새로운 것이 태어나지 못했습니다.

여성들은 남성들의 변화를 더 이상 기다리지 말아야 합니다

이 행성에서 가장 큰 발전 가능성은 무엇일까요? 그것은 여성들이 자신이 느끼는 것, 자신이 직관적으로 감지하는 것, 직관적으로 아는 것에 대해 더욱더 인식하게 되는 것입니다. 그것은 상황들이 현재보다 나아질 수 있고 더 나아져야 한다는 것을 인식하는 것이고, 잠재력의 배후에 자신들이 있으며, 태어나지 않은 무언가가 존재한다는 가능성을 더 잘 인식하게 되는 것입니다. 일반적으로 남성들을 비난하는 대신, (그리고 사실상 파워 엘리트를 탓하면서 단순히 파워 엘리트에게 책임을 떠넘기는 대신) 이렇게 말하는 것입니다. "들어보세요. 우리는 더 이상 남성들을 기다리지 않겠습니다. 우리는 남성들이 변화를 일으키도록 기다리지 않겠습니다. 우리는 스스로 변화를 일으키고 있습니다. 만일 남성들이 여기에 동참하길 원한다면, 그것도 좋습니다. 하지만 남성들이 원하지 않는다면, 우리 여성들이 함께 모여 변화를 만들 것입니다. 상황들이 개선됐어야 했다는 것을 알아내고, 그리고 상황들을 개선하는 데 있어 남자들이 뭐라고 말하든, 그것에 대해 그들이 무엇을 행하건, 우리는 우리의 조율 능력을 활용할 것입니다. 우리는 분명 그들이 우리를 붙잡지 못하도록, 지구상의 무엇도 우리를 더 이상 저지하지 못하도록 할 것입니다. 우리는 내면의 조율 능력을 이용할 것입니다. 우리는 그것을 인정하고 그 타당성을 인정하며, 그래서 변화가 일어나도록 할 것입니다."

그것은 남성들이 변화를 가져와야 한다고 요구하는 문제가 아닙니다. 그것은 여성들이 자신의 관점과 조율에 따라 변화를 만들겠다고 결정하는 여성들의 문제입니다. 물론, 이런 직관을 가졌고, 일들이 더 나아질 수 있음을 아는 남성들 또한 당연히 존재합니다. 이런 직관을 가지고 있고 그것을 의식적으로 인지하는 남성들과 여성들은 변화를 만들기 위해 당연히 함께 일할 수 있습니다. 만일 그렇게 할 수 있다면, 그들은 그들 가운데 누군가가 홀로 해낼 수 있는 것보다 더 많은 것을 성취할 수 있습니다. 왜냐하면, 우리가 말했듯이, 우주적 관점, 즉 비-이원적인 관점에서, 확장하는 힘과 수축하는 힘은 창조의 두 측면이기 때문입니다. 지구의 남성과 여성들은 이런 기본적인 창조의 힘에 머물러 있을 가능성이 있습니다. 그래서 어떤 의미에서는, 어느 정도 서로를 균형 잡고 보완하며 확장하면서, 혼자 하는 것보다 함께 더 많은 것을 이룰 수 있습니다. 당연히 여러분은, 궁극적으로, 스스로를 더 이상 남성이나 여성으로 정의하지 않는 지점에 이를 수 있습니다. 자신이 영적인 존재임을 알고, 여러분이 우연히 남성 혹은 여성의 몸으로 있지만, 영적 존재들로서 서로 협력하고 있음을 압니다.

이처럼, 성장의 열쇠가 되는 것은 여성이 아니라, 육체와의 동일시 너머로 나아가 깨어난 존재들이라고 말할 수 있습니다. 이 컨퍼런스는 우리 상승 마스터들의 관점에서 볼 때, 엄청난 진전입니다. 우리는 이 컨퍼런스에서 내놓기로 했던 모든 것, 심지어 그보다 더 많은 것을 발표할 수 있었습니다. 다시 말해, 여러분이 한 장소에 물리적으로 함께 하지 못했음에도 불구하고, 여러분은 한 그룹의 학생들로서 이 컨퍼런스에서 최상의 잠재력 그 이상을 이루었습니다. 여러분은 우리의 기대를 넘어섰습니다. 그것은 부분적으로는, 여러분이 세계 곳곳에 있는 여러분의 집에 있었기 때문입니다. 여러분의 디크리와 주의력이 점점 가속돼 파도처럼 행성 곳곳으로 흘러갔고, 컨퍼런스 동안 그것이 더 많은 추진력을 얻도록 우리는 그것을 증폭시켰습니다. 이 추세는 여러분 혹은 다른 사람들이 이 가르침들을 공부하고, 이 추진력이 계속 더 커지도록 도구를 사용할 때, 거의 무한정 계속될 수 있습니다.

당연히 이것이 우리가 보고 싶은 것입니다. 우리가 제공하는 컨퍼런스는 일회성 행사가 아니라 지속적인 과정입니다. 어머니 화염 (Mother flame)과 이것을 관련지어 볼 수 있는데, 어머니 화염은 단순히 아이를 낳기 위해 아이를 낳는 것이 아닙니다. 어머니 화염은 아이가 성장하고 성숙해가는 것을 보기 위해 아이를 낳는데, 그것은 이 경우도 마찬가지입니다. 이 컨퍼런스는 한 아이를 낳았는데, 우리는 그 아이가 성장하고 성숙해가면서 자신만의 삶을 영위하기를 바랍니다. 많은 사람이 이 가르침들과 도구들을 활용해 요청하면서, 자신의 삶을 영위하고, 앞으로 나아갈 수 있는 운동을 만들 것입니다. 그것이 처음에는 여성을 해방하는 역할을 하겠지만, 좀 더 장기적인 관점에서는 남성을 해방하는 역할을 할 것입니다. 그러므로, 그것은 이 행성을 자유롭게 하고, 파워 엘리트나 타락한 존재들, 혹은 타락한 존재들의 사고방식에 갇혀 있는 남자들, 혹은 그 사고방식이 여성뿐만 아니라 남성들 또한 학대하고 가둔다는 사실을 볼 수 없고, 이를 보려고 하지 않는 사람들의 영향으로부터 이 행성을 자유롭게 할 것입니다. 진정으로, 다른 이에게 무언가를 하기 위해서, 여러분은 이미 자신에게 그것을 행했음이 분명합니다. 바꾸어 말하면, 다른 누군가를 학대하려면, 여러분은 자기 존재 안에 그 의식, 그 학대의 매트릭스에 기반을 둔 자아를 만들어야 합니다. 어떤 남성이 어떤 여성을 강간할 때, 그것이 오직 그 여성에게만 영향을 준다고 생각할 수도 있습니다. 그러나 그는 강간의 의식에 기반을 둔 자아를 가지고 있고, 그 자아가 그의 네 하위체에 머물고 있습니다. 이것이 매일 매 순간 그에게 영향을 미칩니다. 그가 의식하지 못할지라도, 그것은 그에게 영향을 끼칩니다.

여러분은 여러분이 지금 하지 않은 무엇인가에 의해 영향을 받습니다

　이 세계에는, 비록 여러분이 무언가를 의식하지 않더라도, 여러분이 그것의 영향을 받을 수 있음을 보여주는 아주 많은 것들이 있습니다. 현재 여러분이 알고 있는 것을 인류가 인식하지 못했던 시기가 있었는데, 그 하나가 여러분을 지구 중심으로 끌어당기는 중력의 힘이 있다는 것입니다. 그 당시 사람들이 우주를 떠다니지 않았다는 것을 여러분은 잘 알고 있습니다. 비록 그들이 의식적으로 알지 못했어도, 그들은 그때에도 중력 때문에 지구로 끌어당겨 졌습니다. 남성들이 인정하길 꺼린다고 해도, 남성들이 여성들에게 하는 일 역시 남성들 자신에게 영향을 미치고 있습니다. 그것은 이 행성에서 남성들이 실제로 여성들보다 훨씬 더 갇혀 있다는 의미입니다.

　우리가 이 컨퍼런스에서 여성들이 어떻게 갇혀 있고 어떻게 해방되어야 하는지에 초점을 맞췄다고 여러분은 생각할 수도 있습니다. 하지만, 현실은 여성들이 갇혀 있고, 감금되어 있고, 학대받을지라도 남성들이 여성들보다 훨씬 더 갇혀 있으며, 이런 역할과 사고방식에 더 갇혀 있다는 것입니다. 그들 역시 특정한 긴장감을 느낍니다. 하지만 대부분의 남성은 그 긴장을 의식적으로 인식하지 못하기 때문에, 그것이 외부 상황에 의해 유발된 것이라고 투사합니다. 실제로, 긴장감은 내면에 있습니다. 그것은 심리 안에 있는 것입니다. 그것은 외부 상황들에 대한 반응에서 생겨납니다.

　(여러분을 억압한다고 느끼는) 특정한 외부 상황이 제거되었다 해도, 그것이 여러분의 심리적 반응 패턴이 제거되었다는 의미는 아닙니다. 여러분은 반응할 또 다른 외부 상황을 발견하게 될 것입니다.

잘못된 욕망이나 잘못된 기대, 잘못된 집착과 같은 고통의 원인에 관해 2500년 전에 내가 준 가르침의 본질이 바로 이것입니다. 해방의 열쇠는 집착들을 극복하는 것, 심리적 집착들을 극복하는 것입니다. 2500년 동안 인간의 심리는 변하지 않았습니다. 비록 집단의식이 높아져 왔음에도 불구하고, 2500년 동안 행성의 기본 역학은 바뀌지 않았습니다. 2500년 전에 나는 왜 여성에 대해, 그리고 여성 해방의 필요성에 대해 더 많이 얘기하지 않았을까요? 왜 나는 여성에게 완전한 평등을 줄 수 있는 영적 운동의 기반을 마련하지 않았을까요?

오늘날 불교를 보면 남성과 여성 간의 평등이나 자유로움이 더 많은 일부 종파들이 있기는 합니다. 여성에 대한 차별이 매우 분명한 불교 종파 또한 많습니다. 어떤 이들은 티베트를 영적으로 진보된 나라로 여기지만, 티베트에서 여성의 지위를 보세요. 내가 더 이상 할 수 없었을까요? 글쎄요. 어떤 면에서는 그랬고, 어떤 면에서는 그렇지 않습니다. 왜냐하면, 집단의식이 2500년 전 당시의 수준이었기 때문에, 그 당시 사람들에게는 현재 여러분이 여성 해방이라 부르는 것을 숙고하기가 매우 어려웠을 것입니다. 정말로 그들은 그 개념을 다룰 수 없었습니다. 그 대신 내가 한 것은 남성과 여성 모두에게 적용될 수 있는 보편적인 가르침을 주는 것이었습니다. 그것은 그들 자신을 더 이상 남성이나 여성으로 보지 않고 영적인 존재로 식별하는, 더 높은 수준의 의식으로 이끌어 줄 수 있었습니다.

내가 뭐라고 말했나요? "모든 것이 붓다의 본성(Buddha nature)입니다." 이 말은 여성들에게도 내면에 불성이 있고, 따라서 붓다 의식으로 가는 여정을 걸을 잠재력이 있다는 의미입니다. 여러분이 이렇게 할 때, 여성의 몸으로 있는 것에 대한 집착을 극복할 수 있는 지점에 이르게 됩니다. 그것은 더 이상 중요하지 않습니다. 그것은 더 이상 한계가 아닙니다. 그것은 더 이상 여성의 몸으로 있는 여러분을 정의하지 않습니다. 그것이 바로 여성의 궁극적 해방입니다. 여성이 더 이상 여성이 아닐 때, 그 존재는 해방됩니다. 남성이 더 이상 남성이 아닐 때, 그 존재는 해방됩니다. 인간이 더 이상 인간이 아닌 영적인 존재일 때, 그때 여러분은 해방됩니다.

이것이 내가 보고 싶은 해방이지만 이것은 모두를 위한 해방은 아닙니다. 왜냐하면, 그것이 모든 사람에게 현실적이지 않기 때문입니다. 하지만 적어도 상승 마스터 학생인 여러분 중 일부는, 기꺼이 자신을 열고 이 가르침들을 적용해온 여러분 중 일부에게는, 수십 년 동안 근면하게 수행해 왔던 여러분 중 일부에게는 이것이 해당합니다. 나는 여러분이 그 마지막 단계를 밟아 내가 경험했던 자유의 상태를 성취하는 것을 보고 싶습니다. 내가 그것을 경험했으므로, 지금 여러분 또한 그것을 경험할 수 있습니다. 한 사람이 했던 것은 모두가 할 수 있습니다. 때로는 저항을 깨고 새로운 수준의 의식을 구현하고 이를 시범 보이는 사람이 돼야 할 한 사람이 있어야 합니다. 일단 한 사람이 그런 의식 수준을 구현하면, 다른 이들은 그것을 더 쉽게 구현할 수 있습니다. 바로 이것이 대백색 형제단, 상승 마스터들, 그리스도 신성의 여정, 불성의 여정, 그리고 영적인 여정의 전체 원리입니다. "한 사람이 했던 것은 모두가 할 수 있습니다." 어떤 한 사람은 붓다 의식을 구현했고, 어떤 한 사람은 지구에서 그리스도 의식을 구현했습니다. 그러므로 여러분 또한 그것을 구현할 수 있습니다.

이것이 여러분을 위한 나의 소망이자 비전입니다. 붓다의 지극히 즐거운 화염 안에 이 컨퍼런스를, 이 컨퍼런스에 참여한 여러분을 봉인하는 것은 나의 커다란 기쁨입니다. 나는 학생들을 살펴보고, 그들의 진보를 보고, 그들이 얼마나 해방에 가까이 왔는지를 보고, 종종 그들 자신보다 그것을 더 잘 보지만, 그러나 그들이 마지막 단계를 돌파하고, 내면에서 "나는 그리스도다. 나는 붓다이다."라는 사실을 알 때까지 마지막 단계를 걷게 하는 인내심을 가졌습니다. 왜냐하면, 여러분이 그것을 내면에서 아는 것 말고 달리 어떻게 알 수 있겠습니까? 누군가가 여러분에게 말해 줘야 한다면, 여러분은 그곳에 없습니다. 따라서 이 질문에 대한 답은, "의식 안 어디에 내가 있는가? 아직도 내가 있는가?"입니다. 그 대답은 언제나 "아니요."입니다. 왜냐하면, 질문이 있는 한, 여러분은 거기 없기 때문입니다.

하지만 나는 마음에 그려봅니다. 나는 집착이 사라지고 분리된 자아들이 사라지면서, 질문이 사라지는 지점에 여러분이 당도하는 비전을 간직합니다. 이로써, 나는 붓다의 기쁨의 화염 안에 여러분을 봉인하고, 이 컨퍼런스를 봉인합니다. 나는 고타마입니다.

.

35
우리의 영적인 자유를 기원하기 (기원)

I AM THAT I AM, 예수 그리스도의 이름으로, 나는 지구에 육화한 존재로서 가진 내 권한을 사용하여 고타마 붓다께 이 기원을 증폭해 달라고 요청합니다. 내 차크라들을 통해 이 기원문의 내용을 집단의식으로 방출하시어, 여성과 남성 모두가 타락한 존재들의 심리적, 영적 속박에서 자유로워지도록 의식을 일깨워 주소서. 우리는 영적인 존재들이며 상승 마스터들과 함께 일함으로써 새로운 미래를 공동창조할 수 있다는 진실(reality)을 일깨워 주소서. 나는 특히 이것을 요청합니다…
(여기에 개인적인 요청을 추가하세요)

파트 1

1. 고타마 붓다시여, 사람들을 일깨워 아이앰 현존(I AM Presence)이 의식하는 자아(Conscious You)를 지구 물질 영역 네 수준으로 보냈을 때, 의식하는 자아는 남성도 여성도 아니었음을 알게 해주소서.

고타마 붓다시여, 나에게 애증을 일으키는

마음의 상태를 보여주소서.
당신이 드러내 주는 것을 견디면서,
내 지각은 순수해질 것입니다.

**고타마 붓다, 우주 평화의 불꽃이시여,
이제 거칠게 몰아치던 사념들이 그치고,
당신과 나는 내면의 평화를 방사하여
윤회의 바다를 고요하게 합니다.**

2. 고타마 붓다시여, 사람들을 일깨워 시간이 지나면서 의식하는 자아가 남성과 여성 모두의 육체로 육화하며, 특정 자아들을 만든다는 사실을 알게 해주소서.

고타마 붓다시여, 당신의 평화의 불꽃 안에서,
분투하던 자아를 놓아버립니다.
나는 이제 불성을 깨달으며,
불성은 당신과 나의 중심핵입니다.

**고타마 붓다, 우주 평화의 불꽃이시여,
이제 거칠게 몰아치던 사념들이 그치고,
당신과 나는 내면의 평화를 방사하여
윤회의 바다를 고요하게 합니다.**

3. 고타마 붓다시여, 사람들을 일깨워 이런 자아들은 대개 사람들이 타락한 존재들에게 반응하거나, 지구상의 다양한 조작과 폭력에 노출되었을 때 창조되었음을 알게 해주소서.

고타마 붓다시여, 내가 그대와 하나 되니,
이제 마라의 데몬들은 달아납니다.
당신의 현존은 고통을 치유하는 향유와 같이,

내 마음과 감각들을 늘 고요하게 합니다.

**고타마 붓다, 우주 평화의 불꽃이시여,
이제 거칠게 몰아치던 사념들이 그치고,
당신과 나는 내면의 평화를 방사하여
윤회의 바다를 고요하게 합니다.**

4. 고타마 붓다시여, 사람들을 일깨워 우리가 여성과 남성을 어떤 존재로 보는지를 정의하는 특정 자아들을 창조했음을 알게 해주소서.

고타마 붓다시여, 영원한 현재 안에 살겠다고,
나는 이제 서약합니다.
당신과 함께 모든 시간을 초월하여,
더없이 숭고한 현재 안에서 살겠습니다.

**고타마 붓다, 우주 평화의 불꽃이시여,
이제 거칠게 몰아치던 사념들이 그치고,
당신과 나는 내면의 평화를 방사하여
윤회의 바다를 고요하게 합니다.**

5. 고타마 붓다시여, 사람들을 일깨워 남성의 의식하는 자아는 여성의 의식하는 자아와 다르지 않지만, 남성의 분리된 자아는 여성의 분리된 자아와 다름을 알게 해주소서.

고타마 붓다시여, 나에게는 아무런 욕망도 없으며,
세속의 어느 것도 갈망하지 않습니다.
이제 나는 무집착으로 휴식하며,
마라의 미묘한 시험을 통과합니다.

고타마 붓다, 우주 평화의 불꽃이시여,

이제 거칠게 몰아치던 사념들이 그치고,
당신과 나는 내면의 평화를 방사하여
윤회의 바다를 고요하게 합니다.

6. 고타마 붓다시여, 사람들을 일깨워 생명흐름(lifestream)이 자신이 원하는 어떤 방식으로든 자기 정체성을 정의할 자유를 인식할 준비가 되지 않은 의식 수준에서는, 연극배우처럼 미리 정해진 역할로 들어가 배역을 연기하는 것이 도움이 된다는 사실을 알게 해주소서.

고타마 붓다시여, 당신 안으로 녹아들며,
내 마음은 이제 둘이 아닌 하나입니다.
당신의 눈부신 빛 안에 잠기니,
내가 아는 모든 것은 열반뿐입니다.

**고타마 붓다, 우주 평화의 불꽃이시여,
이제 거칠게 몰아치던 사념들이 그치고,
당신과 나는 내면의 평화를 방사하여
윤회의 바다를 고요하게 합니다.**

7. 고타마 붓다시여, 사람들을 일깨워 타락한 존재들이 정의한 역할조차도 일시적으로는 유용할 수 있음을 알게 해주소서. 하지만 이 역할들이 이원성 의식으로 만들어졌고, 타락한 존재들이 우리를 조종할 수 있게 의도적으로 정의된 것임을 감안해 보면, 이것이 우리를 가두게 될 것을 알 수 있습니다.

고타마 붓다시여, 시간을 초월한 당신의 공간 안에서,
나는 우주적 은총 안에 잠겨 듭니다.
모든 형상을 초월해 계신 신을 깨달으며,
나는 더 이상 세상을 따르지 않습니다.

고타마 붓다, 우주 평화의 불꽃이시여,
이제 거칠게 몰아치던 사념들이 그치고,
당신과 나는 내면의 평화를 방사하여
윤회의 바다를 고요하게 합니다.

8. 고타마 붓다시여, 여성들을 일깨워 여성을 완전히 해방하기 위해서는, 이 행성에서 정의된 여성 역할들로부터 자유로워져야 함을 알게 도와주소서.

고타마 붓다시여, 나는 이제 깨어나서,
무엇이 시급한지를 명료하게 봅니다.
그러므로 나는 내 신성한 권리를 선언하며
지상에서 불성의 빛이 됩니다.

고타마 붓다, 우주 평화의 불꽃이시여,
이제 거칠게 몰아치던 사념들이 그치고,
당신과 나는 내면의 평화를 방사하여
윤회의 바다를 고요하게 합니다.

9. 고타마 붓다시여, 여성들을 일깨워 우리가 스스로를 영적인 존재로 보는 데 자유로워져야 함을 알게 해주소서. 우리는 스스로를 양성의 혹은 성-중립적인 존재로 보는 것이 아니라, 사회적 성(gender)을 초월한 영적인 존재로 보아야 합니다.

고타마 붓다시여, 당신의 뇌성 번개와 더불어,
우리는 지구에 거대한 동요를 일으킵니다.
누군가는 깨달음을 얻어,
붓다의 영원한 무리에 합류할 것입니다.

고타마 붓다, 우주 평화의 불꽃이시여,

이제 거칠게 몰아치던 사념들이 그치고,
당신과 나는 내면의 평화를 방사하여
윤회의 바다를 고요하게 합니다.

파트 2

1. 고타마 붓다시여, 여성들을 일깨워 이것이 우리가 자라면서 받아들인 미리 정해진 여성의 역할들을 살펴보고, "내가 그 역할을 계속 맡고 싶은가?"라고 평가하는 자유를 얻을 수 있는 방법임을 알게 해주소서.

고타마 붓다시여, 나에게 애증을 일으키는
마음의 상태를 보여주소서.
당신이 드러내 주는 것을 견디면서,
내 지각은 순수해질 것입니다.

**고타마 붓다, 우주 평화의 불꽃이시여,
이제 거칠게 몰아치던 사념들이 그치고,
당신과 나는 내면의 평화를 방사하여
윤회의 바다를 고요하게 합니다.**

2. 고타마 붓다시여, 여성들을 일깨워 우리가 프로그래밍 되어서가 아니라, 그 역할을 계속하겠다고 의도적으로 선택한다면, 더 이상 그 역할과 동일시 되지 않음을 알게 해주소서. 우리는 그 역할에 갇힌 것이 아니며, 그 역할이 영적 존재인 우리를 규정한다고 생각하지도 않습니다.

고타마 붓다시여, 당신의 평화의 불꽃 안에서,
분투하던 자아를 놓아버립니다.
나는 이제 불성을 깨달으며,

불성은 당신과 나의 중심핵입니다.

고타마 붓다, 우주 평화의 불꽃이시여,
이제 거칠게 몰아치던 사념들이 그치고,
당신과 나는 내면의 평화를 방사하여
윤회의 바다를 고요하게 합니다.

3. 고타마 붓다시여, 여성들을 일깨워 일단 우리가 그 역할을 꿰뚫어 보면 그 역할을 초월하고, 지구에서 여성이 되는 것이 어떤 의미인지를 다시 정의할 수 있음을 알게 해주소서.

고타마 붓다시여, 내가 그대와 하나 되니,
이제 마라의 데몬들은 달아납니다.
당신의 현존은 고통을 치유하는 향유와 같이,
내 마음과 감각들을 늘 고요하게 합니다.

고타마 붓다, 우주 평화의 불꽃이시여,
이제 거칠게 몰아치던 사념들이 그치고,
당신과 나는 내면의 평화를 방사하여
윤회의 바다를 고요하게 합니다.

4. 고타마 붓다시여, 여성들을 일깨워 우리가 여성으로 존재하는 것이 어떤 의미인지에 대해 다른 역할을 정의할 수 있으며, 한동안 그 역할을 떠맡을 수도 있음을 알게 해주소서.

고타마 붓다시여, 영원한 현재 안에 살겠다고,
나는 이제 서약합니다.
당신과 함께 모든 시간을 초월하여,
더없이 숭고한 현재 안에서 살겠습니다.

고타마 붓다, 우주 평화의 불꽃이시여,
이제 거칠게 몰아치던 사념들이 그치고,
당신과 나는 내면의 평화를 방사하여
윤회의 바다를 고요하게 합니다.

5. 고타마 붓다시여, 여성들을 일깨워 우리가 더 이상 어떤 역할을 정의하지 않고, 더 이상 어떤 역할을 맡지 않으며, 더 이상 여성으로 존재하지 않는 단계가 있음을 알게 해주소서. 우리는 우연히 여성의 몸을 한 영적인 존재입니다.

고타마 붓다시여, 나에게는 아무런 욕망도 없으며,
세속의 어느 것도 갈망하지 않습니다.
이제 나는 무집착으로 휴식하며,
마라의 미묘한 시험을 통과합니다.

고타마 붓다, 우주 평화의 불꽃이시여,
이제 거칠게 몰아치던 사념들이 그치고,
당신과 나는 내면의 평화를 방사하여
윤회의 바다를 고요하게 합니다.

6. 고타마 붓다시여, 사람들을 일깨워 다른 여성들이 지구에서 정의돼 온 이런 역할에서 벗어날 수 있도록, 여성들이 집단의식을 돌파할 가능성이 있음을 알게 해주소서.

고타마 붓다시여, 당신 안으로 녹아들며,
내 마음은 이제 둘이 아닌 하나입니다.
당신의 눈부신 빛 안에 잠기니,
내가 아는 모든 것은 열반뿐입니다.

고타마 붓다, 우주 평화의 불꽃이시여,

이제 거칠게 몰아치던 사념들이 그치고,
당신과 나는 내면의 평화를 방사하여
윤회의 바다를 고요하게 합니다.

7. 고타마 붓다시여, 사람들을 일깨워 지구에서의 여성의 역할에는 자연스러운 것이 없음을 알게 해주소서. 타락한 존재들은 이 행성에서 삶의 모든 측면을 조종해 왔고, 타락한 존재들의 영향을 받지 않은 남성 혹은 여성의 역할은 없습니다.

고타마 붓다시여, 시간을 초월한 당신의 공간 안에서,
나는 우주적 은총 안에 잠겨 듭니다.
모든 형상을 초월해 계신 신을 깨달으며,
나는 더 이상 세상을 따르지 않습니다.

고타마 붓다, 우주 평화의 불꽃이시여,
이제 거칠게 몰아치던 사념들이 그치고,
당신과 나는 내면의 평화를 방사하여
윤회의 바다를 고요하게 합니다.

8. 고타마 붓다시여, 여성들을 일깨워 일반적으로 여성들은 지금보다 더 나은 삶을 원한다는 것을 알게 해주소서. 우리는 지금보다 더 나은 삶을 원합니다. 우리는 여성이 경험하는 외부 상황이 지금보다 더 나아질 수 있음을 알고, 그것이 아직 개선되지 않은 것이 옳지 않다고 느끼기에 긴장감을 느낍니다.

고타마 붓다시여, 나는 이제 깨어나서,
무엇이 시급한지를 명료하게 봅니다.
그러므로 나는 내 신성한 권리를 선언하며
지상에서 불성의 빛이 됩니다.

고타마 붓다, 우주 평화의 불꽃이시여,
이제 거칠게 몰아치던 사념들이 그치고,
당신과 나는 내면의 평화를 방사하여
윤회의 바다를 고요하게 합니다.

9. 고타마 붓다시여, 여성들을 일깨워 우리가 어머니 화염(Mother Flame)과 어머니 의식(Mother consciousness)에 조율되어 있음을 알게 해주소서. 어머니 의식은 새로운 것을 창조합니다.

고타마 붓다시여, 당신의 뇌성 번개와 더불어,
우리는 지구에 거대한 동요를 일으킵니다.
누군가는 깨달음을 얻어,
붓다의 영원한 무리에 합류할 것입니다.

고타마 붓다, 우주 평화의 불꽃이시여,
이제 거칠게 몰아치던 사념들이 그치고,
당신과 나는 내면의 평화를 방사하여
윤회의 바다를 고요하게 합니다.

파트 3

1. 고타마 붓다시여, 사람들을 일깨워 어머니(Mother)는 성장 간격과 성장 과정을 규정하는 그리스도 원리에 조율하고 있음을 알게 해주소서. 어머니는 또한 물질 옥타브 실제 현실에도 조율합니다.

고타마 붓다시여, 나에게 애증을 일으키는
마음의 상태를 보여주소서.
당신이 드러내 주는 것을 견디면서,
내 지각은 순수해질 것입니다.

고타마 붓다, 우주 평화의 불꽃이시여,
이제 거칠게 몰아치던 사념들이 그치고,
당신과 나는 내면의 평화를 방사하여
윤회의 바다를 고요하게 합니다.

2. 고타마 붓다시여, 사람들을 일깨워 어머니 의식(Mother consciousness)은 지구에서 아주 실제적이고 구체적으로 개선될 수 있었던 특정한 과정, 특정한 상향나선이 존재한다는 사실을 알고 있음을 보게 해주소서.

고타마 붓다시여, 당신의 평화의 불꽃 안에서,
분투하던 자아를 놓아버립니다.
나는 이제 불성을 깨달으며,
불성은 당신과 나의 중심핵입니다.

**고타마 붓다, 우주 평화의 불꽃이시여,
이제 거칠게 몰아치던 사념들이 그치고,
당신과 나는 내면의 평화를 방사하여
윤회의 바다를 고요하게 합니다.**

3. 고타마 붓다시여, 사람들을 일깨워 어머니 화염(Mother Flame)은 특정한 시간에, 특정한 새로운 상황이 생길 가능성이 있었음을 알고 있다는 사실을 보게 해주소서. 이것은 마치 그날 아이가 태어날 수 있었지만 태어날 날이 미뤄졌음을 아는 것과 비슷합니다.

고타마 붓다시여, 내가 그대와 하나 되니,
이제 마라의 데몬들은 달아납니다.
당신의 현존은 고통을 치유하는 향유와 같이,
내 마음과 감각들을 늘 고요하게 합니다.

고타마 붓다, 우주 평화의 불꽃이시여,
이제 거칠게 몰아치던 사념들이 그치고,
당신과 나는 내면의 평화를 방사하여
윤회의 바다를 고요하게 합니다.

4. 고타마 붓다시여, 여성들을 일깨워 많은 사람이 이것을 의식적으로 느끼지는 못하지만, 우리 대부분은 이를 감지하고 있음을 알게 해주소서.

고타마 붓다시여, 영원한 현재 안에 살겠다고,
나는 이제 서약합니다.
당신과 함께 모든 시간을 초월하여,
더없이 숭고한 현재 안에서 살겠습니다.

고타마 붓다, 우주 평화의 불꽃이시여,
이제 거칠게 몰아치던 사념들이 그치고,
당신과 나는 내면의 평화를 방사하여
윤회의 바다를 고요하게 합니다.

5. 고타마 붓다시여, 여성들을 일깨워 우리 중 많은 사람에게 이것이 유쾌하지 않은 상황임을 알게 해주소서. 우리는 뭔가 잘못되었음을 느끼며, 뭔가를 놓쳤고 박탈당했으며, 이런 조건에 있으면 안된다고 느낍니다.

고타마 붓다시여, 나에게는 아무런 욕망도 없으며,
세속의 어느 것도 갈망하지 않습니다.
이제 나는 무집착으로 휴식하며,
마라의 미묘한 시험을 통과합니다.

고타마 붓다, 우주 평화의 불꽃이시여,

이제 거칠게 몰아치던 사념들이 그치고,
당신과 나는 내면의 평화를 방사하여
윤회의 바다를 고요하게 합니다.

6. 고타마 붓다시여, 여성들을 일깨워 이것이 우리 중 많은 사람에게 삶에 대한 긴장감이나 부정적 태도를 가지게 한다는 사실을 알게 해주소서. 때때로 우리는 더 나은 상황을 가질 수 없어 남편을 비난하고, 다른 한편으로는 우리 자신을 비난하지만, 비난할 이유가 전혀 없습니다.

고타마 붓다시여, 당신 안으로 녹아들며,
내 마음은 이제 둘이 아닌 하나입니다.
당신의 눈부신 빛 안에 잠기니,
내가 아는 모든 것은 열반뿐입니다.

**고타마 붓다, 우주 평화의 불꽃이시여,
이제 거칠게 몰아치던 사념들이 그치고,
당신과 나는 내면의 평화를 방사하여
윤회의 바다를 고요하게 합니다.**

7. 고타마 붓다시여, 사람들을 일깨워 일반적으로 우리가 현재 상황에 만족하지 않음을 알게 해주소서. 타락한 존재들이 지구에 와서 남성은 우월한 성이 되고, 여성은 억압받게 선택한 순간부터, 여성은 현재 상황에 만족한 적이 없습니다.

고타마 붓다시여, 시간을 초월한 당신의 공간 안에서,
나는 우주적 은총 안에 잠겨 듭니다.
모든 형상을 초월해 계신 신을 깨달으며,
나는 더 이상 세상을 따르지 않습니다.

고타마 붓다, 우주 평화의 불꽃이시여,
이제 거칠게 몰아치던 사념들이 그치고,
당신과 나는 내면의 평화를 방사하여
윤회의 바다를 고요하게 합니다.

8. 고타마 붓다시여, 사람들을 일깨워 남자들은, 특히 파워 엘리트, 특권적 지위를 얻은 남성들은 현상 유지에 만족해 왔음을 알게 해주소서. 그들은 현재 상황을 바꾸고 싶어하지 않았고, 종종 그런 이유에서 새로운 것이 태어나지 못했습니다.

고타마 붓다시여, 나는 이제 깨어나서,
무엇이 시급한지를 명료하게 봅니다.
그러므로 나는 내 신성한 권리를 선언하며
지상에서 불성의 빛이 됩니다.

**고타마 붓다, 우주 평화의 불꽃이시여,
이제 거칠게 몰아치던 사념들이 그치고,
당신과 나는 내면의 평화를 방사하여
윤회의 바다를 고요하게 합니다.**

9. 고타마 붓다시여, 여성들을 일깨워 이 행성의 가장 큰 발전 가능성은 여성들이 직관적으로 아는 것을 좀 더 의식적으로 알아차리는 것임을 알게 해주소서. 상황이 지금보다 더 나아질 수 있고 나아져야 하며, 그 잠재력 뒤에 여성들이 있으며, 아직 실현되지 못한 가능성이 있음을 여성들은 알고 있습니다.

고타마 붓다시여, 당신의 뇌성 번개와 더불어,
우리는 지구에 거대한 동요를 일으킵니다.
누군가는 깨달음을 얻어,
붓다의 영원한 무리에 합류할 것입니다.

고타마 붓다, 우주 평화의 불꽃이시여,
이제 거칠게 몰아치던 사념들이 그치고,
당신과 나는 내면의 평화를 방사하여
윤회의 바다를 고요하게 합니다.

파트 4

1. 고타마 붓다시여, 여성들을 일깨워 일반적으로 남성을 탓하기보다는 이렇게 말하는 것이 건설적임을 알게 해주소서. "보세요. 우리는 더 이상 남성들을 기다리지 않습니다. 우리는 남성들이 변화를 일으키도록 기다리지 않겠습니다. 우리는 스스로 변화를 일으키고 있습니다."

고타마 붓다시여, 나에게 애증을 일으키는
마음의 상태를 보여주소서.
당신이 드러내 주는 것을 견디면서,
내 지각은 순수해질 것입니다.

고타마 붓다, 우주 평화의 불꽃이시여,
이제 거칠게 몰아치던 사념들이 그치고,
당신과 나는 내면의 평화를 방사하여
윤회의 바다를 고요하게 합니다.

2. 고타마 붓다시여, 여성들을 일깨워 이렇게 말하는 것이 건설적임을 알게 해주소서. "만약 남성들이 동참하길 원한다면-좋습니다. 하지만 남성들이 원하지 않는다면, 우리 여성들이 함께 모여 변화를 만들 것입니다. 상황들이 개선됐어야 했다는 것을 알아내고, 그리고 상황들을 개선하는 데 있어 남자들이 뭐라고 말하든, 그것에 대해 그들이 무엇을 행하건, 우리는 우리의 조율 능력을 활용할 것입니다."

고타마 붓다시여, 당신의 평화의 불꽃 안에서,

분투하던 자아를 놓아버립니다.
나는 이제 불성을 깨달으며,
불성은 당신과 나의 중심핵입니다.

**고타마 붓다, 우주 평화의 불꽃이시여,
이제 거칠게 몰아치던 사념들이 그치고,
당신과 나는 내면의 평화를 방사하여
윤회의 바다를 고요하게 합니다.**

3. 고타마 붓다시여, 여성들을 일깨워 이렇게 말하도록 해주소서. "남성들은 우리를 붙잡아 두지 못할 것입니다. 지구에 있는 그 어떤 것도 우리를 붙잡아 두지 못할 것입니다. 우리는 내면의 조율 능력을 이용할 것입니다. 우리는 그것을 인정하고 그 타당성을 인정하며, 그래서 변화가 일어나도록 할 것입니다."

고타마 붓다시여, 내가 그대와 하나 되니,
이제 마라의 데몬들은 달아납니다.
당신의 현존은 고통을 치유하는 향유와 같이,
내 마음과 감각들을 늘 고요하게 합니다.

**고타마 붓다, 우주 평화의 불꽃이시여,
이제 거칠게 몰아치던 사념들이 그치고,
당신과 나는 내면의 평화를 방사하여
윤회의 바다를 고요하게 합니다.**

4. 고타마 붓다시여, 여성들을 일깨워 여성 해방은 남성이 변해야 할 문제가 아님을 알게 해주소서. 그것은 우리의 비전과 내면의 조율에 따라 변화를 만들겠다고 결정하는 여성들의 문제입니다.

고타마 붓다시여, 영원한 현재 안에 살겠다고,

나는 이제 서약합니다.
당신과 함께 모든 시간을 초월하여,
더없이 숭고한 현재 안에서 살겠습니다.

**고타마 붓다, 우주 평화의 불꽃이시여,
이제 거칠게 몰아치던 사념들이 그치고,
당신과 나는 내면의 평화를 방사하여
윤회의 바다를 고요하게 합니다.**

5. 고타마 붓다시여, 사람들을 일깨워 조율된 남성과 여성이 함께 변화를 만들 수 있음을 알게 해주소서. 남성과 여성이 함께 변화를 만든다면, 그들 중 어느 한쪽이 이룰 수 있는 것보다 더 많은 변화를 만들 수 있습니다.

고타마 붓다시여, 나에게는 아무런 욕망도 없으며,
세속의 어느 것도 갈망하지 않습니다.
이제 나는 무집착으로 휴식하며,
마라의 미묘한 시험을 통과합니다.

**고타마 붓다, 우주 평화의 불꽃이시여,
이제 거칠게 몰아치던 사념들이 그치고,
당신과 나는 내면의 평화를 방사하여
윤회의 바다를 고요하게 합니다.**

6. 고타마 붓다시여, 사람들을 일깨워 우주적 관점, 즉 비-이원적 관점에서 보면 확장하는 힘과 수축하는 힘은 창조의 두 가지 측면임을 알게 해주소서.

고타마 붓다시여, 당신 안으로 녹아들며,
내 마음은 이제 둘이 아닌 하나입니다.

당신의 눈부신 빛 안에 잠기니,
내가 아는 모든 것은 열반뿐입니다.

**고타마 붓다, 우주 평화의 불꽃이시여,
이제 거칠게 몰아치던 사념들이 그치고,
당신과 나는 내면의 평화를 방사하여
윤회의 바다를 고요하게 합니다.**

7. 고타마 붓다시여, 사람들을 일깨워 이 기본적 창조의 힘에 머물 (lock in) 잠재력이 있는 남성과 여성은, 서로를 균형 잡고 보완하며 강화시켜, 따라서 어느 한쪽이 할 수 있는 것보다 더 많은 것을 이룰 수 있음을 알게 해주소서.

고타마 붓다시여, 시간을 초월한 당신의 공간 안에서,
나는 우주적 은총 안에 잠겨 듭니다.
모든 형상을 초월해 계신 신을 깨달으며,
나는 더 이상 세상을 따르지 않습니다.

**고타마 붓다, 우주 평화의 불꽃이시여,
이제 거칠게 몰아치던 사념들이 그치고,
당신과 나는 내면의 평화를 방사하여
윤회의 바다를 고요하게 합니다.**

8. 고타마 붓다시여, 사람들을 일깨워 우리가 스스로를 남성이나 여성으로 더 이상 여기지 않고, 영적인 존재임을 아는 의식 수준에 도달할 수 있음을 알게 해주소서. 우리는 우연히 남성 혹은 여성의 육체로 태어났지만, 영적인 존재로서 함께 일하고 있습니다.

고타마 붓다시여, 나는 이제 깨어나서,
무엇이 시급한지를 명료하게 봅니다.

그러므로 나는 내 신성한 권리를 선언하며
지상에서 불성의 빛이 됩니다.

고타마 붓다, 우주 평화의 불꽃이시여,
이제 거칠게 몰아치던 사념들이 그치고,
당신과 나는 내면의 평화를 방사하여
윤회의 바다를 고요하게 합니다.

9. 고타마 붓다시여, 사람들을 일깨워 이런 관점에서 보면 성장의 열쇠는 여성들이 아니고, 육체와의 동일시를 초월해 나아간 깨어난 존재들임을 알게 해주소서.

고타마 붓다시여, 당신의 뇌성 번개와 더불어,
우리는 지구에 거대한 동요를 일으킵니다.
누군가는 깨달음을 얻어,
붓다의 영원한 무리에 합류할 것입니다.

고타마 붓다, 우주 평화의 불꽃이시여,
이제 거칠게 몰아치던 사념들이 그치고,
당신과 나는 내면의 평화를 방사하여
윤회의 바다를 고요하게 합니다.

파트 5

1. 고타마 붓다시여, 사람들을 일깨워 파워 엘리트, 타락한 존재들 혹은 타락한 존재들의 사고방식에 갇힌 남자들로부터 이 행성을 자유롭게 해야 함을 알게 해주소서. 그들은 그 사고방식이 여성뿐 아니라 남성 역시 학대하고 가둔다는 사실을 볼 수 없고, 혹은 이를 보려고 하지 않습니다.

고타마 붓다시여, 나에게 애증을 일으키는
마음의 상태를 보여주소서.
당신이 드러내 주는 것을 견디면서,
내 지각은 순수해질 것입니다.

고타마 붓다, 우주 평화의 불꽃이시여,
이제 거칠게 몰아치던 사념들이 그치고,
당신과 나는 내면의 평화를 방사하여
윤회의 바다를 고요하게 합니다.

2. 고타마 붓다시여, 사람들을 일깨워 다른 사람에게 뭔가를 행할 때, 우리는 먼저 자기 자신에게 그것을 행해야 했음을 알게 해주소서. 다른 사람을 학대하려면, 우리는 먼저 우리 내면에 그런 의식, 그 학대 매트릭스에 기반을 둔 자아를 만들어야 합니다.

고타마 붓다시여, 당신의 평화의 불꽃 안에서,
분투하던 자아를 놓아버립니다.
나는 이제 불성을 깨달으며,
불성은 당신과 나의 중심핵입니다.

고타마 붓다, 우주 평화의 불꽃이시여,
이제 거칠게 몰아치던 사념들이 그치고,
당신과 나는 내면의 평화를 방사하여
윤회의 바다를 고요하게 합니다.

3. 고타마 붓다시여, 사람들을 일깨워 비록 우리가 뭔가를 의식하지 못한다 해도, 여전히 그 영향을 받을 수 있음을 알게 해주소서. 남성들이 인정하길 꺼린다고 해도, 남성들이 여성들에게 하는 일 역시 남성들 자신에게 영향을 미치고 있습니다. 그것은 이 행성에서 남성들이 실제로 여성들보다 훨씬 더 갇혀 있다는 의미입니다.

고타마 붓다시여, 내가 그대와 하나 되니,
이제 마라의 데몬들은 달아납니다.
당신의 현존은 고통을 치유하는 향유와 같이,
내 마음과 감각들을 늘 고요하게 합니다.

고타마 붓다, 우주 평화의 불꽃이시여,
이제 거칠게 몰아치던 사념들이 그치고,
당신과 나는 내면의 평화를 방사하여
윤회의 바다를 고요하게 합니다.

4. 고타마 붓다시여, 사람들을 일깨워 여성들이 갇혀 있고, 감금되어 있으며, 학대당하고 있지만, 남성들이 여성들보다 더 갇혀 있음을 알게 해주소서. 그들은 이런 역할들과 사고방식에 더 많이 갇혀 있습니다.

고타마 붓다시여, 영원한 현재 안에 살겠다고,
나는 이제 서약합니다.
당신과 함께 모든 시간을 초월하여,
더없이 숭고한 현재 안에서 살겠습니다.

고타마 붓다, 우주 평화의 불꽃이시여,
이제 거칠게 몰아치던 사념들이 그치고,
당신과 나는 내면의 평화를 방사하여
윤회의 바다를 고요하게 합니다.

5. 고타마 붓다시여, 사람들을 일깨워 남성들 역시 어떤 긴장감을 느끼지만, 그것을 의식적으로 알지 못하고, 대부분 그것이 외부 상황에서 온다고 투사함을 알게 해주소서. 실제로, 긴장감은 내면에 있습니다. 그것은 심리 안에 있는 것입니다. 그것은 외부 상황에 반응함으로써 생깁니다.

고타마 붓다시여, 나에게는 아무런 욕망도 없으며,
세속의 어느 것도 갈망하지 않습니다.
이제 나는 무집착으로 휴식하며,
마라의 미묘한 시험을 통과합니다.

**고타마 붓다, 우주 평화의 불꽃이시여,
이제 거칠게 몰아치던 사념들이 그치고,
당신과 나는 내면의 평화를 방사하여
윤회의 바다를 고요하게 합니다.**

6. 고타마 붓다시여, 사람들을 일깨워 우리를 억압한다고 느끼는 특정한 외부 환경이 제거된다고 해도, 그것이 심리적 반응 패턴이 제거됐다는 의미가 아님을 알게 해주소서. 우리는 반응해야 할 또 다른 상황을 발견하게 됩니다.

고타마 붓다시여, 당신 안으로 녹아들며,
내 마음은 이제 둘이 아닌 하나입니다.
당신의 눈부신 빛 안에 잠기니,
내가 아는 모든 것은 열반뿐입니다.

**고타마 붓다, 우주 평화의 불꽃이시여,
이제 거칠게 몰아치던 사념들이 그치고,
당신과 나는 내면의 평화를 방사하여
윤회의 바다를 고요하게 합니다.**

7. 고타마 붓다시여, 여성들을 일깨워 해방의 열쇠는 심리적 집착을 극복하는 것임을 알게 해주소서. 우리가 이 여정을 걸을 때, 여성의 몸으로 존재하는 것에 대한 집착을 극복하는 지점에 이르게 됨을 알게 해주소서. 그때는 더 이상 문제가 없고, 더 이상 제한이 없습니다. 그러면 여성의 몸으로 있다는 사실이 더 이상 우리를 정의하지 않게

됩니다.

고타마 붓다시여, 시간을 초월한 당신의 공간 안에서,
나는 우주적 은총 안에 잠겨 듭니다.
모든 형상을 초월해 계신 신을 깨달으며,
나는 더 이상 세상을 따르지 않습니다.

고타마 붓다, 우주 평화의 불꽃이시여,
이제 거칠게 몰아치던 사념들이 그치고,
당신과 나는 내면의 평화를 방사하여
윤회의 바다를 고요하게 합니다.

8. 고타마 붓다시여, 사람들을 일깨워 이것이 궁극적인 여성 해방임을 알게 해주소서. 여성들이 더 이상 여성이 아닐 때, 우리는 해방됩니다. 남성들이 더 이상 남성이 아닐 때, 우리는 해방됩니다. 인류가 더 이상 인간이 아니라 영적인 존재가 될 때, 그때 우리는 해방됩니다.

고타마 붓다시여, 나는 이제 깨어나서,
무엇이 시급한지를 명료하게 봅니다.
그러므로 나는 내 신성한 권리를 선언하며
지상에서 불성의 빛이 됩니다.

고타마 붓다, 우주 평화의 불꽃이시여,
이제 거칠게 몰아치던 사념들이 그치고,
당신과 나는 내면의 평화를 방사하여
윤회의 바다를 고요하게 합니다.

9. 고타마 붓다시여, 당신의 가르침을 적용할 잠재력을 가진 사람들이 깨어나 마지막 단계를 밟고, 당신이 경험한 해방의 상태를 성취할 수 있게 해주소서.

고타마 붓다시여, 당신의 뇌성 번개와 더불어,
우리는 지구에 거대한 동요를 일으킵니다.
누군가는 깨달음을 얻어,
붓다의 영원한 무리에 합류할 것입니다.

고타마 붓다, 우주 평화의 불꽃이시여,
이제 거칠게 몰아치던 사념들이 그치고,
당신과 나는 내면의 평화를 방사하여
윤회의 바다를 고요하게 합니다.

봉인

I AM THAT I AM의 이름으로, 나는 대천사 미카엘과 아스트레아와 쉬바께서 나와 모든 건설적인 사람 주위에 뚫을 수 없는 보호막을 형성하여, 우리를 네 옥타브 안에 있는 모든 두려움 기반의 에너지로부터 봉인해 주심을 받아들입니다. 나는 신의 빛(Light of God)이 지구 여성들을 자유롭게 하는 데 저항하는, 어둠의 힘을 구성하는 두려움 기반의 모든 에너지를 변형하고 소멸하고 있음을 받아들입니다!

.

▶ 아이앰 출판사 연락처
· 이 책의 오류 및 아래 내용과 관련된 문의 사항은 메일로 해 주세요.
· biosoft@naver.com (리얼셀프)

▶전체 용어집
cafe.naver.com/christhood/2411 (그리스도 의식을 추구하며 카페)
　이 책에 나오지 않는 용어는 카페의 용어집을 참조하거나 카페에서 검색 및 질문을 할 수 있습니다.

▶온라인, 오프라인 모임 및 행사 안내
· **공부 모임**: 서울, 분당, 대전, 대구, 부산 지역별 매달 1~2회 주말 모임
  (공부를 하기 위한 진지한 목적으로는 누구나 참여 가능함)
· **온라인 기원문 낭송**: 카페에서 매주 1~2회 저녁에 공동 기원문 낭송
· **성모 마리아 500 세계 기원**: 매월 마지막 일요일 개최
  (오후 3시~7시 또는 8시~12시. 전 세계적으로 같은 시간에 진행)
· **상승 마스터 국제 컨퍼런스 및 웨비나**: 한국에서 매년 또는 정기적 개최
  (한국, 유럽, 러시아, 미국 등에서 개최함)
· 더 상세한 내용은 네이버 카페 공지사항을 참조하시기 바랍니다.
  (cafe.naver.com/christhood)

▶ 자아통달 과정

상승 마스터들은 2012년부터 매년 한 광선에 해당하는 자아통달 시리즈의 책을 킴 마이클즈를 통해서 전해주고 있습니다. 이 과정은 책만 구매하면 별도의 비용이 들지 않고 개인적으로 누구나 수행할 수 있습니다. 처음 수행하는 분은 비영리 단체인 '그리스도 의식을 추구하며' 카페에서 진행과 관련하여 도움을 받을 수 있습니다.

- 단계별로 아래의 책을 구매 후 개인적으로 수행을 해도 됩니다.
  (카페에서 번역서 구매 가능. 일부 책은 www.yes24.com에서 구매 가능)
- 초기에는 오프라인 모임, '자아통달' 메뉴에서 도움을 받을 수 있습니다.
- 책을 읽고 기원문을 낭송하는 방식으로 진행됩니다.
- 수행 시간은 매일 약 20분~40분 내외입니다.

자아통달 시리즈 책 (킴 마이클즈 저)
(카페에서 한글판 서적 구입 가능)

한글 서적 명	시리즈
'영원한 나'를 찾아가는 여정	1
내면의 창조적인 힘 (1광선)	3
'신성한 지혜'를 찾아가는 여정 (2광선)	4
'조건 없는 사랑'을 찾아가는 여정 (3광선)	5
'영적인 순수함'을 찾아가는 여정 (4광선)	6
'초월적인 비전'을 찾아가는 여정 (5광선)	7
'내면의 평화'를 찾아가는 여정 (6광선)	8
'영원한 자유'를 찾아가는 여정 (7광선)	9
생명의 강과 함께 흐르기 (8광선) (내면의 영체들을 초월하기)	2

주의 사항: 상승 마스터 가르침을 처음 접하면, 몇 권의 책을 읽고, 기원문을 일정 기간 낭송하면서 자신에게 적합한지 살펴본 후에 이 과정을 시작하세요. 이 과정 전체를 마치는데 약 2년 소요됩니다.

▶그리스도 신성 과정

이 과정은 그리스도 신성의 마스터키(Master Keys to Personal Christhood)책으로 진행하며, 2008년도에 킴 마이클즈가 예수님께서 준 메시지를 책으로 출판했습니다. (카페에서 구입 가능)

이 과정은 예수님과 스승-제자 관계가 되어 그리스도 의식으로 올라가는 과정입니다. 2,000년 전에 예수님께서 제자들에게 모든 것을 말해주셨다는 얘기들 읽었으리라 봅니다. 이 시대에 다시 예수님이 직접 그리스도가 되는 길을 갈 제자를 모집하고 있습니다.

예수님도 육화 중에 이 과정을 동일하게 밟았다고 합니다. 특히 다른 메시지에 언급되듯이, 예수님이 이 과정을 시작할 당시에 이미 높은 의식 수준을 달성해 있었지만, 처음부터 단계를 밟아서 올라갔다고 합니다. 마찬가지로, 여기 온 모든 분들도 자신의 의식 수준을 내세우지 말고 바닥부터 차근차근 올라가시기 바랍니다.

모두 17개의 열쇠가 있으며 열쇠마다 기원문을 낭송하고 메시지의 일부를 읽는 과정을 33일간 실천하라고 제안하고 있습니다. 각 열쇠에 메시지가 있습니다. 메시지를 전체 읽고 나서 기원문을 하시면 됩니다. 그리고 33일간 기원문을 하기 전에 메시지 중 일부를 읽고 생활하면서 숙고하는 과정으로 진행됩니다. 예수님께서 마음속으로 어떤 아이디어와 가르침을 주십니다.

- 책을 보면서 카페의 '그리스도 과정' 메뉴 또는 오프라인 모임에서 도움을 받을 수 있습니다.
- 단계별로 책의 내용을 일부 읽고, 로자리 또는 기원문을 매일 약 40분 내외 낭송합니다. 단계별 33일간 매일 계속합니다.
- 총 17단계이며, 책에 나오는 예수님의 가르침에 따라서 진행합니다.

주의 사항: 상승 마스터 가르침을 처음 접하면, 몇 권의 책을 읽고, 기원문을 일정 기간 낭송하면서 자신에게 적합한지 살펴본 후에 이 과정을 시작하세요. 이 과정 전체를 마치는데 약 2년 소요됩니다.

▶ 힐링 과정

'예수와 함께했던 나의 생애들' 책은 지구에 육화한 어느 존재의 수많은 전생 이야기를 통해 지구 문명과 예수 그리스도의 사명과 악의 기원에 대해 깊은 통찰을 제시하는 자서전적 소설입니다.

'힐링 트라우마' 책은 소설 '예수와 함께했던 나의 생애들'과 짝을 이루는 수행서(workbook)입니다. 그 소설은 많은 영적인 사람이 자원자나 "아바타"로 지구에 오게 되었다는 개념을 소개합니다. 우리는 그때 지구에서 겪은 경험의 결과로 깊은 영적인 트라우마를 받았습니다.

아래의 책들은 이러한 개념에 대한 더 많은 가르침을 포함하고 있습니다. 또한, 여러분이 그 트라우마들을 치유하고, 이 행성에서의 삶의 태도에서 모든 부정성을 극복할 수 있도록 도울 수 있는, 실제적인 도구들을 포함하고 있습니다. 이 책을 활용하기 전에 우선 '예수와 함께했던 나의 생애들' 소설을 읽어볼 것을 권합니다. 그 소설이 여러분이 치유 과정을 시작하도록 도울 수 있는 중요한 가르침을 많이 포함하고 있기 때문입니다.

- 단계별로 아래의 책을 구매 후 개인적으로 수행을 해도 됩니다.
  (카페에서 번역서 구매 가능. 일부 책은 www.yes24.com에서 구매 가능)
- 초기에는 오프라인 모임, '힐링 과정' 메뉴에서 도움을 받을 수 있습니다.
- 책을 읽고 기원문을 낭송하는 방식으로 진행됩니다.

아바타 시리즈 책 (킴 마이클즈 저)
(카페에서 한글판 서적 구입 가능)

한글 서적 명	시리즈
예수와 함께했던 나의 생애들	1
힐링 트라우마	2
신성한 계획 완성하기	3
최상의 영적인 잠재력 구현하기	4
지구에서 평화롭게 존재하기	5